정보를 그리다

-*i2*(Information Image)를 활용한 수사정보 분석-

김 지 온

박영사

목차
C.O.N.T.E.N.T

정보를 그리다

1 서론 Introduction

2 i2와 관계 데이터

3 i2의 이해

4 시각화(Visualization) & 수사정보분석

목차 C.O.N.T.E.N.T

5 i2의 활용

6 사회 연결망 분석원리를 활용한 수사정보분석

7 통신정보 관계분석

8 금융정보 관계분석

9 이원 연결망(2-mode network)을 활용한 수사정보분석

10 위치기반 추론을 통한 COVID-19 감염경로 추적

목차

11 또 다른 시작을 꿈꾸며...

부록

서론 Introduction

CHAPTER 01 서론 Introduction

데이터 속에 숨겨진 실마리 찾기, 그 해답을 제시하다

점과 선에 관련된 이야기를 시작해보고자 합니다. 이 세상 모든 사물과 현상은 점과 선으로 연결되어 있다고 해도 과언이 아닙니다. 故 스티브잡스가 스탠포드 대학교 졸업식 연설에서 언급한 Connecting the Dots, 바로 네트워크를 말하는 것입니다.

이 책은 네트워크 분석에 관심 있는 연구자, 수사(조사)관, 분석관, 대학(원)생, 일반인들을 위해 발간하게 되었습니다.

주요 내용은 IBM[1]의 네트워크 분석 전문 프로그램인 *i2*(Information Image)[2]의 활용법과 다양한 수사정보 분석사례에 대한 설명으로 구성되어 있습니다.

*i2*라는 프로그램이 다양한 데이터 분석에 효과적으로 활용될 수 있음에도 불구하고 그 활용가치에 비해 아직 일반인들에게는 널리 알려지지 않았고, 국내에 이를 소개하고 이에 대한 활용법을 상세하게 설명한 전문교재가 없어 부족하나마 그 첫 발걸음을 떼는 심정으로 저서 집필을 시작하였습니다.

*i2*를 활용한 수사정보 분석의 방법론을 이해하고 싶은 분과 실제 프로그램을 배우고 싶어하는 분의 수요를 모두 충족시키기 위해서 한편으로는 교양서적을 대하는 가벼운 마음으로 읽어갈 수 있도록, 또 한편으로는 가상의 데이터를 활용하여 따라하기 식으로 프로그램을 익힐 수 있도록 구성해 보았습니다.

이 책의 한계점이라면 저자의 실력이 아직 무르익지 않아 이론적 연구성과를 보여

---

[1] 2022. 1. 4.자로 *i2*관련 모든 제품과 전문인력은 IBM에서 N. Harris Computer Corporation로 인수되었음.

[2] 사람·통화·계좌내역 등 방대하고 다양한 자료간에 연관성을 분석, 시각화하여 조사의 단서를 찾게 해주는 프로그램으로 FBI, CIA 등 해외 수사·정보기관뿐만 아니라 금융·통신사 등 일반기업에서도 정보조사나 개인정보유출 사고 방지를 위해 관련부서에서 분석용 프로그램으로 널리 활용되고 있음.

주기에는 미흡하다는 점, 좀 더 기술적으로 수학적·통계적 알고리즘을 활용한 분석적 통찰을 보여주지 못했다는 점입니다.

저자는 데이터 분석의 전문가도 아니며, IT 전문가는 더더욱 아닙니다.

부끄럽지만 굳이 뭔가 수식어를 붙여서 이야기해야 한다면 경찰학과 범죄수사학 분야의 한쪽 귀퉁이에서 '수사정보분석'과 '치안데이터과학' 이라는 영역을 탐구해 나가는 사람이라 할 수 있겠습니다. 범죄수사 절차의 법적·기술적 메카니즘속에서 도출할 수 있는 데이터 분석 관점의 지식을 저자가 풀어낼 수 있는 범위 내에서, 다루는 툴(tool)의 한계 내에서 최대한 뽑아내려고 노력하였습니다.

다른 건 몰라도 연결망 분석이 필요한 조사 실무에서는 분야를 막론하고 실증적인 도움이 될 것이라 조심스레 자평합니다.

'내가 가진 90%의 역량을 쏟아부어 나에게 주어진, 내가 해야 하는 일을 잘 수행해낸다면 남은 10%의 역량으로 내가 하고 싶은 일을 할 수 있도록 해준다.'라는 신념으로 출발하였습니다. 위로부터가 아닌 아래로부터의 시작입니다.

2010년 강력수사 현장에서 아이디어를 얻고, 2012년 경찰수사연수원에서 가능성을 보았으며 2014년 경찰청 수사국에서 9억2천의 예산을 따냈습니다. 2015년 4월 일을 하기 위해 휴가를 내고, 도서관과 커피숍을 전전하며 경찰의 '지능형 수사정보분석 체계'를 설계하였습니다. 그해 여름 과도한 스트레스로 '홧병'을 얻으며 내가 왜 이 일을 시작했을까 후회하기도 하였습니다.

그러나 저는 혼자가 아니었고, 저를 응원하고 지지해주는 많은 분들의 연대속에서 시나브로 발전하여 이제 한국형 실시간 범죄대응센터의 핵심적인 분석 모델을 그려나 갈 수 있게 되었습니다.

'i2라는 프로그램이 중요한 것이 아닙니다. 형사의 치열하고도 피땀어린 사명감이 전문성과 더해져 우리가 함께 쌓아올린 자산이 수사정보분석의 핵심가치입니다.'

이 책이 수사정보분석으로 출발하여 치안 데이터 사이언스라는 경유지를 거쳐 다양한 분야의 데이터 과학으로까지 뻗어나갈 수 있는 이른 새벽 마중물의 역할을 할 수 있기를 바랍니다.

감사하고 소중한 사람들이 많습니다.

누구보다도 사랑하는 저의 동반자이자 아내 소진, 두딸 아현 & 하은이가 있어 저의 교만함을 극복할 수 있었고, 가족이라는 따뜻한 울타리 안에서 여러 가지 힘든 상황들을 이겨낼 수 있었습니다.

또한 저에게 찾아와준 보석같은 존재인 경종, 병관, 현준, 승주, 정현 그리고 김광진 반장님, 전병하·조현우 팀장님, 문병훈 교수님을 비롯한 경찰의 수사정보분석 전문가 분들이 있어 어깨동무하고 여기까지 달려온 것 같습니다. 언제나 고맙고 사랑한다는 말씀 전하고 싶습니다. 제가 이 일을 도모하던 2014년 경찰청 수사국 강력범죄수사과장이셨던 김헌기 선배님, 그리고 현재 국가수사본부 형사과장 오승진, 과천경찰서장 이종서 두 분 형님의 물심양면 지원이 없었다면 아마 시작도 못했을 것이라 생각합니다. 아울러 저에게 늘 큰 가르침과 깨달음을 주시는 연세대학교 사회학과 강정한 지도교수님, 저의 영원한 멘토 성균관대학교 과학수사학과 김기범 교수님, 연결망의 세계에 눈을 뜨게 해주신 (주)사이람 김기훈 대표님께도 깊은 감사의 말씀을 전합니다.

모쪼록 저의 작은 열정이 수사정보분석과 연결망 분석에 관심 있는 모든 분들의 혜안을 더하는 데 미력하나마 작은 도움이 되길 소망합니다.

정보를 분석한다는 것

정보를 분석(Intelligence Analysis)한다는 것, 데이터를 분석한다는 것은 구체적으로 무엇을 의미하는 것이며 어떤 상황에서 필요로 하는 것일까?

많은 교과서들은 정보를 아래와 같은 두 가지 유형으로 나누어 설명하고 있다.[3]

1. 다양한 경로를 통해 수집된 가공되지 않은 정보인 '원천정보(Information[4])'
2. 분석가들이 수집된 다양한 정보에 대해 특징, 패턴 등 의미를 부여한 자료인 '가공된 정보(Intelligence)'

우리가 데이터(data)를 분석한다고 말할 때 사용하는 데이터의 의미는 통상 가공되지 않은 원천정보를 의미한다고 해석할 수 있고, 이러한 정보를 '분석'한다는 것은 다음과 같은 행위를 의미한다.

- 당해 정보를 그것을 구성하는 요소들로 분해
- 그 구성요소들을 확인·탐지

---

3 United Nations Office on Drugs and Crime, Criminal Intelligence -Manual for Analysts, United Nations publication Printed in Austria, 2011, 1쪽.
4 국내 정보학 교과서에서는 information을 '첩보'라고 번역하기도 한다. 보다 자세한 내용은 Abram N. Shulsky, Gary J. Schmitt, (역)신유섭 국가정보의 이해.

− 배후에 숨겨진 일반 원리나 원칙을 발견하기 위해 정보출처를 추적
　　− 위와 같은 프로세스의 결과물을 정리한 표나 서술

결국 가공되지 않은 정보를 분석이라는 행위를 통해 가치를 부여하거나 평가함으로써 고가치 정보인 '인텔리전스'가 탄생하는 것이라고 볼 수 있다.

INFORMATION + EVALUATION = INTELLIGECE

추론과 증명

범죄수사를 포함하여 어떤 사안에 대한 조사를 할 때 수사관이나 조사관은 가공되지 않은 정보를 분석하여 고가치한 가공된 정보(Intelligence)를 만들어내기 위해 가설을 세우고 논리적으로 이를 증명해 나가는 절차를 거치게 된다.

범죄수사 절차를 예로 든다면, 수사관은 주로 범인을 특정하고 범죄혐의를 증명하기 위해 필연적으로 추론과 논증의 과정을 거치게 되는 것이다.

추론(inference)이란 알려진 사실로부터 새로운 사실을 추출해 나가는 논리적인 과정을 말하며, 논증(argument)이란 추리의 결과로서 그 근거를 들어 언어적 표현으로 주장하는 것을 말한다.

범죄수사 시에는 범죄발생의 가능성을 제시하는 가설을 설정하는 사고방식인 가설적 추론을 주로 사용하게 된다.[5] 가설적 추론은 관찰된 결과로부터 그것을 발생시킨 원인을 상정하는 추론 방식을 말하는데 연역적, 귀납적 추론에 비해 오류가능성은 높지만 새로운 정보를 획득할 수 있기 때문에 범죄 수사 시 더욱 효과적이다.[6]

최근에는 지능·강력범죄를 불문하고 갈수록 범죄가 고도화, 지능화되어 가고 있고 인터넷이나 SNS를 통해 수사기법도 노출되고 범행은닉 수법들이 공유되고 있기 때문에 수사(조사)기관의 입장에서 범죄를 바로 증명할 수 있는 목격자의 확보와 같은 직접증거를 수집하기가 매우 어렵다.

결국 다양한 간접증거들을 수집하여 범죄혐의를 증명하는 '간접증거의 증명력'을 인정할 수 있느냐 여부가 문제된다.

---

5 박노섭, 이동희, 이윤, 장윤식 공저, 범죄수사학, 경찰대학 출판부, 2013, 112쪽.
6 박노섭, 범죄사실의 재구성과 가설적 추론의 역할에 대한 연구, 경찰학연구, 2012. 12, 3~22, 11쪽.

최근 경찰에서는 2009년 미제사건이었던 제주 보육교사 살인사건 관련 간접증거의 증명을 통해 피의자를 구속기소(2018. 12)하였는데, 쟁점이 된 간접증거는 다음과 같다.

- 피의자의 남방·청바지 섬유, 피의자의 차량 내 피해자의 무스탕 점퍼, 니트, 치마의 옷 섬유가 군집을 이루어 발견된 사실을 미세증거 분석 결과 검출하여 피의자와 피해자의 미세증거가 상호 군집을 이루어 발견되었다는 것은 각각의 군집 증거가 개별 증거화 되는 것으로써 상호 접촉이 있지 않고서는 불가능하다는 점을 증명함.
- 피해자 실종 당시 피해자가 택시를 탑승한 지점, 피해자가 집으로 가는 경로, 도주경로, 피해자의 유류품(가방)이 발견된 각 장소의 CCTV 분석 결과를 토대로 피의자가 주장하는 택시운행 경로 알리바이를 탄핵함.

간접 증거가 개별적으로는 범죄사실에 대한 완전한 증명력을 가지지 못하더라도, 전체 증거를 상호 관련 하에 종합적으로 고찰할 경우 그 단독으로는 가지지 못하는 종합적 증명력이 있는 것으로 판단되면 그에 의하여도 범죄사실을 인정할 수가 있다는 것이 우리 대법원의 입장이다(대법원 1999. 10. 22. 선고 99도3273 판결).

위 사례의 경우 대법원에서 최종적으로 무죄가 확정(2021. 10. 28.)됨으로써 간접증거의 증명력을 인정받지 못했다.

그런데 간접증거가 논리와 경험칙, 과학법칙에 의하여 뒷받침되려면 간접사실을 증명해 나가는 과정에서 진행되는 정보분석은 더욱 중요해지기 마련이다.

특히 4차 산업혁명 시대로 접어들면서 정보분석이 필요한 대용량 디지털 정보(빅데이터)들이 급증하고 있다. 그 정보의 유형들도 엑셀, 한글, Word 형태의 텍스트 형식을 포함하여 음성, 센서(스마트 워치, GPS, 모션 센서 등), 영상(CCTV, 바디캠 등) 등으로 갈수록 다양해져가는 추세여서 데이터의 유형에 적합한 분석방법론과 도구도 날로 증가하고 있다.

편견, 우리는 왜 보고싶은 것만을 보게 되는가?[7]

이 책에서 데이터에 기반한 정보분석을 논하는 이유는 바로 인간이기에 빠질 수밖에 없는 편견과 확증편향 때문이다. 본격적인 논의를 시작하기에 앞서 인간으로서의 한계를 겸허하게 인정하는 것이 훌륭한 데이터 사이언티스트가 되는 지름길이다.

---

7 Richards J.Heuer, Jr, Psychology of Intelligence Analysis, 7~16쪽 내용에서 발췌, 요약.

[그림 1] 사람의 지각에 대한 실험

무엇이 보이는가?

우리는 우리가 인식하고 싶은대로 인지하는 경향이 있다. 지배적인 인식과 모순되는 것은 무시되거나 왜곡되는 경향이 있다. 과거 경험, 전문 훈련, 문화적 조직적인 규범 등 다양한 원인에 의해 예측이 이루어지고, 이 예측이 정확한 인지를 방해하는 것이다.

위 [그림 1]의 세 구절은 관사가 두 번씩 중복되어 있다. 위 문구들이 올바로 씌여 있을 것이라는 기대가 우리의 인지에 영향을 미치기 때문에 대체적으로 관사가 중복되어 있다는 사실은 간과되기 쉽다. 만약 당신이 위 그림을 정확하게 인지하였다면, 당신은 특별한 관찰력의 소유자이거나, 아니면 운이 좋았거나 또는 예전에 이 그림을 본적이 있기 때문일 것이다.

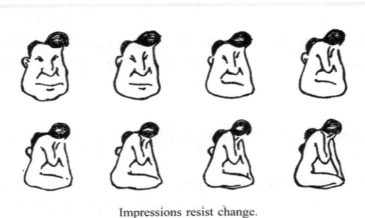

Impressions resist change.

[그림 2] 변화에 저항하는 기존 이미지

[그림 2]의 경우 관찰자가 윗줄 맨 왼쪽 그림부터 하나씩 보게 되면 최초 '남자'라고 인식된 이미지가 그 후에 관찰될 이미지에 영향을 미치기 때문에 그림이 조금씩 변하면서 여성의 모습에 가까워지지만 쉽게 여자 이미지를 인식하기가 어렵다.

사고방식은 빠르게 형성되고 한번 형성되면 쉽게 바뀌지 않고 변화에 저항하는 경향이 있다. 새로운 정보가 기존의 이미지에 동화되기 때문이다.

그래서 처음으로 새로운 부서에 배속받은 수사관이 10년 이상 같은 부서에서 일한 숙련된 수사관이 간과한 부분에 있어서 정확한 통찰력을 만들어 내기도 하는 것이다.

미국의 인기드라마였던 CSI의 '길그리섬' 반장을 기억하는가? 그가 남긴 명언이 우리에게 깊은 통찰을 더해준다.

"I'm wrong all the time. That's how I eventually get to right."

내가 틀릴 수 있다라는 것을 인식하는 것이 바로 정답을 찾아가는 방법 또는 과정이 될 것이다.

첫 의문은 기지국 수사에서 시작

2015년 10월 정보분석 전문 프로그램인 i2가 대한민국 경찰청에 보급되기 시작하여 2020년 초까지 다양한 사건의 정보분석에 성공적으로 활용될 수 있게 된 촉발요인은 다름아닌 5년 전 지방의 작은 연쇄 절도사건이었다.

2010년 전라북도 군산에서 '사기절도' 사건이 잇따라 발생하였다.

> 범인은 영세한 음식점이나 꽃집에 손님을 가장하여 들어가 많은 양의 음식을 시키거나 바로 인근지역에 꽃 배달을 의뢰한다.
> 그리고 주인이 한눈을 팔거나 배달을 위해 잠시 가게를 비운사이 카운터에 있는 금전과 주인의 손가방을 훔쳐 달아나는 수법으로 범죄를 저지르고 있다.
> 주인이 가게에 들어와 절도당한 사실을 인식하고 112 신고를 해보지만, 경찰이 출동하고 나면 이미 범인은 유유히 사라지고 그 어떤 흔적도 남기지 않았다.

군산경찰서 김형사는 주변 탐문수사 끝에 용의자가 찍힌 몇 건의 CCTV 화상자료를 확보하였으나 그 자료만으로는 용의자가 누구인지 밝혀내기 어려운 상황이었다.

[그림 3] 사기절도 범인이 포착된 CCTV 영상

그런데 김형사가 피해자들을 상대로 조사한 결과, 용의자가 범행 직전에 누군가에게 통화를 하고 있었다는 공통된 진술을 확보할 수 있었다.

김형사는 범행 시간대에 범행 장소에서 전화를 건 불특정 다수인들의 전화번호를 모두 추출하여 범행이 발생한 장소에서 공통적으로 발신한 핸드폰 번호를 찾을 수만 있다면 아마도 그 중에 용의자가 사용한 핸드폰이 있을 수도 있겠다는 가설을 세우게 되었다.

그 즉시 법원으로부터 통신사실확인자료제공요청 허가서(또는 압수수색영장)를 발부받아 총 8군데 장소의 기지국 발신내역을 확보하는 기지국 수사[8]를 진행하였고, 수만건의 기지국 통화내역 중에서 중복된 번호를 추출하기 위해 분석에 착수한 김형사....

김형사는 경찰청 사이버테러대응센터에서 개발한 수사증거자료분석기[9] 프로그램을 활용하여 중복 전화번호 추출을 시도하였으나 데이터가 많아 그 결과를 확인하기까지 12시간 이상을 기다려야 했고, 중간에 컴퓨터를 잘못 건드리기라도 하는 날엔 프

---

8 범행장소, 범인 이동경로 등에 위치한 기지국을 경유한 전화번호 내역을 발췌하는 수사기법으로 수사기관의 수집방식은 검찰/법원 관할별로 압수수색영장과 통신사실확인자료제공요청허가서 두 가지 방식이 혼재.

9 수사증거자료분석기(Investigation Data and Evidence Analyzer : IDEA)란 경찰청 사이버테러대응센터에서 2002년에 개발한 프로그램으로 수사에 필요한 다양한 양식의 증거자료(통화내역, 계좌거래내역, 차량통과기록 등)를 하나의 정형화된 양식으로 표준화한 후 중복자료를 자동추출해 주는 정도의 기초적인 분석기능을 담고 있다. 그러나 다양한 양식의 수사자료 표준화시 불필요한 자료 삭제, 셀합침 등 여러 단계의 절차를 거쳐야 하고 자료의 양이 많아지면 표준화까지 시간이 너무 많이 소요되며 분석기능 역시 단순 중복자료 추출 정도에 그치는 등 사용자 편의성이 떨어진다는 단점이 있었다.

로그램 작동이 멈추는 현상까지 발생하였다. 이때 *i2*와 같은 전문적인 정보분석 프로그램이 있었다면 아마 분석은 10분도 채 걸리지 않아 끝났을텐데....

과거에는 데이터의 종류도 제한적이었고 방대한 양의 수사자료를 분석할 일이 별로 많지 않았기 때문에, 경·검 등 각 수사기관에서는 데이터 분석이 필요한 경우 스프레드시트 프로그램인 엑셀의 통계분석 기능을 제한적으로 활용하거나 내부 수사시스템의 코드화된 정보를 검색하여 일치하는 정보를 찾아내는 방법을 주로 사용하였다. 당시만 해도 표준화된 범죄정보 분석원리나 기법에 대한 심층적인 고민은 활발하게 이루어지지 못했다.

그런데 바야흐로 4차산업 혁명시대에 접어드는 요즈음 대한민국 국민 1명당 1.2대 꼴로 스마트폰을 사용하고 있고, 통신기술의 발달과 IoT의 확대에 따라 분석이 필요한 디지털 형태의 수사자료들의 유형이 다양해지고 그 양도 방대해져 가고 있다.

특히 통화·계좌내역 등 데이터간의 관계에 초점을 맞춘 분석 필요성이 높아지면서 기존의 빈도나 횟수 등의 척도를 기반으로 하는 양적 분석만으로는 데이터 안에 숨겨져 있는 의미나 패턴을 찾아내기가 어려워졌다.

위 사기절도 사건의 '기지국 통화내역' 분석은 사실 *i2* 프로그램에서 제공하는 사회 연결망 분석 원리인 연결중심성(degree centrality) 분석 알고리즘을 활용하면 쉽게 그 결과를 도출할 수 있으며 분석원리에 대한 명쾌한 설명도 가능하다.

이를 이해하기 위해 가장 먼저 공부해야 할 부분은 늘 보아오던 항목목록 형태의 엑셀 데이터를 개체와 링크로 구성된 네트워크 형태로 변환하여 분석하는 것이다.

〈표 1〉 항목목록 형태의 엑셀 데이터

발신번호	착신번호	통화일시	발신위치	구분
01046097950	01086097950	2020－01－04 20:50:29	충남 아산시 신창면	국내음성통화
01046097950	01026234397	2020－01－10 21:30:11	SS48	문자(SMS)
01046097950	01048024397	2020－01－10 21:41:33	서울 강남구 대치동	국내음성통화
01046097950	01034343131	2020－01－10 22:00:10	서울 강남구 대치동	국내음성통화
01086097950	01012347788	2020－01－11 10:15:11	서울 서초구 방배동	국내음성통화
01086097950	01023115566	2020－01－04 21:00:16	HS01	문자(SMS)

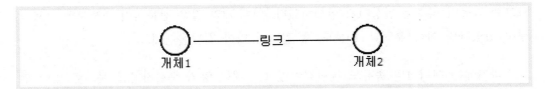

[그림 4] 관계모델

관계모델로 분석한다는 것이 구체적으로 어떤 의미가 있는지, *i2*를 활용하여 어떻게 관계분석을 효과적으로 수행해낼 수 있는지 다음 장에서 살펴보기로 하자.

*i*2와 관계 데이터

CHAPTER 02

*i*2와 관계 데이터

관계(네트워크) 데이터란?

네트워크 분석을 이해하기 위해서 우선 '관계' 정보와 '속성' 정보의 차이에 대해서 알아보기로 하자.

그간 우리가 주로 보아오던 데이터는 '속성형 데이터'인데 일반적으로 사람들의 속성, 의견, 행동과 관계가 있으며 이 속성은 해당 개인 혹은 단체에 귀속된 특성, 본질, 특징 등으로 여겨지는데 이와 같은 속성 데이터는 변수 분석과 같은 기존의 통계학적인 절차를 통해 분석되는 것이 대부분이다.

관계형 데이터는 연락, 유대, 관련, 단체 귀속, 만남 등 사람들간의 관계를 나타내는 것으로서, 개인의 속성이나 특성이 아니라 개인이 속한 체제의 특성을 말한다.[1]

〈표 1〉 속성 데이터 샘플

연번	성명	성별	생일	학력	고향
1	김지온	남	1979. 1. 14.	경찰대	광주
2	박형준	남	1979. 2. 11.	중앙대	부산
3	박연철	남	1978. 9. 4.	경희대	대전
4	윤진항	남	1978. 8. 31.	조선대	인천
5	김현태	남	1978. 12. 15.	서울대	서울
6	김대진	남	1978. 6. 21.	연세대	대구
7	이소진	여	1979. 1. 6.	카이스트	아산

---

1 존 스콧 지음, 김효동·김광재 옮김, Social Network Analysis a handbook, 커뮤니케이션북스, 2012. 4쪽.

〈표 2〉 관계 데이터 샘플

개봉일	작품명	배우	연출진	관객수
2013−01−23	8번방의 선물	갈소원	이환경	12,811,624
2005−12−29	왕의남자	감우성	이준익	10,513,976
2003−12−24	실미도	강도한	강우석	11,081,000
2016−02−03	검사외전	강동원	이일형	9,707,119
2017−12−27	1987	강동원	장준환	7,232,387
2016−12−21	마스터	강동원	조의석	7,147,924
2005−12−29	왕의남자	강성연	이준익	10,513,976
2003−12−24	실미도	강성진	강우석	11,081,000
2011−05−04	써니	강소라	강형철	7,453,715
2003−12−24	실미도	강신일	강우석	11,081,000
2009−07−22	해운대	강예원	윤제균	11,324,958
2014−07−30	명량	강태영	김한민	17,615,658
2011−08−10	최종병기 활	강태영	김한민	7,482,180

〈표 1〉은 각 사람들의 성별, 생일, 학력 등 속성정보를 정형화해 준 대표적인 속성 정보의 형태이며, 〈표 2〉는 같은 영화를 제작한 감독과 주연과의 관계를 정형화해 준 관계 정보이다.

〈표 3〉 관계 데이터 유형[2]

관계의 유형	예시	데이터 소스
Social Relations	(친분관계) A와 B는 서로 알고 지내는 사이이다.	설문조사
	(온라인 관계) A와 B는 페이스북/트위터 친구이다.	친구 목록
Interaction	(커뮤니케이션) A는 B에게 전화/이메일/카톡을 보냈다.	통화/이메일/카톡 내역
	(거래) A회사는 B회사에게 물품을 팔았다.	세금계산서 발행내역

---

2 이 자료는 2019년 데이터 그랜드 컨퍼런스(2019. 11. 27. 주최 : 과학기술정보통신부, 주관 : 한국데이터산업진흥회)에서 발표된 ㈜사이람 배수진 과장의 '소셜빅데이터에서의 네트워크 분석과 텍스트 분석' 발표자료에서 발췌하였음.

Flows	(자금의 흐름) A는 B에게 돈을 부쳤다.	통장거래내역
	(자원의 흐름) A부서에서 일하던 김씨는 B부서로 이동했다.	인사이동 경로
Similarities	(공동구매) A와 B는 모두 기저귀와 맥주를 함께 구매했다.	구매내역

우리가 평소 특별히 인식하진 못했지만 위와 같이 사회적 관계, 상호작용, 흐름, 유사성 등이 모두 관계데이터이고 관계정보는 그에 맞는 형태로 시각화하여 분석하는 게 필요하다.

수사기관에서 데이터를 분석할 때 가장 자주 활용하는 일반적인 정보가 바로 통화 내역과 계좌내역이다. 통화내역은 발신번호와 착신번호로 구성되어 있고, 계좌내역은 송금계좌와 수신계좌가 있기 때문에 상호작용(Interaction)과 흐름(Flow)에 해당하는 대표적인 관계형 데이터라고 할 수 있다.

기존의 분석 방법론으로는 다수 통화자, 다액 거래자 등 양적인 분석에 주로 의존해 왔는데 양적인 분석은 개개인의 자료를 분석하는 데는 다소간의 도움이 되지만, 조직범죄와 같이 수사대상자가 여러 명인 사건에 있어서 대상자간의 통화 및 거래관계의 패턴이나 중요성이 높은 개체를 식별하는 데는 별다른 실효성을 얻지 못한다. 이와 같은 경우에 수사상 의미 있는 결과를 산출하기 위해서는 비록 서로간에 통화나 거래를 적게 했더라도 관계도상 유의미한 형태나 구조적인 패턴을 도출하는 것이 더욱 중요하다.

관계데이터의 표현방법

관계데이터를 개체와 링크 형태로 변환하기 위해서 사회 연결망 분석의 기본 단위의 개념부터 이해해야 한다. 연결망 분석의 기본 단위는 노드(node, actor, entity, 개체 등으로 표현)와 라인(line, 또는 링크, 연결, 엣지 등으로 표현)으로 구성되는데 여기서 노드가 인간, 사물, 사건 등과 같은 행위자, 즉 액터를 나타내고 라인은 행위들간의 관계를 의미한다.[3]

---

3 서정원·김형중, 자금세탁 의심거래 탐지방안 연구 – 소셜 네트워크 분석 기법을 중심으로, 디지털콘텐츠학회논문지, Vol. 20, No. 3, pp. 569~576, 2019. 3. 571쪽.

i2에서 사용되는 용어를 기준으로 한다면 노드는 엔티티(entity), 라인은 링크(link)로 표현하고 있다. 연결망 그래프는 점들간의 연결에 대한 질적인 패턴을 표현하는데 쓰인다.[4]

 관계데이터는 행렬(Matrix), 엣지 리스트(Edge List), 링크드 리스트(Linked List)로 정형화가 가능하고 이를 점과 선의 그래프 형태로 표현 가능한데 이를 소시오 그래프(Socio graph) 또는 소시오 그램(Socio gram)이라고 한다.

 행령, 엣지 리스트, 링크드 리스트에 대한 설명은 다음과 같다.[5]

〈표 4〉 행렬(Matrix)

Matrix						
	A	B	C	D	E	F
A	0	1	1	0	0	0
B	0	0	0	2	0	0
C	0	3	0	0	0	0
D	0	0	0	0	1	2
E	0	0	0	0	0	0
F	0	0	0	0	0	0

▷ 행과 열의 의미
 – 행은 Sourc Node, 열은 Target Node

▷ 행과 열의 교차점
 – 행과 열을 연결하는 링크의 값(왼쪽 예시 : 숫자 2)을 의미
 – 가중치가 없는 링트는 0과 1, 가중치가 있는 경우 1 이상 다양한 값 존재
 – 예를 들면 친구관계 매트릭스는 친구관계가 있다, 없다 2가지 경우의 수만 있으므로 가중치 없이 0과 1로 표현 가능

〈표 5〉 엣지 리스트(Edge List)

Edge List		
Source	Target	Weight
A	B	1
C	B	3
A	C	1
B	D	2
D	E	1
D	F	2

▷ 1 행은 1개의 링크를 의미

▷ 열은 Source Node, Target Node, Link Weight를 차례로 표현

▷ 통화내역이나 계좌내역을 엣지 리스트로 정형화 가능

---

4 존 스콧, 전게서, 106쪽.
5 행렬, 엣지 리스트, 링크드 리스트에 대한 설명은 2019. 10. 경찰대학 치안데이터과학연구센터에서 개최한 치안 데이터 과학 아카데미에서 발표된 ㈜사이람 김기훈 대표의 '넷마이너를 이용한 고급 사회 연결망 분석' 교육자료를 인용하였음.

〈표 6〉 링크드 리스트(Linked List)

Linked List		
Source	Target1	Target2
A	B	C
B	D	
C	B	
D	E	F

▷ 1행에 1개 Source Node와 여러 개의
   Target Node를 표현

▷ 단 가중치가 없는 데이터만 표현 가능

▷ ego-centric network 즉 자아 중심
   연결망 자료를 정형화 할 때 유용함

위 관계데이터 유형을 참조하여 '통화내역' 데이터에 적용해보자.

아래 통화내역 엑셀데이터를 보면 '발신번호' 열이 Source Node, '착신번호' 열이 'target node'로 엣지 리스트로 표현할 수 있다. 이때 Weight 열은 없지만 실제 *i2*를 활용하여 분석사양을 짤 때 링크의 가중치는 '통화 횟수'로 설정한다.

〈표 7〉 통화내역 데이터 항목목록 형태 서식

발신번호	착신번호	통화일시	발신위치	구분
01046097950	01086097950	2020-01-05 11:50:29	충남 아산시 신창면	국내음성통화
01046097950	01026234397	2020-01-10 21:30:11	서울 강남구 대치동	폰메일통화
01046097950	01048024397	2020-01-10 21:41:33	서울 강남구 대치동	국내음성통화
01046097950	01034343131	2020-01-10 22:00:10	서울 강남구 대치동	국내음성통화
01086097950	01012347788	2020-01-11 10:15:11	서울 서초구 방배동	국내음성통화
01086097950	01023115566	2020-01-11 11:30:16	서울 서초구 방배동	폰메일통화
01023115566	01044847122	2020-01-10 18:20:33	서울 동대문구 휘경동	폰메일통화
01023115566	01066665512	2020-01-14 20:11:26	서울 동대문구 휘경동	국내음성통화
01023115566	01088974573	2020-01-10 18:20:33	서울 동대문구 휘경동	국내음성통화
01044847122	01023115566	2020-01-10 18:31:28	과천시 주월동	국내음성통화
01086097950	01046097950	2020-01-15 20:29:33	서울 강남구 대치동	국내음성통화
01086097950	01046097950	2020-01-16 07:11:20	서울 강남구 대치동	폰메일통화
01046097950	01086097950	2020-01-16 22:21:56	충남 아산시 신창면	국내음성통화
01026234397	01046097950	2020-01-16 20:42:13	하남시 망월동	국내음성통화

*i2*를 활용하여 위 엣지 리스트 형태의 정형화된 통화 네트워크 데이터를 다음과 같이 소시오 그래프 형태로 모델링 할 수 있다.

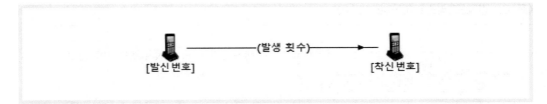

엑셀에 있는 여러 컬럼 중에 '발신번호'를 왼쪽 노드의 ID로, 오른쪽 노드는 '착신 번호'로 지정하고 링크의 ID는 통화횟수를 확인하기 위해 '발생 횟수'로 지정해주면 수사대상자들의 통화네트워크에 대한 사회관계망 분석 모델이 깔끔하게 완성되는 것이다.

<표 7>의 통화데이터를 $i2$로 시각화하면 다음과 같은 사회 관계망 그래프를 그릴 수 있어서 시각적으로 어떤 번호가 중요한지 쉽게 파악할 수 있다.

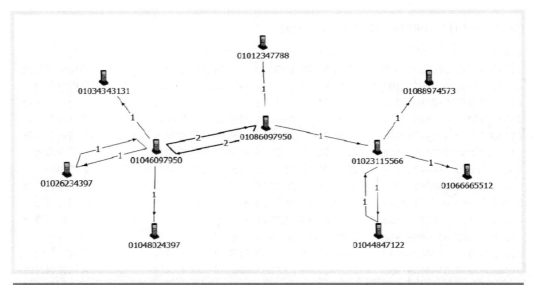

$i2$ 프로그램의 또 한 가지 장점은 관계분석과 함께 속성 분석도 가능하다는데 있다. $i2$의 분석 원리를 ELP 모델이라고 표현하는데 Entity, Link, Properties를 의미하는 것으로 개체와 링크의 속성값을 지정해줄 수 있다.

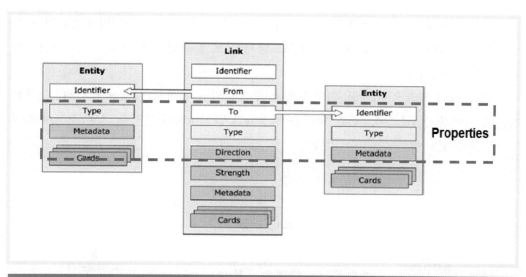

[그림 3] *i2*의 ELP 모델

　　위에서 예로든 통화 네트워크 분석모델에서 링크의 속성값으로 기지국 위치 또는 문자인지 통화인지를 식별할 수 있는 '구분' 열을 넣어주고 싶다면, 아래 그림과 같은 방식으로 모델링이 가능하다.

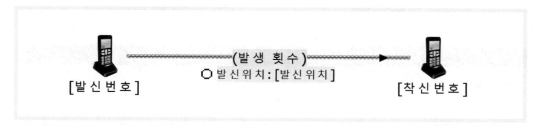

[그림 4] '발신위치'를 링크의 속성값으로 추가한 관계데이터 모델링 서식

[그림 5] '구분'항목을 링크의 속성값으로 추가한 관계데이터 모델링 서식

*i*2를 활용하여 위와 같이 분석 사양을 짜게 되면 링크 레이블인 '발생횟수'와 함께 링크의 속성값인 '발신위치' 또는 '구분'도 함께 차트에 표현되어 아래 [그림 6], [그림 7]과 같이 시각화 된다.

　　링크 속성 값으로 기지국 위치가 차트에 현출되면 통화시에 발신자의 위치정보를 한눈에 알아볼 수 있으며, '구분' 항목을 지정하면 발신내역이 문자를 보낸 것인지 음성 통화인지를 한눈에 구분할 수 있다.

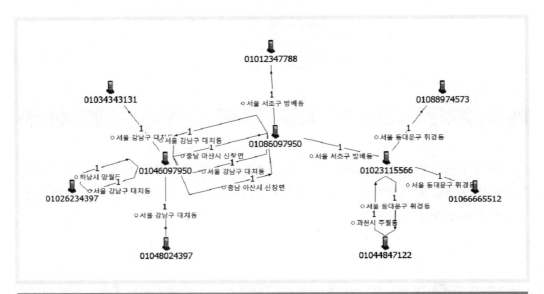

[그림 6] 표 7 데이터 링크 속성에 '발신위치' 정보 추가 후 시각화

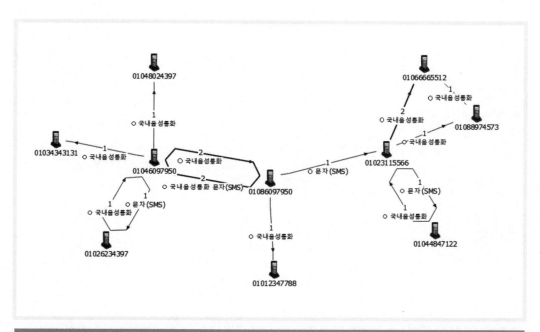

[그림 7] 표 7 데이터 링크 속성에 '구분' 정보 추가 후 시각화

위 사례에서 '발신위치'와 '구분' 모두를 차트에 현출시키고 싶다면 링크 속성값에 두열을 모두 지정해주는 것도 가능하다.

그러나 속성값을 함께 시각화 하는 것은 데이터의 양이 적을 때는 효과적이나 데이터가 많아지게 되면 자칫 차트가 혼란스러워져서 시각화의 효과를 감소시킬 수 있으므로 유의해야 한다.

i2의 이해

CHAPTER 03

*i*2의 이해

*i*2에 관하여

이제 본격적으로 정보분석 프로그램인 *i*2에 대해서 알아보도록 하자.

*i*2는 information image의 약자로 정보를 시각화해 준다는 의미를 담고 있다. 최초 1990년에 영국에 *i*2라는 회사(Analytics software Group)에서 군·경찰 등 사법기관의 정보분석에 활용하기 위해 개발한 프로그램으로 2011년에 IBM에서 인수하여 약 10년간 운용하다가 2022. 1월 N. Harris Computer Corporation에 인수되었으며, 2022년 기준 9.2.4버전까지 출시되었다.

*i*2는 사람·통화·계좌내역 등 방대하고 다양한 자료간에 연관성을 분석, 시각화하여 조사의 단서를 찾게 해주는 프로그램으로 FBI, CIA 등 해외 수사·정보기관 뿐만 아니라 금융·통신사 등 일반기업에서도 정보조사나 개인정보유출 사고 방지를 위해 관련부서에서 분석용 프로그램으로 널리 활용되고 있다.

최근에는 단순한 소프트웨어를 뛰어넘어 명실상부한 빅데이터 분석 플랫폼으로까지 발전하였는데(다음 그림 중 4세대 모델), 미국 뉴욕 경찰청 리얼타임 크라임센터에서 *i*2 기반의 'Cobalt'라는 맞춤형 분석 플랫폼을 구축하여 활용중에 있다.

현재 한국경찰에서는 다음 *i*2 기반의 데이터 분석 플랫폼 4세대 모델 중 3세대까지 활용하고 있으며 서버 기반의 빅데이터 분석 시스템인 4세대 모델을 한국 맞춤형으로 개발하기 위해 경찰대학 치안데이터과학 연구센터를 중심으로 연구를 진행중에 있다.

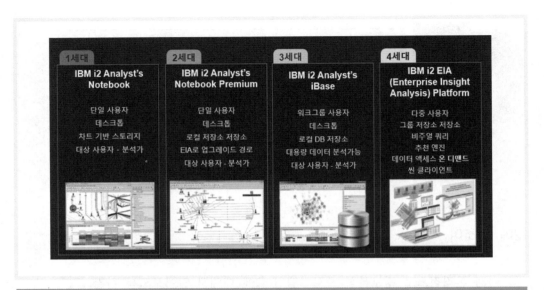

[그림 1] *i*2 4세대 모델

본격적으로 *i*2를 사용하기 전에 반드시 알고 가야 할 주요 개념들이 있다. 2장에서도 잠깐 언급했듯이 먼저 *i*2의 기본원리인 ELP 모델과 주요 용어의 개념들을 알아보도록 하자.

ELP는 관계분석의 요소가 되는 Entity와 Link, Properties의 첫 글자를 따서 표현한 것이다.

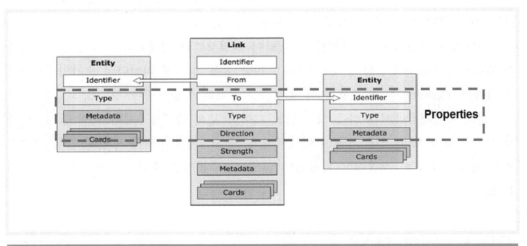

[그림 2] *i*2 ELP 모델

엔티티는 사물 또는 사람 등 하나의 개체를 의미한다. 예를 들어 사람, 자동차, 핸드폰, 계좌, 은행 등이 엔티티라 할 수 있다(엔티티를 학계에서는 노드라고도 표현한다.).

링크는 두 개체간의 관계를 의미한다. 예를 들어 사람과 자동차는 소유 관계가 되며 핸드폰과 핸드폰은 통화내역이 링크가 될 수 있다. 또한 계좌와 계좌간에는 거래라는 관계가 발생한다. 이러한 소유 관계, 통화 내역, 거래 내역이 링크가 된다.

속성은 엔티티 또는 링크의 특성을 묘사하는 정보이다. 예를 들어 사람 엔티티는 이름, 성, 출생 날짜 등의 특성을 가지고 있다. 물론 분석 목적에 따라 속성 정보를 엔티티로 표현할 수도 있다.

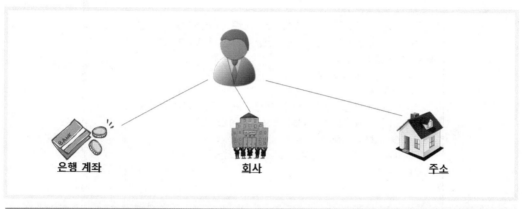

은행 계좌   회사   주소

[그림 3] 한 개체의 속성을 엔티티로 시각화

이제 *i2*의 핵심 키워드의 의미에 대해 알아보자. 먼저 다음 그림은 *i2* 분석 기능 중 가장 많이 활용되는 '막대형 차트 및 히스토그램' 화면이다. 각각의 명령어가 어떤 기능인지 이해하기 위해서는 키워드들의 개념을 확실하게 이해하고 있어야 한다.

예를 들어 '레이블 값(링크:22)'는 어떻게 해석할 것인가?

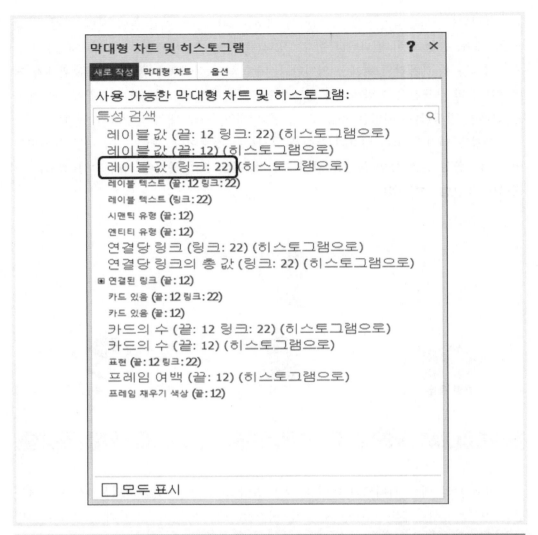

막대형 차트 및 히스토그램   ? ×

새로 작성 막대형 차트   옵션

사용 가능한 막대형 차트 및 히스토그램:

특성 검색   🔍

　　레이블 값 (끝: 12 링크: 22) (히스토그램으로)
　　레이블 값 (끝: 12) (히스토그램으로)
　　레이블 값 (링크: 22) (히스토그램으로)
　　레이블 텍스트 (끝: 12 링크: 22)
　　레이블 텍스트 (링크: 22)
　　시맨틱 유형 (끝: 12)
　　엔티티 유형 (끝: 12)
　　연결당 링크 (링크: 22) (히스토그램으로)
　　연결당 링크의 총 값 (링크: 22) (히스토그램으로)
⊞　연결된 링크 (끝: 12)
　　카드 있음 (끝: 12 링크: 22)
　　카드 있음 (끝: 12)
　　카드의 수 (끝: 12 링크: 22) (히스토그램으로)
　　카드의 수 (끝: 12) (히스토그램으로)
　　표현 (끝: 12 링크: 22)
　　프레임 여백 (끝: 12) (히스토그램으로)
　　프레임 채우기 색상 (끝: 12)

☐ 모두 표시

[그림 4] 막대형 차트 및 히스토그램 '레이블 값(링크)' 기능

'레이블 값(링크)'의 의미를 해석하면 '레이블＝이름, 값＝숫자'를 의미하는데, '막대형 차트 및 히스토그램'이 양적 분석기능을 제공하는 점을 감안하여 풀이하자면 '링크의 이름을 숫자로 인식하여 필터링 하라'는 의미가 된다.

보통 어떤 데이터들에 대해 분석사양을 짤 때 엔티티와 링크에 그 아이덴티티(ID)를 부여하게 되고, ID의 레이블, 즉 이름을 부여하게 된다. 사람의 ID를 주민등록번호라고 한다면 실제 그 사람을 부를 때 주민등록번호로 부를 수는 없으니 이름을 만들어

부르게 되는 것과 같은 맥락으로 생각하면 된다.

　아래 그림을 예로 들어 설명해 보면 '김사부' 엔티티의 ID는 '790101 − 1234234'이고 레이블(이름)은 '김사부' 이다.

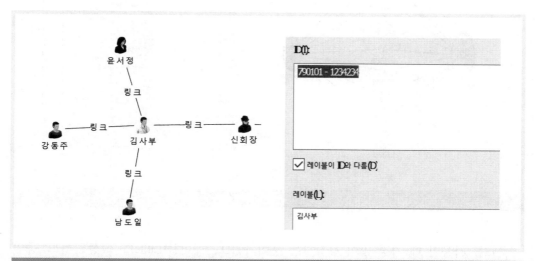

[그림 5] '김사부' 엔티티의 ID, 레이블 표시

　막대형 차트 및 히스토그램의 명령어인 '레이블 값(링크)'의 의미를 이해하기 위해서 통화내역 분석을 예로 들어보면 발신번호와 착신번호를 연결해주는 링크의 레이블을 '발생횟수'로 지정해주는 경우가 대부분인데, 이런 경우에는 '레이블 값(링크)'는 링크의 레이블인 '발생횟수'를 '값' 즉 '숫자'로 인식하여 필터링 하라는 의미가 된다.

　다음 통화내역 분석사례의 링크 레이블이 발신 횟수이며 '막대형 차트 및 히스토그램'의 '레이블 값(링크)' 기능을 활용하면 다음과 같이 필터링이 되고 '발신 횟수'를 기반으로 데이터를 추출할 수 있다.

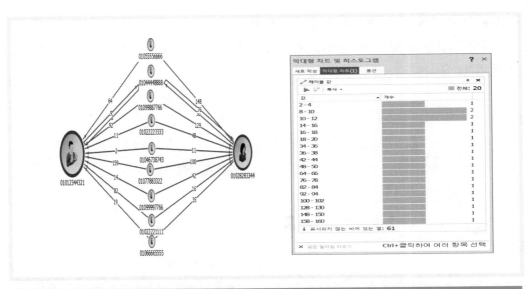

$i2$를 사용할 때 가장 많이 등장하는 용어가 'ID', '레이블(Lable)', '속성', '카드' 등인데, 간단히 정리하자면 다음과 같다.

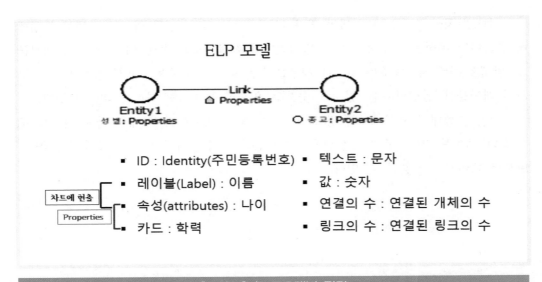

ID는 엔티티의 동일성을 식별하는 사람의 주민등록번호와 같은 정보이고, 레이블(Label)은 엔티티의 이름을 의미한다.

'속성(attributes)' 정보는 개체와 링크의 많은 속성(Properties) 정보들 중에서 차트에 현출하고 싶은 대표적인 속성 정보를 말한다.

'카드'는 위 '속성(attributes)' 정보 외에도 알고싶은 다양한 정보를 담을 수 있는 그릇 정도로 생각하면 된다. 정보를 카드에 넣어 항목에 구조화되지 않은 설명 정보를 추가하고 출처 정보를 추가할 수 있다. 일반적으로 각각의 보충 정보 조각에 대해 하나의 카드가 사용된다. 분석(예: 검색)하는 동안 카드에 있는 정보를 사용할 수 있지만 카드 정보는 차트 화면에 표시할 수 없다.

[그림 8] 카드 입력 항목 예시

이 외에 *i2*에서 사용되는 주요개념이나 기능을 알고 싶을 때는 프로그램 우측 상단에 ? 버튼이 도움말 기능인데 이를 활용하여 검색하면 친절한 설명이 부기되어 있다.

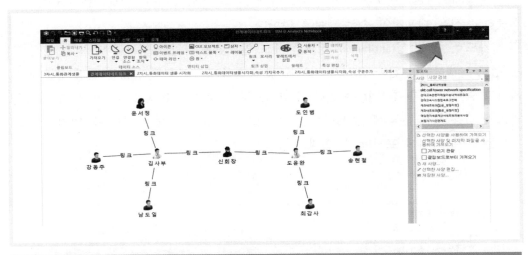

[그림 9] 도움말 항목 위치

도움말 기능은 '내용', '색인', '검색' 란으로 구성되어 '내용'란에서 카테고리화 된 기능 설명을 볼 수가 있고, '검색'란에서 키워드 검색을 통해서 궁금한 단어의 의미를 찾아볼 수 있다.

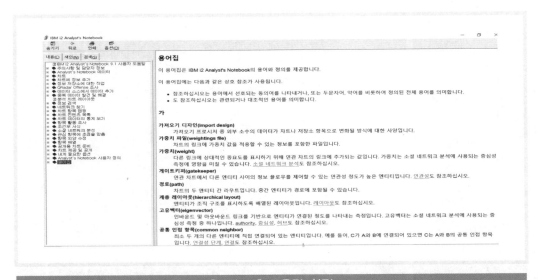

[그림 10] 도움말 화면

$i2$는 기본 버전인 Analyst's Notebook과 프리미엄 버전인 Analyst's Notebook Premium으로 나뉘는데 프로그램의 기본 기능은 같고, ANBP가 로컬 저장소를 두고 있다는 점만 다른 점이다.

아래는 프리미엄 버전의 메뉴 중 로컬 저장소인 '데이터 소스' 항목과 일종의 로컬 서버인 인텔리전스 포털 접속 화면이다. 프리미엄 버전은 데이터를 로컬 저장소에 구조화하여 축적한 후 데이터간 관련성을 확장해가며 분석할 수 있다는 장점이 있다.

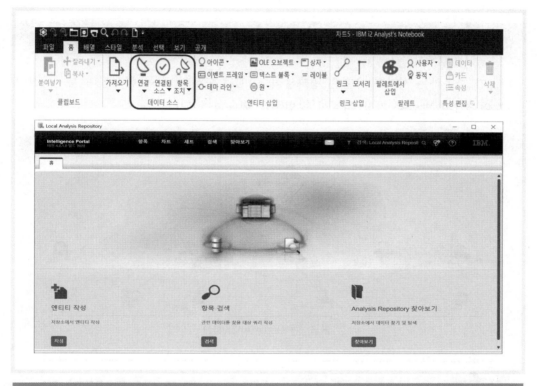

[그림 11] ANBP 데이터 소스 화면

$i2$ 프로그램의 설치는 비교적 쉬운 편이다. 프로그램 파일에서 'IBM $i2$ Analyst's Notebook 9.msi'나 'Setup.exe' 파일을 실행하여 설치가 가능하고 설치 후 윈도우 시작 화면에 Language Selector를 통해 프로그램 언어를 선택할 수 있다.

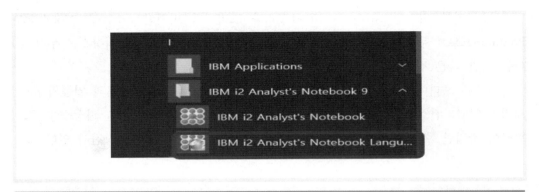

[그림 12] 윈도우 시작 화면 i2 Language Selector

i2가 제공하는 시각화 유형은 링크분석, 이벤트 도식화, 흐름 분석인데 분석목적에 맞게 위 3가지 방법중 가장 적절한 방법론을 활용하면 된다.

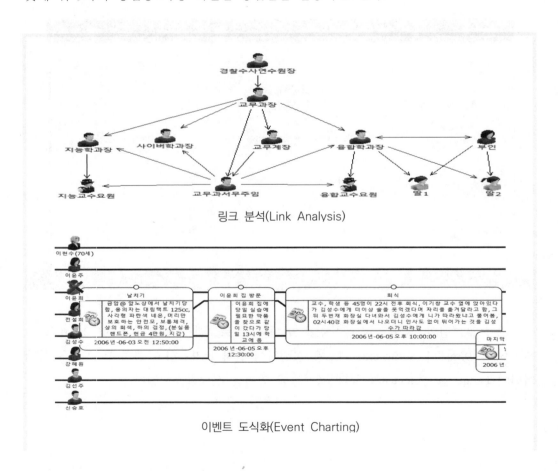

링크 분석(Link Analysis)

이벤트 도식화(Event Charting)

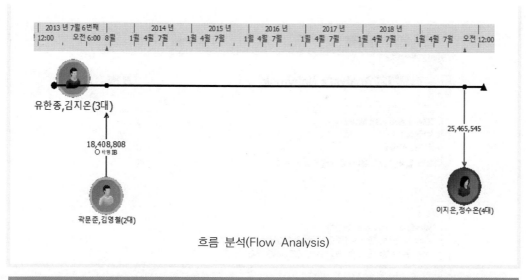

흐름 분석(Flow Analysis)

[그림 13] *i*2에서 제공하는 시각화 유형

*i*2의 화면과 구성

*i*2 Analyst's Notebook은 한국경찰청에서 2015. 10. 16자로 8.9버전을 구매한 이후 지속적으로 업데이트 되어 2018. 11. 30. 기준으로 9.11버전이 출시된 후 2021. 7월 기준 9.2.4 버전까지 사용되고 있다.

*i*2는 8버전에서 9버전으로 넘어가면서 유저 인터페이스가 대폭 바뀌었고, 9.1버전으로 업데이트되면서 분석 기능에 '가장 많이 연결된 항목 나열'이 추가되었다. 이와 관련된 자세한 내용은 해당 파트에서 상술하기로 한다.

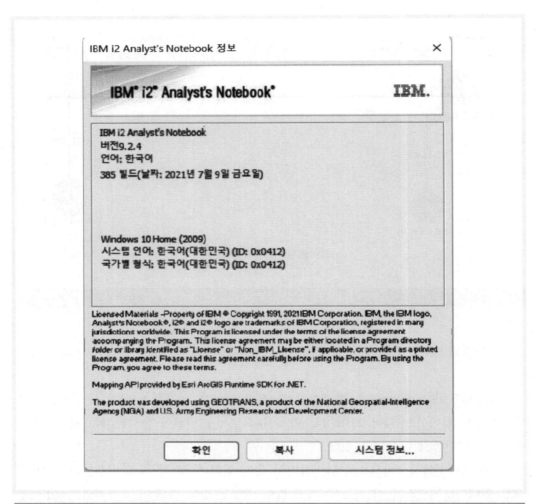

[그림 14] *i*2 Analyst's Notebook 정보

    *i*2의 화면은 상단의 메뉴와 리본, 우측의 분할 창, 가운데에 메인 차트로 3부분으로 구성된다.

    [메뉴] '파일, 홈, 배열, 스타일, 분석, 선택, 보기, 공개' 8개 대분류 항목으로 구성되어 있으며 각 항목마다 다양한 세부기능을 제공하고 있는데 '파일'을 제외한 모든 기능은 세부기능이 메뉴 바로 아래 리본 형태로 제공된다.

    [리본] 메뉴에 각 도구들의 세부 기능을 왼쪽에서 오른쪽으로 리본 형태로 나열해서 보여주며 리본 하단에 세부기능들을 카테고리화 하여 '중분류' 설명글을 두고, 세부기능 설명글과 함께 시각적 그림까지 제공하여 사용자의 이해도를 높이고 있다.

[**분할창**] 메뉴에서 분할창을 제공하는 일부 기능을 실행시켰을 때 해당 기능이 우측에 작은 분할창으로 활성화되어 일일이 메뉴에서 클릭하지 않고도 편리하게 프로그램을 사용할 수 있다. 예를 들어 '홈' 메뉴에서 '엔티티 삽입' 버튼을 클릭하여 메인창에 엔티티를 삽입할 수도 있지만, '팔레트에서 삽입' 기능을 선택하면 메인창 우측에 해당기능의 분할창이 생기면서 좀더 쉽고 빠르게 엔티티와 링크를 메인창에 삽입할 수 있다.

[**메인 차트**] 메인 차트는 수사관이 데이터를 시각화하여 분석하는 과정과 결과를 표현해주는 공간이다. 모든 작업은 메인차트에서 이루어진다.

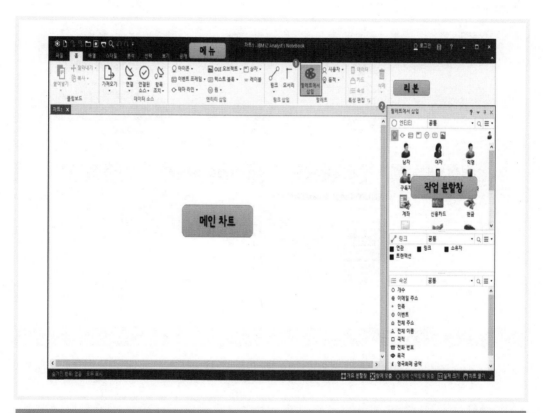

[그림 15] *i*2 초기화면

[분할창 세부] 분할 창은 빈번하게 사용되는 기능을 메인창 우측에 분할 창을 따로 생성하여 관련 기능들을 빠르게 실행할 수 있도록 도와준다.

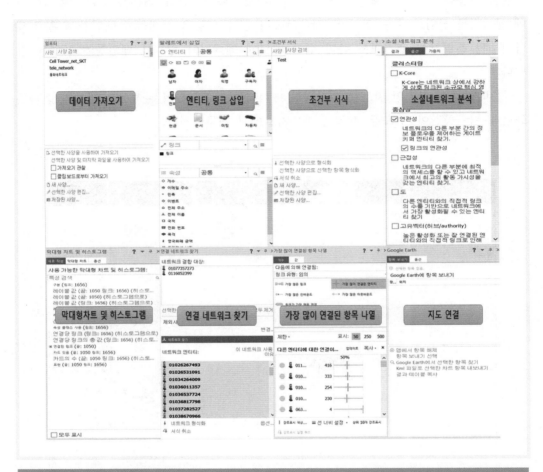

[그림 16] 분할창 세부화면

[기능 설명 개관] *i2*의 모든 기능에 대한 기본 설명은 실행버튼 위에 마우스 커서를 올려 놓고 잠시 기다리면 팝업창으로 활성화 된다.

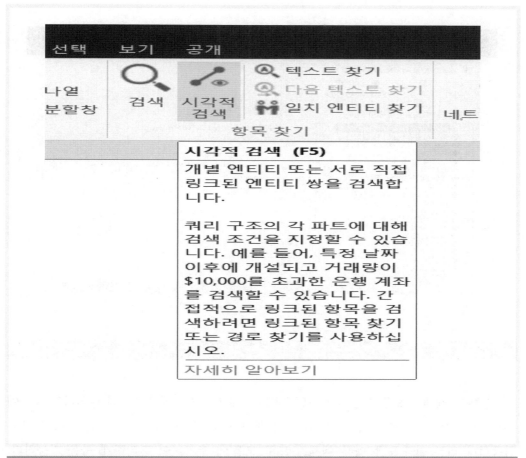

[그림 17] 메뉴 각 기능에 대한 보조설명 팝업창 화면

[**도움말**] i2에서 사용되는 용어의 개념이나 주요 기능 설명을 보다 자세히 알고 싶다면 도움말 기능을 활용하면 된다.

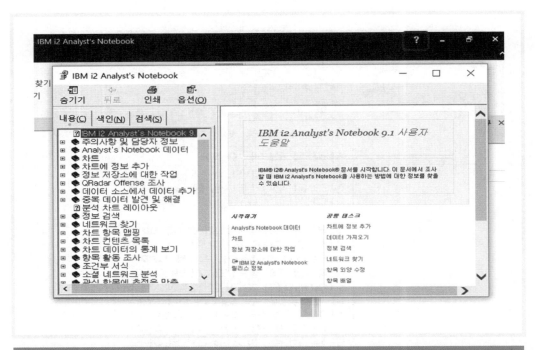

[그림 18] 도움말(?) 기능

[**빠른 엑세스 도구 모음**] 새 표준 차트 , 새 연관차트에 복사, 새 타임라인 차트에 복사, 파일 열기, 저장하기, 인쇄, 검색, 실행취소, 다시실행 등 자주 쓰는 기능은 메뉴 위쪽이나 리본 아래쪽에 '빠른 엑세스 도구 모음'에 추가하여 편리하게 사용 가능하다.

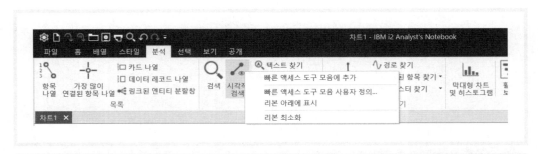

[그림 19] 빠른 엑세스 도구모음 기능

[**창과 관련된 기능 모음**] ANB 차트에서 분석가의 화면에 보이는 네모박스를 창(Window)라고 하는데, 데이터 전체를 창에 맞추어 보거나 일부 선택한 데이터를 확대하여 창에 맞추어 보는 등 차트에서 수기로 분석을 하며 자주 쓰는 일부 기능을 ANB 차트 우측 하단에 별도로 엑세스 도구 모음으로 모아 두었다. 이 기능 중 특히 '창에 맞춤'과 '차트끌기' 기능은 수시로 사용하게 된다.

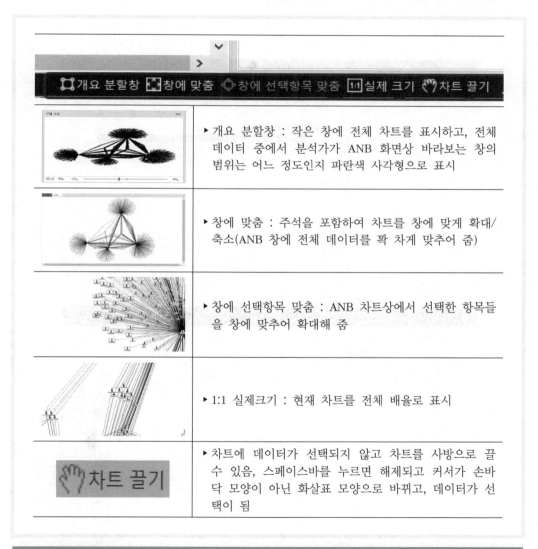

[그림 20] 메인창 화면보기 방식 및 차트끌기 기능

[**분할창 도킹**] 분할창 하나로 표현되던 여러 기능들이 각 기능별로 여러 개의 분할창을 만들 수 있고, 이를 자유롭게 이동하거나 도킹 기능으로 고정, 숨길 수 있는 기능이다. 소셜네트워크분석 기능을 불러오면 오른쪽에 분할창이 생성되는데 분할창 우측 상단에 있는 압정 모양의 아이콘을 클릭하면 분할창이 오른쪽으로 숨으면서 '소셜네트워크분석'이라는 선택버튼이 생성된다. 새로 생성된 선택버튼에 마우스 포인터를 대면 사라졌던 분할창이 자동으로 다시 나타난다.

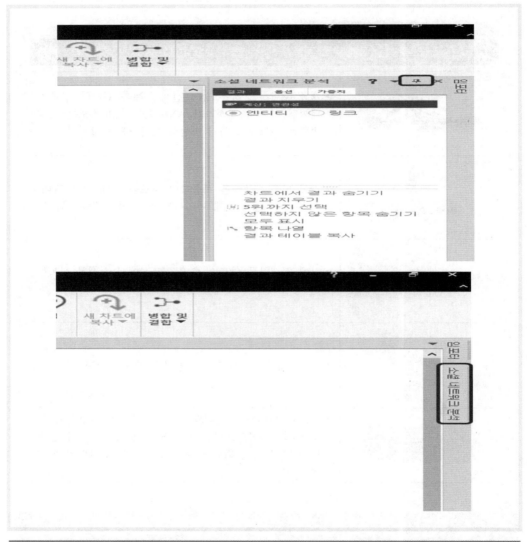

[그림 21] 분할창 도킹 기능

[**파일 메뉴**] 분석 데이터에 대해서 파일 단위의 관리 기능들을 제공한다. 일반적으로 차트를 새로 열거나, 분석중인 차트의 저장 / 열기 / 인쇄 / 차트의 특성 등의 관리를 할 수 있다.

[그림 22] 파일 메뉴 개관

[**파일 메뉴 : 차트 특성**] 주로 계좌 분석 시에 '파일 → 차트특성'에 기억해야 할 두 가지 기능이 있다. 먼저 '옵션→동작→레이블 병합 및 붙여넣기 규칙'이다. 같은 명의자의 다른 계좌번호 엔티티를 병합할 때 링크 레이블이 숫자인 경우는 '숫자 링크 합' 박스를 선택해 주어야 '링크레이블'이 횟수나 금액일 때 합산된다. 기본값은 '병합'으로 설정되어 있는데 '병합 : 같은 값 레이블은 병합하여 1개로, 다른 값 레이블은 나열', '첨가 : 무조건 레이블 나열'을 의미한다.

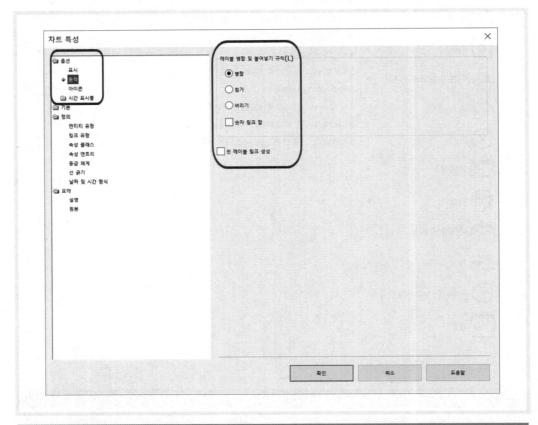

[그림 23] 차트 특성 '레이블 병합 및 붙여넣기 규칙' 기능

[**파일 메뉴 : 차트 특성**] '차트 특성 → 정의 →속성클래스' 우측 화면에 스크롤
바를 맨 하단으로 내려보면 계좌내역 분석사양을 만들 때 분석가가 설정해놓은 속성
정보를 변경할 수 있다. 예를 들어 하단에 '출금액'이라는 속성 정보를 더블클릭하면 소
수점 이하 두자리수까지 표기되도록 설정되어 있는 소수 자릿수를 0으로 변경하여 소
수점 이하를 절사할 수 있고, 하단에 동작 옵션에 '붙여넣기'시 또는 '병합'시 값을 합할
지 원본을 그대로 표기할지 여부를 선택할 수 있다. 자세한 내용은 분석단계에서 설명!

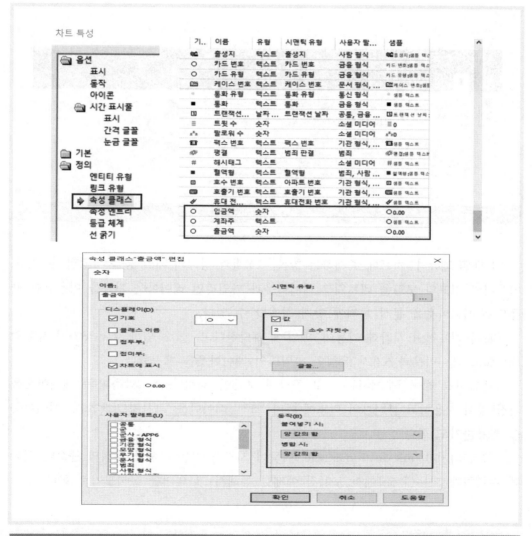

[그림 24] 차트 특성 '속성클래스' 기능

[**홈 메뉴**] 분석 데이터를 *i2*로 불러오거나 분석 도중에 항목의 복사, 잘라내기, 아이콘 삽입, 링크 삽입과 분석중인 엔티티와 링크에 대한 편집 등의 기능을 제공한다. 대용량 데이터가 아닌 소규모 데이터의 경우 아래 '엔티티 삽입'과 '링크 삽입'을 통해서 원하는 관계데이터를 수작업으로 그려 볼 수 있다.

엔티티 삽입 메뉴에 '아이콘, 이벤트 프레임, 테마라인'이 바로 대표적인 위에서 설명한 분석 방법론인 링크분석과 이벤트 도식화, 흐름분석을 위한 디자인 기능을 제공한다.

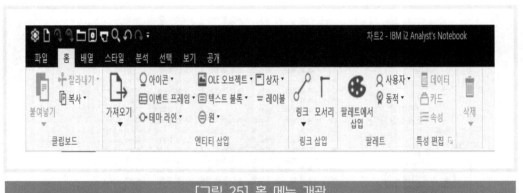

[그림 25] 홈 메뉴 개관

[**배열 메뉴**] 차트에 존재하는 항목의 정렬과 링크의 배열 등을 수정할 수 있고, 엔티티와 링크의 모양을 네트워크 레이아웃과 타임라인 레이아웃 기능을 이용하여 자동으로 레이아웃을 분석 목적에 맞게 설정할 수 있다.

*i2*의 대표적인 시각화 기능이 '배열'에 해당한다고 볼 수 있다. *i2*는 8가지 유형의 네트워크 레이아웃과 5가지 유형의 타임라인 레이아웃을 제공한다.

네트워크 레이아웃에서는 주로 공작새 모양인 '피콕' 또는 '압축피콕' 레이아웃을 가장 많이 사용하고 분석가의 의도에 따라 '조직' 레이아웃 '교차링크 최소화' 레이아웃을 활용하기도 한다.

*i2*의 의미가 'information image' 이듯이 시각화 기능 자체가 분석의 중요한 역할을 수행하게 되는데 5장에서 구체적 예제를 통해서 그 의미를 살펴보기로 한다.

[그림 26] 배열 메뉴 개관

[**스타일 메뉴**] 차트 내에 표현되어 있는 데이터의 스타일을 수정할 수 있도록 해준다. 차트 내에 표현되어 있는 글꼴이나 스타일 등을 사용자의 정의에 따라 변경이 가능하고, 엔티티나 링크의 스타일에 변화를 주거나 강조할 수도 있다. 주요 엔티티를 강조하고 싶을 때 엔티티에 프레임을 씌우거나 엔티티 개체를 확대해 주기도 한다. 아울러 레이블의 글꼴과 글자크기도 변경할 수 있다.

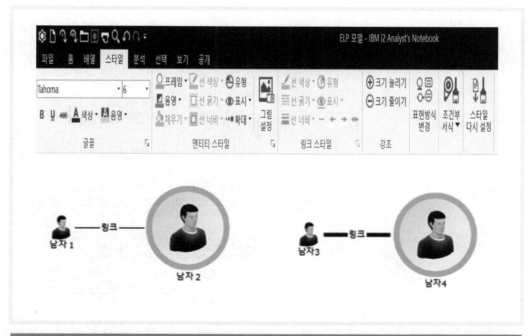

[그림 27] 스타일 메뉴 개관

[**스타일 메뉴 : 표현방식 변경**] '스타일 → 표현방식 변경' 기능은 최초 네트워크 형태로 불러온 데이터를 타임(테마)라인으로 전환하거나 반대로 테마(타임)라인 형태로 불러온 데이터를 네트워크 형태로 전환할 때 사용한다.

　　현재 차트에서 보고 있는 데이터가 네트워크 형태일 때에는 표현방식 변경 버튼을 선택하면 디폴트 값으로 자동으로 '테마라인'으로 변경할 수 있도록 체크가 되어 있고, 반대로 테마라인 형태의 데이터인 상태에서 표현방식 변경 버튼을 선택하면 '아이콘'에 선택이 되어 있어 바로 확인을 누르면 표현방식이 변경된다.

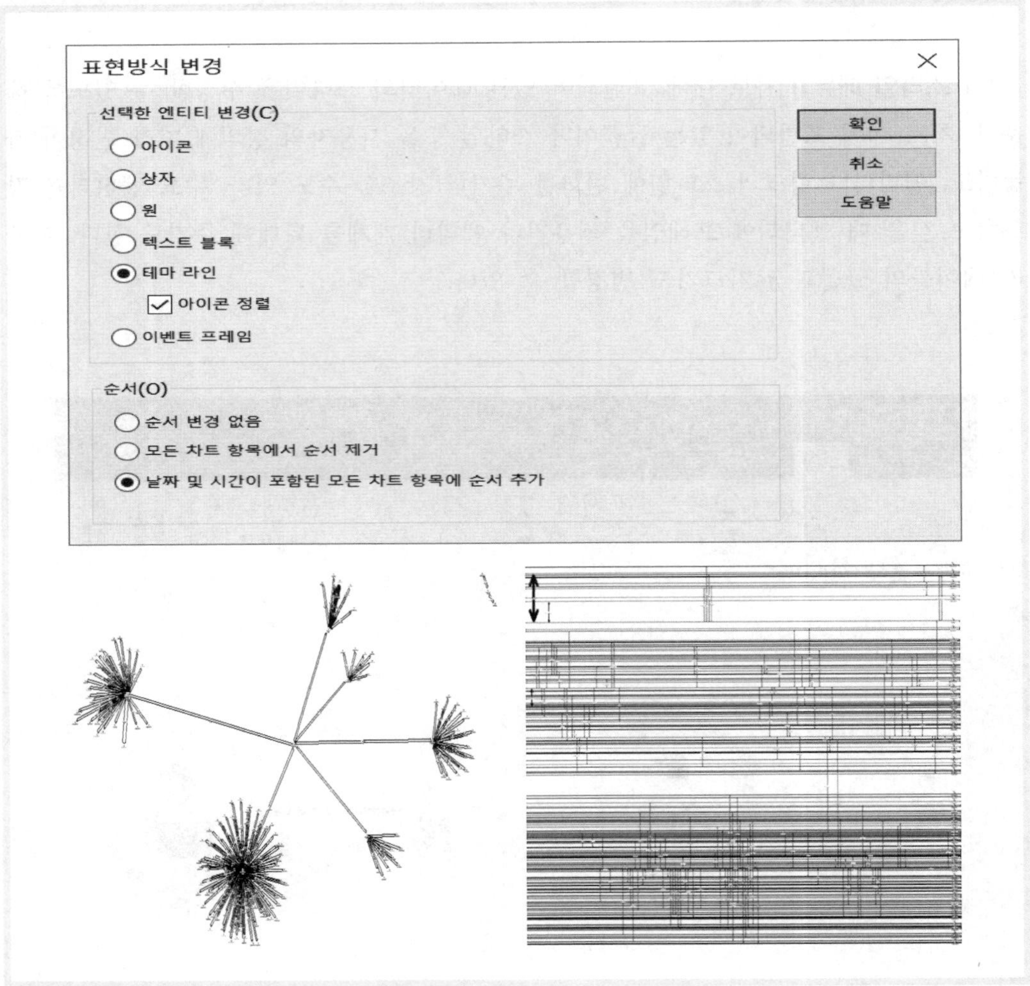

[그림 28] '표현방식 변경' 기능

[스타일 메뉴 : 조건부 서식] '스타일 → 조건부 서식' 기능은 미리 차트에서 강조하고 싶은 항목을 자동으로 표현해주기 위해 규칙을 만들어주고, 데이터 분석시 미리 정해놓은 조건부 서식만 더블클릭해 주면 해당 규칙에 따라 엔티티와 링크 모양이 변경되거나 강조된다.

[그림 29] '조건부 서식' 기능

[분석 메뉴] *i*2에서 제공하는 핵심적인 데이터 분석 기능이 '분석' 메뉴에 포함되어 있다. 분석 메뉴는 크게 4가지 항목으로 구성된다. 목록, 항목찾기, 네트워크 찾기, 통찰 얻기 기능이며 이외에 분석 결과를 '새 차트에 복사'하고 엔티티나 링크를 병합하

거나 결합할 때 활용되는 '병합 및 결합' 기능이 있다.

　　대부분의 분석기능은 *i2* 활용하기 편에서 설명하고 여기서는 '목록'에 해당하는 부분만 설명한다.

[그림 30] 분석 메뉴 개관

　　1) 항목나열 : *i2*로 차트에 불러온 데이터를 다시 항목목록 형태로 나열해주는 기능이다. 항목 목록 형태의 해당 데이터를 '모두 선택'하여 '복사'한 후 엑셀 등에 옮길 수 있다.

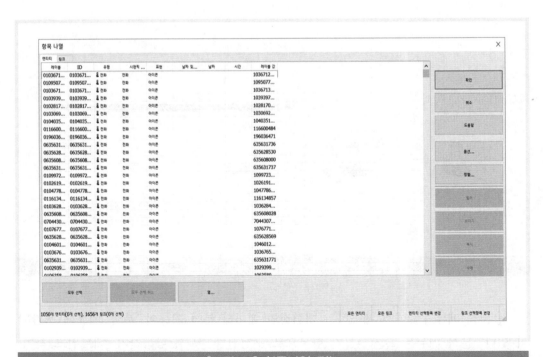

[그림 31] 항목나열 기능

2) 가장 많이 연결된 항목나열 : 고도로 연결된 항목은 분석에서 중요한 경우가 많다. 존재하는 링크 수를 기반으로 엔티티와 엔티티간 링크를 나열한 후 선택된 항목의 형식을 변경하여 차트에서 강조표시할 수 있다.

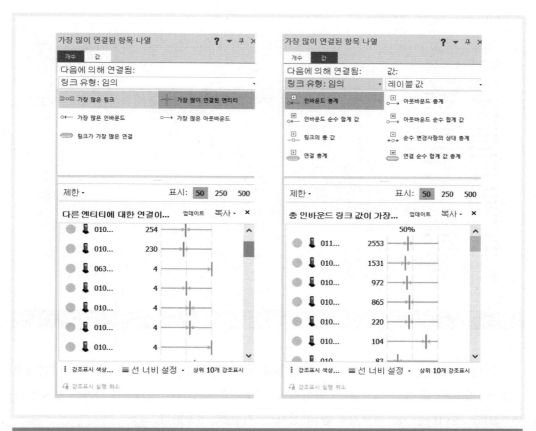

[그림 32] '가장 많이 연결된 항목나열' 기능

3) 카드 나열 : 현재 차트의 항목에 포함된 모든 카드에 대한 요약이다. 분석관이 속성정보인 카드에 입력한 사항뿐만 아니라 분석대상 엑셀파일의 모든 내역을 보고서 형태로 볼 수 있으며 엑셀이나 한글에 옮길 수 있다.

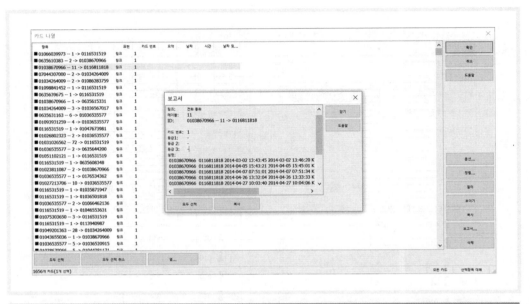

[그림 33] '카드 나열' 기능

[**선택 메뉴**] 분석 결과 선택한 항목을 세트로 묶을 수 있으며, 항목을 선택하고 연결된 링크와 끝의 엔티티를 선택하거나 아웃바운드(선택된 엔티티의 나가는 링크와 끝 엔티티)만 선택하는 등 선택항목을 확장하는 기능을 제공한다.

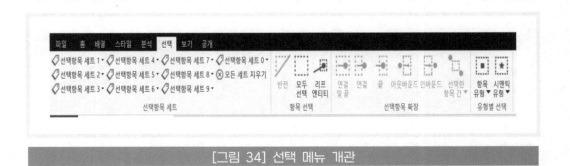

[그림 34] 선택 메뉴 개관

[**보기 메뉴**] 항목을 표시하거나 숨기기, 확대 또는 축소, 눈금선 표시, 창 분할해서 보기 등 *i2* 차트에서 다양하게 보기 기능을 제공한다. 분석을 하다보면 필터링 후 분석결과 데이터 외에 나머지 데이터는 흐릿하게 처리되는 경우가 많은데 이때 '모두 표시' 버튼을 눌러 모든 데이터를 원래대로 진하게 표시하도록 되돌릴 수 있다.

[그림 35] 보기 메뉴 개관

[**공개 메뉴**] 보고서 현출을 위한 기능을 제공한다. 그림파일이나 피디에프 파일로 저장할 수 있고, 페이지를 설정하여 인쇄할 수 있다. *i2* 차트 내에서 모두 선택하여 Ctrl＋C, Ctrl＋V를 통해서 데이터를 한글파일 등에 옮길 수 있지만 이 경우 해상도가 떨어지기 때문에 공개 메뉴에서 그림파일로 저장하여 불러오는 방식으로 시각화 데이터를 옮기는 것이 좋다.

[그림 36] 공개 메뉴 개관

시각화(Visualization) &
수사정보분석

CHAPTER 04

시각화(Visualization) & 수사정보분석

정보를 그리다 : 시각화

　범죄 수사물 드라마를 보다보면 커다란 보드 칠판에 범죄조직원들의 사진이나 사건정보를 붙여놓고 서로간의 관련성을 거미줄처럼 이어놓은 장면을 흔히 볼 수 있다. 복잡한 사건일수록 수사관에게 빠른 이해와 새로운 영감을 떠오르게 할 수 있는 것은 바로 기존 정보들을 어떻게 시각화할 수 있느냐에 그 성패가 달려있다고 해도 과언이 아니다.

　항목목록 형태의 데이터를 소시오 그래프(Sociograph) 형태로 시각화 해주기만 해도 수사관의 판단력을 얼마나 향상시켜줄 수 있는 지 간단한 예를 통해서 살펴보기로 하자.

　다음은 상호간의 긴밀한 관계에 대한 정보를 엣지(edge) 리스트 형태로 정형화한 데이터이다. 이 데이터를 *i2*를 활용하여 개체와 링크의 관계로 표현하는 Link Analysis 즉 소시오 그래프 형태로 변환하여 네트워크상 누가 중요한 인물일지 추론해 보기로 한다.

	갑이	을과 긴밀한 관계
윤서정과 김사부는 긴밀한 관계다	윤서정	김사부
강동주와 김사부는 긴밀한 관계다	강동주	김사부
김사부와 신회장은 긴밀한 관계다	김사부	신회장
남도일과 김사부는 긴밀한 관계다	남도일	김사부
신회장과 도윤완은 긴밀한 관계다	신회장	도윤완
도인범과 도윤완은 긴밀한 관계다	도인범	도윤완
도윤완과 송현철은 긴밀한 관계다	도윤완	송현철
최감사와 도윤완은 긴밀한 관계다	최감사	도윤완

[그림 1] 비정형 관계데이터를 엣지리스트로 정형화

위 데이터를 *i*2 차트에 ELP 모델로 불러올 수 있는 방법은 크게 두 가지이다.

첫 번째는 주로 대용량 데이터를 불러올 때 쓰는 방법으로 분석 사양(Specification)을 짜서 데이터를 반자동으로 불러오는 방법이다. 이는 '제5장 *i*2의 활용' 편에서 자세히 다루기로 한다.

두 번째는 분석가가 마치 도화지에 그림을 그리듯이 수작업으로 *i*2 차트에 엔티티와 링크 등을 삽입하여 데이터를 관계 모델로 시각화 하는 방법이다.

위 사례의 데이터는 양이 적은 편이므로 자동으로 데이터를 불러올 수 있는 분석 사양을 짜지 않고도 *i*2 ANB 차트에서 일일이 수작업으로 그림을 그릴 수 있다. 물론 앞으로 데이터가 계속 축적될 것으로 예상된다면 위 형식에 맞는 분석사양을 만들어 놓는 것이 향후 편리하게 데이터를 불러올 수 있는 방법이다.

수기로 관계데이터를 *i*2 차트에 표현하는 방법을 구체적으로 알아보자.

① 홈 메뉴에 '엔티티·링크 삽입' 기능을 이용하여 바로 차트에 개체와 링크를 가져오거나 '팔레트에서 삽입'을 클릭하여 분할창을 만든 뒤 엔티티와 링크를 차트에 가져올 수 있다.

[그림 2] 홈 메뉴 엔티티·링크 삽입 / 팔레트에서 삽입

[그림 3] 팔레트에서 삽입 분할창

② 먼저 위에 제시된 시나리오에 따라 '윤서정'과 '김사부'의 엔티티를 만들기 위해 차트에 '엔티티 삽입', '아이콘'에서 남자와 여자 엔티티를 하나씩 불러온다.

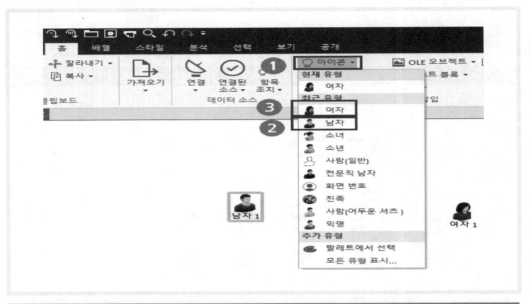

[그림 4] 남자, 여자 엔티티를 차트에 삽입

이때 사람 모양을 다양하게 달리해주고 싶다면 '팔레트에서 삽입' 분할창에 검색란에서 '사람 형식'을 선택해주면 ANB에서 제공하는 사람형식의 디자인을 모두 볼 수 있고 이 중 적합한 엔티티를 선택해줄 수 있다.

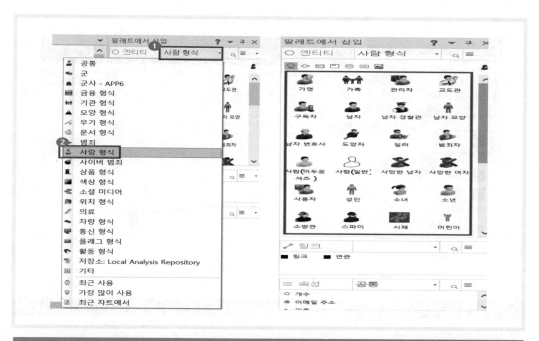

[그림 5] 팔레트에서 삽입, 엔티티 '사람형식' 선택

③ 남자와 여자 엔티티의 관계를 링크로 연결해주기 위해 링크삽입 '연결유형'에 '링크'를 선택하여 입력해준다.

이때 '남자 1' 엔티티와 '여자 1' 엔티티를 연결하는 링크를 그리기 위해서는 '링크'를 1회 클릭한 상태로 '남자 1' 엔티티 위에 마우스 포인터를 올린 후 마우스 왼쪽 버튼을 꾹 누른 다음 '여자 1' 엔티티까지 드래그앤 드랍 방식으로 링크를 끌고가 '여자 1' 엔티티 위에서 누르고 있던 마우스 왼쪽 버튼을 떼어주면 다음과 같이 링크가 연결된다.

물론 링크도 오른쪽 '팔레트에서 삽입' 분할창을 통해서도 그릴 수 있다.

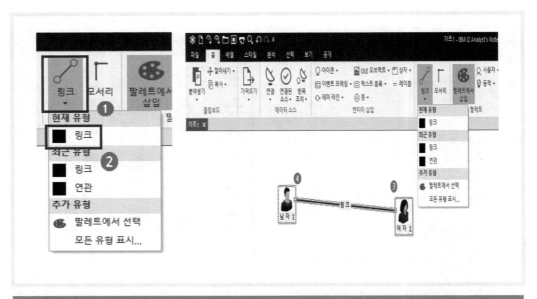

[그림 6] 링크 삽입

④ 각 엔티티의 편집창을 열어 ID와 레이블을 시나리오에 맞게 '김사부'와 '윤서정'으로 바꾸어 준다.

엔티티를 더블클릭하면 편집창이 열리는데 편집창에 '항목 특성', '레이블 및 ID'에서 '남자 1'을 '김사부'로 변경한다. 이때 '레이블이 ID와 다름'을 선택하고 레이블만 '김사부'로 바꾸어주면 차트에 표현되는 이름만 '김사부'로 바뀌고 이 엔티티의 ID는 '남자 1'로 그대로 남게 되어, '남자 1'로도 검색이 가능하다. 일반적으로 사람을 기준으로 생각해본다면 'ID'에 주민등록번호를 '레이블'에 이름을 표시할 수 있다.

i2에서는 'ID'로 엔티티의 동일성을 식별한다. 'ID'가 같으면 동일한 엔티티로 간주하고, 'ID'가 다르면 '레이블'이 같더라도 다른 엔티티로 취급한다.

한편 편집창을 열지 않고도 엔티티 ID와 레이블을 한번에 바꿀 수 있는데 엔티티 레이블 위치에 마우스 포인터를 올리고 마우스 왼쪽 버튼을 한번만 클릭하면 바로 차트상에서 이름과 ID를 변경할 수 있다.

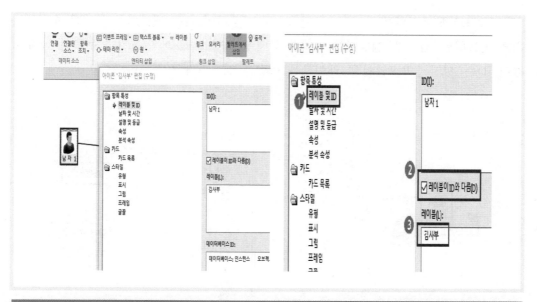

[그림 7] 엔티티 편집창을 활용한 레이블 변경

⑤ '여자 1' 엔티티 레이블도 '윤서정'으로 바꾸고, 시나리오에 따라 엔티티와 링크를 계속 추가하면서 같은 작업을 반복한다.

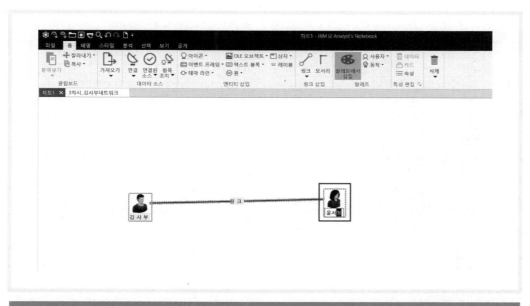

[그림 8] 엔티티 레이블 변경

⑥ 차트에 엔티티를 추가할 때 단축키를 사용하여 기존 엔티티를 복제할 수 있다. 최초 만들었던 '김사부' 엔티티를 선택한 상태에서 'Ctrl + D' 단축키를 누르면 아래와 같이 ID는 '남자 1의 1인쇄'로 레이블은 똑같은 엔티티가 복제된다.

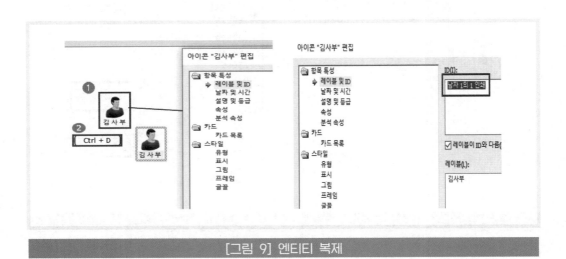

[그림 9] 엔티티 복제

단축키 Tip : 도움말 '키보드 단축키' 검색결과

키	명령
F1	도움말 컨텐츠 창 열기
F2	선택한 차트 항목 이름 바꾸기
F3	다음 텍스트 찾기
F4, Ctrl+F	텍스트 찾기
Ctrl+F4	현재 차트 닫기
Alt+F4	Analyst's Notebook 종료
F5	시각적 검색
F6	분할 창의 다음 분할창으로 이동
Shift+F6	분할 창의 이전 분할창으로 이동
Ctrl+Shift+F6	현재 차트의 이전 창으로 이동
F7	맞춤법 검사
F8	전체 화면 모드
F10	리본 키팁 표시
F11	항목 나열
Ctrl+N	새 표준 차트
Ctrl+Shift+N	템플리트로부터 새로 작성
Ctrl+O	차트 열기
Ctrl+P	차트 인쇄
Ctrl+S	차트 저장
Ctrl+T	다음 스냅샷
Ctrl+Shift+T	이전 스냅샷
Alt+Enter	선택한 차트 항목의 특성 보기

키	명령
Page Up	확대
Page Down	축소
오른쪽 화살표	오른쪽으로 이동
왼쪽 화살표	왼쪽으로 이동
위로 화살표	위로 이동
아래로 화살표	아래로 이동
Shift+오른쪽 화살표	오른쪽 페이지
Shift+왼쪽 화살표	왼쪽 페이지
Shift+위로 화살표	이전 페이지
Shift+아래로 화살표	다음 페이지
End	창에 차트 맞춤
Shift+End	창에 높이 맞춤
Ctrl+End	창에 선택항목 맞춤
Home	실제 크기로 보기
Ctrl+Tab, Ctrl+F6	다음 창으로 이동
Ctrl+Shift+Tab	이전 창으로 이동
Ctrl+A	모두 선택
Ctrl+C	복사
Ctrl+Shift+C	연결과 함께 복사
Ctrl+D	복제
Ctrl+V	붙여넣기
0 - 9	세트(0 - 9)의 멤버 선택
Ctrl+0-9	선택항목 세트(0 - 9)를 현재 선택한 항목으로 정의
Ctrl+Alt+0-9	세트(0 - 9)에 현재 선택 항목 추가
Shift+0-9	세트(0-9)의 멤버를 선택항목에 추가

[그림 10] i2에서 제공하는 단축키 기능

⑦ 시나리오대로 엔티티와 링크를 차트에 모두 수작업으로 그리면 아래와 같은 관계도가 그려진다. 그런데 무작정 엔티티와 링크를 그리다 보면 엔티티의 위치 링크의 길이, 링크가 겹쳐지는 정도 등에 따라서 시각적으로 혼란스럽게 보여지고 해석이 어려워질 수 있기 때문에 좀 더 명확하게 배열을 정비해 주어야 한다. *i2*의 네트워크 배열 8가지 레이아웃 중 가장 많이 활용하는 피콕 또는 압축피콕 레이아웃을 적용하면 네트워크상 엔티티간의 관계를 좀더 깔끔하고 명확하게 시각화할 수 있다.

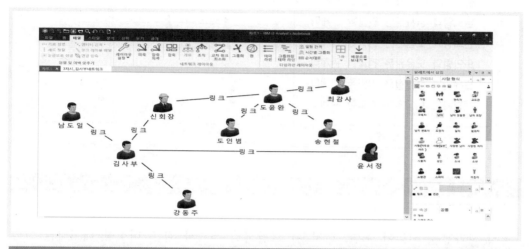

[그림 11] 시나리오의 모든 데이터 드로잉 결과

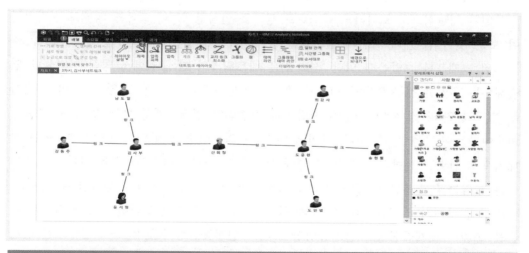

[그림 12] 배열 기능 '압축 피콕' 적용 결과

비정형 데이터를 네트워크 방식으로 시각화 하였으니 이제 처음에 제기한 질문과 같이 네트워크상 중요한 인물이 누구인지 추론을 해보기로 하자.

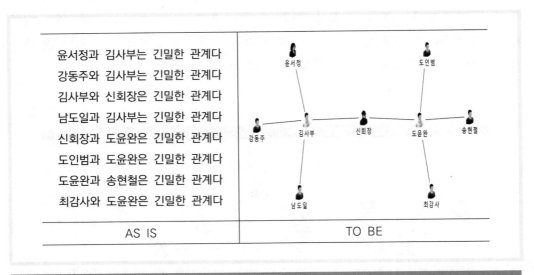

AS IS	TO BE
윤서정과 김사부는 긴밀한 관계다 강동주와 김사부는 긴밀한 관계다 김사부와 신회장은 긴밀한 관계다 남도일과 김사부는 긴밀한 관계다 신회장과 도윤완은 긴밀한 관계다 도인범과 도윤완은 긴밀한 관계다 도윤완과 송현철은 긴밀한 관계다 최감사와 도윤완은 긴밀한 관계다	

[그림 13] 비정형 데이터 시각화 결과 비교

분석과정을 되짚어 보면, 먼저 위 그림 【1】 좌측과 같은 비정형 데이터를 그림 【1】 우측 테이블과 같이 엣지리스트 형태의 항목목록 형태로 정형화하였고, 이를 다시 그림 【13】 우측과 같이 소시오 그래프(Socio Graph) 형태로 시각화하였다.

일단 직관적으로 보더라도 텍스트로 정보를 인식할때보다 그래프 형태로 시각화하여 보는 것이 훨씬 더 사람의 판단력을 높여준다는 것을 쉽게 알아챌 수 있다.

위 그래프를 보았을때 일단 '신회장'은 네트워크의 한 중앙에서 양쪽 사람들을 연결해주는 유일한 길목 역할을 하므로 중요한 인물이라고 생각할 수 있다. 그리고 '김사부'와 '도윤완'의 경우에도 4명의 사람들과 직접적인 연결관계를 맺고 있어 또 중요한 인물이라는 판단을 할 수 있다. 반면에 네트워크의 가장자리에 있는 6명의 경우에는 상대적으로 연결된 사람의 숫자가 한 명에 불과하고 '김사부'나 '도윤완'을 거치지 않으면 다른 사람들과 소통할 수 없으므로 중요성이 떨어지는 인물이라고 생각할 수 있다.

아직 구체적인 사회 연결망 분석 원리에 대해서 학습하지 않았지만, 직관적인 추론을 통해서 매개중심성과 근접중심성 그리고 연결중심성이 높은 노드(엔티티)를 간파해 낼 수 있었다. 중심성과 관련된 자세한 내용은 6장에서 다루기로 한다.

여기서 잠깐!

*i*2에서 가장 자주 활용하는 '피콕(Peacock)' 차트는 어떻게 그려지는 것일까?

- 연결망 그래프 알고리즘은 연결되어 있는 노드간의 상대적인 거리를 반복적으로 조정하여 위치를 잡는 방식으로 시각화[1]하는데, 가장 대표적인 것이 연결되어 있으면 서로 가까이 위치시키며, 반복적인 담금질(Annealing)로 위치를 미세조정하는 스프링(SPRING) 방식이다(Kamada & Kawai, 1989; Rosetea & Ochoab, 1970).

담금질 : 그래프의 몇 가지 좋은 특징을 극대화

▸ 연결된 노드간에는 거리가 가까울 것
▸ 연결되지 않은 노드간에는 서로 떨어질 것
▸ 노드간에 서로 너무 가까이 있지 않을 것
▸ 선이 너무 길지 않을 것
▸ 한 노드가 다른 노드를 연결하는 선 위에 위치하지 않을 것
▸ 연결선이 가급적 서로 교차하지 않을 것 등

---

1 김용학·김영진(2016), 사회 연결망 분석, 박영사.

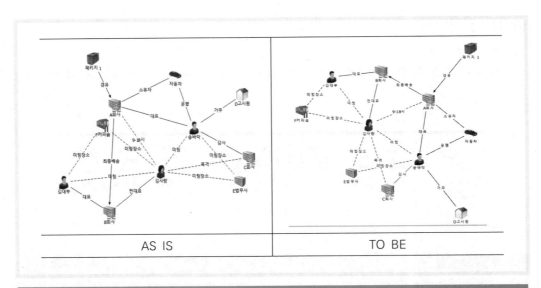

[그림 15] 피콕 레이아웃 적용 전후 비교

- 연결망 그래프를 잘 표현하면 "百聞不如一見"이란 속담처럼 복잡하고 의미를 찾기 어려운 연결망의 구조를 한 눈에 명확하게 파악할 수 있다.
- 마치 낯선 곳을 처음 여행할 때 지도를 펼쳐놓고 동선을 그려보는 것이, 문자로 설명하는 것보다 훨씬 쉽고 편한 것과 마찬가지이다(김용학·김영진. 2016).
- 이러한 방식으로 시각화를 함으로써 확인할 수 있는 점들 중 범죄수사적 맥락에서도 의미가 있는 부분은 다음과 같다. 아래 네트워크 그림을 보면서 그 의미를 되새겨 보자.
  ① 연결선이 소수에 의해서 독점되고 있는 정도
  ② 어느 연결선을 제거하면 연결망이 와해되는지 여부
  ③ 몇 개의 분절로 나누어지는 집단이 존재하는지 여부
  ④ 누가 연결망의 중심에 위치하고, 누가 변방에 위치하는지를 파악하며 이들이 특정한 속성을 갖는지에 대한 가설 수립

[그림 16] 보이스피싱 범죄 조직도

(문제) 서울시경 금융범죄수사대 김경종 팀장은 고의로 교통사고를 야기하여 보험금을 지급받는 방식으로 범행을 일삼는 보험사기단 '장기망'과 '김사기' 일당의 범행과 관련된 혐의사건 ①, ②를 확보하였다. 그후 김팀장은 장기망과 김사기 일당이 관련된 것으로 의심되는 사고내역들을 아래와 같이 추가로 정리하게 되었는데....

---

① 2019－09－19 교통사고 가해차량 장기망(010－5858－2000), 피해차량 운전자 김사기 (010－5000－1234), 수리공장 베스타 아산(수리비 7,830,000) ⇒ 혐의사건

② 2020－11－23 교통사고 가해차량 장기망(010－5858－2000), 피해차량 운전자 김사기 (010－2828－6455), 수리공장 청람모토 이승태(수리비 21,730,000) ⇒ 혐의사건

③ 2020－03－20 교통사고 가해차량 신기해(010－5388－1038), 피해차량 운전자 이승태 (010－5388－1038), 수리공장 청람모토 이승태(수리비 11,470,000)

④ 2020－04－07 교통사고 가해차량 강대망(010－6060－8000), 피해차량 운전자 이완용 (010－5984－7942), 피해차량 소유자 김사기, 수리공장 청람모토 이승태(수리비 4,990,990)

⑤ 2020－05－18 교통사고 가해차량 윤주황(010－7000－9988), 피해차량 운전자 이승태 (010－5388－1038), 수리공장 청람모토 이승태(수리비 8,280,390)

⑥ 2020－07－06 교통사고 가해차량 오상태(010－2848－7611), 피해차량 운전자 김규환 (010－5858－2000), 피해차량 소유자 김사기, 수리공장 청람모토 이승태(수리비 14,221,890)

위 정보를 이용하여 사고날짜를 중심으로 관련정보를 아래와 같이 네트워크 방식으로 시각화한 후 공범으로 의심되는 사람이 누구인지 토론해보자.

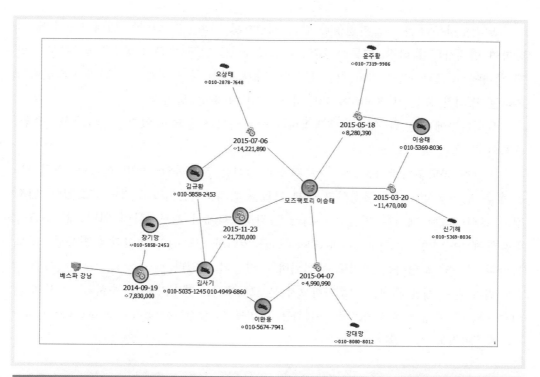

[그림 17] 보험사기 사건정보 시각화 결과

수사정보분석이란?2

기본적으로 범죄정보 분석(Criminal Intelligence Analysis)이란 범죄자와 범죄조직에 초점을 맞추어 이들의 체포와 기소를 위한 분석을 말한다. 범죄자가 누구인지, 공범이 누구인지 특정하거나 범죄혐의를 증명하기 위해 다양한 수사자료를 분석하는 행위를 범죄정보 분석이라고 정의한다. 이와 대비되는 개념으로는 범죄분석(Crime Analysis)과 범죄수사분석(Criminal Investigative Analysis)이 있다.3

'범죄분석'이란 어떤 범죄가 증가했고 어떤 범죄가 감소했는지, 범죄다발지역은 어디인지 등 개별 범죄사건 해결보다는 범죄의 패턴이나 경향을 파악하여 사회의 범죄문제를 해결하고자 하는 분석을 말한다.

---

2 김지온, 사회 연결망 분석원리의 범죄 수사상 활용방안에 관한 연구, 디지털포렌식연구 제13권 2호 2019, 87~107, 수사정보분석 일반원리에 대한 부분은 저자가 쓴 논문에서 대부분 발췌하였음.
3 박노섭, 이동희, 이윤, 장윤식 공저, 범죄수사학, 경찰대학 출판부, 2013. 201쪽.

'범죄수사분석'은 프로파일링과 같은 개념으로 범죄자가 실행한 범죄의 특성에 기
반하여 범죄자의 물리적, 행동적, 심리적 프로파일을 만드는 분석 방법론을 말한다. 현
재 국내에서 '프로파일러'라고 하는 분살인, 강간, 방화 등 특별한 연쇄범죄에 제한하여
행하는 범죄학 또는 범죄심리학 기반의 범죄행동분석을 말한다.

　우리나라에서는 위 개념들이 명확하게 구분되어 사용되고 있지는 않고 다소 중첩,
혼재되어 있는 것으로 보인다.

　경찰청 과학수사관리관실에서는 위에서 말하는 프로파일러들이 행하는 '범죄수사
분석'을 '범죄분석'이라고 통칭하고 실제 그들을 범죄분석관이라고 명명하고 있다. 범죄
정보 분석이라는 개념은 경찰청 수사국 범죄정보과에서 정보관들이 인적 네트워크를
활용하여 수집하는 정보(human intelligence)를 의미하기도 하며 데이터를 활용한 정보
분석의 경우도 포섭하는 의미로 광범위하게 활용되고 있다.

　위와 같은 개념 혼재를 최소화하고자 본 교재에서는 통신자료 등 수사과정에서 수집
되는 다양한 유형의 수사자료를 분석하는 행위를 '수사정보분석(Investigative Intelligence
Analysis)'이라고 정의한다.

수사정보분석 방법론

　각 수사기관 모두 범죄수사과정에서 수집되는 데이터 분석을 위한 툴을 개발하고
도입하는 데 많은 예산을 투입하고 관련 연구를 수행하고 있으나, 범죄정보 분석을 위
한 그 원리나 방법론에 대해서는 아직 정립된 바가 없다.

　UN ODC에서 제작한 'Criminal Intelligence'에 소개된 네트워크의 구조적 분석 방
법론이 사회 연결망 분석 원리와 깊은 관련이 있고, i2에서 제공하는 3가지 분석방법론
과 일치하여 그 내용을 간단히 소개하기로 한다.[4]

　정보분석 기법에는 일반적으로 연결(관계) 분석(Link Analysis), 이벤트 차트(Event
Charting), 흐름 분석(Flow Analysis)이 있다.

　연결분석은 개체(개인, 조직, 위치 등)들간의 관계를 그래픽 형식으로 표시함으로써
관계를 적절한 방식으로 표현하거나 추론하는 기법으로 분석예시는 다음 그림과 같다.
연결분석의 기본적인 방법론을 개략적으로 살펴보면, 개인은 원으로 표현되고 조직은

---

4 United Nations Office on Drugs and Crime, Criminal Intelligence -Manual for Analysts, United
　Nations publication Printed in Austria, 2011, 35~58쪽.

사각형으로 표현되며, 확인된 관계는 실선으로 미확인된 또는 불확실한 관계는 점선 링크로 표현된다. 링크의 길이나 교차되는 부분이 보여지는 관계에 혼동을 주고 해석이 어려울 수 있으므로 차트를 명확하게 재구성해주는 것이 중요하다. 차트 레이아웃은 분석가의 상상력에 의해 향상될 수 있으며 따라서 상당히 변화할 수 있는데 기본 원칙은 '백문이 불여일견'이라는 속담처럼 차트는 정보를 단순화해야 한다는 것이다. 차트는 분명하고, 복잡하지 않고, 깔끔하고 간결해야 한다. 차트를 그릴 때는 시간과 날짜를 표시하고 연번을 매겨야 문제 이슈와 관련하여 특히 관련 있는 요인을 찾아내는데 도움을 줄 것이며, 이 기준에 따라 계속 연습을 하면 나날이 차트 드로잉(drawing) 능력이 향상될 것이다.

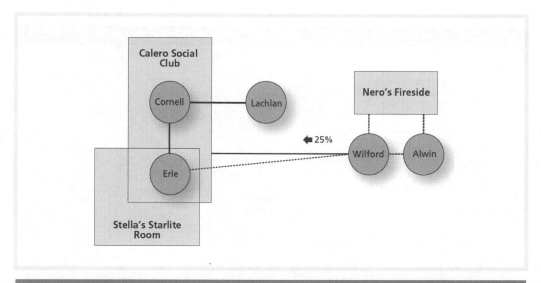

[그림 18] 링크 다이어그램 예시

이벤트 차트는 연관된 사건들의 집합으로부터 의미를 추출해내는 기법으로 시간의 흐름에 따라 사건의 발생·진행관계를 파악하는 것을 목적으로 하고 있다.

이벤트 차트는 연속되는 사건들을 발생한 순서대로 보여주거나 사건들 사이의 관계를 명확하게 해주므로 복잡한 사건의 분석 초기에 작성되어야 한다. 이벤트 차트를 그리는 방식은 시간 순서대로 이벤트들을 왼쪽에서 오른쪽으로 나열식으로 그리는 방식이 있고, 개인이나 조직을 기준으로 발생한 이벤트들의 패턴을 보여주는 이벤트 매트릭스 차트 방식이 있다.

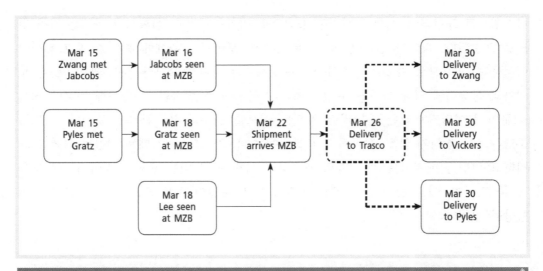

[그림 19] 이벤트 매트릭스 차트 나열식 예시

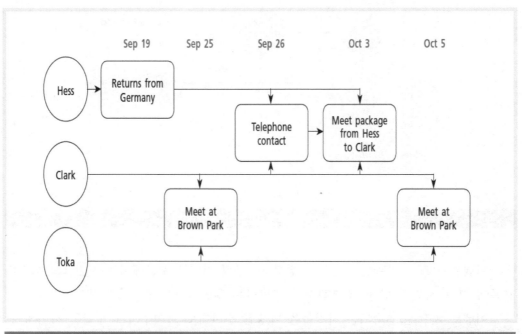

[그림 20] 이벤트 매트릭스 차트 패턴식 예시

흐름분석(Time Line)은 범죄조직에서의 금품, 마약, 상품 등 범죄활동의 흐름을 분석하기 위해 방향성을 가진 연결선을 활용하여 정보를 차트화 해주는 분석기법으로 예시는 아래 그림과 같다.

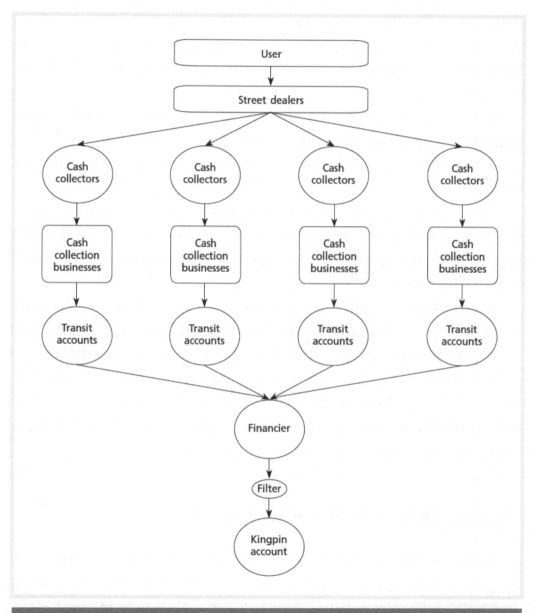

[그림 21] 흐름차트 예시

위 3가지 분석 방법론 모두 연관분석의 일환으로 정보를 관계 그래프 형태로 시각화해 줌으로써 분석관의 통찰력을 높여준다. 현재 *i2* 분석프로그램에서 제공하는 대표적인 분석 방법론이기도 하다.

연관분석의 발전단계를 살펴보면 위와 같이 데이터에서 범죄관계를 수작업으로 추출하는 수동적 접근방법(1세대)에서 대용량 데이터들을 관계형태로 모델링하여 자동으로 시각화하는 그래픽 기반의 접근방법(2세대)을 거쳐 네트워크의 위상구조, 확산·진화과정을 계량적으로 분석하는 구조적 분석 접근방법(3세대)인 사회관계망 분석으로 진보되고 있다.

현재 대부분의 정보수사기관에서 2세대인 그래픽 기반 접근방법이 적용된 분석툴을 도입하거나 개발하여 사용하고 있는데, 기관별로 분석대상 정보 특성에 맞는 구조적·계량적 분석 접근방법에 대해서는 깊이 있는 연구나 적용 예가 많지 않아 아직 걸음마 단계이다.

경찰청에서 2015년에 도입하여 활용중인 *i2* 프로그램의 경우에도 2세대 모델인 그래픽 기반 접근방법 위주로 구성되었는데 2012년에 사회관계망 분석 원리 중 중심성(Centrality) 원리 4가지와 응집적 하위집단 분석원리 2가지(k－core, 클러스터 찾기) 원리를 프로그램에 반영하였다.

빅데이터 환경에서 사회관계망 분석 원리의 적용이 큰 의미를 갖는 이유는 데이터의 양이 많아지면 많아질수록 관계형 데이터로 시각화한다고 하더라도 그 안에서 유의미한 자료를 찾아내는 것은 점점 더 어려워지거나 사실상 불가능하기 때문이다.

결국 방대한 양의 관계형 데이터 안에서 분석가가 찾고자 하는 핵심 개체나 그룹을 식별해줄 수 있는 수학적 알고리즘이 필요한데 그것이 바로 사회 연결망 분석 원리이다. 제6장에서 *i2*에 반영된 몇 가지 사회 연결망 분석원리가 수사정보 분석에 어떻게 효과적으로 활용되고 있는지 각각의 사례들을 살펴보기로 한다.

한국 경찰, 지능형 수사정보분석 체계를 만들어가다

'통화내역', '계좌거래내역', '차량 CCTV 통과기록' 등 분석이 필요한 데이터는 많은데 효과적인 분석방법이 없어, 엑셀과 수사증거자료분석기(IDEA)에 매달려 오던 게 2015년 이전 우리 경찰의 모습이었다. 개인의 역량에 의존해야 하고, 며칠 동안 매달려 분석을 해도 별다른 효과를 보지 못하고 시간만 허비하기도 하였다.

필자는 이와 같은 문제를 해결하기 위해 경찰청 수사국 근무시절이던 2014년에 9억2천만 원의 예산을 확보한 후 2015년 4월부터 '지능형 수사자료 분석체계 구축사업' 을 추진하였다.

당시 최초에는 '지능형 수사정보 분석체계'라는 용어를 사용하려 하였으나 내부 보고 단계에서 '수사자료'라는 용어가 실무적으로 좀 더 구체적이며 이해가 쉽다는 판단 하에 최종적으로 '수사자료'라는 용어를 사용하게 되었다.

본 교재에서는 '수사정보분석(Investigative Intelligence Analysis)'이라는 용어로 통일 하여 사용하기로 한다.

경찰의 지능형 수사정보분석 체계 구축사업은 다양한 데이터간 연관관계를 전문 분석기법으로 신속히 분석, 시각화 할 수 있는 수사분석 체계를 구축함으로써 경찰수사 의 역량을 획기적으로 제고하는 것을 목표로 하였다.

지능형 수사정보분석이란 범죄수사 과정에서 수집되는 용량이 크고 다양한 정보 들을 전문적인 원리와 도구를 활용하여 효과적으로 분석하는 것을 말하는데, 핵심 절차 는 '통합 ⇒ 분석 ⇒ 공유'라는 3단계로 이루어져 있다.

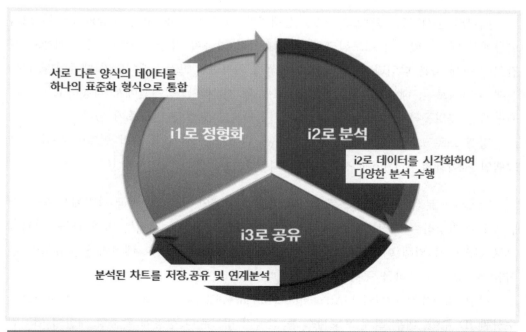

[그림 22] 지능형 수사정보분석 체계(2015년)

데이터 분석을 위한 전문 프로그램을 개발하거나 도입하고, 사회 연결망 분석 원리를 수사정보 분석에 활용한다는 것인데, 실무적으로 가장 큰 성과라고 하면 수사정보 표준화 프로그램인 $i1$(Integration One)을 개발하고, 고가의 정보분석 프로그램인 $i2$(information image)를 도입한 것이다.

분석이 필요한 대용량 수사정보의 대표적인 예가 통화·계좌내역인데 문제는 통신사 및 금융기관 별로 수사기관에 회신해주는 자료의 서식이 모두 다르다는 것이었다. 같은 유형의 데이터는 본격적인 분석에 앞서 서식을 하나로 통일해주어야만 보다 효과적인 분석이 가능하다.

통화·계좌내역 분석을 위해 수사관들은 엑셀 등을 활용해서 다수의 통신·금융사에서 회신온 각각의 자료들을 수작업으로 통합해주고 있었다. 이러다 보니 개인 수사관의 엑셀 활용 능력에 따라서 통합하는데 많은 시간이 걸리거나 오류가 나는 경우도 있어 계좌내역의 경우에는 통합의 실패로 처음부터 분석 자체를 시도하지 못하는 경우도 비일비재하였다.

이런 문제를 해결하기 위해 단 3단계만으로 통화·계좌내역을 통합해주는 $i1$을 개발하게 된 것이다.

데이터 분석 프로그램으로 $i2$를 선택하게 된 것은 'information image'라는 $i2$의 이름에서 알 수 있듯이 네트워크 형태의 시각화 기능이 가장 탁월했으며 그외에도 시간의 흐름에 따른 타임라인 및 이벤트 분석에 최적화된 프로그램이었기 때문이다. $i2$는 현재 국가정보원, 해양경찰청, 저작권보호원 등 다수의 공공기관에서 사용하고 있으며 최근에는 고위공직자범죄수사처, 질병관리청에서도 도입을 검토중에 있다.

경쟁 프로그램으로는 Palantir, Sentinel Visualizer와 국내 사회 연결망 분석 프로그램인 사이람의 NetMiner 정도가 검토되었다.

'통합 ⇒ 분석 ⇒ 공유' 프로세스의 마지막 단계인 '공유'는 전국 각지에서 동시 다발적으로 발생하는 조직범죄에 효과적으로 대응하고 점점 누적되는 빅데이터를 효과적으로 분석하기 위해 여러 명의 수사관이 장소에 구애받지 않고 데이터를 공유하여 분석할 수 있는 인프라를 구축하는 것이었다.

사업 초기에는 IBM의 EIA(Enterprise Insight Analysis) 플랫폼 도입을 검토하였으나 수사관 ID 부여, 내부 결제 프로세스 등 한국적 정보관리 상황에 맞춤형 개발이 어려워 국내 업체를 통해 자체 개발하기로 결정하고 공유시스템인 $i3$를 개발하게 되었다.

$i3$의 경우 서버에 각종 수사정보를 체계적으로 축적하여 대형 사건 발생시 빅데이터 분석을 통해 범죄에 보다 선제적이고 효과적으로 대응하고자 함이 목표였으나, 결과적으로 그와 같은 기능을 구현하지는 못했다.

현재 $i3$ 시스템에 엑셀이나 anb($i2$ 파일) 형식의 파일을 저장할 경우, 수사관은 용의 전화번호 또는 계좌번호를 검색하여 대상 번호가 포함된 파일을 찾아 다운받을 수 있다. 그러나 각각의 파일들이 개별적으로 저장되어 있을 뿐 데이터베이스 형태로 축적되지 않았기 때문에 용의 전화번호를 불러와 해당 번호와 직·간접적으로 관련되어 있는 정보들을 네트워크 방식으로 확장해 나가면서 분석하는 기능은 개발하지 못했다. 2021년 8월 기준으로 경찰청 사이버수사국과 경찰대학 치안데이터과학연구센터(센터장 : 김지온)에서는 데이터베이스 기반의 대용량 데이터 분석을 위해 $i-$base를 도입하고 향후 서버 기반의 EIA 도입을 계획중이다.

그런데 기술적인 이슈 외에도 해결해야 할 산이 하나 더 있다. 그것은 다름 아닌 법률적 이슈이다.

개별 경찰관서에서 수집한 데이터는 대부분 개인정보이므로 수사기관 내부적으로 공유하면서 오직 범죄수사 목적으로만 사용한다고 하더라도 $i3$나 EIA 등의 공유시스템을 운영하기 위해서는 원칙적으로 법률적 근거가 필요하다.

수많은 개인정보를 구체적인 법적 근거도 없이 수사기관이 DB화하여 활용하는 것은 개인의 프라이버시나 개인정보자기결정권에 대한 기본권 침해가 발생하여 위법의 소지가 있기 때문이다.

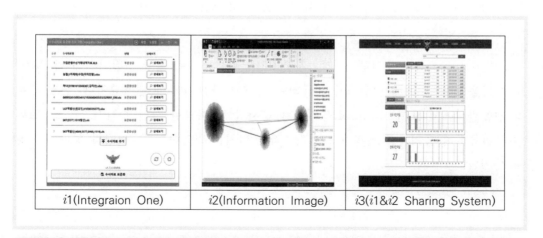

| $i1$(Integraion One) | $i2$(Information Image) | $i3$($i1$&$i2$ Sharing System) |

[그림 23] 지능형 수사정보분석 시스템(아이 삼둥이)

2015년 필자가 '지능형 수사정보분석 체계'를 기획하면서 세웠던 목표는 다음과 같으며 전문 수사정보 분석팀을 만드는 일과 비정형 데이터에 대한 표준화된 분석기법을 개발하는 부분은 아직 현재진행형으로 남아있다.

1 지능형 수사정보 분석 시스템 구축

- 통신사/금융기관별로 제각각 형식으로 회신되는 수사정보를 하나의 통일된 양식으로 통합하는 수사정보 표준화 프로그램(i1) 개발
- 연관성·타임라인 등 사회 연결망 분석이 가능한 소프트웨어(i2) 도입
- 「수사정보 분석 매뉴얼」 제작, 통화·계좌내역 등 수사정보 분석 표준안 마련
- 연쇄 미제사건 등 관련성 높은 수사정보에 대한 공유·연계분석 시스템(i3) 개발(미결 과제)

2 수사정보 분석 전문가 양성

- '수사정보 분석 전문교육과정' 운영('15年 90명, 2주 경찰수사연수원)
- '16年 전문수사관 운영규칙 개정시 「수사정보 분석 전문수사관」 신설
- '16~'17年 지방청·경찰서 '수사정보 전문 분석팀(577명)' 신설(미시행)

3 '수사정보 분석 체계' 고도화

- Geopros상 지리정보 등과 통신·계좌 등 수사정보 분석결과를 연계(미시행)
- '수사증거자료 분석기(IDEA)'와 단계적 통합, 수사정보 분석체계 일원화
- 텍스트 마이닝 등 범죄관련 비정형 데이터 분석기법 개발(미결 과제)

핵심적인 분석 프로그램인 i2는 지난 2015. 10. 16자로 전국 경찰관서에 약 2,000명이 사용할 수 있는 라이센스가 지급되어 다양한 사건 수사에 활용중이다. 현재 전국 각 경찰관서에서 보이스피싱, 조직폭력, 대출사기 등 다양한 사건 수사시 i2 소프트웨어를 활용하여 용의자를 특정하고 범죄수익 은닉처를 확인하는 등 소기의 성과를 달성하고 있다.

i2활용	계	서울	부산	대구	인천	광주	대전	울산	경기남부	경기북부	강원	충북	충남	전북	전남	경북	경남	제주
전체활용	4,009	460	231	285	221	154	157	42	436	180	256	136	235	74	126	79	918	16
사건해결기여	1,241	138	72	127	46	86	34	8	98	83	49	45	79	30	39	36	263	11
참고	2,768	322	159	158	175	68	123	34	338	97	207	91	156	44	87	43	655	5

※ 상기 통계는 수기 취합 통계로 실제 사용은 더 많은 것으로 판단

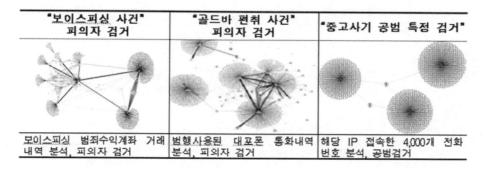

"보이스피싱 사건" 피의자 검거	"골드바 편취 사건" 피의자 검거	"중고사기 공범 특정 검거"
보이스피싱 범죄수익계좌 거래내역 분석, 피의자 검거	범행사용된 대포폰 통화내역 분석, 피의자 검거	해당 IP 접속한 4,000개 전화번호 분석, 공범검거

[그림 24] 2016~2018 *i*2 활용성과

2016~2018년까지 3년간 경찰청 수사국에 보고된 통계를 기준으로 통화·계좌내역 등 총 4,009건을 분석하여 1,241건의 사건해결에 기여한 것으로 나타났다. 여기서 사건해결에 기여하였다는 의미는 *i*2 분석결과 범인이나 공범을 특정하거나, 새로운 증거자료를 발견한 경우를 말한다.

지능형 수사정보분석 시스템을 운영한지 3년이 경과되면서 *i*1도 고도화되어 IP·CCTV 분석 전용 *i*1을 추가로 개발하였고, 수사연수원 교육과정도 기초(1주), 전문(3주), 심화 워크숍(1주)으로 3단계 체계로 확대되었다.

한편 매년 경찰청 주관으로 우수분석사례 경진대회를 개최하여 전국적인 데이터 분석 노하우를 공유하고 분석 기법을 발전시켜 나가고 있다.

2019. 8월에는 범죄수익몰수전담팀 신설에 따른 분석 수요 증가로 *i*2를 추가 도입(약 4억 규모)하여, 경찰청 내 대부분의 수사관이 엑셀처럼 정보분석 도구인 *i*2를 사용할 수 있는 라이센스 환경을 구축하였다.

i2는 하나의 분석도구일 뿐이지만, 그 안에는 '사회 연결망 분석' 이라는 사회학적 분석원리가 담겨 있다. 실제 범죄수사 실무에 이러한 이론을 적용하고 응용하면서 수사의 전문성과 객관성이 높아질 것이다.

나아가 경찰 수사 실무분야의 하나인 수사정보분석 분야가 '치안 데이터 과학(Public Safety Data Science)' 이라는 경찰학의 새로운 지평을 열 수 있기를 소망한다.

*i*2의 활용

CHAPTER 05 _i_2의 활용

_i_2 시각화 레이아웃

이제 본격적으로 _i_2의 대표 기능인 시각화 레이아웃과 분석 기능을 좀 더 자세히 알아보도록 하자.

먼저 2장에서 살펴본 바와 같이 데이터 시각화를 위해서는 정형화된 관계데이터가 필요하다. 관계데이터의 대표 격인 통화내역 엑셀(*.xls) 데이터를 다시한번 살펴보자.

〈표 1〉 통화내역 데이터 항목목록 형태 서식

◢	A	B	C	D	E	F
1	발신인	발신번호	착신인	착신번호	통화날짜	통화일시
2	유재석	01012345678	강호동	01056789012	20150101	17:30:26

발신인, 발신번호 등이 표기되어 있는 1행은 머리행이라고 한다. 이 머리행은 머리행 이하 데이터의 의미를 알려주는 행이다. 2행부터가 실제로 시각적으로 표현되어지는 데이터이다.

위 데이터 내용을 살펴보면 유재석(01012345678)이 강호동(01056789012)에게 2015년 1월 1일 17시 30분 26에 전화를 한 내용을 알 수 있다.

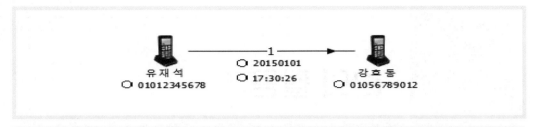

[그림 1] 통화내역 데이터 소시오 그래프(Socio Graph) 모델링 서식

해당 엑셀 데이터를 *i*2로 표현하면 위와 같이 표현이 된다. 표현된 결과를 살펴보면 전화기 유형을 가지는 엔티티 하단에 이름과 전화번호가 표현이 되었고 엔티티들 사이에 연결되어 있는 링크 하단에는 통화날짜와 통화시간이 표현된 것을 확인할 수 있다. 위 분석 사양의 경우 각 엔티티의 레이블(이름)은 '발신인', 속성은 '발신번호'로 링크의 레이블은 '발신횟수', 속성은 '통화날짜', '통화일시'로 지정을 해준 것이다.

*i*2는 시각화와 관련한 차트 레이아웃을 다양하게 제공하고 있는데, 차트 레이아웃은 차트 내에서 데이터의 그룹 및 패턴을 다른 관점에서 바라보게 하고 다양한 통찰을 얻게 도와준다.

네트워크 레이아웃은 총 8가지 방식이며, 타임라인 레이아웃은 크게 2가지 방식으로 아래 목록과 같다. 네트워크 레이아웃은 고도로 연결된 엔티티와 상호 링크된 엔티티 그룹을 식별할 수 있고, 타임라인 레이아웃은 시간 순으로 함께 가까이 발생한 이벤트 그룹을 식별할 수 있어 시간에 따른 패턴을 분석할 수 있다는 특징점이 있다.

[그림 2] *i*2 배열 차트 레이아웃 메뉴목록

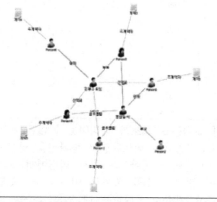

[피콕 레이아웃] '피콕'은 공작새라는 뜻
으로 공작새 모양으로 엔티티를 펼침으로
써 고도로 연결된 엔티티를 식별하기 편
리하고 상호링크된 엔티티가 많은 경우
유용

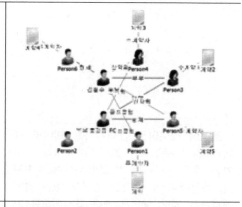

[그룹화 레이아웃] 상호 연결된 엔티티
의 그룹과 그룹간의 관계를 식별하는데
도움이 되는 레이아웃. 가운데에 상호링크
된 엔티티 그룹이 있고 다른 그룹은 중심
그룹에서 팬 아웃되므로 단일 네트워크 내
에서 여러 그룹을 뚜렷하게 식별이 가능

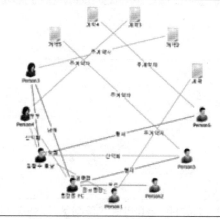

[원형 레이아웃] 엔티티가 원 둘레에 유
형 순으로 배열되는 레이아웃으로 상호
링크되는 엔티티 그룹을 식별할 수 있다.

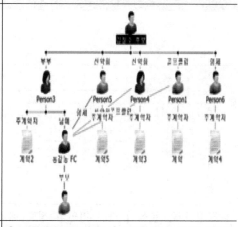

[계층형 레이아웃] 엔티티가 조직 구조
를 표시하도록 배열된 레이아웃으로 계층
간의 관계를 분석하고자 할 경우 유용하다.

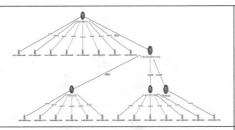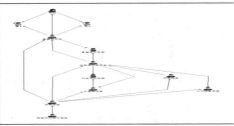

[조직적 레이아웃] 연관차트 데이터 내의 조직적 구조체를 보여준다. 조직을 이끄는 루트 엔티티는 차트의 헤드에 표시된다. 동일한 단계 수만큼 떨어져 있는 하위 엔티티는 해당 링크가 계속 표시되도록 차트에서 다른 레벨로 표시될 수 있다. 사용자가 루트 엔티티를 선택할 수도 있고 루트 엔티티가 자동으로 결정될 수도 있다.	**[교차링크 최소화 레이아웃]** 많은 링크를 포함하는 네트워크의 명확성을 향상시킨다. 이 레이아웃은 차트 화면에서 교차된 링크의 수를 줄여서 이전에 모호했던 주요 연결을 식별하는 데 도움을 주는 명확성을 추가할 수 있다.

[그림 3] 네트워크 레이아웃 종류

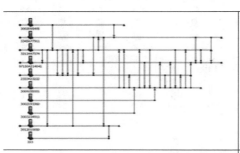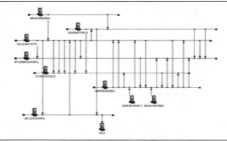

[타임 라인 분석] 타임 라인의 정렬 레이아웃은 연속적인 이벤트가 있을 경우 가장 유용하다. 데이터를 보다 쉽게 읽을 수 있도록 사용자가 지정하는 거리로 각 이벤트를 다음 이벤트와 가로로 분리한다.	**[그룹화된 테마라인 레이아웃]** 신규 버전인 *i2* 9.0.1 에 추가된 기능으로 그룹화된 테마 라인 레이아웃은 차트에 테마 라인이 많고 테마 라인을 교차하는 링크 수를 최소화하려는 경우와 특정 기간의 모든 트랜잭션을 찾기 위해 차트를 필터링한 후 대규모 네트워크의 일부를 대상으로 하는 경우 유용하다.

[그림 4] 타임(테마)라인 레이아웃 종류

데이터 가져오기

연관 분석을 위한 가장 기초적인 작업은 보유하고 있는 원천 데이터를 *i2*로 표현하는 작업이다. *i2*에 관계데이터를 표현하는 방식은 크게 두 가지로 분류할 수 있다. 먼저 바로 *i2* 차트에 직접 수기로 그림을 관계 그래프를 그리는 방식이며 두 번째는 2장에서 설명한 바와 같이 매트릭스, 엣지 리스트, 링크드 리스트 방식으로 정형화된 데이터를 불러오는 방법이다.

범죄조직 관계도와 같이 데이터의 양이 적은 경우 굳이 정형화를 하지 않고 바로 *i2* 차트에 수기로 그릴 수 있지만, 데이터의 양이 많은 경우 일단 항목 목록 형태로 데이터를 정형화한 후 *i2* 차트에 '가져오기' 기능을 활용하여 분석사양을 짜서 분석관이 설정한 분석사양의 규칙대로 데이터를 불러올 수 있다.

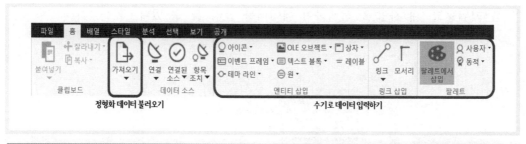

[그림 5] 홈 메뉴상 데이터 입력 및 불러오기 기능

데이터를 수기로 *i2* 차트에 그리는 방식은 '제4장 정보를 그리다-시각화-'편에서 다루었고, 이번 장에서는 정형화된 데이터를 가져오는 방법에 대해 통화내역샘플 데이터를 활용하여 개괄적으로 알아보기로 하자.

정형화된 전자 양식(텍스트 파일 또는 Excel 스프레드시트)의 데이터가 있으면 *i2*로 데이터를 직접 가져올 수 있다.

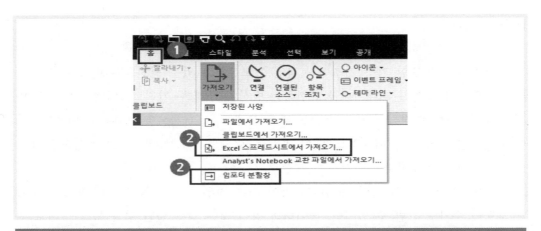

[그림 6] 데이터 가져오기 세부기능

위 [그림 6]과 같이 엑셀 파일을 그대로 불러오거나 [그림 7]과 같이 '임포터 분할 창'을 띄워놓고 '새 사양'을 선택하여 데이터를 불러 올 수 있다.

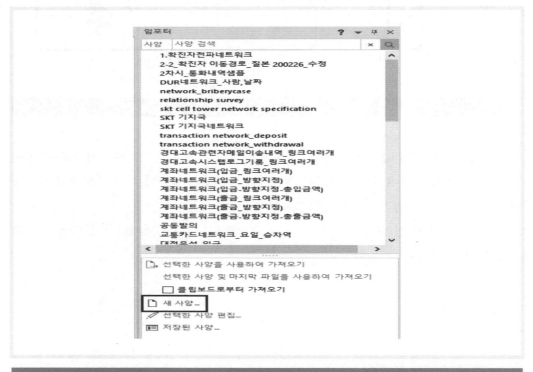

[그림 7] 임포터 분할창

데이터를 가져올 때는 데이터를 *i*2의 차트에 ELP 모델을 이용하여 표현할 수 있도록 "분석사양(Specification)"을 작성해야 한다. 한번 만들어 놓은 가져오기 사양은 동일한 구조(같은 서식)를 가진 데이터라면 그 내용이 달라진다 하더라도 데이터를 불러올 수 있다.

그래서 통화내역, 계좌내역 등을 분석할 때 하나의 표준화된 양식을 반복적으로 사용할 경우 가져오기 사양은 한번만 작성하면 된다.

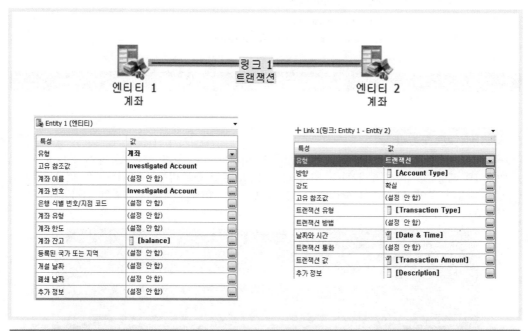

[그림 8] ELP 모델 분석사양 예시

통화내역 샘플데이터로 분석사양을 만들어보도록 하자

가져올 파일을 선택한 다음 '새 사양'을 선택하면, '워크시트 선택 → 행 선택 → 열 실행 → 디자인 선택 → 열 지정 → 세부사항 가져오기' 순서로 사양짜기를 진행하게 된다.

(기존에 작성해놓은 분석사양을 사용하려면 임포터 분할창에 해당사양을 더블클릭하여 분석 대상 파일을 가져올 수 있다.)

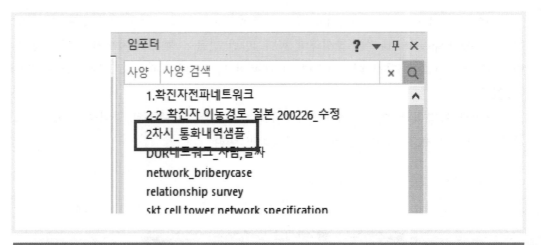

[그림 9] 임포터분할창 기존 분석사양 활용

▶ 이처럼 가져오기를 하는 파일을 선택했을 때, 아래와 같은 오류 창이 뜰 때가 있는데, 이 경우 ① 해당 파일형식(확장자)을 .xlsx에서 .xls 또는 .csv로 바꾸어 주거나, ② 현출된 메시지 내용과 같이 'Microsoft Access Database Engine 2010' 이상을 다운받아 설치한 후 프로그램을 다시 실행한다.

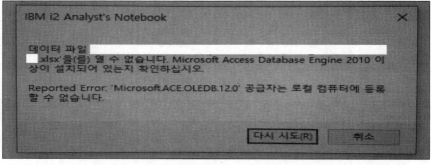

Microsoft Access Database Engine 2010 재배포 가능 패키지

중요! 아래에서 언어를 선택하면 전체 페이지 내용이 해당 언어로 신속하게 변경됩니다.

언어 선택: 한국어   다운로드

이 다운로드를 실행하면 2010 Microsoft Office System 파일과 Microsoft Office가 아닌 다른 응용 프로그램 사이에서 데이터를 쉽게 전송할 수 있는 구성 요소 집합이 설치됩니다.

① (워크시트 선택) 해당 파일에서 가져올 내용이 있는 워크시트를 선택하고, 불러온 데이터를 확인한다. 이 파일의 경우 Sheet 1이 통화내역이고, Sheet 2가 가입자정보인데 여기서는 통화네트워크 분석사양을 짤 예정이므로 Sheet 1을 선택하고 '다음'을 클릭한다.

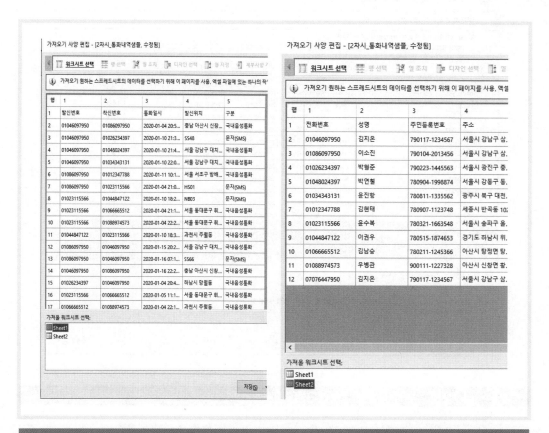

[그림 10] 워크시트 선택

② (행 선택) 머리행을 설정하고 다른 특정 데이터 행을 제거하는 페이지이다. 여기서 '머리행'이란 해당 데이터의 각 열(column)의 유형이 무엇인지 표시해주는 제목행을 말한다. 아래에서는 '전화번호, 성명, 주민번호, 주소~'가 나와 있는 1행이 머리행이다.

'특정문자로 시작하는 행 제거' 기능은 해당 데이터의 첫번째 열인 '전화번호' 열에서 특정 문자로 시작하는 행을 제거하고 싶을 때 활용하는 기능으로 보통 계좌내역 분석사양을 짤때 '입금' 사양과 '출금' 사양을 따로 나눠서 작성해야 하는 경우 '입'을 입력하면 '입금'행이 모두 제거되어 출금행들만을 활용하여 '출금' 분석사양을 작성할 수 있다(이 내용은 제8장 금융정보 관계분석 편에서 자세히 다루고 있음).

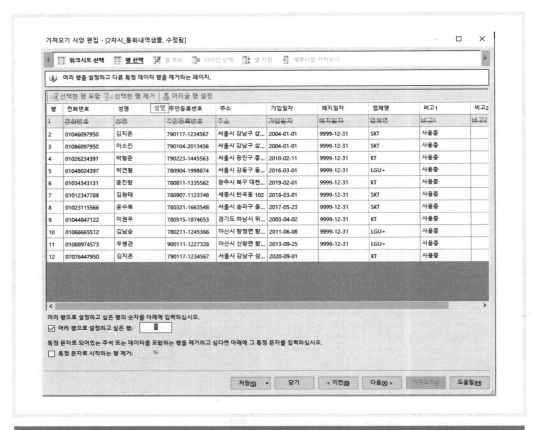

[그림 11] 행 선택

③ (열 조치) 가져온 데이터를 다른 형태로 변환할 수도 있고, 새 열을 만들어 기존에 두 열을 하나로 통합할 수도 있는 데이터 편집 기능을 제공한다.

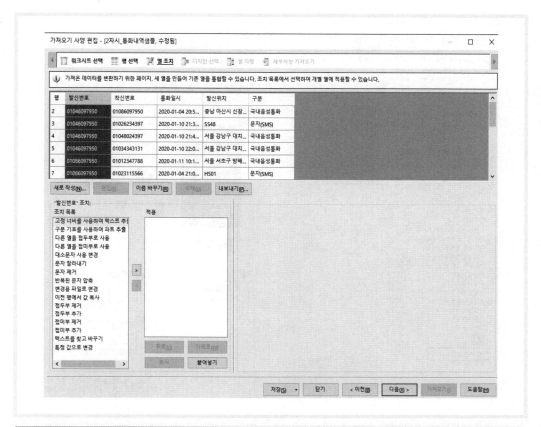

[그림 12] 열조치

기능 연습

가) 샘플 데이터상 '통화일시' 열에 '2020 – 01 – 04'를 '2020/01/04'로 바꾸어 보자.

나) '통화일시' 열을 이용하여 '날짜'와 '시간' 열을 새로 추가해보자.

가) 먼저 '통화일시' 열을 선택한 후 '조치목록'에서 '텍스트를 찾고 바꾸기'를 오른쪽 적용박스로 이동(▷)한 다음 '값 선택 : –', '다음으로 대체 : / '를 입력하면 위 '통화일시' 열에 '–'부호가 '/'로 바뀐 것을 확인할 수 있다.

연습을 한 다음 다시 원상태로 되돌리려면 적용박스에 있는 기능을 ■버튼을 눌러서 제거해주면 '통화일시' 열이 원래대로 돌아간다.

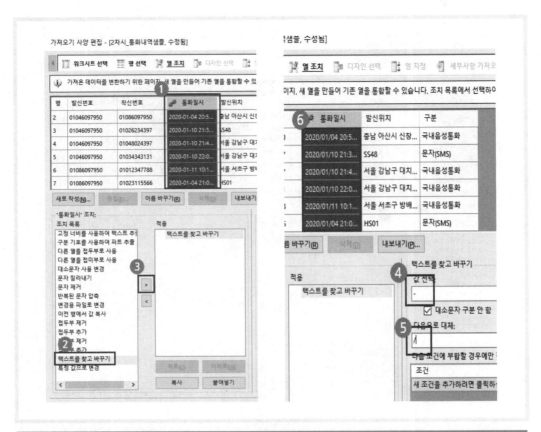

[그림 13] 열조치 '텍스트를 찾고 바꾸기' 예제

날짜와 시간 정보 안의 부호는 *i*2 상에서 인식해줄 수 있는 부호로 표시해줘야 하므로 보통 '–'나 '/'를 주로 활용하고, 그외의 부호가 있다면 위 기능을 활용하여 바꿔주면 된다. 물론 위와 같은 편집기능은 *i*2로 분석사양을 짜기 전인 전처리 단계에서 엑셀 기능을 활용하여 미리 바꾸어 줄 수도 있다.

나－1) 먼저 '새로작성' 버튼을 누르고 '통화일시' 열을 기준으로 '날짜' 열과 '시간' 열을 각각 하나씩 만들어준다. 이때 유의해야 할 점은 '통화일시' 열은 그대로 둔 상태에서 '날짜'와 '시간' 열을 각각 하나씩 추가해 주어야 한다는 것이다.

만약 '통화일시' 열을 '날짜' 형태로 바꿔주고 그 이후 '시간' 열 하나만 추가하여 시간만 표시해주려고 하면 기준열의 내용이 변경되어 '시간' 열에 시간만 표시해 주기가 어렵게 되기 때문이다(잘 이해가 안된다면 한번씩 연습해보기를 권장한다.).

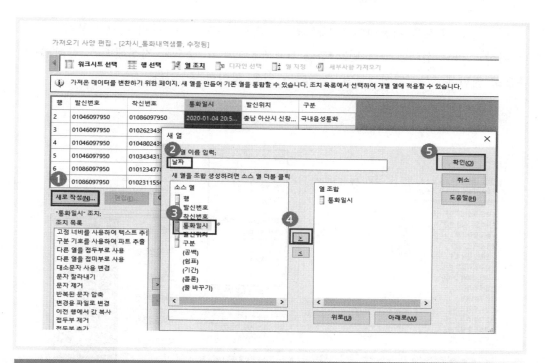

[그림 14] '열조치' 기능 활용한 새 열(날짜) 만들기-1

행	발신번호	착신번호	통화일시	발신위치	구분	날짜
2	01046097950	01086097950	2020-01-04 20:5...	충남 아산시 신창...	국내음성통화	2020-01-04 20:5...
3	01046097950	01026234397	2020-01-10 21:3...	SS48	문자(SMS)	2020-01-10 21:3...
4	01046097950	01048024397	2020-01-10 21:4...	서울 강남구 대치...	국내음성통화	2020-01-10 21:4...
5	01046097950	01034343131	2020-01-10 22:0...	서울 강남구 대치...	국내음성통화	2020-01-10 22:0...
6	01086097950	01012347788	2020-01-11 10:1...	서울 서초구 방배...	국내음성통화	2020-01-11 10:1...
7	01086097950	01023115566	2020-01-04 21:0...	HS01	문자(SMS)	2020-01-04 21:0...

[그림 15] '열조치' 기능 활용한 새 열(날짜) 만들기-2

나-2) 다음은 새로 만든 '날짜' 열에 날짜만 남겨두고 시간정보를 모두 제거해야 하므로 '조치 목록'의 '구분 기호를 사용하여 파트 추출' 또는 '고정 너비를 사용하여 텍스트 추출' 기능을 활용하여 '시간' 정보를 제거해보자.

– '구분 기호를 사용하여 파트추출' → '파트를 분리하는 문자 선택 : 공백' → '하나 이상의 파트 선택 : 파트 번호 추출 1(시작에서 계수)' 순으로 지정해주면 '공백'을 기준으로 앞단에 있는 날짜정보만 추출되는 것을 확인할 수 있다.

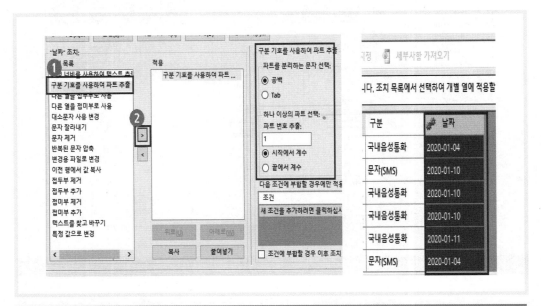

[그림 16] '열조치' 기능 활용한 새 열(날짜) 만들기-3

위와 같은 방식으로 '시간' 열도 새로 만들어주는 연습을 해보자.

현재 샘플데이터는 위와 같이 날짜와 시간을 나누어주지 않더라도 '통화일시' 열만으로도 $i2$가 날짜와 시간을 인식하게 해줄 수 있기 때문에 분석가의 취향에 따라 나눠줘도 되고 그렇지 않아도 무방하다.

④ (디자인 선택) 여기서부터 가장 중요한 단계이다. 항목목록 형태의 관계정보를 소시오 그래프(Socio Graph)형태로 변환해주기 위해 '발신번호'와 '착신번호'의 통화 네트워크 레이아웃을 선택할 수 있다. 만약 시간의 흐름에 따른 통화 관계를 파악하고 싶다면 두번째 '통화의 연속' 레이아웃을 선택하면 된다. 여기서는 '통화 네트워크' 레이아웃을 선택하기로 한다.

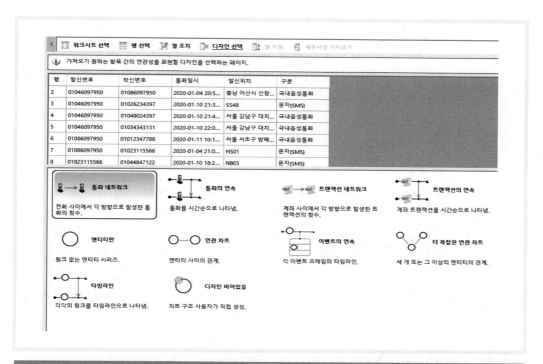

[그림 17] 디자인 선택

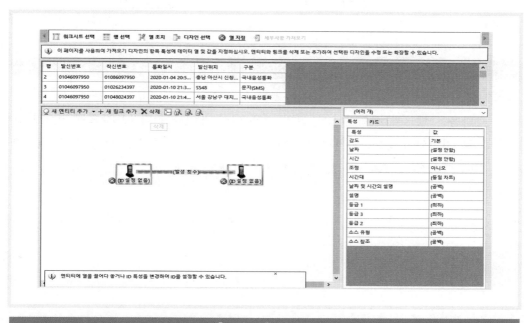

[그림 18] 열지정

⑤ (열 지정) 이제 위 엑셀 목록에서 아래 엔티티 1(왼쪽 엔티티), 링크, 엔티티 2(오른쪽 엔티티)에 지정하고자 하는 열 항목을 드래그 & 드랍 방식으로 삽입한다.

　– 링크 방향을 고려했을때 '엔티티 1'에 매칭시킬 수 있는 데이터는 엑셀 목록의 '발신번호' 항목이며, '엔티티 2'에는 '착신번호' 열을 지정해준다.

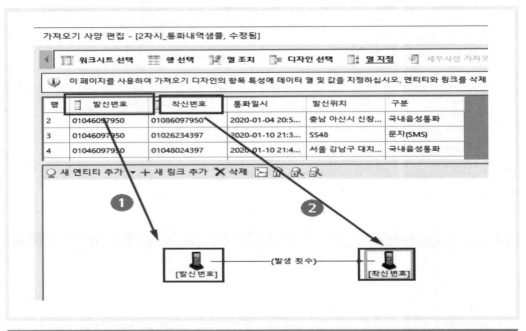

가져오기 사양 편집 - [2차시_통화내역샘플, 수정됨]

워크시트 선택　　행 선택　　열 조치　　디자인 선택　　열 지정　　세부사항 가져오

이 페이지를 사용하여 가져오기 디자인의 항목 특성에 데이터 열 및 값을 지정하십시오. 엔티티와 링크를 삭제

행	발신번호	착신번호	통화일시	발신위치	구분
2	01046097950	01086097950	2020-01-04 20:5...	충남 아산시 신장...	국내음성통화
3	01046097950	01026234397	2020-01-10 21:3...	SS48	문자(SMS)
4	01046097950	01048024397	2020-01-10 21:4...	서울 강남구 대치...	국내음성통화

새 엔티티 추가　＋ 새 링크 추가　✕ 삭제

❶　❷

[발신 번호] ──(발생 횟수)── [착신 번호]

[그림 19] 엔티티 삽입

– 다음은 링크를 선택한다. 링크의 경우 이미 레이블이 디폴트값으로 '발생횟수'로 지정되어 있다. 여기서 중요한 점은 링크의 '연결종류'를 어떻게 할 것인가에 따라서 링크의 레이블 지정방식도 변하게 된다.

▶ 링크의 연결종류는 크게 '단일', '방향지정', '여러 개'로 나뉜다.

▶ '단일'은 링크를 한줄로만 표현하는 방식이고, '방향지정'은 링크 방향성에 따라 각각 한줄 씩 표현, '여러 개'는 건별로 모두 링크를 표시해주는 방식이다.

▶ 보통 '단일'은 잘 사용하지 않고, 네트워크를 중심으로 분석하고자 할 때는 '방향지정', 특 정한 날짜와 시간대의 네트워크를 별도로 추출하여 분석하고자 할 때는 '여러 개'를 선택 한다.

▶ 링크의 연결종류가 '방향지정'일 때는 레이블을 '발생횟수'로 지정하는게 유의미하지만, '여 러 개'일 때는 건별로 링크가 생성되므로 적합한 링크레이블을 별도로 지정해 줄 수 있다. 통화네트워크의 경우에는 링크레이블로 문자인지 음성인지를 구분할 수 있는 '구분' 또는 발신기지국의 위치를 파악할 수 있는 '발신위치' 항목을 선택하는 것이 좋다.

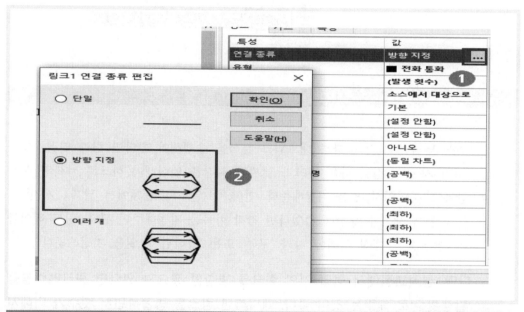

[그림 20] 링크 '연결종류'

− (1안) 날짜와 시간에 따른 분석을 수행하지 않고 네트워크 중심으로 분석을 진 행하고자 한다면 링크 연결종류를 '방향지정'으로 설정한 다음 링크 '너비'를 '발생 횟수에 따른 선형 증가'로 선택해주어 횟수가 많은 링크는 그 두께가 일 정하게 두꺼워질 수 있도록 설정해준다.

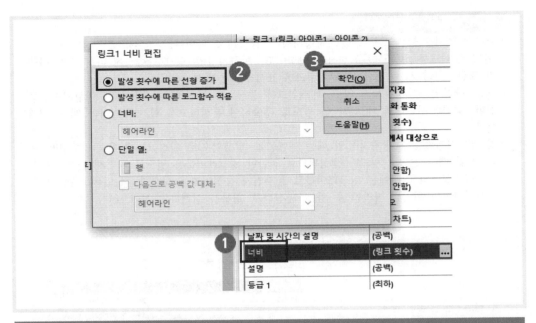

[그림 21] 링크 '너비' 설정

    – (2안) 날짜와 시간에 따른 네트워크 분석을 수행해야 한다면 링크 연결종류를 '여러 개'로 설정한 다음 링크가 날짜와 시간을 인식해야 하므로 날짜와 시간 항목에 '통화일시' 열을 지정해준다. 만약 '③ 열조치' 단계에서 '날짜', '시간' 열을 나누어 새롭게 생성해 주었다면 각각 항목을 지정해주면 된다. 링크 레이블은 '발생횟수' 대신 목적에 따라 '구분' 또는 '발신위치' 열을 지정해준다.

    ※ 다만, 분석과정에서 여러 개의 링크를 병합할 필요가 있다면 링크레이블을 '발생횟수'로 해주는 것이 좋다. 왜냐하면 링크를 병합하면서 횟수가 더해지도록 '차트 특성'을 설정해 줄 수 있기 때문이다.

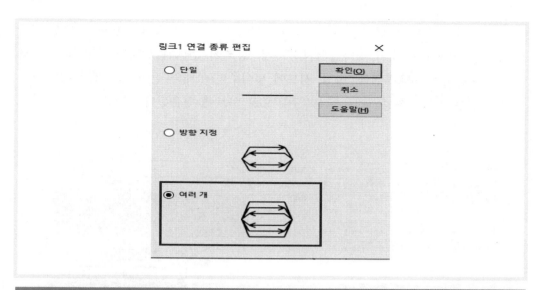

[그림 22] 링크 연결종류(여러 개)

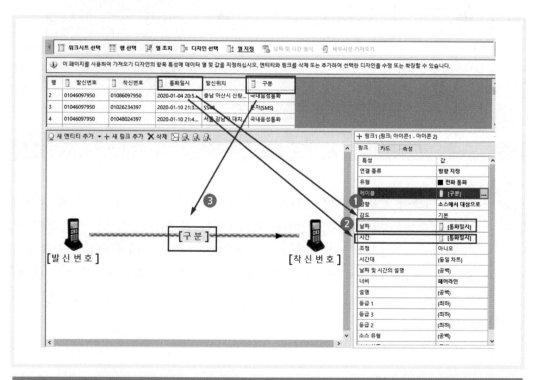

[그림 23] '날짜', '시간', '링크레이블' 설정

- 만약 차트에 '발생 횟수'와 '구분'을 모두 표시해주고 싶다면 이때는 속성 시트를 활용하는 것이 좋다. '열지정'에서 '링크'가 선택된 상태에서 '속성' 시트로 이동하여 '구분' 열을 '속성' 시트에 넣어주면 아래와 같이 링크레이블은 '발생 횟수', 링크 속성(attributes)은 '구분'으로 차트에 현출된다.

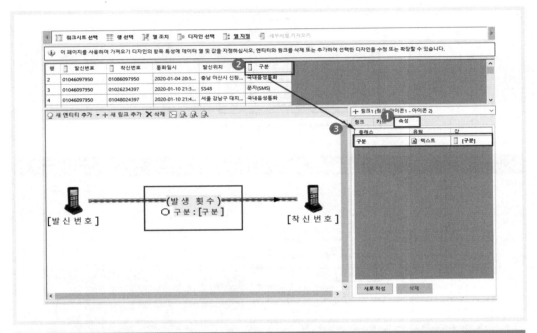

[그림 24] 링크 속성 지정

- '카드' 시트의 경우 차트에 현출되는 '속성'을 제외한 기타 엑셀 항목에 표시된 여러 정보들을 담아주는 공간이다. 카드통합이 선택되어 있으면 예를 들어 통화횟수가 5인 링크의 카드 1개가 만들어지면서 5회의 통화내역의 여러 속성정보들이 하나의 카드에 만들어지게 된다. 카드통합이 선택되어 있지 않으면 통화건별로 카드가 한장씩 만들어지면서 해당 통화내역의 속성정보들만 포함된다.

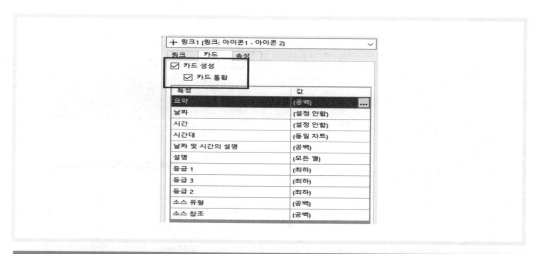

[그림 25] 카드 생성

– 보통 '카드생성'은 반드시 선택하고, '카드통합' 선택 여부는 분석가의 분석목적
 이나 방법에 따라 달라지게 된다.

Tip 꼭 두 개의 엔티티의 관계로만 표현해야 하나요?

– '열 지정' 단계에서 제안하고 있는 두 개의 엔티티의 관계를 기본으로 또 다른
 관계모형을 추가하고 싶다면 '새 엔티티'와 '새 링크'를 추가하여 분석모형을 설
 계할 수 있다.
– 현재 발신번호와 착신번호의 통화관계를 구성하였는데, 발신번호가 전화를 걸
 었을 때 기지국 위치를 네트워크상으로 표현해주고 싶다면 아래와 같이 '새 엔
 티티 추가' 기능 등을 활용하여 '발신위치'와 '발신번호'의 관계를 추가해 줄 수
 있다.
– 이 기능은 분석가가 원할 때 활용해 줄 수 있지만 너무 많은 유형의 엔티티가
 한꺼번에 차트에 현출되면 시각적인 직관성을 떨어뜨릴 수 있다.
– 그러므로 먼저 발신번호와 착신번호간의 관계로 구성된 모델을 작성하여 1차
 분석을 수행하고나서 별도로 기지국과 발신번호와의 관계에 대한 분석사양을
 작성하여 추가 분석을 수행한 다음 유의미한 데이터만 추출하여 기존의 발신번
 호와 착신번호 네트워크 차트에 복사하여 붙여넣기 하는 방식도 추천한다.

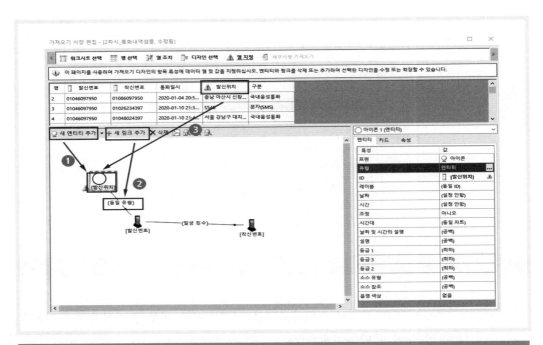

[그림 26] 새 엔티티, 새 링크 추가

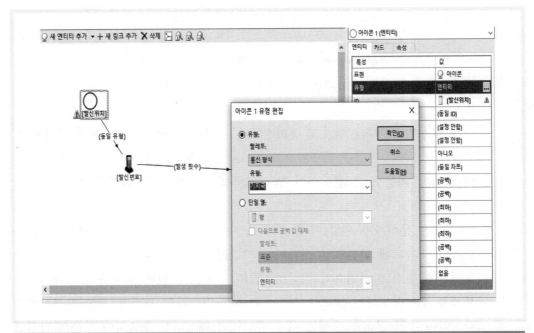

[그림 27] 새 엔티티 유형 변경(기지국)

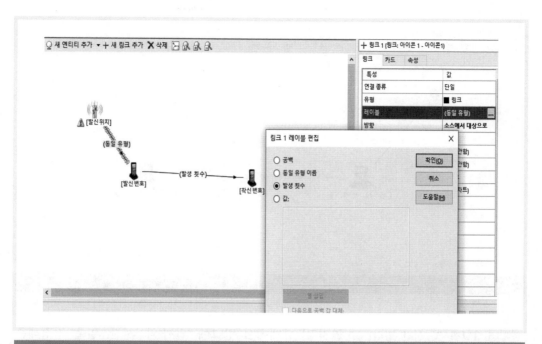

[그림 28] 새 링크 레이블 변경(발생횟수)

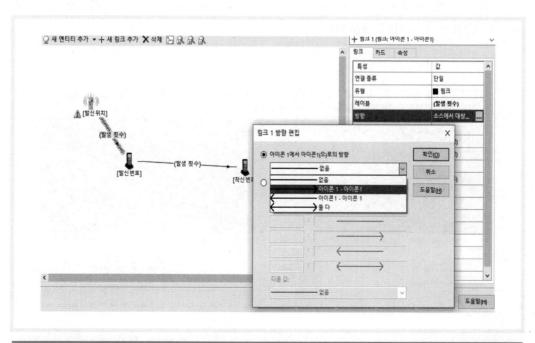

[그림 29] 새 링크 방향 변경

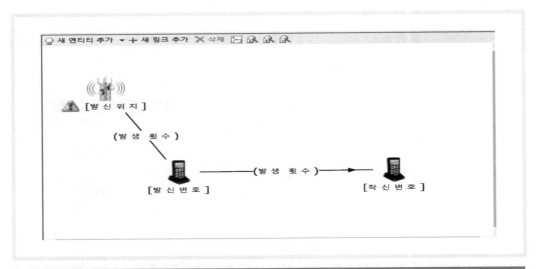

[그림 30] 최종 분석 모델

⑥ (날짜 및 시간 형식) '⑤열지정' 단계에서 링크에 '날짜'와 '시간' 열을 지정해준 경우 아래와 같이 *i2*가 날짜와 시간을 인식할 수 있는 형식으로 맞춰달라는 느낌표가 뜨게 된다. 만약 느낌표가 뜨지 않는다면 이미 *i2*가 날짜와 시간을 인식할 수 있는 형식으로 맞춰진 상태이기 때문이다.

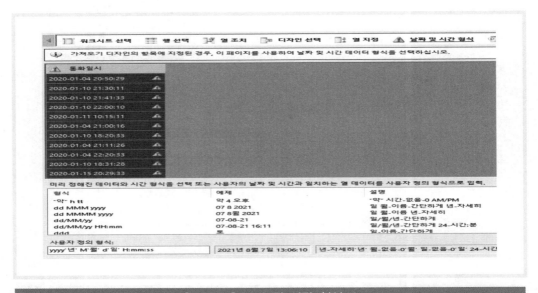

[그림 31] 날짜 및 시간 형식-1

- '통화일시' 열에 표현되어 있는 서식에 맞추어 '사용자 정의 형식'에 'yyyy-MM-dd HH:mm:ss'를 입력하면 느낌표가 사라진다.
- (y는 year(년), M은 month(월), d는 day(일), 그리고 H는 hour(시), m은 minute(분), s는 second(초)의 첫 글자로, yyyy는 연도를 4자리로, MM은 월을 2자리로, dd는 일을 2자리로 표현하고, 연월일은 각각 '-'로 구분하며, HH는 시간을 24시간제에 따라 2자리로, mm은 분을 2자리로, ss는 초를 2자리로 표현하고, 시분초는 각각 ':'로 구분한다(예. 2019-04-08 14:01:02).

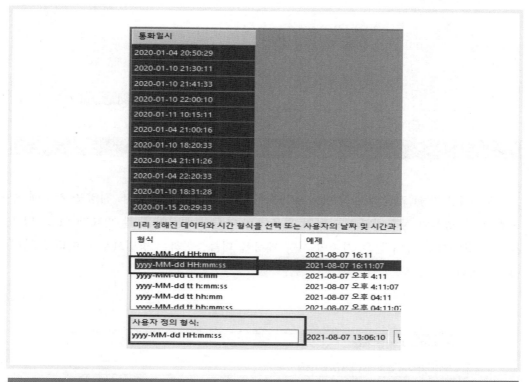

[그림 32] 날짜 및 시간 형식-2

⑦ (세부사항 가져오기) 차트 옵션으로 현재 차트에 데이터를 불러올 것인지, 새 차트를 열어서 불러올 것인지 가져온 항목에 적용할 레이아웃은 '피콕 레이아웃'으로 할 건지 다른 레이아웃으로 변경할건지 여부를 결정한 다음 가져오기 버튼을 누른다.

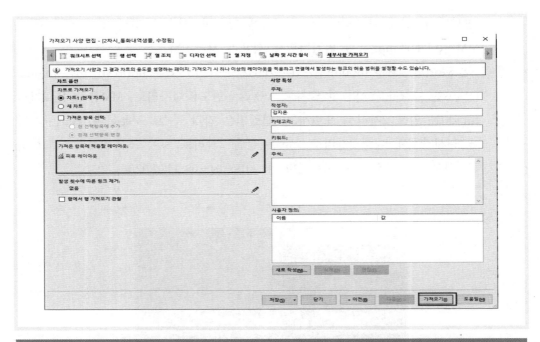

[그림 33] 세부사항 가져오기

⑧ (사양 저장) 지금까지 작성한 사양을 다른 이름으로 저장한다. 사양을 저장해 놓으면 같은 형식의 통화내역 데이터의 경우에는 다시 분석사양을 짤 필요가 없고, 임포트 분할창에서 저장해 놓은 기존의 사양 제목을 더블클릭하는 방법으로 데이터를 불러올 수 있다.

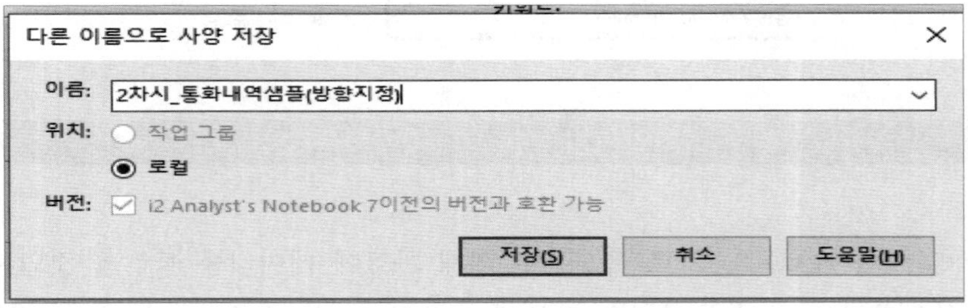

[그림 34] 분석사양 저장하기

- 사양을 저장하고 나면 분석가가 만든 분석사양에 따라 '통화내역샘플' 데이터를 네트워크 형태로 시각화하여 *i2* 차트에 현출한다.

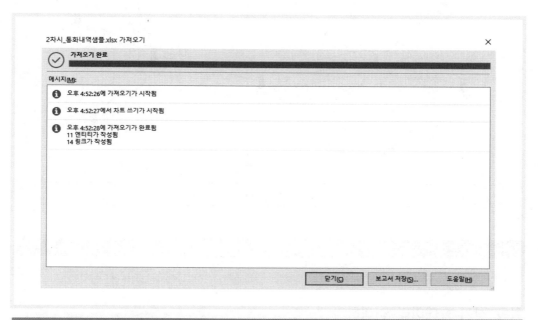

[그림 35] 통화내역샘플 가져오기

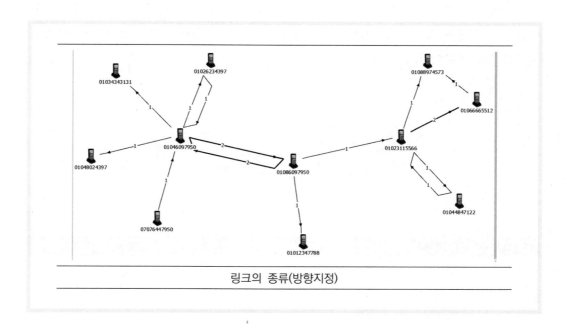

링크의 종류(방향지정)

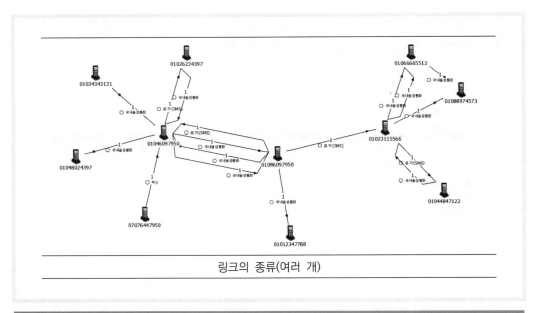

링크의 종류(여러 개)

[그림 36] 임포트 결과

항목 찾기 : 데이터 검색하기

*i*2의 분석 기능 중 가장 먼저 소개할 것은 다름아닌 '항목 찾기' 즉 검색 기능이다. 일단 차트상에서 분석가가 필요한 데이터를 찾는 것이 가장 흔하고 일반적인 분석의 첫걸음이기 때문이다.

[그림 37] *i*2 분석 기능 중 '항목 찾기' 화면

항목 찾기에는 검색, 텍스트 찾기, 시각적 검색 등의 기능이 있는데 차트에 특성이 표시되지 않는 경우에도 여러 가지 항목 특성 값 중 검색어와 일치하는 항목 특성값을 찾아낼 수 있다. 아래 그림을 예로 들어 설명한다면 '김지온' 엔티티는 차트에 표현되는 레이블(이름)이 '김지온' 이지만 실제 ID는 전화번호인 01046097950으로 지정되어 있기 때문에 해당 번호로 검색하면 '김지온' 엔티티를 선택하고 'ID에 있음'이라는 설명이 확인된다.

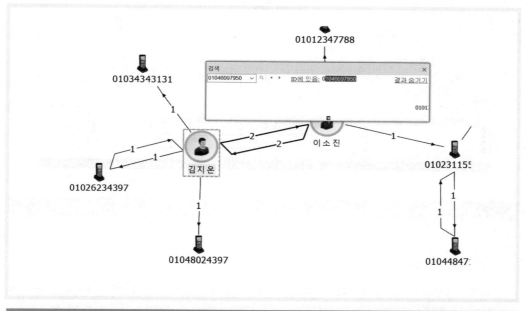

[그림 38] '검색' 기능 적용 사례

(1) 검색

'검색' 기능은 차트에 있는 항목의 특성에서 텍스트, 숫자 또는 날짜를 검색 표시 줄을 이용하여 검색하는 기능이다.
① 검색 표시 줄에 검색할 값을 입력
② 검색 값과 일치한 결과 값이 항목 기준으로 나열
③ 검색 값과 일치한 엔티티가 차트에서 표시 됨

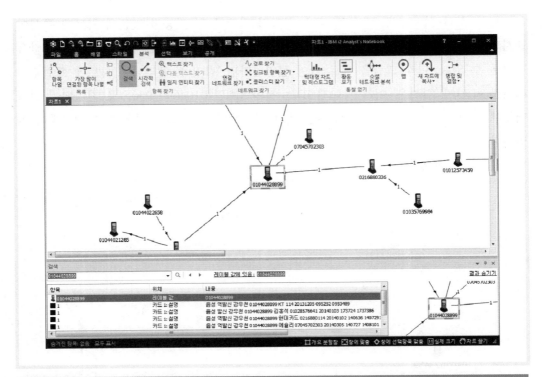

[그림 39] '검색'기능 활용 예시

(2) 텍스트 찾기

항목 정보에서 특정 단어나 문구를 검색하는 방법이며, 알고 있는 텍스트 정보의 위치를 확인하거나, 포함된 엔티티를 찾고자 할 때 사용할 수 있는 방법이다.

텍스트 찾기를 위해선 Analyst's Notebook(*i2*) 메뉴 중 분석 > 텍스트 찾기를 선택한다(단축키 CTRL+F).

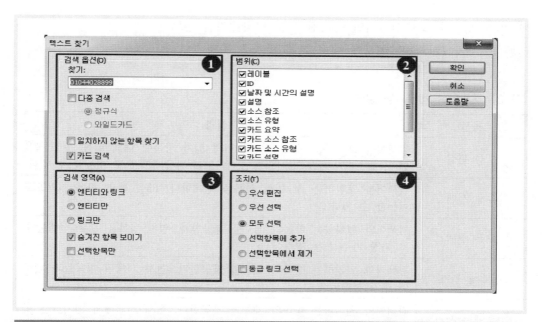

[그림 40] 텍스트 찾기 기능 검색옵션, 범위, 검색영역, 조치 항목

① 찾기 상자에 검색할 텍스트를 입력

검색과 관련한 옵션은 다음과 같이 선택할 수 있음.

〈표 2〉 검색옵션 세부기능 설명

옵션	설명
다중 검색	와일드카드 또는 정규식을 사용하여 검색을 정의 ※ 와일드 카드란 abc가 들어간 단어를 찾고 싶을 경우, *abc*로 입력, ab로 끝나는 글자를 찾고 싶을 경우 *ab로 찾는다는 표현 규칙을 말함
일치하지 않는 항목 찾기	찾기 상자의 텍스트를 포함하지 않는 항목을 검색
카드 검색	범위 목록에서 카드 특성을 포함하여 검색 기본적으로 선택되는 옵션

② 범위에서 검색할 항목 특성 선택 : 통상 모두 선택된 상태로 검색

③ 검색 영역에서는 검색할 영역을 선택한다. 엔티티와 링크를 모두 포함하여 검색할 것인지, 아니면 엔티티나 링크만 따로 검색할 건지 선택할 수 있음. 검색에 숨겨

진 차트 항목을 포함시키려면 숨겨진 부분 나타내기를 선택

④ 조치에서 찾은 항목에 대한 조치 방법을 지정

〈표 3〉 조치항목 세부기능 설명

옵션	설명
우선 편집	검색어를 포함하는 페이지의 첫 번째 일치 항목에 대해 항목 특성 창을 연다. 텍스트가 강조 표시되며, F3을 눌러 다음 항목으로 이동할 수 있다.
우선 선택	검색어를 포함하는 첫 번째 항목을 선택한다. F3을 눌러 다음 항목으로 이동할 수 있다.
모두 선택	검색어와 일치하는 항목의 개수를 제공한다. 일치 항목을 모두 선택한다. 〈 가장 자주 쓰는 명령어 〉
선택에 추가	검색어와 일치하는 항목의 개수를 제공한다. 현재 선택된 항목들과 더불어 추가 선택된다.
선택에서 제거	검색어와 일치하는 항목의 개수를 제공한다. 현재 선택에서 일치하는 항목의 선택을 해제한다.

⑤ 확인을 클릭하여 검색을 실행한다.

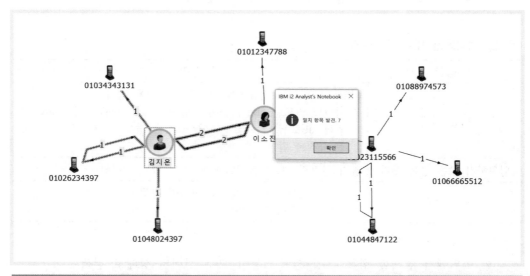

[그림 41] 텍스트 찾기 기능 활용 예제

예제는 01046097950 텍스트를 '검색영역'은 '엔티티와 링크', '범위'는 '모두', '조치'
는 '모두 선택'으로 검색하였다.

해당 텍스트는 '김지온' 엔티티의 ID와 각 통화내역 링크의 '카드설명'에 포함되어
있기 때문에 ① 일치하는 항목의 개수인 7개(엔티티 1개, 링크 6개)가 표시되고, ② 일치
하는 항목이 모두 선택되어 표시되었다.

다중검색 기능 연습

▸ '김지온통화데이터샘플(디자인)' anb 파일을 열고 ID인 휴대전화 번호 맨 뒷 4자리에
'7950'이 포함된 엔티티를 찾아보세요.

(정답)

---

(3) 시각적 검색

시각적 검색은 검색하고자 하는 엔티티와 링크를 분석자가 정의하고, 해당 구조를
기반으로 검색을 수행하는 방법으로 구조는 '하나의 엔티티 유형' 또는 '두 개의 엔티티
유형과 해당 유형간 링크 유형'으로 구성된다.

예를 들어 링크 레이블 값이 2보다 큰 관계를 검색하고자 할 경우 다음과 같이 선
택할 수 있다. '링크레이블 값'이 '발생횟수'인 경우 아래와 같이 발생횟수가 2보다 크거

나 같은 엔티티 A와 해당 링크 그리고 연결된 엔티티 B를 검색할 수 있고, 검색 명령어가 입력된 화면을 아래 그림처럼 시각적으로도 확인할 수 있다.

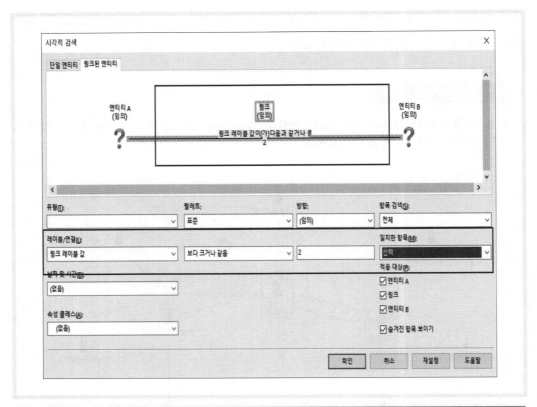

[그림 42] 시각적 검색 '링크된 엔티티' 기능 명령 화면

위와 같이 검색결과 차트에서 링크레이블 값이 2 이상인 엔티티와 링크가 선택된 결과를 확인할 수 있다.

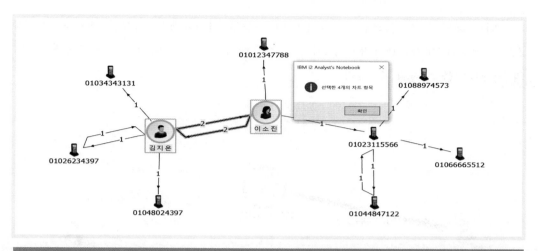

[그림 43] 시각적 검색 '링크된 엔티티' 기능 검색결과

시각적 검색기능을 활용할 수 있는 대표적인 예로는 고가의 거래에 관련되는 계좌를 식별하기 위해 링크레이블이나 링크 속성이 '거래금액'인 경우 10,000,000보다 큰 가치의 거래를 나타내는 링크를 검색하는 경우를 생각해 볼 수 있다.

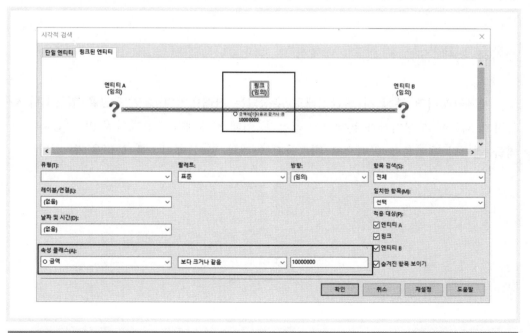

[그림 44] 시각적 검색 '링크된 엔티티' 기능 10,000,000 이상 거래내역 검색 명령

위 사례의 경우 링크의 레이블이 아닌 속성에 '거래금액'이 지정된 경우 '속성클래스'의 '금액'이 '10,000,000 보다 크거나 같음'으로 검색해주면 아래와 같이 천만원 이상의 거래내역을 추출할 수 있다.

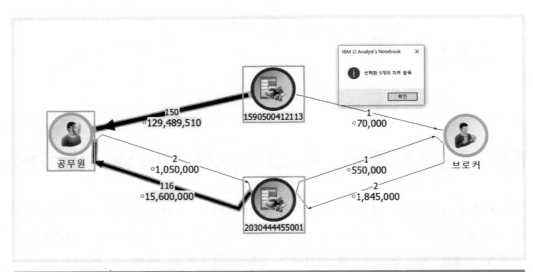

[그림 45] 시각적 검색 '링크된 엔티티' 기능 10,000,000 이상 거래내역 검색 결과

시각적 검색 Tip

계좌거래내역 분석 시 현금거래로 추정되는 거래내역의 경우 현금을 입금이나 출금하기 때문에 상대계좌가 존재하지 않는다. 이때 상대계좌가 존재하지 않는 입출금 내역을 엔티티 레이블을 공백으로 지정하고 아래와 같이 데이터를 불러올 수 있다.

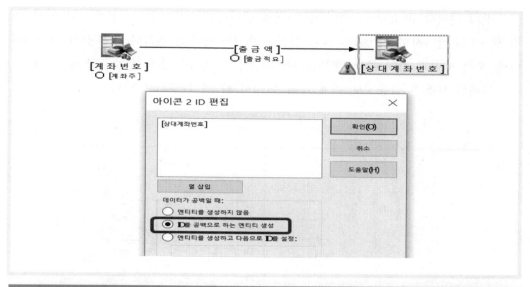

[그림 46] 계좌거래내역 데이터 분석사양 짜기

위와 같이 분석사양을 짜고 난후 시각적 검색 기능의 '단일 엔티티' 시트에서 엔티티 ID(또는 레이블)를 공백으로 놓고 검색하게 되면 현금 입출금 내역으로 추정되는 거래내역만 별도로 추출할 수 있다.

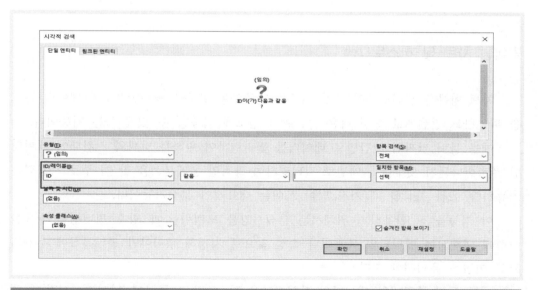

[그림 47] 시각적 검색 '단일 엔티티' 검색 명령

전체 엔티티 중 ID가 공백인 총 73개의 엔티티가 선택되었고, '선택' 메뉴에서 '연결 및 끝'을 클릭하면 위 엔티티들과 연결된 링크와 상대편 엔티티(주 계좌)가 선택되어 아래 우측 화면과 같이 주요 계좌별 현금추정 거래내역만 별도로 추출할 수 있다.

자세한 내용은 금융정보 관계 분석 편에서 좀 더 다루기로 한다.

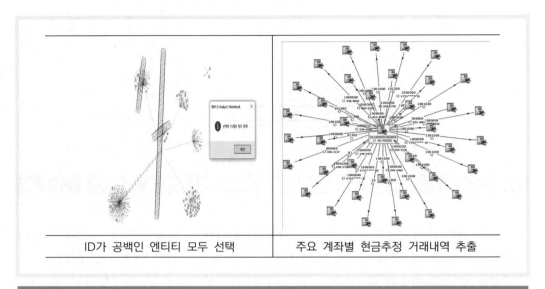

| ID가 공백인 엔티티 모두 선택 | 주요 계좌별 현금추정 거래내역 추출 |

[그림 48] 시각적 검색 엔티티 ID가 공백인 '단일 엔티티' 검색 및 추출결과

막대형 차트 및 히스토그램

차트 항목을 필터링하여 특정 기준을 만족하는 항목을 표시함으로써 데이터 분포를 확인하고 컨텐츠로 드릴 다운하여 관심 정보에 집중할 수 있게 하는 기능이다.

예를 들어 날짜와 시간별로 데이터를 필터링하여 원하는 날짜와 시간대에 데이터만 추출한다든지 횟수나 금액별로 필터링하여 양적인 통계분석을 할 때 주로 사용되는 기능이다. *i2*를 사용할 때 가장 많이 쓰이는 대표적인 분석기능이다.

이 기능을 잘 활용하기 위해서는 분석사양을 모델링할 때 향후 필터링이 필요한 사항에 대해서는 엔티티의 특성이나 속성 값으로 지정해 주어야만 필터목록에 추가되므로 이점을 유의해야 한다.

예를 들어 통화내역 데이터의 분석사양을 짤 때 링크 특성에 '날짜'와 '시간'에 해당 데이터의 날짜와 시간 열을 지정해주지 않으면 이 기능에서 날짜와 시간으로 필터 링하여 분석을 진행할 수 없다.

[그림 49] 분석 메뉴 중 '막대형 차트 및 히스토그램' 아이콘

분석 메뉴 '통찰얻기'에 '막대형 차트 및 히스토그램'을 클릭한다.

막대형 차트 및 히스토그램 작업 분할 창이 열리면서 차트내에 필터링이 가능한 콘텐츠가 검사되며, 데이터에 적용되는 모든 필터가 표시된다.

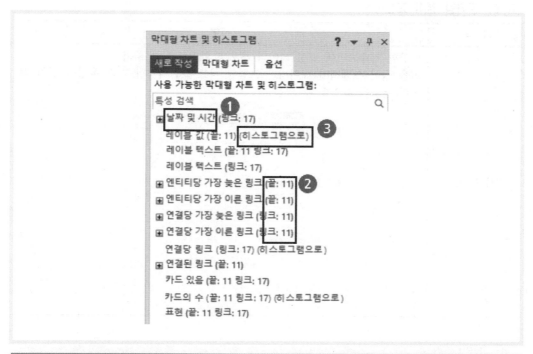

[그림 50] '막대형 차트 및 히스토그램' 분할창

필터의 유형에 따라서 각 필터 항목에 다음 구성요소의 최대 3개가 포함된다.

〈표 4〉 필터 구성요소

구성요소	설명
① 필터 레이블	필터가 가능한 다양한 유형의 필터 레이블이 나열 ▷ 날짜 및 시간, 레이블 값(텍스트), 링크 유형, 속성 클래스, 연결당 링크, 연결당 링크의 총 값 등
② (계수) 요약	필터 기준과 일치하는 현재 차트의 최대 항목 수를 요약하여 레이블 우측에 괄호로 표시되며 끝(엔티티를 의미)과 링크로 분할 ex) '레이블 값' 지표를 가진 엔티티가 194개, 링크가 832개인 경우 ⇒ 레이블 값(끝 : 194, 링크 : 832)
③ (히스토그램으로)	이 구성요소를 갖는 모든 필터는 히스토그램 필터링 분할창을 별도로 열어서 '드릴 다운' 기능 등을 활용하여 분석을 할 수 있음

필터링 결과는 막대형 차트, 히스토그램, 히트 매트릭스 3가지 방식으로 표현된다.

〈표 5〉 필터링 결과 표현방식

구 분	설명
막대형 차트	다양한 카테고리에 걸친 데이터 분포를 확인하는 데 유용 예를 들어 트랜잭션 데이터가 포함된 차트에서 다양한 계좌 유형에 걸친 데이터 분포를 확인할 수 있음 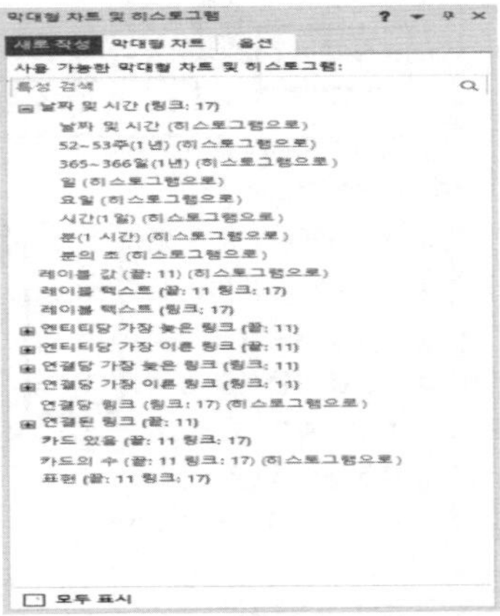

히스토그램	데이터 범위를 확인하는 데 유용 예를 들어 트랜잭션 데이터가 포함된 차트에서 특정 범위 내의 트랜잭션 값에 따른 데이터 분포를 확인할 수 있음 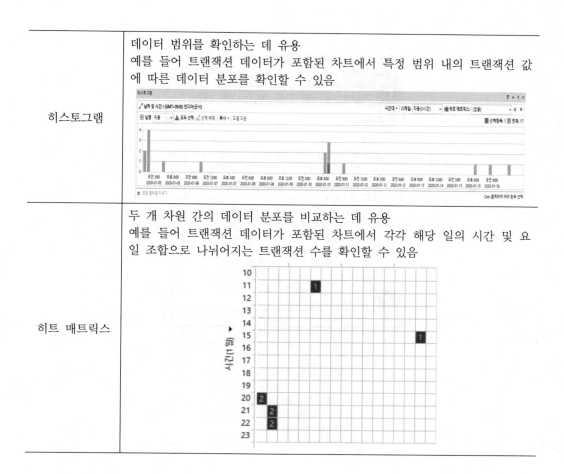
히트 매트릭스	두 개 차원 간의 데이터 분포를 비교하는 데 유용 예를 들어 트랜잭션 데이터가 포함된 차트에서 각각 해당 일의 시간 및 요일 조합으로 나뉘어지는 트랜잭션 수를 확인할 수 있음

<필터 선택>

분석을 요하는 필터 항목은 ① '특성 검색'에서 검색하거나 다음 목록에서 필요한 항목을 선택할 수 있다(② 연결의 수).

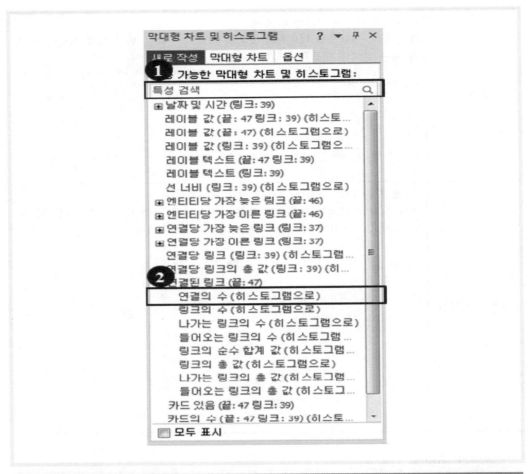

[그림 51] '막대형 차트 및 히스토그램' 아이콘 및 분할창

▷ 필터 및 히스토그램 작업분할창의 '새로 작성' 페이지를 열고 사용 가능한 필터 목록 표시, 찾고자 하는 필터목록이 확인되지 않을 경우, 분할창 하단에 '모두 표시'를 선택한 후 해당 목록을 찾아본다.
① 사용하고자 하는 필터가 있는 경우에는 검색 필터 상자에 필터 이름을 입력, 입력할 때 창이 업데이트되어 검색 텍스트와 관련하여 사용 가능한 필터 표시
② 적용필터 선택, 필터에 (히스토그램으로)가 있는 경우, 필터 선택은 옵션 중 선택 가능
   a. 옵션 : 필터 레이블을 클릭시 필터 페이지에서 필터를 볼 수 있음
   b. 옵션 : (히스토그램으로)를 클릭하면 히스토그램 필터링 창에서 필터를 볼 수 있음

선택한 모든 필터가 필터 및 히스토그램 작업 분할창의 필터 페이지 또는 히스토그램 필터링 창에 나열된다. 더 이상 필터가 필요하지 않으면 닫을 수 있다.

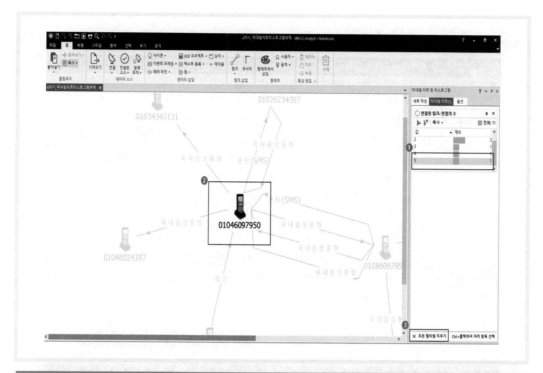

[그림 52] 연결의 수로 필터링 후 연결의 수가 5개인 엔티티 선택 결과

a. 옵션의 필터를 선택시엔 필터 페이지가 새로 생성되며, 필터의 값을 확인할 수 있고, 예시에 사용한 연결의 수 필터의 경우엔 값에 각 엔티티가 가진 연결의 수를 표시하고, 개수에서 해당 엔티티의 개수를 표시한다.

① 필터가 적용된 값을 확인할 수 있음, 해당 조건에 충족되는 엔티티 및 링크를 확인하고자 할 때는 해당 값을 선택
② 필터의 결과값이 선택되면, 조건에 충족되는 엔티티 및 링크가 표시
③ 필터와 관련하여 기타 작업을 수행할 수 있음(모든 필터링 지우기 : 모든 필터를 선택 취소하고 모든 차트 항목을 보여줌)

b. 옵션의 (히스토그램으로)를 선택시엔 히스토그램 분할창을 통해 결과를 확인하는데 일반적으로 '날짜 및 시간' 순으로 데이터를 보고자 할때 (히스토그램) 기능을 사용한다.

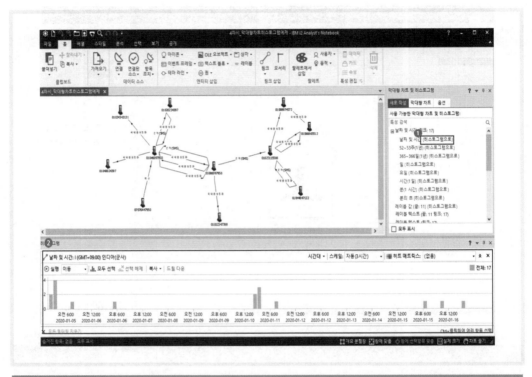

[그림 53] '날짜 및 시간' 필터 히스토그램 선택 결과

히스토그램으로 적용된 필터의 결과값을 확인, 표시줄이나 표시줄 범위를 선택 시 포함된 항목이 차트에 표시된다.

값 범위를 선택하려면 두 개 이상의 표시줄을 선택하고, 표시줄 위로 포인터를 이동하면, 필터를 통과하는 차트 항목 수를 설명하는 도구 팁이 표시된다.

필터 사용시엔 차트 컨텐츠를 드릴 다운(확장 검색)하여 관심 있는 정보에 집중할 수 있고 차트에 보유된 정보를 조사할 때 2개 이상의 다중 필터를 적용할 수도 있다. 아울러 히스토그램으로 데이터를 보면서 '실행' 버튼을 누르면 시간의 흐름에 따른 트랜잭션이 차트에 비디오처럼 플레이되면서 분석 대상 엔티티들간의 트랜잭션 선후관계를 효과적으로 관찰할 수 있어 이상패턴 추출 등의 성과를 얻을 수 있다.

필터링 후 원하는 최종 결과가 나오면 다음과 같은 방식으로 새로운 차트에 현출하거나 목록 형태로 데이터를 전환할 수 있다.

① 새 차트에 결과 복사 : 새 표준 차트를 열고 필터의 결과로 선택되는 차트 항목을 해당 차트에 복사
② 연결과 함께 새 차트에 복사 : 선택시 필터의 결과값과 충족된 항목뿐 아니라 해당 항목 끼리 직접적으로 연결된 항목을 포함시켜 복사
③ 항목 목록 : 항목 목록 창에 모든 목록 보기 항목을 표시하는데 차트에서 선택되는 모든 결과가 항목 목록 창에서 선택 됨
④ 데이터 레코드 나열 : 차트 항목이 데이터 레코드를 갖는 경우 데이터 레코드 나열 창이 표시 됨

아래 예시는 계좌내역 분석시에 00시부터 05시까지 새벽시간대 거래내역과 2천만 원 이상의 다액 거래내역을 막대형 차트 및 히스토그램 기능을 이용하여 도출한 결과 화면이다.

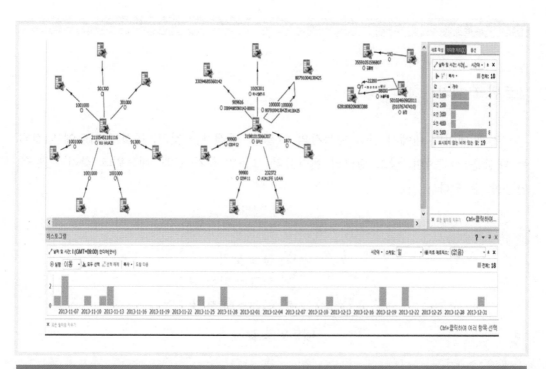

[그림 54] 막대형 차트 및 히스토그램 기능 활용 새벽시간대 거래내역 추출결과

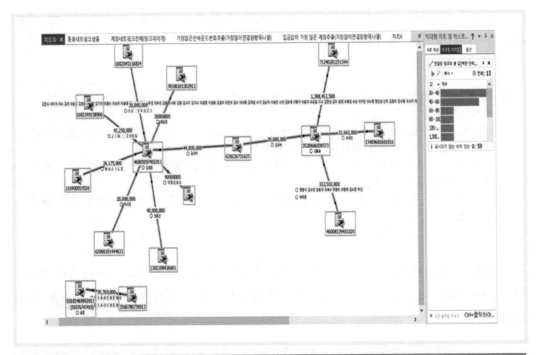

[그림 55] 막대형 차트 및 히스토그램 기능 활용 2천만원 이상 거래내역 추출결과

네트워크 찾기

관계 데이터 내에서 관심 항목간의 연결 및 중개자를 찾고, 특정 엔티티에 연결되는 대상을 검색하며, 상호 링크된 엔티티의 그룹을 찾기 위해 '네트워크 찾기' 기능을 활용할 수 있다.

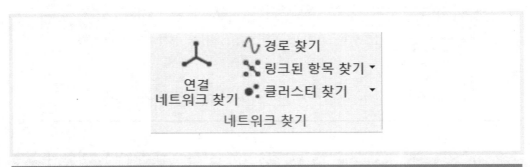

[그림 56] 네트워크 찾기 메뉴

'네트워크 찾기'는 위에서 보이는 바와 같이 크게 '연결 네트워크 찾기', '경로 찾기', '링크된 항목찾기', '클러스터 찾기' 4가지 기능을 제공한다.

〈표 6〉 네트워크 찾기 4가지 기능 개요

구 분	설명
연결 네트워크 찾기	▷ 원하는 여러 엔티티가 네트워크로 연결되는지 여부를 검색할때 검색에서 필수 엔티티로 이를 지정한 후 '네트워크 찾기'를 통해 지정한 엔티티들을 직접 또는 간접으로 연결하는 네트워크를 검색 ▷ 중요한 중개자를 식별에 도움
경로 찾기	▷ 두 개의 엔티티를 직접 또는 간접적으로 연결하는 네트워크를 찾을 때 사용, 링크 방향성을 고려한 흐름 분석 가능 ▷ 차트 항목이 날짜 및 시간 정보를 포함하는 경우, 순차 이벤트가 포함된 경로를 검색할 수 있음
링크된 항목 찾기	▷ 선택된 엔티티와 직·간접적으로 연결된 네트워크를 찾을 때 사용 ▷ 검색수준 1은 경로의 길이가 1인 직접 연결된 엔티티를 의미하고 2는 두 단계를 거쳐 간접적으로 연결된 엔티티를 의미
클러스터 찾기	▷ 상호 끈끈하게 연결된 엔티티 그룹을 찾을 때 사용하는 기능 ▷ 클러스터 그룹의 엔티티들은 그룹 외부의 엔티티보다 서로 더 많이 연결되어 있음

각 기능들은 유사하면서도 세부적인 기능면에서 조금씩 차이가 나는데 분석 수행시에 가장 많이 활용되는 기능은 '연결 네트워크 찾기'와 '클러스터 찾기'이다.

(1) 연결 네트워크 찾기(Find Connecting Network)

원하는 여러 엔티티가 어떤 경로를 거쳐 네트워크로 연결되는지 여부를 검색하기 위해 '연결중인 네트워크 찾기' 기능을 활용할 수 있다.

① 먼저 분석 탭의 '연결 네트워크 찾기' 아이콘을 선택
② 연결경로를 찾고자 하는 엔티티들을(최윤석, 이소진, 김희경) 선택하고 '선택한 엔티티 추가' 버튼을 클릭

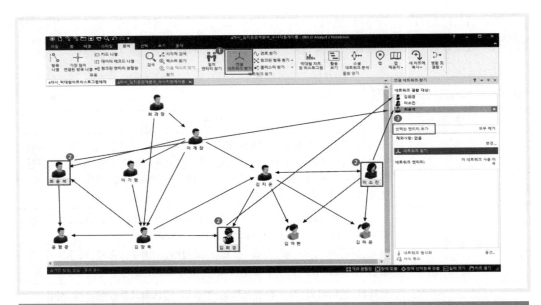

[그림 57] 연결 네트워크 찾기, 선택한 엔티티 3개 추가

③ '네트워크 찾기' 버튼을 클릭하면 '최윤석', '이소진'과 '김희경' 엔티티를 최단
경로로 연결하는 링크와 중간 엔티티들이 선택

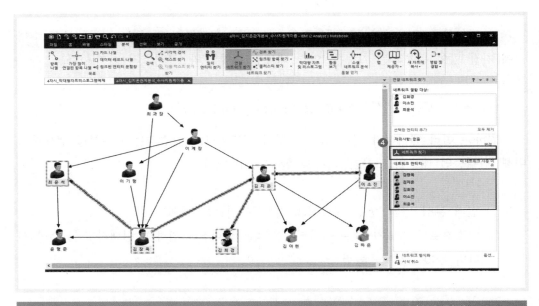

[그림 58] 연결 네트워크 찾기, 선택 엔티티 3개의 네트워크 찾기 결과

④ '네트워크 형식화' 버튼을 클릭하면 기존에 정해놓은 '서식 옵션'의 조건대로 엔
   티티와 링크의 색깔과 굵기가 강조되면 시각적으로 두드러짐.

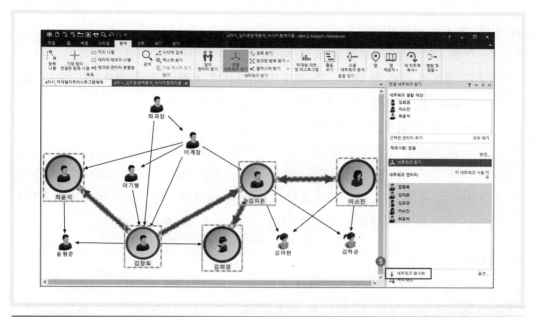

[그림 59] 연결 네트워크 찾기, 연결 네트워크 디자인 형식화 결과

⑤ 최윤석, 이소진, 김희경 엔티티를 연결하는 최단 경로 네트워크를 찾았으므로
   마지막으로 추출 결과를 새 차트로 옮겨준다.

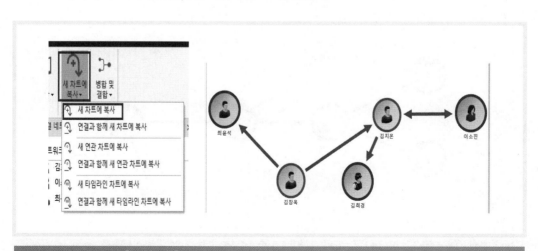

[그림 60] 연결 네트워크 찾기 결과 '새 차트에 복사'

<Tip> 연결 네트워크 찾기 검색 프로세스

연결 네트워크를 찾기 위해, 연결 네트워크가 생성될 때까지 필요한 엔티티 쌍간의 최단 경로를 결합한다.

① 연결 중인 네트워크를 검색할 때 필수 엔티티 쌍간의 최단 경로를 찾는다.

② 각 경로에 값을 부여하는데, 필수 엔티티간의 직접 링크에 최대값을 주고 간접 경로의 값은 다음 특성에 의해 높은 값을 부여한다.

    – 기타 최단 경로와 공유되는 중간 엔티티의 수

    – 공유되는 중간 엔티티를 거치는 기타 최단 경로의 수

③ 가장 높은 값 경로가 결과에 추가되는데, 해당 결과는 모든 필수 엔티티를 포함하는 경우 프로세스가 종료된다. 그렇지 않으면 모든 필수 엔티티를 결합하는 네트워크가 생성될 때까지 다음 가장 높은 값 경로가 추가된다.

(예제)

다음 다이어그램은 차트 화면에서 연결 중인 네트워크를 설명한다. 필수 엔티티의 색상은 빨간색이다. 중간 엔티티 및 연결 중인 네트워크의 링크 색상은 파란색이다.

차트는 엔티티 1과 엔티티 3 사이에서 두 개의 최단 경로를 포함한다. 그러나 이 경로 중에서 연결 중인 네트워크의 경로는 엔티티 2와 엔티티 3간의 경로와 공유되는 중간 엔티티를 포함한다. 엔티티 3과 엔티티 4는 해당 직접 링크로 결합된다.

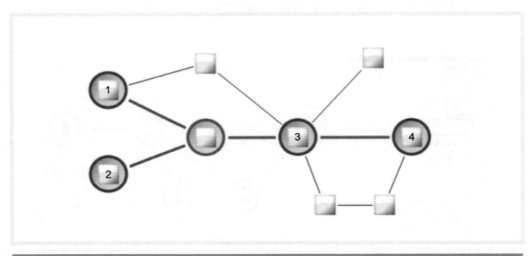

[그림 61] 연결 네트워크 찾기 예제

(2) 경로 찾기(Find Path)

차트에 있는 두 엔티티간 경로를 검색하여 이들 두 항목이 연결되어 있는지 간접적으로 확인할 수 있는 기능이다. 연결 네트워크 찾기와의 차이점은 두 개의 엔티티간의 경로만을 찾는다는 점과 아래와 같이 허용되는 항목에 대한 기준을 설정할 수 있다는 점이다.

- 링크 방향 사용
- 지정한 조건과 일치하는 속성값이 있는 엔티티 또는 링크
- 시간 플로우(날짜와 시간에 따라 앞으로 또는 뒤로)
- 경로에서 연속되는 항목간 시간 간격

항목을 선택하는 순서에 따라 경로를 검색하는 방향을 정의한다.

① 차트에서 먼저 경로검색을 원하는 대상 엔티티 2개를 순차적으로 선택한 후 분석 탭에 '경로 찾기'를 클릭

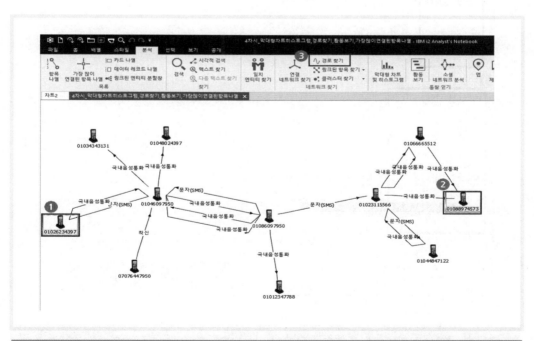

[그림 62] 경로찾기 대상항목 2개 선택, 경로찾기 분석기능 실행

② 경로 찾기 창의 일반 탭을 클릭한 후 선택한 두 항목간 경로를 찾는 데 적용할 일반 기준을 지정

　(옵션) 경로 검색 시 날짜·시간 기준을 지정하려면 경로 찾기 창의 날짜 및 시간 탭 클릭 ⇒ 날짜 및 시간을 선택한 후 필요한 기준을 지정 ⇒ 확인

먼저 일반탭에서 '링크방향 사용'을 '화살표대로(Forward)'를 선택하면 링크 방향대로 연결되는 경로만을 찾아준다. '화살표와 반대로(Backward)'는 역방향으로 두 엔티티 간 경로가 연결되는지 여부를 찾아준다.

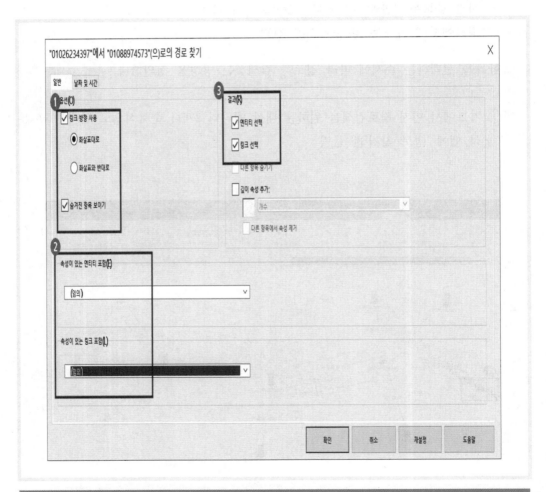

[그림 63] 경로찾기 항목 선택, 경로찾기 분석창 실행

날짜와 시간에 따른 경로검색을 하고 싶다면, '날짜 및 시간' 탭을 선택하고 '날짜와 시간에 따라' 항목에 '앞으로'를 클릭하면 시간이 흐르는 순서대로 경로를 검색할 수 있다.

기간의 범위를 설정해 줄 수 있고, 경로 유형에 '가장 빠른(Shortest)' 항목은 거리상 가장 짧은 경로를, '가장 이른 항목순(Earlist)'은 시간상 가장 빠른 경로를 찾아준다.

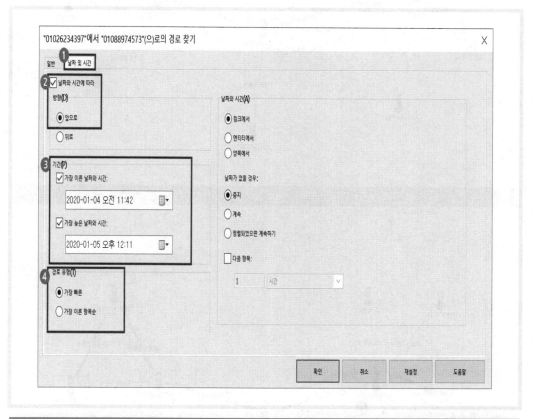

[그림 64] 경로찾기 항목 선택, 경로찾기 분석창 실행

다음 [그림 65]는 네트워크 거리상 가장 짧은 경로를 찾아준 결과이며, [그림 66]은 시간상 가장 빠르게 도달할 수 있는 경로를 찾아준 결과이다.

실제 데이터 상으로도 01023115566→01088974573 링크는 1. 4. 22:20:33이고, 01066665512→01088974573 링크는 1. 4. 22:15:27로 경로 거리 기준으로는 전자가 더 짧지만 시간 기준으로는 후자가 더 이른 항목이다.

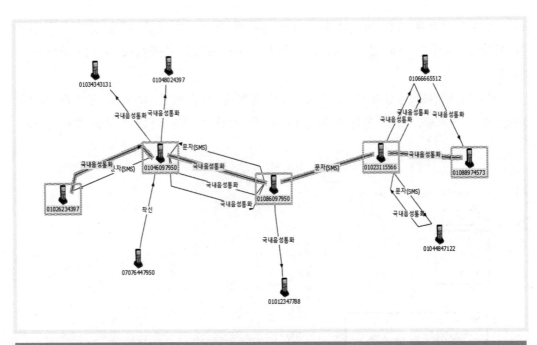

[그림 65] 경로 찾기, 경로유형 '가장 빠른' 검색결과

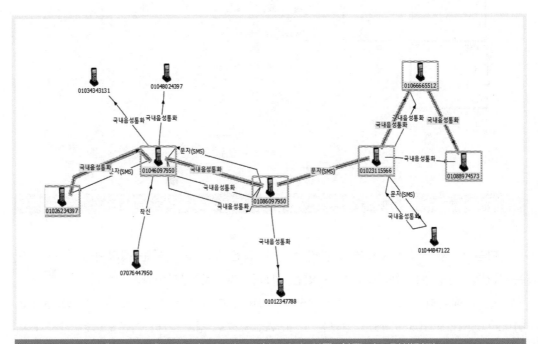

[그림 66] 경로 찾기 경로유형 '가장 이른 항목 순' 검색결과

(3) 링크된 항목 찾기(Find Linked Items)

주요 엔티티와 직접 또는 간접적으로 연결된 엔티티와 링크를 검색하는 기능으로 세부 기능의 프로세스는 위 '경로 찾기' 기능과 동일하다.

① 링크된 항목을 찾고 싶은 주요 엔티티 '01086097950'을 선택한 후 분석 메뉴에 '링크된 항목 찾기..'를 클릭한다.

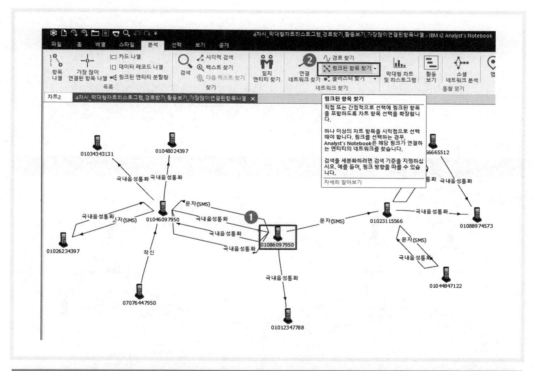

[그림 67] 링크된 항목찾기 대상 엔티티 선택, 분석기능 클릭

② '검색 수준'은 연결 거리를 의미한다. 다음 예시처럼 1을 입력하면 네트워크 거리가 1에 해당되는 직접 연결된 엔티티와 링크가 선택된다.

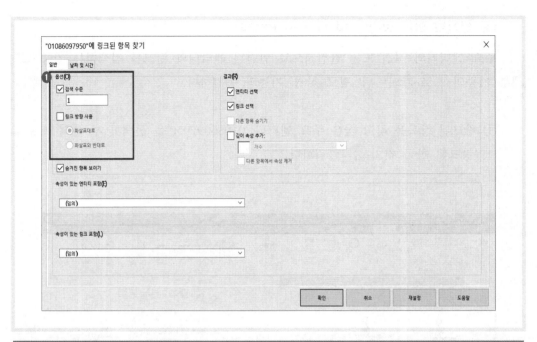

[그림 68] 링크된 항목찾기 대상 검색수준 지정

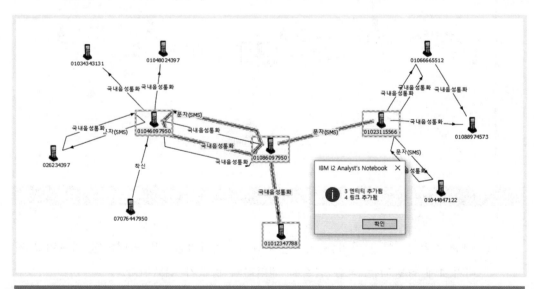

[그림 69] 링크된 항목찾기 검색수준 1 추출 결과

※ '검색 수준'을 2로 변경하면 다음과 같이 01086097950 엔티티와 네트워크상
   거리가 2인 링크와 엔티티가 선택된다.

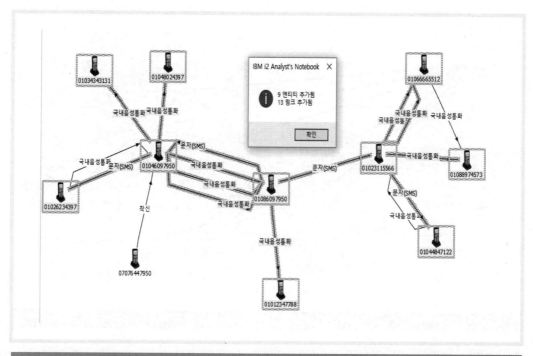

[그림 70] 링크된 항목찾기 검색수준 2 추출 결과

(4) 클러스터 찾기(Find Clusters)

클러스터 찾기는 네트워크의 밀도를 이용하여 그룹 내부의 다른 엔티티보다 연결의 정도가 많아 응집성이 높은 엔티티 그룹을 찾는 기능이다.

*i*2 분석 메뉴상으로는 '네트워크 찾기' 기능 안에 포함되어 있으나 사회 연결망 분석 원리(Social Network Analysis)중 하나라고 보아야 한다.

아래에 소셜 네트워크 분석 기능에서 설명할 K-Core와 유사한 개념으로, 응집적 하위집락(Cohesive Subgroup)을 찾는 기능중 하나이다.

클러스터 찾기는 상호 링크된 많은 엔티티가 있는 대용량 데이터에서 공범 그룹과 같은 잠재적 범죄 집단을 식별하는데 유용하다.

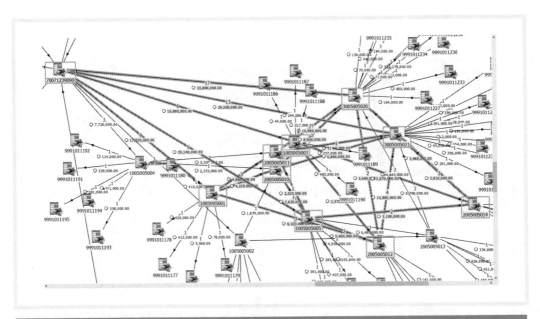

[그림 71] 클러스터 찾기 예시

① 클러스터 분석이 필요한 네트워크 데이터를 불러온 뒤 분석 메뉴에서 '클러스터 찾기'를 클릭, '클러스터 설정 찾기'에서 검색 기준을 확인한다.

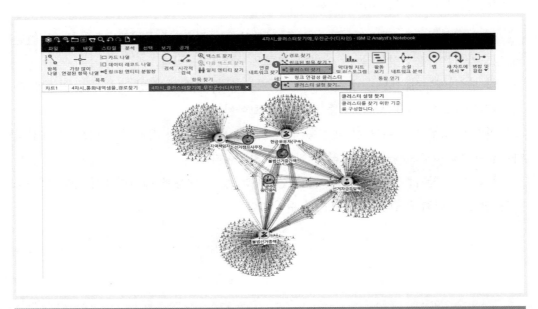

[그림 72] 네트워크 데이터 클러스터 찾기 설정 불러오기

② 클러스터 찾기 설정에서 '연결성 단계 임계값'을 결정한 후 확인을 클릭한다.

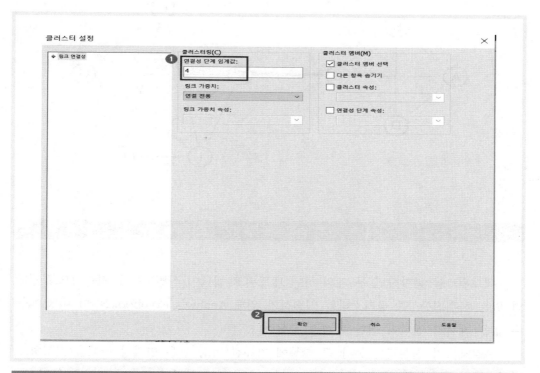

[그림 73] 클러스터 찾기 설정 화면

〈Tip〉 연결성 단계?

*i*2에서 정의하는 연결성 단계란 링크의 연결을 기반으로 엔티티 집단을 두 개의 개별집단으로 분리하기 위해서 제거해야 하는 링크의 숫자를 말한다.

만약 위와 같이 연결성 단계 임계값을 4라고 설정하고 명령을 실행하면, 차트상에 최소한 4개 이상의 링크를 제거해야만 2개의 개별집단으로 분리될 수 있는 클러스터 집단이 있을 때 해당 집단을 추출해 주게 되는 것이다. 임계값이 4인 클러스터가 확인되지 않는다면 점점 그 임계값을 낮추어가면서 클러스터 집단을 찾아보아야 할 것이다.

다음 다이어그램 차트를 예시로 들어보면, 다음 전체 네트워크 집단의 연결성 단계는 1이다. 전체 네트워크를 둘로 분할하려면 최소한 엔티티 C와 엔티티 E 사이의 단일 링크 하나 이상을 삭제해야 하기 때문이다.

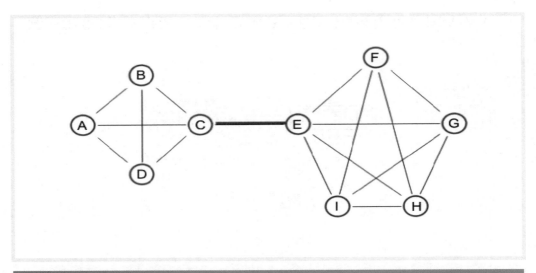

[그림 74] 연결성 단계 1인 클러스터

네트워크를 분할하면 두 개의 하위 네트워크 집단이 식별되는데 지속적으로 응집력 있는 하위집단, 즉 클러스터를 식별하기 위해 Analyst's Notebook은 더 이상 나눌 수 없을 때까지 엔티티 집단을 계속 분할한다.

프로세스가 진행되는 동안 각 항목에 가능한 가장 높은 연결성 단계를 지정하고, 인접 항목보다 더 큰 연결성 단계를 가지고 있는 모든 연결된 엔티티 집단은 클러스터로 간주된다.

이 차트에서 Analyst's Notebook은 두 개의 클러스터{하나는 연결성 단계가 3(엔티티 A, B, C 및 D)이고 다른 하나는 연결성 단계가 4(엔티티 E, F, G, H 및 I)}를 찾는다.

연결성 단계 임계값을 지정하여 클러스터를 필터링할 수 있는데 연결성 단계가 임계값 아래인 클러스터는 차트에 현출되지 않는다.

예제에서 연결성 단계 임계값이 3으로 설정된 경우 두 클러스터 모두 현출되고, 임계값이 4로 격상되면, 연결성 단계가 4인 클러스터만 현출된다.

연결된 엔티티 집단마다 연결성 단계가 있으며, 연결성 단계가 높을수록 엔티티의 상호 연결성이 더 커진다. 링크 연결성 클러스터는 겹칠 수 없으므로 엔티티가 둘 이상의 클러스터에 속할 수 없다.

③ 연결성 단계 임계값을 4로 지정한 상태에서 '링크 연결성 클러스터'를 클릭한다.

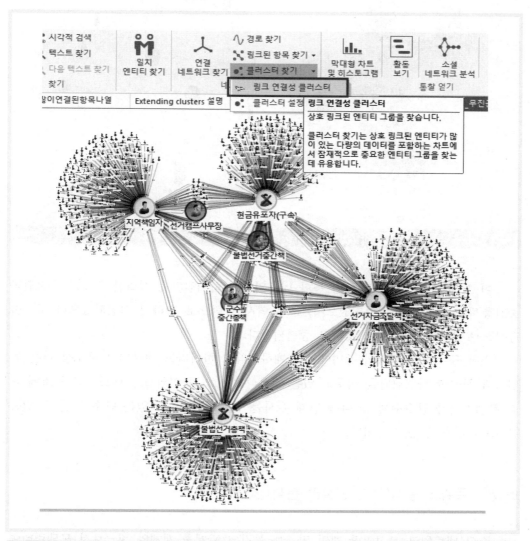

[그림 75] 연결성 단계 임계값이 4인 클러스터 찾기

④ 연결성 단계 임계값이 4인 클러스터가 현출되면 분석 메뉴에서 '새 차트에 복사'
를 클릭하여 새 차트에 클러스터 그룹을 옮긴 후 별도로 확인한다. 1051개 엔티
티 네트워크에서 연결성 단계가 4인 하위집단(12개의 엔티티)이 추출되었다.

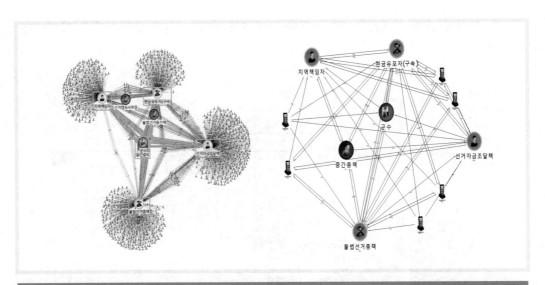

이 사례의 경우 4명의 공범 통화 네트워크상 하위집단을 식별한 것으로 수사결과 중간총책은 공범으로 확인되었으며, 군수 역시 공범으로 강하게 의심되었으나 증거불충분으로 범죄를 인지하지 못하고 종결되었다.

비록 군수의 범죄혐의 증명에는 실패하였다고 하더라도 네트워크 구조상 다른 범인들과 끈끈한 하위집단을 이루고 있는 것은 사실이므로 이와같은 네트워크 구조에 대한 분석결과가 압수수색 등 다음 단계 수사를 진행해 나갈 수 있는 단초가 될 수 있음은 부인할 수 없는 사실이다.

소셜 네트워크 분석(사회 연결망 분석)

소셜 네트워크 분석이란 개인 및 집단들간의 관계를 개체와 링크로서 모델링하여 그 위상구조, 확산/진화과정을 계량적으로 분석하는 방법론(김기훈, 사이람)을 말한다.

*i*2는 소셜 네트워크 분석 원리중 중심성(Centrality)과 하위 집단(Sub Group)과 관련된 5가지 알고리즘을 제공하고 있다.

중심성 원리는 '연관성(betweenness), 근접성(closeness), 도(degree), 고유벡터(ei-genvector) 측정'으로 4가지 분석 기능이 있는데 각 기능에 따라 네트워크 내 사회적 관계의 중심성에 대한 서로 다른 관점을 제공한다. 링크 방향과 링크에 적용되는 가중치를 고려하여 중심성 측정에 영향을 줄 수 있으며, 이를 이용하여 가져온 데이터 중 중심적 역할을 하거나 연관성 높은 데이터를 식별할 수 있다.

중심성은 권력과 영향력이라는 측면에서 어떤 엔티티(노드)가 연결망 내에서 얼마나 중심적인 위치를 차지하는가를 판별할 수 있게 해주는 지표이다.

집단과 관련된 분석 기능은 'K-Core 클러스터링'이 있는데 네트워크 내에서 응집력 있는 하위집단을 찾고 싶을 때 활용할 수 있는 기능이다.

K-Core는 개체가 아닌 집단들이 어떻게 나뉘고 연결되어 있는지와 관련된 문제로 상호간에 강하고 직접적이며 빈번한 연결관계를 갖는 응집력 있는 하위집단을 식별해준다.

위에서 설명한 바와 같이 '네트워크 찾기'의 '클러스터 찾기' 기능도 K-Core와 마찬가지로 하위집단을 찾아주는 또다른 기능이다.

(1) 중심성 원리와 관련된 지표에 대한 설명은 다음과 같다.

〈표 7〉 *i*2가 제공하는 중심성 원리 유형

옵션	설명
연관성 (betweenness)	▷ 네트워크의 다른 부분간의 정보 흐름을 제어할 수 있는 매개 역할을 하는 게이트키퍼 엔티티를 찾는 기능임 ▷ '링크의 연관성' 계산을 선택하면 네트워크에서 가장 브릿지(Bridge) 역할을 하는 링크를 찾을 수 있다.
근접성 (closeness)	▷ 네트워크의 다른 엔티티들과 가장 가까운 거리(적은 단계를 거쳐)에 있어 빠르게 접근할 수 있고 네트워크에서 최고의 활동 가시성을 갖는 엔티티를 찾는 기능임
도(연결중심성) (degree)	▷ 다른 엔티티와 직접적으로 연결된 링크의 수를 기반으로 네트워크에서 가장 활성화될 수 있는 엔티티를 찾는 기능임 ▷ 직접적으로 많은 숫자의 엔티티와 연결되어 있는 에고(ego) 엔티티가 중요하다고 보는 관점임 ▷ 가족들의 통화네트워크상 연결정도가 높은 번호를 추출하여 수배자의 대포폰을 특정하거나, 연쇄범죄 발생 장소의 기지국 통화네트워크상 기지국 위치와 발신번호상 연결정도가 높은 번호를 추출하여 범인의 휴대폰을 특정하는 수사방식에 활용할 수 있는 원리임

고유벡터 (eigenvector)	▷ 높은 활성화, 즉 다른 엔티티들과 연결정도가 높은 주요 엔티티와의 직접적 링크로 인해 네트워크에 강한 영향을 미칠 수 있는 엔티티를 찾는 기능임 ▷ 여우가 호랑이 옆에서 호랑이의 위세를 부린다는 호가호위처럼 나와 연결된 친구의 힘(power)을 감안하여 중요성을 평가하겠다는 것으로 연결된 상대방의 중요성에 가중치를 두는 원리임
Hubs and Authoriteis (응용기능)	▷ 고유벡터 기능에 '링크 방향 사용'을 선택하면 Authority와 Hub 점수를 확인할 수 있는데, 고유벡터의 진화된 버전으로 이를 HITS(Hyperlink – Induced Topic Search)모델 이라고 함 ▷ Authority : 상대적으로 많은 in−link를 가지고, 마당발(Hub score가 높은 사람)을 많이 알수록 중요한 '유명인'으로 해석 가능, 예를 들면 Twitter의 많은 팔로워를 보유한 유명한 계정을 의미 ▷ Hub : 상대적으로 많은 out−link를 가지고, 높은 Authority score를 가진 유명인을 많이 알수록 중요한 '마당발'을 의미 ▷ 나의 Hub 점수(Out 방향의 중요성)는 나의 Out−neighbor의 Authority점수들의 합이고, 나의 Authority 점수(In 방향의 중요성)는 나의 in−neighbor의 Hub점수들의 합

(2) 응집력 있는 하위집단을 추출하는 K-Core 분석 원리는 다음과 같다.

k−core란 연결망 내에서 k명 이상과 연결된 노드(엔티티)끼리 하나의 집단으로 가정하자는 것(Seidman, 1983)을 말하는데, k−core 내의 모든 노드는 k보다 크거나 같은 연결 중심성을 갖는다는 의미이다.

여기서 유의할 점은 한 집단이 몇 코어인지 확인할 때 다음 그림과 같이 k 미만의 연결의 수를 갖는 엔티티는 제거해야 한다는 것이다.

예를 들면 2−코어는 연결의 수가 1인 엔티티를 제외하고 남는 엔티티 중에서 연결의 수가 2 이상인 엔티티들로 구성되며, 3−코어는 연결의 수가 1, 2인 엔티티를 제거하고 남는 엔티티들 가운데 연결의 수가 3 이상인 엔티티들로 구성된다.

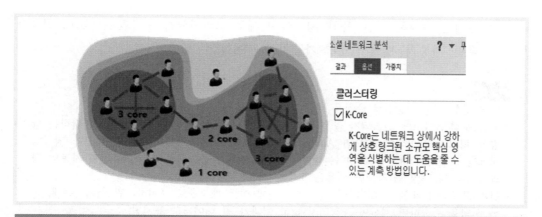

[그림 77] k-core 분석 원리 및 *i*2에 반영된 기능설명 화면

(3) 다음은 *i*2를 활용하여 연관성 분석(betweenness)을 수행해보자

① 먼저 '소셜 네트워크 분석' 기능을 수행하기 위해서는 분석 메뉴에 '소셜 네트워
크 분석'을 클릭하고 창 오른쪽에 분할창이 뜨면 '옵션' 탭에 원하는 분석 기능
인 '연관성'을 클릭한다. 다른 분석 기능도 체크하면 2가지 이상 지수에 대한
분석결과를 확인할 수 있다.

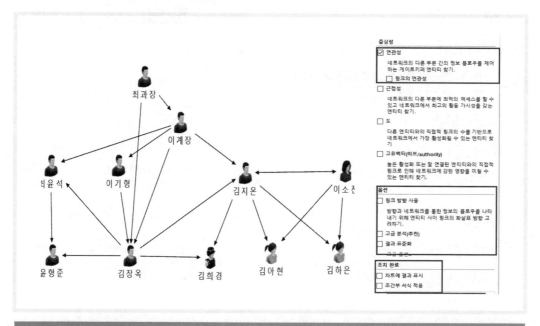

[그림 78] 소셜네트워크 분석 분할창

② 분석을 수행하기 전 '옵션' 항목에서 세부 고려사항을 추가할 수 있고, 필요하다면 '가중치' 탭에서 링크 가중치를 부여할 수 있다.

옵션

▲ 링크 방향 사용 : 중심성 측정을 계산할 때 방향성 링크를 고려하는 경우 선택
▲ 고급 분석 : 차트에 연결되지 않은 여러 네트워크나 특정 엔티티간의 경로를 차단하는 방향성 링크가 포함되어 있으면 Analyst's Notebook은 연결되지 않은 네트워크나 방향성 링크를 고려하여 계산을 조정하는데, 엔티티의 상대적 중요도와 경로 및 전체 차트의 링크가 결과에 반영 됨(자세한 내용은 도움말 참조).
▲ 결과 표준화 : 계산을 조정하여 결과 테이블에 이를 백분율로 표시하려면 선택하는데, 옵션 선택을 취소하면 계산이 조정되지 않고 결과가 원 데이터로 표시됨.

〈링크 가중치 사용〉
▲ 수동으로 설정 : 링크를 선택하고 링크에 가중치 속성을 수동으로 추가할 수 있다.
▲ 가중치 파일로부터 : 링크 유형 또는 레이블 텍스트를 기반으로 링크에 링크 가중치를 추가하는게 가능하다('새 파일 생성' 기능을 활용하여 .xwgt 형식의 별도 파일에 저장된 세부사항을 사용).
▲ 링크 레이블 값 : 링크 레이블 값을 기준으로 가중치 부여
▲ 차트에 가중치 표시 : 차트에 가중치 부여 결과를 표시할지 여부 선택

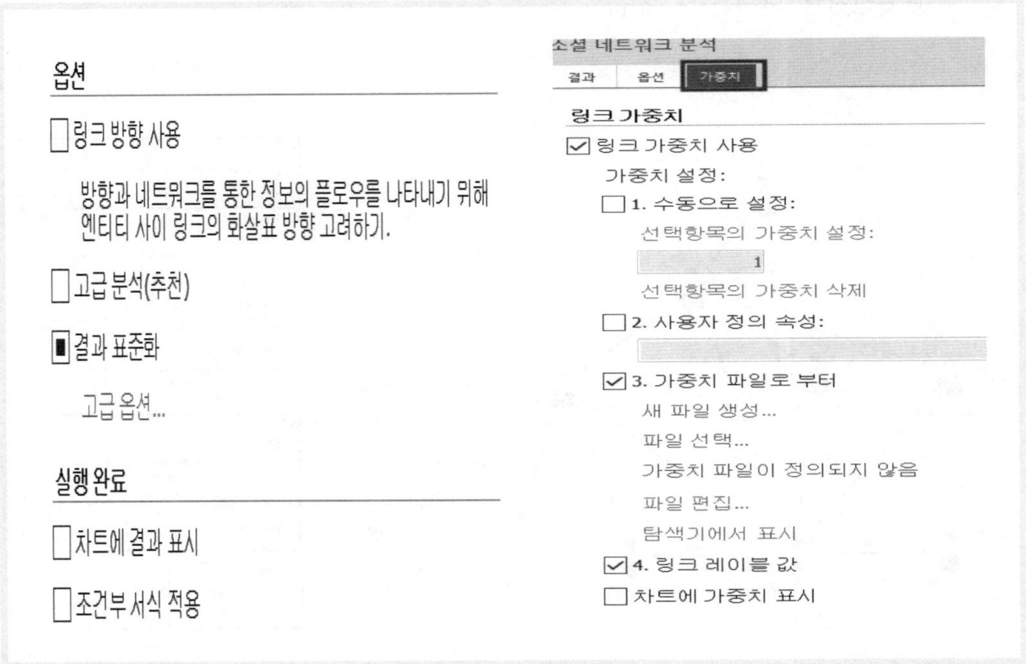

[그림 79] 소셜 네트워크 분석 옵션 및 가중치 항목

③ 옵션 선택을 완료한 후엔 결과 탭으로 이동하여 계산 버튼을 클릭한다. 클릭 시 지정한 옵션을 기준으로 소셜 네트워크 분석을 재실행한다.

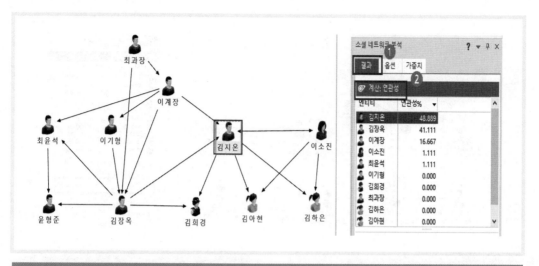

[그림 80] 소셜 네트워크 '연관성' 분석 결과

④ '차트에 결과 표시'를 클릭하면 차트에 연관성 산출결과를 확인할 수 있다.

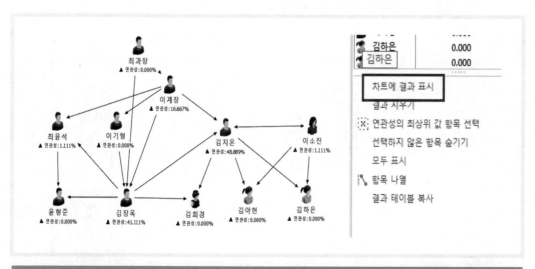

[그림 81] 소셜 네트워크 '연관성' 분석 결과 '차트에 결과 표시'

⑤ '연관성의 최상위 값 항목 선택'을 클릭하면 연관성 수치가 높은 엔티티들을 선택해준다.

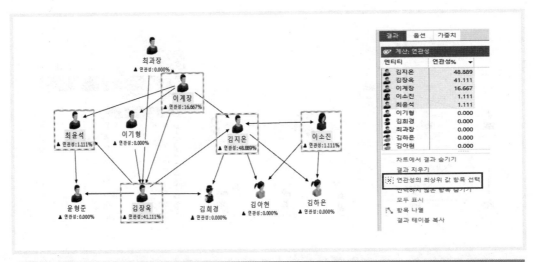

[그림 82] 소셜 네트워크 '연관성' 분석 결과 '연관성의 최상위 값 선택'

⑥ '항목 나열'이나 '결과테이블 복사' 기능을 활용하면 데이터를 항목 목록형태로 엑셀이나 메모장에 옮길 수 있다.

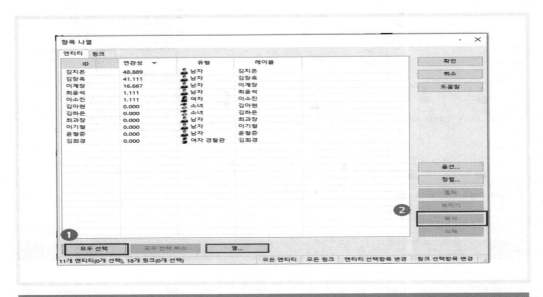

[그림 83] 소셜 네트워크 '연관성' 분석 결과 '항목 나열'

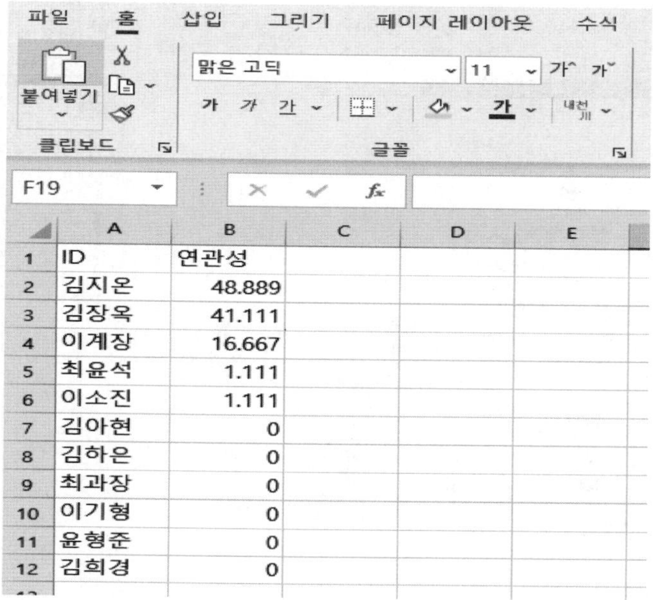

	A	B	C	D	E
1	ID	연관성			
2	김지온	48.889			
3	김장옥	41.111			
4	이계장	16.667			
5	최윤석	1.111			
6	이소진	1.111			
7	김아현	0			
8	김하은	0			
9	최과장	0			
10	이기형	0			
11	윤형준	0			
12	김희경	0			

[그림 84] 소셜 네트워크 '연관성' 분석 결과 '결과 테이블 복사'

⑦ 연관성 분석 결과 상위 5위까지 엔티티를 '새 차트에 복사' 기능을 활용하여 새 차트로 옮겨서 데이터를 압축해 가면서 분석을 수행한다. 이때 세부 기능 중 '새 차트에 복사'를 클릭하면 선택된 5개의 엔티티만 옮겨지므로 연결관계까지 확인하기 위해서는 '연결과 함께 새 차트에 복사'를 클릭한다. 이 명령을 수행하면 5개의 엔티티끼리 서로 직접적으로 연결된 링크가 있을 경우 함께 복사하여 새 차트에 붙여넣을 수 있다.

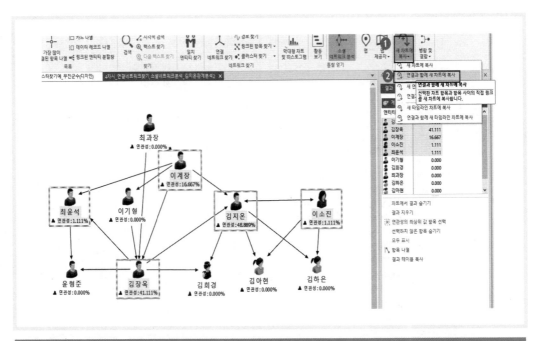

[그림 85] 소셜 네트워크 '연관성' 분석 결과 '새 차트에 복사'

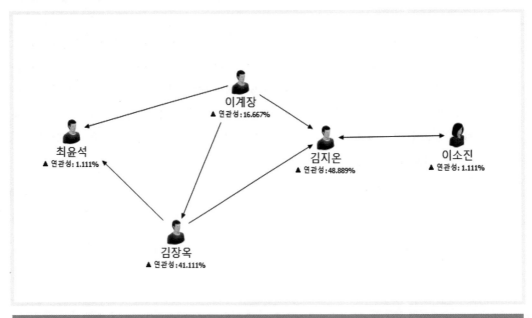

[그림 86] 소셜 네트워크 '연관성' 분석 결과 '연결과 함께 새 차트에 복사'

활동보기

날짜와 시간이 입력되어 있는 데이터의 활동 패턴을 한눈에 보기 위해서 '활동보기' 분석 기능을 활용할 수 있다. 활동 정보는 단일 발생 또는 일정한 기간 동안 발생하는 이벤트로 아래 그림과 같이 표시된다.

활동보기 기능을 사용할 수 있는 예를 들자면 피의자는 대포폰을 사용하는데 4월과 11월에만 대포폰을 사용했다면 해당 월에만 활동이 있는 엔티티를 '활동보기' 기능을 활용하여 아래와 같이 식별해낼 수 있다.

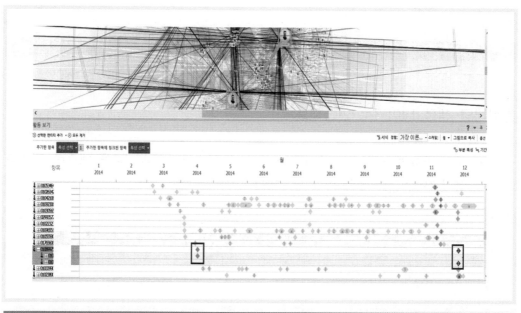

[그림 87] 활동보기 분석 결과 예시(통화내역)

자금추적의 경우에도 11. 19.과 12. 19.에만 거래가 있는 계좌내역을 추출할때 활동보기 기능을 이용하여 쉽게 확인할 수 있다.

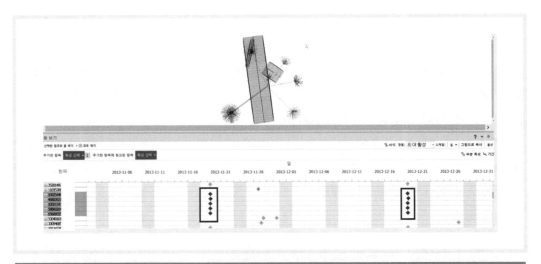

[그림 88] 활동보기 분석 결과 예시(계좌내역)

통화내역 샘플 데이터로 연습해보자

① 분석 메뉴에 '활동보기'를 클릭하고 아래 분할창이 뜨면 '모든 엔티티 추가'를 클릭하여 엔티티들의 행을 나열한다.

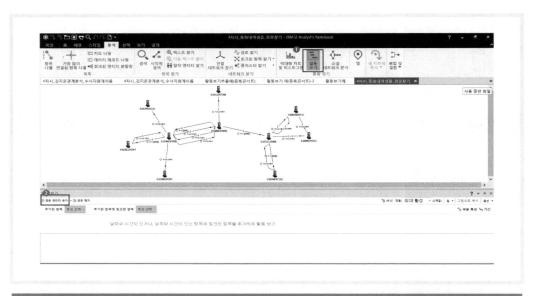

[그림 89] '활동보기' 분석 '모든 엔티티 추가'

② '특성 선택'에서 '날짜 및 시간'을 클릭하면 '스케일'에서 정한 기준에 따라 날짜·
시간 열이 생성되면서 각 엔티티들의 활동패턴을 확인할 수 있다.

[그림 90] '활동보기' 분석 '날짜 및 시간' 링크특성 선택

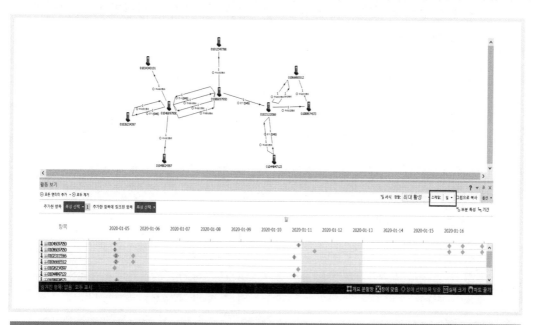

[그림 91] '활동보기' 분석 '스케일' 지정

스케일을 '매 7일'로 선택하면 일주일 기준으로 요일별 활동패턴을 확인할 수 있다.

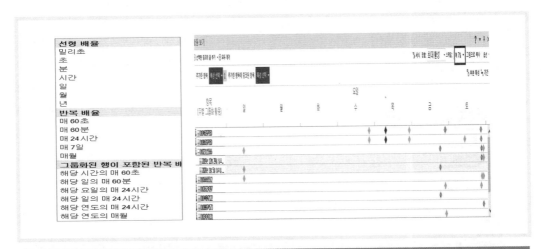

[그림 92] '활동보기' 분석 '스케일' 설정 '매 7일' 지정 결과

③ 활동보기 분석 결과 특정 패턴의 이벤트와 엔티티들을 선택하여 새 차트로 옮겨서 분석을 진행한다. 활동보기 분할창에서 엔티티를 선택하기 어려울 경우이벤트 링크를 선택한 상태에서 '선택' 메뉴의 '끝'을 클릭하면 링크 끝단에 있는 엔티티들이 선택된다.

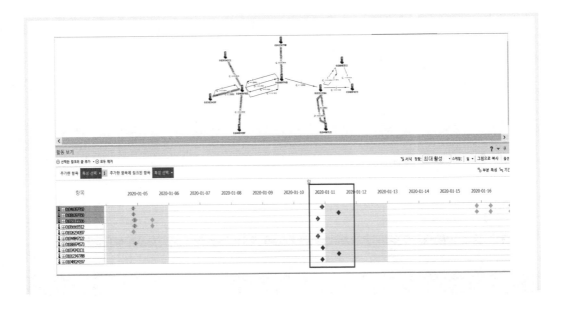

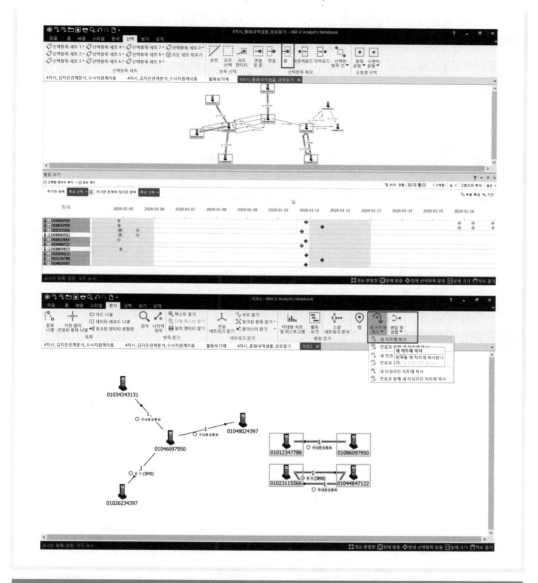

[그림 93] 1. 10. 11일 활동내역 추출 결과

가장 많이 연결된 항목나열

'가장 많이 연결된 항목 나열'은 과거 '필터와 히스토그램'에서 필터링을 해야만 분석 가능했던 기능 중 '가장 많은 링크', '가장 많이 연결된 엔티티' 등 소셜 네트워크 분석 기능 중 연결 중심성(정도, degree)과 관련된 가장 보편적인 기능을 편리하게 쓸 수 있도록 *i2* 9버전부터 제공하는 기능이다.

링크와 연결의 수를 기준으로 5가지, 링크 레이블 값을 기준으로 8가지 분석 기능을 제공한다.

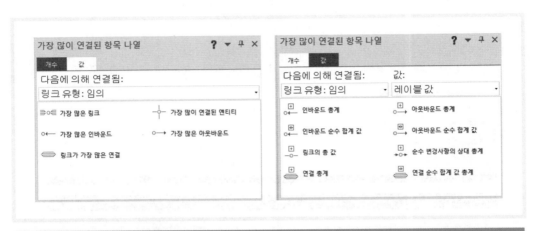

[그림 94] 가장 많이 연결된 항목 나열 세부기능

가장 인기가 좋은 엔티티는 여러 사람들로부터 전화를 가장 많이 받았을 것이라 추측할 수 있으므로 '가장 많은 인바운드'를 선택하면 아래와 같이 순위대로 색깔을 달리하며 디자인을 해줄 수 있다.

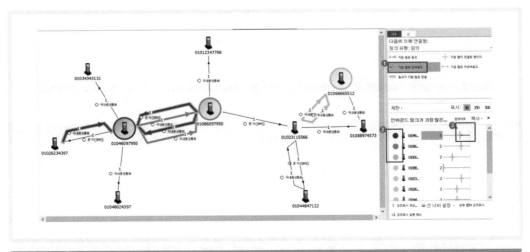

[그림 95] 가장 많은 인바운드 분석 결과

총 인바운드 링크 값이 가장 높은 엔티티를 찾기 위해 '인바운드 총계'를 선택하면 아래와 같이 링크 값을 기준으로 가장 전화를 많이 받은 엔티티를 찾아준다.

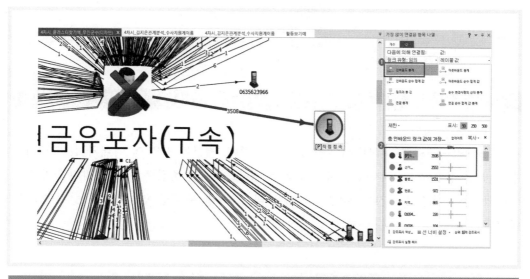

[그림 96] 인바운드 총계 분석 결과

조건부 서식 : Conditional Formatting

조건부 서식이란 미리 규칙을 정의해 놓고 엔티티나 링크의 모양을 그 규칙에 따라 자동으로 변경할 수 있도록 해주는 기능이다. 예를 들면 연결의 수가 많은 엔티티의 크기를 확대해 주거나 횟수가 많은 링크의 너비를 두껍게 표시해 주는 규칙, 즉 조건을 미리 규정해 놓고 해당 서식을 클릭해주면 자동으로 조건대로 해당 항목의 모양이나 크기가 변경되는 것이다.

[그림 97] 조건부 서식

[그림 98] 조건부 서식 분할창 선택

'스타일'→'조건부 서식' 버튼을 누르면 기존에 '저장된 사양'이 아래와 같이 나타날 수도 있고 경우에 따라 저장된 사양이 없는 경우도 있다. 조건부 서식 분할창을 띄우면 아래와 같이 기존에 저장된 사양 목록이 나타나고 '새 사양'을 만들 수 있는 기능도 나타난다.

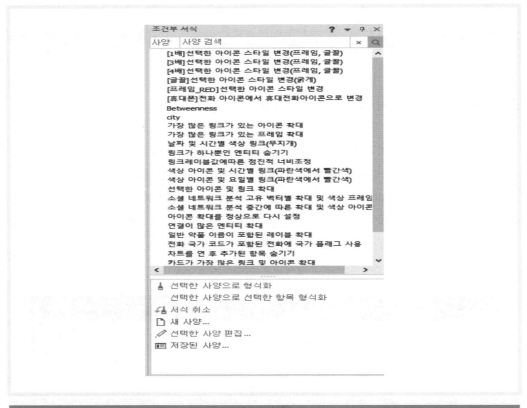

[그림 99] 조건부 서식 분할창

'새 사양' 버튼을 선택하고 엔티티와 연결된 링크(발생횟수)의 합계가 많은 아이콘을 확대하는 조건부 서식을 만들어보도록 하자.

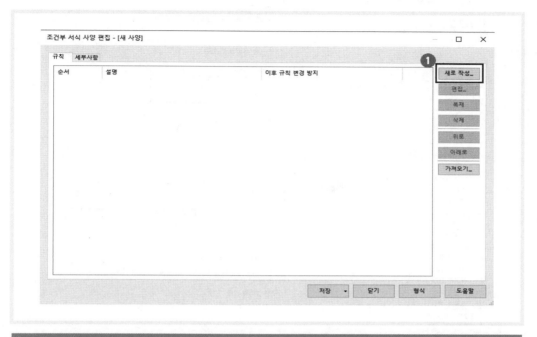

[그림 100] 조건부 서식 새로 작성

조건부 서식 분할창에서 '새 사양'을 클릭하면 위와 같이 편집창이 뜨고 '새로 작성' 버튼을 선택한 후 새 사양을 만들어준다.

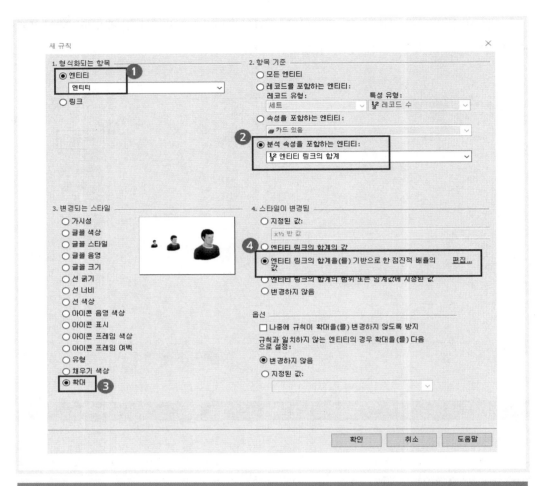

[그림 101] 조건부 서식 새 규칙 편집창(엔티티 확대)

1. 형식화되는 항목 : 엔티티와 링크 중 엔티티를 확대할 예정이므로 엔티티를 선택
2. 항목기준 : 링크(발생횟수)의 합계가 많은 엔티티를 확대해 주기 위해서 '분석 속성을 포함하는 엔티티'에서 가장 유사한 값을 찾아줌, '엔티티 링크의 합계'를 찾아서 선택, 만약 링크레이블값의 합계가 아닌 연결된 링크가 많은 엔티티를 확대하고 싶다면 '엔티티링크'를 선택
3. 변경되는 스타일 : 엔티티 크기를 확대할 예정이므로 '확대' 선택
4. 스타일이 변경됨 : 스타일은 5개의 선택 옵션이 주어지는 데 이중 '엔티티 링크의 합계를 기반으로 한 점진적 배율의 값'을 선택하여 배율을 정해줌, 아래 편집창에서 엔티티 링크의 합계가 가장 낮은 값은 반값 크기로, 합계가 가장 높은

값은 3배로 지정해 주었으며 그 사이에 있는 값들은 선형 배율로 커질 수 있도록 설정

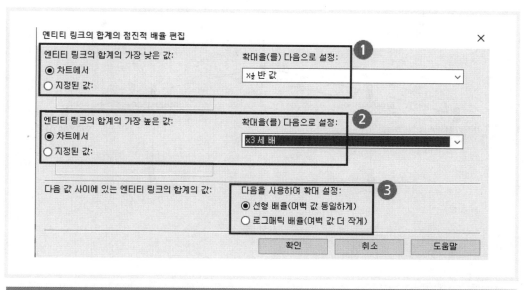

[그림 102] 엔티티 링크의 합계의 점진적 배율 편집

위와 같이 만든 조건부 서식의 이름을 지정해주고 사양을 저장한 후 실행해 본다.

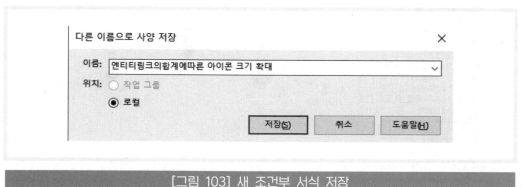

[그림 103] 새 조건부 서식 저장

분석가가 새롭게 만든 '엔티티 링크의 합계에 따른 아이콘 크기 확대' 조건부 서식을 더블클릭하면 차트에 엔티티 크기가 아래와 같이 변경된다.

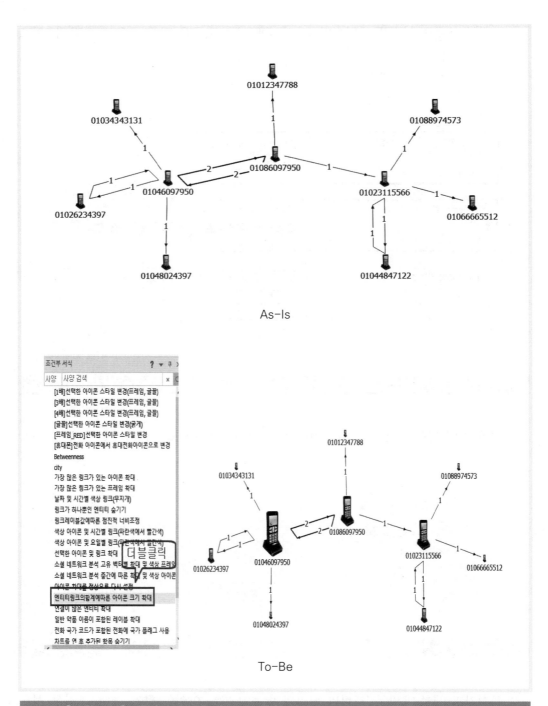

[그림 104] '엔티티 링크의 합계에 따른 아이콘 크기 확대' 조건부 서식 적용

(2번째 예제) 엔티티 레이블이 010으로 시작하는 전화 아이콘 모양을 휴대전화 아이콘으로 변경해보자.

조건부 서식 분할창에서 '새 사양'→'새로 작성'을 선택하고, 이번에도 엔티티 모양을 바꾸어 줄 것이기 때문에 ① 형식화되는 항목 : 엔티티, ② 항목기준은 엔티티 ID가 010으로 시작하는 아이콘을 바꿔줄 것이기 때문에 'ID 텍스트'로, ③ 변경되는 스타일은 엔티티 유형을 바꾸어줄 것이기 때문에 '유형'을 선택, ④ 스타일 변경은 ID 텍스트가 010으로 시작하는 아이콘을 지정해줘야 하므로 'ID 텍스트를 기반으로 한 룩업 테이블의 값'을 선택하고 편집창을 불러온다.

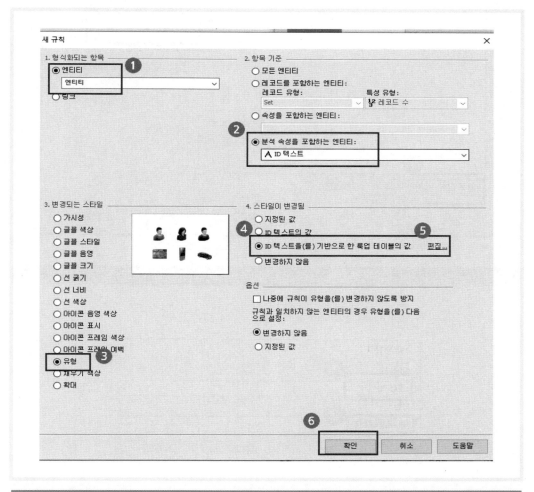

[그림 105] 조건부 서식 새 규칙 편집창(엔티티 유형 변경)

'ID 텍스트의 룩업 테이블 편집' 창에서 '새로 작성'을 클릭하고 조건 옵션 중 '시작 문자'를 선택한 후 '010'을 입력, '유형을 다음으로 설정'에서 '지정된 값'을 선택하고 다시 편집창을 불러와서 아이콘 모양을 휴대전화로 설정해준다.

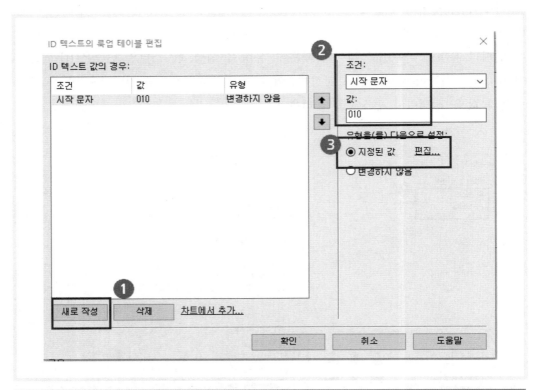

[그림 106] 조건부 서식 'ID 텍스트의 룩업 테이블 편집' 창

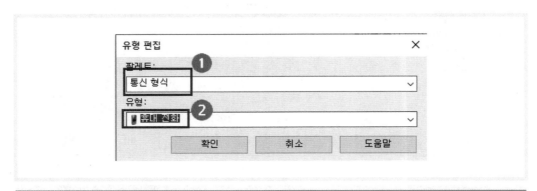

[그림 107] 조건부 서식 '유형 편집'

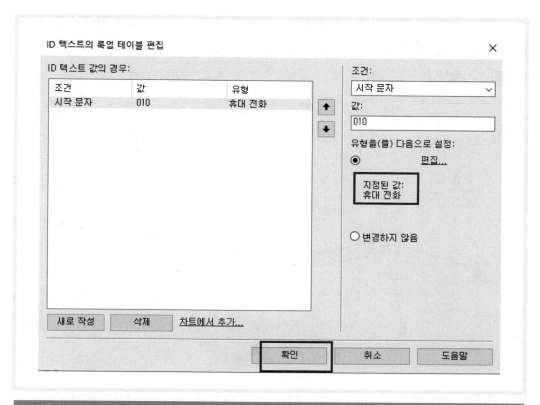

[그림 108] 조건부 서식 'ID 텍스트의 룩업 테이블 편집' 창 지정된 값 설정 확인

    '지정된 값'이 휴대전화로 설정되었고, 확인을 눌러 만들어준 조건부 사양을 '휴대 전화 아이콘 변경'으로 저장한 후 실행해 본다.

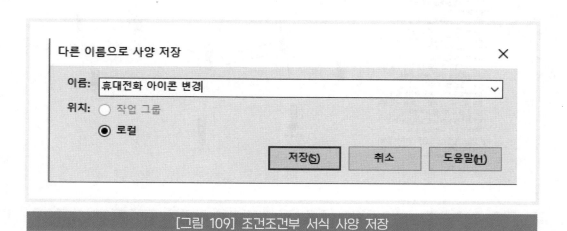

[그림 109] 조건조건부 서식 사양 저장

새로 만든 조건부 서식인 '휴대전화 아이콘 변경'을 더블클릭하면 아래와 같이 엔티티 레이블 텍스트가 010으로 시작하는 아이콘은 모두 휴대전화 모양으로 변경됨을 확인할 수 있다.

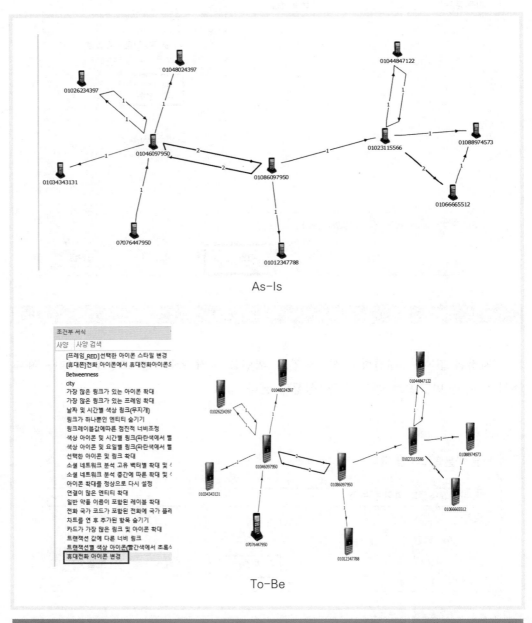

As-Is

To-Be

[그림 110] 조건조건부 서식 '휴대전화 아이콘 변경' 적용

이 외에도 본인이 분석하는 데이터에 맞는 조건부 서식을 다양하게 만들어 보도록
하자.

기타 기능

① 새 차트에 복사 : 분석 결과를 새 차트를 열어 복사하는 기능이다.
  – 새 차트에 복사 : 선택된 항목만 새 차트를 열고 복사
  – 연결과 함께 새 차트에 복사 : 선택된 항목끼리 직접적으로 연결되어 있는
    경우 해당 링크까지 함께 복사

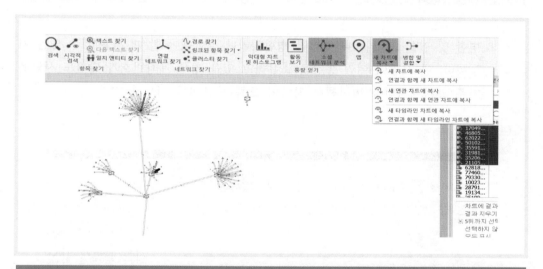

[그림 111] 새 차트에 복사 기능

  – 만약 선택된 엔티티끼리 직접 연결되어 있지 않은 경우, 선택된 엔티티와
    연결된 링크 및 상대 엔티티까지 새 차트에 복사하고 싶다면 차트 내에서
    마우스 우측 버튼을 활용하여 '연결 및 끝 선택'을 선택한 후 새 차트에 복
    사하여야 한다.

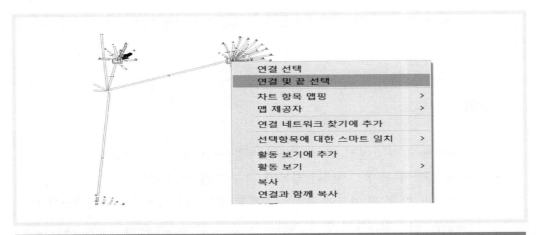

[그림 112] 연결 및 끝 선택 기능

② 병합 및 결합 : 엔티티나 링크를 병합하거나 결합해야 할 때 사용할 수 있는 기능이다. 한 사람이 여러 통장을 소유하고 있을 경우 계좌번호가 달라도 사람을 기준으로 엔티티를 병합해서 자금의 흐름을 분석할 필요가 있다.

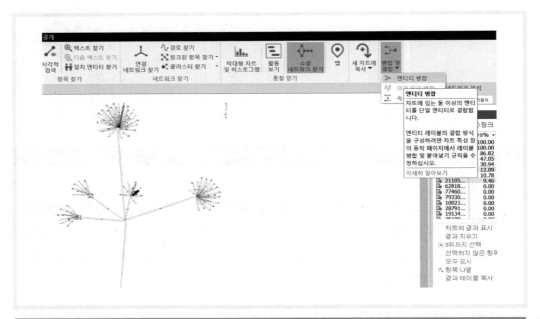

[그림 113] 병합 및 결합 기능

<Tip> 통화내역 분석시 통신자료상 가입자 성명을 병합

보통 통화 네트워크를 *i*2로 시각화하면 아래 그림과 같이 엔티티의 레이블이 전화번호로 표현된다.

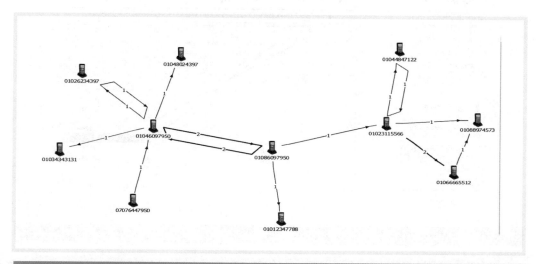

[그림 114] 통화 네트워크 차트(엔티티 레이블)

그런데 통화내역 확보 후 주요 전화번호에 대한 가입자 정보인 통신자료를 자연스럽게 확보하게 되므로 차트상 핸드폰 사용자의 성명을 레이블에 함께 표현하고 싶을 때 사용할 수 있는 방법이다.

전화번호	성명	주민등록번호	주소	가입일자	해지일자	업체명	비고1	비고2
01046097950	김지온	790117-1234567	서울시 강남구 삼성로 212	2004-01-01	9999-12-31	SKT	사용중	
01086097950	이소진	790104-2013456	서울시 강남구 삼성로 212	2004-01-01	9999-12-31	SKT	사용중	
01026234397	박형준	790223-1445563	서울시 광진구 중곡동 112	2010-02-11	9999-12-31	KT	사용중	
01048024397	박연철	780904-1998874	서울시 강동구 동남로 892	2016-09-01	9999-12-31	LGU+	사용중	
01034343131	윤진항	780811-1335562	광주시 북구 대천로 192	2019-02-01	9999-12-31	KT	사용중	
01012347788	김현태	780907-1123748	세종시 반곡동 102	2018-03-01	9999-12-31	SKT	사용중	
01023115566	윤수복	780321-1663548	서울시 송파구 올림픽로 99	2017-05-23	9999-12-31	SKT	사용중	
01044847122	이권우	780515-1874653	경기도 하남시 위례순환로 270	2003-04-02	9999-12-31	KT	사용중	
01066665512	김남승	780211-1245366	아산시 탕정면 탕정로 23	2011-06-08	9999-12-31	LGU+	사용중	
01088974573	우병관	900111-1227328	아산시 신창면 황산길 100-50	2013-09-25	9999-12-31	LGU+	사용중	
07076447950	김지온	790117-1234567	서울시 강남구 삼성로 212	2020-09-01		KT	사용중	

[그림 115] 통신자료 내역

위와 같은 통신자료 데이터를 활용하여 ID는 '전화번호', 레이블을 '성명' 열로 지정한 후 엔티티를 *i2*로 불러온다.

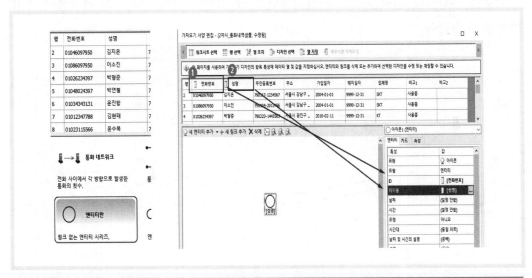

[그림 116] 엔티티(레이블 : 성명) 분석사양

위와 같이 사양을 짜서 통신자료 데이터상의 엔티티들을 특별한 디자인 없이 불러오면 아래와 같이 각각의 가입자 엔티티가 *i2* 차트에 생성된다.

[그림 117] 엔티티(레이블 : 성명) 불러오기

다음으로 위 차트 전체 엔티티를 선택(Ctrl+A)한 후 복사(Ctrl+C)하여 맨 위에 통화내역 차트에 붙여넣기(Ctrl+V)를 하면 통화내역 차트에 각 엔티티 레이블이 기존 전화번호에 가입자 성명까지 추가되는 것을 확인할 수 있다.

이렇게 할 수 있는 것은 *i2*에서 엔티티의 동일성은 ID로 식별하기 때문이다.

양 차트의 엔티티 ID가 모두 전화번호이므로 전화번호가 동일한 엔티티는 동일한 개체로 판단하고 붙여넣기를 하면 엔티티가 서로 병합된다. 이때 레이블만 양 차트에 있던 2개 정보(전화번호, 성명)가 다르므로 나란히 표기되는 것이다.

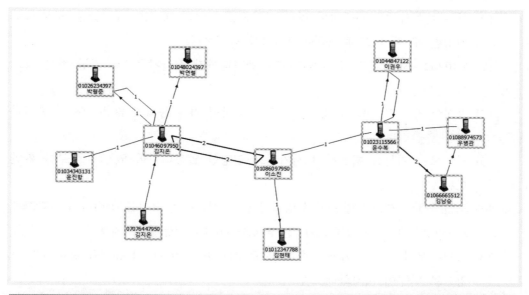

[그림 118] 차트 복사 & 붙여넣기 결과

통화내역 샘플 복습문제

1) 관계데이터 분석사양을(링크 방향지정) 작성하여 *i2* 네트워크 형태로 데이터를 불러온다.

2) 가장 많이 연결된 항목나열 기능을 활용하여 가장 많은 링크가 있는 엔티티와 해당 링크 및 상대엔티티를 추출한다.

3) 인바운드 총계(값)가 가장 많은 엔티티와 해당링크 및 상대엔티티를 추출한다.

4) 3번 분석결과를 항목나열로 엑셀파일에 옮긴다.

5) 검색, 텍스트 찾기 기능을 이용하여 01046097950번을 찾는다.

6) 시각적 검색 기능을 활용하여 2회 이상 통화내역이 있는 엔티티와 링크를 찾아서 추출한다.

7) 연결네트워크 찾기 기능을 활용하여 네트워크 양 끝단의 엔티티를 임의로 잡아 그 경로를 확인해본다.

8) 막대형 차트 및 히스토그램 기능을 활용하여 2회 이상의 통화내역을 추출한다.

9) 소셜네트워크 분석기능을 활용하여 게이트 키퍼를 추출한다.

10) 기존 분석사양을 편집하여 링크 연결종류를 여러 개, 링크레이블은 '구분'으로 지정한 후 새 차트에 통화네트워크를 불러온다.

11) '01026234397'부터 '01088974573' 엔티티까지 시간기준으로 가장 빠른 경로를 찾아본다.

12) 막대형 차트 및 히스토그램 기능을 활용하여 가장 통화가 많은 날짜의 통화내역을 추출한다.

13) 활동보기 기능을 활용하여 시기별로 일정한 활동패턴이 있는지 여부를 확인한다.

14) 조건부서식 기능을 활용하여 링크가 많은 엔티티의 크기를 확대하여 시각화해보자(이때 엔티티 링크의 크기 배율은 0.5~3배까지 선형배율로 지정).

15) 조건부서식 기능을 활용하여 010으로 시작하는 엔티티의 유형을 휴대전화 모양으로 바꾸어 시각화해보자.

16) sheet 2의 통신자료 내역을 활용하여 'ID : 전화번호, 레이블 : 성명'으로 하는 엔티티를 불러올 수 있는 분석사양을 작성하여 각각의 엔티티들을 새 차트에 불러온 후 모든 엔티티를 복사한다. 그 후 기존 통화네트워크(sheet 1) 차트에 복사한 통신자료 엔티티들을 붙여넣기 하여 통화네트워크 엔티티들의 레이블이 전화번호와 성명이 함께 표시되도록 시각화해보자.

사회 연결망 분석원리를
활용한 수사정보분석

CHAPTER 06

사회 연결망 분석원리를 활용한 수사정보분석

사회 연결망 분석이란?

사회 연결망 분석(Social Network Analysis) 원리의 개념에 대해서는 다양한 정의가 있는데 이를 설명해보자면 다음과 같다.

사회 연결망 분석이란 사람들의 사회적 행위를 그들이 맺은 관계로 구성된 연결망의 특성으로 설명하려는 시도(Mitchell, 1969. 2),[1] 분석 단위 사이의 상호 작용에 의해 발현하는 사회관계의 형태를 분석하는 방법,[2] 사회 구성원간의 관계에 분석의 초점을 맞추어 이들 관계의 패턴으로부터 의미 있는 시사점을 도출하는 방법론,[3] 개인 및 집단들 간의 관계를 개체와 링크로서 모델링하여 그 위상구조, 확산/진화과정을 계량적으로 분석하는 방법론(김기훈, 사이람) 등으로 정의된다.

연결망 분석은 복잡한 관계를 조금 더 쉽게 설명할 수 있는 하나의 도구로써 그 대상은 사회일 수도 있고, 조직간 관계나 조직 내부의 관계일 수도 있고, 개인들의 이웃간 연결일 수 있다.[4]

범죄정보의 경우 통화·계좌내역 등 분석이 필요한 관계형 데이터가 많으므로 규칙적인 관계패턴을 측정하고 분석하기 위한 맞춤형 사회 연결망 분석기법을 적용해야 한다.

사회 연결망 분석의 시작은 1930년대로 거슬러 올라가며, 70~80년대 부흥기를 거쳐 오늘날까지 급속하게 발전하고 있으며 다양한 분석 방법론들이 제시되고 있는데 크

---

1 김용학·김영진(2016), 사회 연결망 분석(제4판), 박영사, 5쪽.
2 김용학, 사회 연결망 분석 기법 ; A Non－technical Introduction, 한국아동학회 학술발표논문집, 1995. 12. 29－46, 32쪽.
3 곽기영, 소셜 네트워크 분석, 도서출판 청람, 7쪽.
4 김용학·김영진, 전게서, 9쪽.

게 다음과 같이 분류할 수 있다.

각 개체(링크)가 얼마나 중요한 개체(링크)인가를 판단하기 위해 사용되는 중심성 분석(Centrality [Degree of Importance]), 각 개체간에 얼마나 응집되어 있는가를 판단할 수 있는 응집적 하위집단 분석(Cohesive sub-group [Community]), 각 개체간에 얼마나 유사성을 지니고 있는가를 판단할 수 있는 등위성 분석(Equivalence [Similarity]), 네트워크 위에서의 정보 전달이 어떻게 이루어지는가를 판단할 수 있는 연결과 확산 분석(Connectivity and Diffusion)이 바로 그것이다.

위와 같은 범주 안에 수십 가지의 다양한 분석 지수들이 있으므로 분석대상 정보의 유형을 정확히 파악하고 목표가 무엇인지를 명확히 한 다음 그에 적합한 SNA(Social Network Analysis) 지수를 적용하는 것이 중요하다.

연결망 분석이 필요한 데이터의 종류는 통화와 계좌 정보 외에도 차량 통과기록의 'CCTV 위치'와 통과한 '차량번호'의 관계라든지, 게임을 사용한 사람의 '아이디'와 '접속 로그'의 관계 등 매우 다양하기 때문에 수사정보 분석 시에 사회 연결망 분석원리의 활용가치는 무궁무진하다고 할 수 있다.

4차 산업혁명을 맞아 5G, IoT 등 데이터 폭주 시대가 다가옴에 따라 앞으로는 텍스트, 음성, 센서, 영상 정보 등 분석이 필요한 수사정보의 유형도 갈수록 다양화·대량화 되어갈 것이다. 대용량의 네트워크 데이터를 필터링하여 빠르고 더 효과적으로 데이터를 압축하고 좁혀나가 유의미한 정보를 추출하기 위해서 사회 연결망 분석 원리는 훌륭한 조력자 역할을 할 수 있다.

타겟 네트워크의 잠재적 키맨 또는 핵심 조직을 제한된 자원 속에서 우선적으로 식별해 내기 위해, 네트워크의 구조를 넘어 그 역동성을 파악해야 하며, 아직 분명치 않은 네트워크의 특성을 파악하고 시간이 지남에 따라 네트워크가 어떻게 변해 가는지도 분석해야 한다.

사회 연결망 분석기법은 분석가나 실무자뿐만 아니라 관리자가 이에 대한 충분한 이해를 갖추게 되면 더 효과적으로 업무를 배정하는데도 도움을 주게 된다. 다만 사회 연결망 분석 원리가 인간의 분석적 판단의 조력자로서는 훌륭하지만 사용자가 가진 데이터가 불완전하고, 네트워크의 광범위한 맥락이 고려되지 않았을 수도 있다는 점을 유의해야 한다.[5]

---

5 IBM *i2* Analyst's Notebook Social Network Analysis, IBM Software White Paper, Copyright IBM Corpration 2012. 2쪽.

데이터의 양이 증가하면 할수록 시각화만으로는 분석가가 유의미한 패턴이나 분석 결과를 도출하기 어렵다. 제한된 화면 속에 너무 많은 데이터가 올라가면 시각화를 하더라도 중요한 데이터를 식별하기 어렵기 때문이다. 그러므로 많은 양의 데이터를 일정한 기준에 따라 필터링을 통해 줄여나감으로써 시각화의 효과를 극대화하고 그 한계를 극복할 수 있는 분석원리가 필요하다. 바로 그 해답이 사회 연결망 분석 원리가 될 수 있다.

그러면 본격적으로 i2에 반영된 SNA 원리인 중심성 원리 4가지와 하위집단 분석 원리 2가지가 무엇인지 알아보고 그 적용사례를 살펴보기로 하자.

중심성 원리

사회 연결망 분석 원리를 이해하기 위해 먼저 네트워크 분석의 기초 원리인 밀도와 거리의 개념에 대한 이해가 필요하다.

밀도(Density)는 네트워크 내 발생 가능한 링크 중 존재하는 링크의 비율, 즉 노드 간의 전반적인 연결 정도의 수준을 의미한다.

모든 점들이 다른 점들과 인접한 상태를 완전(complete) 그래프라고 하는데, 그래프상의 모든 점들이 다른 점들과 일일이 연결되어 있는 상태를 말하며, 밀도는 전체적인 선들의 분포를 살펴봄으로써 그래프가 완전 상태에 얼마나 가까운지를 측정하는 방법이다.[6] 많은 점들이 서로 연결되어 있을수록 그래프는 밀집되어 있다고 본다.

비방향 그래프 밀도 구하는 공식 : $l/n(n-1)/2$
l : 존재하는 링크의 숫자, n : 존재하는 노드(엔티티)의 숫자

---

6 존 스콧, 전게서, 114쪽.

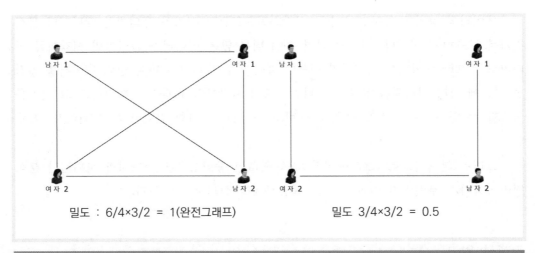

밀도 : 6/4×3/2 = 1(완전그래프)   밀도 3/4×3/2 = 0.5

[그림 1] 네트워크 상 밀도 비교

　이에 반해 거리(Distance)는 네트워크상에서 두 노드가 연결될 수 있는 경로(Path) 중 가장 짧은 경로(Shortest Path or Geodesic Path)를 의미하며, 경로의 거리는 거쳐야 하는 링크의 개수로 측정한다.

　[그림 2]에서 A에서 E까지 연결될 수 있는 경로는 여러 갈래가 있지만 그 중 가장 짧은 경로는 A→C→E까지 2단계만에 가는 경로인데, 이 경로를 네트워크상 거리로 본다.

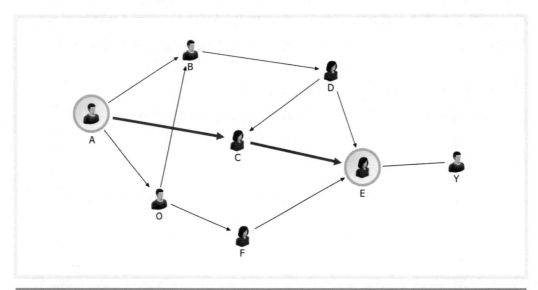

[그림 2] 네트워크상 두 노드간의 거리

아래에서 설명하게 될 중심성 원리와 하위집단 분석 원리는 기본적으로 위 두 가지 개념에서 출발한다.

i2에 반영된 SNA 원리의 핵심 개념은 중심성(Centrality)이다. 중심성은 권력과 영향력이라는 개념과 연결되어 가장 많이 쓰이는 지표가운데 하나로 어떤 노드가 연결망 내에서 얼마나 중심적인 위치를 차지하는가에 초점을 둔다.[7]

중심성이 어떤 노드가 연결망 내에서 얼마나 중심적인 위치를 차지하는가에 초점을 둔다면, 네트워크의 중심성을 의미하는 중심화(Centralization)라는 개념은 한 연결망이 전체적으로 얼마나 중앙 집중적인 구조를 가졌는지, 혹은 연결망이 얼마나 한 점을 중심으로 결속되었는가를 측정하는 것이다.

즉, 중심성(centrality)은 노드의 중심도, 중심화(centralization index)는 연결망(네트워크)의 집중도이다. 집중도가 높은 네트워크는 중심도가 높은 한 노드에의 의존성이 강해 취약하다고 할 수 있는데, 한 점으로 모든 연결이 수렴되어 있는 방사선 형태의 연결망이 중심화가 가장 높은 연결망이다.

[그림 3] 중심화 된 네트워크

---

7 김용학·김영진, 전게서, 118쪽.

한편 중심성은 지역중심성(local centrality)과 전체 중심성(global centrality)으로 구분 (Freeman, 1979)할 수 있는데, 한 노드가 그 주위의 다른 점들과 직접 연결된 정도가 높을수록 그 노드의 지역중심성은 높아지는 반면, 한 노드가 연결망 전체의 연결 구조에서 전략적으로 중요한 자리를 차지할수록 전체 중심성이 높아진다.

아래 그림에서 Male 1, Female 1, Spy 1은 모두 5명의 개체와 연결되어 있어 지역중심성은 같지만 특정 개체로부터 연결망에 존재하는 다른 개체들에 이르는 모든 거리를 합한 전체 중심성은 Female 1이 가장 높다.

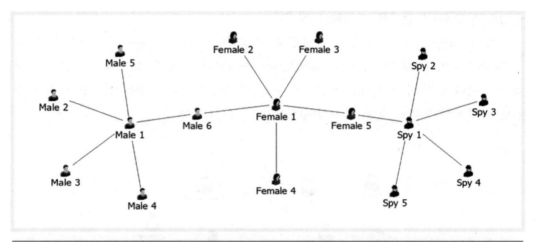

[그림 4] 지역중심성과 전체 중심성

개체의 중심성을 측정할 수 있는 방법은 네트워크상 중앙에 있는 개체만이 가질 수 있는 3가지 명백하게 구분되는 구조적 특성에 의해 분류된다.

3가지 관점을 나열식으로 설명해보면 다음과 같다. 네트워크상 중심성이 높은 스타 개체는 ① 직접적으로 연결된 다른 개체의 수(degree)가 가장 많고, ② 다른 개체들 사이의 최단거리를 지나는 매개가 되는 횟수(betweenness)가 가장 많거나, ③ 네트워크상 모든 다른 개체로부터 가장 짧은 거리에 놓여(closeness) 모든 개체들과 가장 가까운 위치에 있다고 볼 수 있다.[8]

---

8 Linton C. Freeman, Centrality in Social Nerworks Conceptual Clarification, Social Networks, 1(1978/79) 215~239, 219.

*i*2에는 위 3가지 중심성 원리와 더불어 연결된 상대방의 중요성에 가중치를 둔 고유벡터(Eigenvector) 원리까지 총 4개의 중심성 분석 알고리즘이 구현되어 있고 링크의 방향성에 따라 또는 링크에 가중치를 두어 중심성 척도를 개선할 수 있다.

이제 각각의 중심성 분석원리가 실제 범죄 수사시에 어떻게 활용되는지를 알아보자.

1) 연결 중심성 원리와 활용 사례

연결 중심성(degree centrality) 원리는 네트워크상 하나의 개체가 다른 개체와 직접적으로 얼마나 많이 연결되어 있는지 링크의 숫자를 계산하여 관계도를 측정하는 분석 원리이다.

*i*2에서는 degree를 '도'라고 번역하였는데, '연결정도'를 '도'라고 표현한 것으로 추정된다. *i*2에서 degree의 기능과 같은 기능으로는 '가장 많이 연결된 항목 나열'의 '가장 많은 링크'와 '막대형 차트 및 히스토그램'의 '연결된 링크(링크의 수)'가 있다.

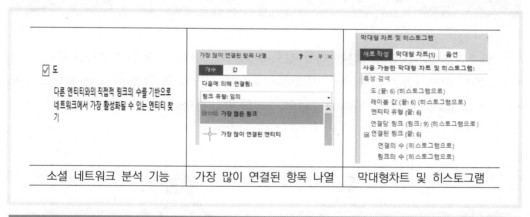

[그림 5] *i*2에서 제공하는 연결 중심성 유사 기능

다른 엔티티들과 많은 연결관계를 가지고 있는 엔티티는 많은 연결관계를 가지고 있기 때문에 요구를 충족시킬 대안을 많이 가지고 있으며 네트워크 내의 자원에 쉽게 접근할 수 있어 조직 내에서 중요한 사람으로 인식되는 경향이 있다.

한 엔티티의 연결정도는 엔티티의 파워와 활동성에 대한 가장 간단하면서도 효과적인 지표로 유용하게 활용될 수 있다.

아래 그림에서 Irene BAKER가 인접한 6명의 엔티티와 연결되어 있어, 네트워크상 모든 엔티티 중에 가장 연결중심성이 높은 개체이다.

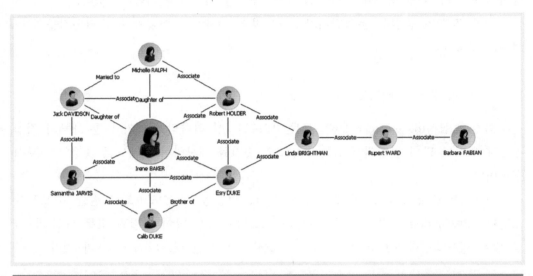

[그림 6] 연결중심성이 가장 높은 개체를 강조한 그래프

연결된 노드 수를 의미하는 연결 정도(degree)는 지역중심성을 측정하는 좋은 지표 이다. 많은 연구자들은 외향 연결 정도(outdegree)를 개인들의 활동성(activity)으로, 내향 연결 정도(indegree)를 인기(popularity)로 해석하기도 한다.

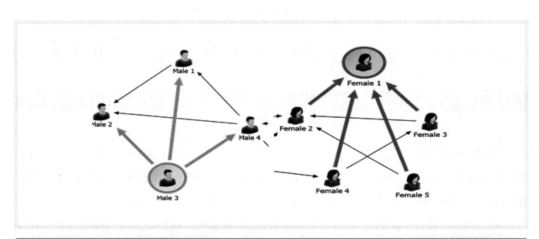

[그림 7] 외향연결정도와 내향연결정도

그러나 연결중심성이 높다고 늘 긍정적으로 해석할 수 있는 것만은 아니다. 조직범죄의 관점에서는 일부 엔티티가 많은 링크를 갖고 있으면 다른 엔티티들에 비해 눈에 잘 띄게 되므로 수사기관의 타겟이 되기 쉽다. 다시말해 연결중심성이 높은 조직원일수록 수사기관에 탐지되어 체포될 가능성이 높을 수밖에 없다는 것이다(David Bright & Chad Whelan, 2021).[9] 또한 연결중심성이 높은 조직원들이 체포되면 수사기관이 이들의 연결 타이를 추적해 다른 조직원들까지 연쇄적으로 체포함으로써 잠재적으로 네트워크 전체가 와해되는 결과까지 초래될 위험이 있다. 그러므로 연결중심성이 높다고 하여 항상 좋은 것만은 아니다.

연결 중심성 원리는 수사정보 분석시 가장 활발하게 활용되는 원리인데 다음과 같은 사례에 활용될 수 있다.

가. 지명수배자 검거 사례[10]

> 금을 싸게 매입하거나 팔아주겠다고 속여 피해자 34명으로부터 약 3억 2천만원을 편취한 '나사기(52세, 남)'는 범행 후 3년간 전국 사찰에서 은신하며 도주 중이다.
> 강남경찰서 이형사는 '나사기'를 악성수배자 명단에 올리고 검거를 위해 기획수사에 착수하게 된다. 장기수배자인 '나사기'를 검거하기 위해 어떻게 수사를 진행하면 될까 고민하던 이형사는 먼저 경찰대학 치안데이터과학연구센터장인 김교수에게 자문을 받게 된다.

경찰대학 김교수는 '이형사'의 자문 의뢰를 받고, '나사기'의 관계망을 탐문할 것을 주문하였다. 사람은 사회적 동물이기 때문에 태어나면서 부모님을 만나 관계를 맺고, 가족, 친인척, 학교동창, 직장생활, 취미생활에 따라 각각의 집단에 소속되게 된다.[11] '나사기'가 수배자이기 때문에 자신이 소속된 집단의 사람들과 자주 연락은 하지 않겠지만 집안의 중요한 애경사가 있거나 어렸을 때부터 허물없이 지냈던 친구들에게는 필요한 상황에 꼭 연락하게 될 것이다.

바로 이 점을 수사에 활용하는 것이다.

이 사건에서는 수배자가 50대이고 어머니가 살아계시고 부인과 자녀가 있다는 점을 감안하여 자주는 아니지만 가끔 가족들과 연락을 할 것이라는 전제하에서 수배자

---

9 Bright, D. & Whelan, C.(2021), Organised Crime and Law Enforcement: A Network Perspective. Routledge : London.

10 본 교재에서 소개한 사례들은 SNA 분석 이론이 수사정보 분석에 적용되는 방법론을 이해하기 위함으로 그 이상의 사실관계를 적시할 필요가 없어, 실제 경찰 수사사건을 완전히 비 식별화하고 각색한 것임.

11 GEORG SIMMEL(1964), Conflict and the Web of Group—Affiliations, Free Press, 138.

가족들의 통화내역을 법원의 허가를 받아 열람해 보기로 하였다.

수배자가 가끔 가족들에게 연락을 할 것이므로 가족들의 통화상대방 중 연결중심성이 높은 번호를 추려낸다면 수배자의 대포폰을 특정할 수 있을 것이기 때문이다.

사실 수사기관이 수배자의 범행과 관련이 없는 가족들의 통화내역을 열람하는 것은 과도한 프라이버시 침해라는 비판을 받을 수 있다. 그렇기 때문에 반드시 이러한 방식의 수사를 진행할 수밖에 없는 사유를 잘 소명해 주어야 한다. 연결중심성이라는 이론적 원리를 수사보고서에 잘 표현을 해준다면 판사의 합리적 의심을 배제하는데 큰 도움을 줄 수 있을 것이다.

김교수의 자문을 받은 이형사는 수배자 '나사기'의 가족 5명(모친, 부인, 큰딸, 작은딸, 막내 아들)의 통화내역을 확보하여 소셜네트워크 분석 전문 프로그램($i2$)을 활용, 연결중심성이 높은 상대번호 4개를 신속하게 추출하였다.

위 연결중심성이 높은 4개 번호 중 3개는 수배자의 처조카, 남동생, 처남으로 확인되었고 불상의 1개 번호가 중국인 명의로 되어 있는 수배자의 대포폰으로 의심되었다. '나사기'의 가족 5명과 연결중심성이 높다는 것은 가족과 친인척일 개연성이 높고 실제 확인된 대상자 3명의 관계가 그 사실을 증명해 주고 있다. 수배자가 자신의 휴대전화를 중국인 명의로 위장하여 사용하더라도 자신의 관계적 정체성만큼은 숨길 수 없다는 사실을 알 수 있게 해주는 대목이다.

이형사는 해당 대포폰의 통화내역을 추출하고 실시간 위치추적 끝에 3년간 도주중이었던 수배자를 검거할 수 있었다.

최종 분석 결과를 각색하여 $i2$로 시각화한 결과는 다음과 같다.

연결관계를 해석해보면, 처남과 처조카는 수배자의 어머니를 제외한 다른 가족들과 연결되어 있고, 수배자의 남동생은 수배자의 어머니와 연결된 구조를 볼 때 연결관계가 정확하게 친인척의 특성을 반영하고 있다.

수배자의 대포폰의 경우 부인을 제외한 다른 가족들과 연결되어 있는 구조로 미루어 보았을때 수배자가 직계 가족들과는 가끔 연락을 취해왔으나 3년간의 도피생활로 부인과의 관계가 소원해졌을 수 있다는 추론이 가능하다.

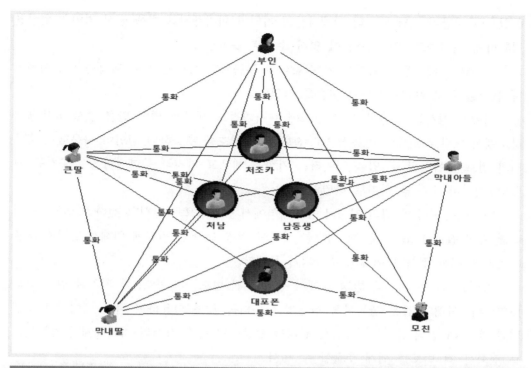

[그림 8] 수배자 가족관계 중 연결중심성이 높은 노드 추출

나. 기지국 수사 사례

대전유성경찰서 김형사는 최근 관내에 잇따른 사기절도 사건으로 골머리를 앓고 있다. 범인이 관내에 나타났다 하면 순식간에 3~4군데의 업소를 돌며 절도행각을 벌이는데 피해자가 막상 인지하고 난 후 경찰서에 신고를 할 때쯤이면 범인은 이미 감쪽같이 사라져 버리고 없기 때문이다.

범인은 주로 영세한 꽃집이나 음식점을 돌며 손님을 가장하여 인근 업소에 꽃 배달을 시키거나 대량의 음식을 주문하여 업주 혼자서 바쁘게 주방에서 음식을 준비하고 있는 틈을 타 카운터에 있던 현금, 핸드백 등을 절취하여 달아나는 수법으로 범행을 하고 있다.

김형사는 주변 CCTV 수사를 통해 범인의 인상착의가 찍힌 CCTV 화상자료를 일부 수집하였으나 거리가 너무 멀고 화질이 좋지 않아 범인의 인적사항을 특정하지 못했다.

김형사는 동종 전과자들의 사진을 피해자들에게 보여주는 방식의 선면수사를 병행하였으나 시간이 지남에 따라 피해자들의 기억이 희미해지고 범행 당시 범인의 얼굴을 정확하게 기억하고 있지 못해 이 역시 수포로 돌아갔다.

그런데 피해자들은 범인이 가게 들어와 누군가와 통화를 하며 화분을 배달시키거나 음식을 주문했다는 공통된 진술을 하였다.

이에 김형사는 범인이 여러 장소에서 사기절도 행각을 벌인 만큼 범행이 발생한 장소에서 해당 시간대에 공통적으로 전화를 건 번호를 추출하면 범인이 사용했던 휴대전화 번호를 특정할 수 있을 것이라는 가설을 세우고 기지국 통화내역을 추출하는 방식의 '기지국 수사'를 하기로 하였다.

과거에는 수십만 건의 기지국 통화내역에서 공통적으로 발신한 전화번호를 추출하려면 분석 결과를 도출하는 데 상당한 시간이 걸렸고, 어떤 원리에 의해서 결과가 도출되는지에 대한 정확한 이해도 수반되지 못했다.

아래는 A라는 기지국 반경 내에서 전화를 건 번호들의 목록, 즉 기지국 발신 통화 내역이다. 아래와 같은 항목목록 형태의 데이터를 $i2$를 활용하여 관계 데이터로 모델링한 후 SNA 원리 중 연결 중심성 원리를 활용하면 다수 장소의 기지국에서 공통적으로 전화를 건 번호를 쉽게 추출할 수 있다.

NO	발신번호	시화일자	시화시각	종화일자	종화시각	상대전화번호	발신SITE
2460	0103 520	2016/06/07	01:01:25	2016/06/07	01:01:25	0108 405	대전 동구 용전동 167-1
2461	0108 572	2016/06/07	01:01:42	2016/06/07	01:13:19	0105 366	대전 동구 용전동 167-1
2462	0105 854	2016/06/07	01:01:59	2016/06/07	01:03:08	0109 760	대전 동구 용전동 167-1

[그림 9] 기지국 발신 통화내역

위 엑셀 파일에서 '발신번호' 열과 '발신SITE' 열을 각각의 엔티티로 지정해주고 링크는 한 기지국에서 당해 번호가 몇 번 전화를 걸었는지 알 수 있도록 '발신횟수'로 지정해주면 아래와 같은 관계분석 사양을 작성할 수 있다.

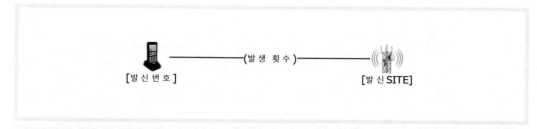

[그림 10] 기지국 통화내역 관계분석 모델링

위와 같은 분석사양으로 총 8개의 장소의 기지국 통화내역을 불러오면 다음과 같이 시각화된다.

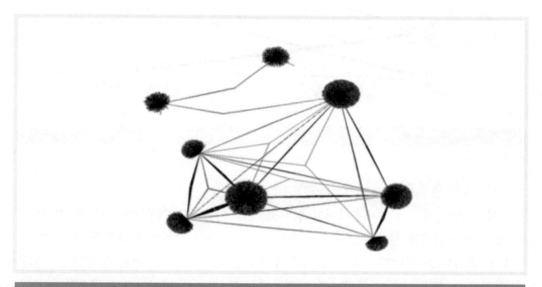

[그림 11] 기지국 통화내역 시각화 결과

이 사건 역시 연결중심성 원리를 활용할 수 있는 전형적인 사례인데, 연결중심성이 높은 휴대전화번호를 추출한 결과, 총 8개소 중 3개 장소에서 전화를 건 번호 6대의 휴대전화가 아래와 같이 추출되었다. 적어도 아래 6개의 휴대전화 중 1대는 범인이길 바라며……

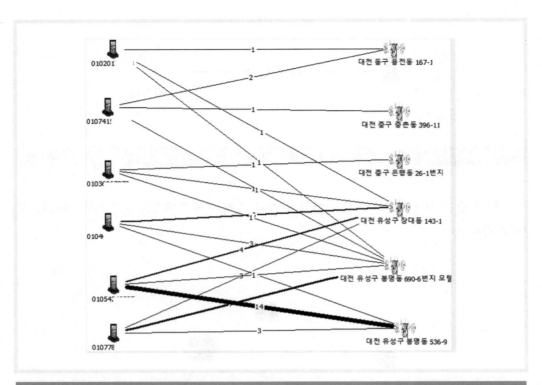

[그림 12] 기지국 통화내역 연결중심성 분석결과

다. 댓글 여론조작 사건 수사 사례

　　서울강남경찰서 사이버수사팀에 인터넷 댓글 여론조작 업무방해 신고가 접수되었다. 인터넷 포털사의 시사 뉴스란에서 활동 중인 몇 개의 닉네임 사용자가 각종 정치적 이슈에 대해서 늘 편향된 시각으로 다수의 댓글을 달고 있는데, 마치 동일인물이 여론을 조작하기 위해 다수의 아이디를 사용하고 있는 것으로 의심된다는 내용이었다.

　　이에 수사팀은 동일한 사람이 여러 아이디를 사용하여 댓글을 달 경우 해당 댓글 내용을 분석해보면 유사한 표현이나 문체를 쓸 것이라는 가설을 세우고, 이를 증명하기 위해 일단 '댓글' 문장을 모두 다운받아 주요 어절 별로 나누었다. 다음 좌측 그림은 인터넷 댓글을 다운받아 전처리하기 전이고, 우측 그림은 링크드 리스트 형태로 전처리한 후의 서식이다. 1열이 댓글을 단 사람의 닉네임이며, 2열부터 끝열까지는 띄어쓰기를 기준으로 나눈 어절을 의미한다.

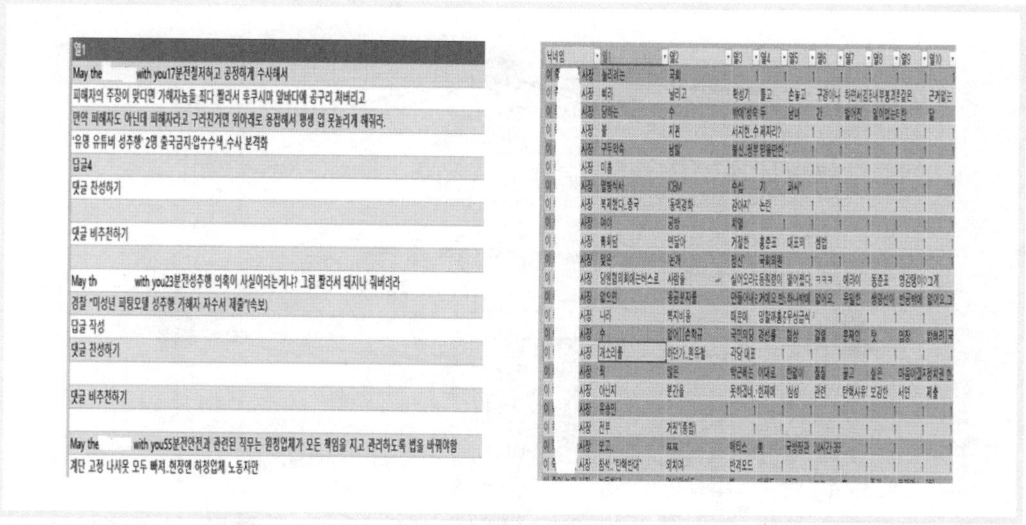

[그림 13] 인터넷 댓글 수집, 전처

위와 같이 전처리를 한 후 '아이디'와 댓글 '어절'의 연관관계를 나타낼 수 있는 2-mode 네트워크 분석사양을 만들어 다음과 같이 '아이디'와 연결중심성이 높은 '어절' 노드 그룹을 추출하였다.

그 결과 4개의 아이디에서 "ㅋㅋ.., 사퇴하세욧, 쥐박이 등"의 몇개의 동일한 표현을 쓰고 있다는 사실을 확인할 수 있었고, 결국 위 4개의 아이디 사용자의 문체가 같아 동일 인물이 사용하고 있다는 사실을 밝혀내었다.

물론 위 사안의 경우 범죄사실의 재구성과는 별개로 범리적으로는 인터넷에서 단순히 댓글을 조작하는 행위가 바로 형법상 업무방해죄의 구성요건을 성립했다고 단정하기는 어렵다. 업무방해죄를 적용하기 위해서는 비밀번호 등을 조작하거나 허위의 정보를 입력하는 방법 등 정보처리 등의 방해를 통하여 형법상 보호할 가치가 있는 사람의 업무를 방해한 점이 엄격하게 심사되어야 하기 때문이다.[12]

---

12 이주일, 인터넷 댓글조작과 형사책임, 한국컴퓨터정보학회논문지, 23(6), 75-79, 2018. 6. 76쪽.

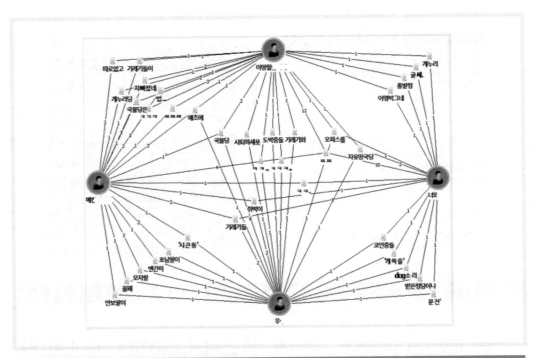

[그림 14] 닉네임과 댓글 연결중심성 분석 화면

2) 매개 중심성 원리와 활용 사례

매개 중심성 또는 사이 중앙성(Betweenness Centrality) 원리는 한 노드가 연결망 내의 다른 점들 '사이에' 위치하는 정도를 측정하는 중심성 분석 원리이다.

한 노드가 다른 노드들 사이의 최단거리를 연결하는 선, 즉 최단 경로(geodesic) 위에 위치하면 할수록 그 노드의 매개 중심성은 높아진다.[13] 다시말해 하나의 노드의 매개중심성을 측정하기 위해서는 전체 네트워크 내에서 자신을 제외한 다른 두 노드를 연결해주는 최단경로에 몇 번이나 위치하는지 그 횟수를 헤아려주면 된다.

매개중심성 분석 원리는 네트워크의 다른 부분간의 정보 흐름을 제어하는 게이트키퍼(Gate keeper)를 찾는 분석원리로 직접 연결되어 있지 않은 개체들간 관계를 통제(control) 또는 중개하는 정도를 나타낸다.[14] i2에서는 Betweenness가 '연관성'이라고 번역되어 분석기능을 제공한다. 통상적으로 매개중심성이 높다면 서로 직접 연결될 수 없

---

13 김용학·김영진, 전게서, 123쪽.
14 IBM *i2* Analyst's Notebook Social Network Analysis, 전게지, 3쪽.

는 두 집단 사이에 브로커로서 역할을 하면서 이익이나 권력을 취할 수 있는 자리라고 간주할 수 있다. 그러나 정체성(Identity)의 관점에서는 매개중심성이 높은 사람은 이쪽 저쪽 왔다갔다 하며 박쥐같은 역할을 하는 것으로 취급을 받을 수 있기 때문에 불리한 위치로 평가받을 수도 있다. 위에서 설명한 연결중심성도 연결된 링크가 많은 사람은 조직범죄의 관점에서 쉽게 노출될 수 있다는 점에서 취약하다고 평가받을 수 있는 것 과 마찬가지로 매개중심성 지수도 맥락에 따라서 다르게 평가될 수 있다는 점을 유의 해야 한다.

아래 Linda BRIGHTMAN은 네트워크 2개의 별개의 다른 부분 사이를 연결해주고 있는 위치에 있어, 실제 다른 엔티티를 이어주는 최단거리에 총 14번 위치하게 됨으로 써 매개중심성 수치가 가장 높은 엔티티가 된다.

좀더 구체적으로 설명하자면 Linda 엔티티는 자신을 사이에 두고 좌측에 7개의 엔 티티가 있고, 우측에 2개의 엔티티가 있으므로 양쪽 두 개 엔티티를 연결하는 최단거리 에 총 7×2=14번 위치하게 된다. 반면 Linda의 우측에 있는 Rupert 엔티티의 경우 좌 측에 8개의 엔티티를 우측 Babara 엔티티와 연결해주는 최단 경로에 총 8회 위치하게 된다. 이와같이 아래 네트워크 내의 엔티티들의 매개횟수를 모두 세어주면 매개중심성 이 가장 높은 엔티티가 바로 Linda가 되는 것이다.

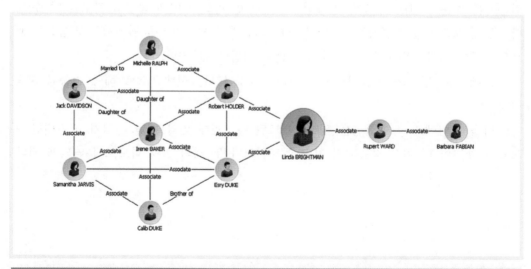

[그림 15] 매개중심성이 가장 높은 개체를 강조한 그래프

좀더 간단한 예제로 아래 그림의 '여자 1' 엔티티가 본인을 제외한 다른 두 노드 사이의 최단거리에 몇번 위치하게 되는지 헤아려보자.[15]

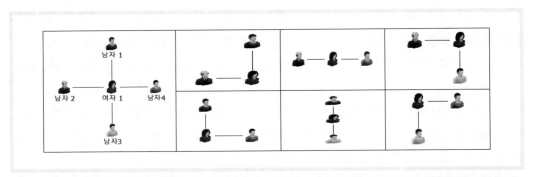

[그림 16] 여자 1 엔티티의 매개중심성 계산방식

[그림 16]의 네트워크상 '여자 1' 엔티티는 다른 노드간에 매개가 되는 횟수가 총 6회이지만, 네트워크의 가장자리에 있는 '남자 1, 남자 2, 남자 3, 남자 4' 엔티티는 어느 누구도 매개하는 위치에 있지 않기 때문에 0이 된다.

매개중심성은 한 노드가 각 노드들간의 최단 경로의 사이에 얼마나 많이 위치해 있는가를 보는 것인데 링크에 이 개념을 적용하면 링크의 매개 중심성 지수를 알 수 있다. 즉 각 노드들을 연결하는 최단 경로에 많이 위치하는 링크를 탐색하는 기능으로 네트워크에서 영향력을 미치는 핵심 연결선을 식별할 수 있다.

i2에서는 '링크의 연관성(Link Betweenness)'이라는 선택박스로 해당 기능을 제공한다.

다음 그림에 key 연결선은 하이라이트된 링크인데 만약 해당 링크가 파괴되면 정보교환 채널이 더 이상 작동되지 않고 네트워크가 두 개의 별개 파트로 분리되게 된다.

---

15 Linton C. Freeman(1978), 전게 논문 219쪽 참조.

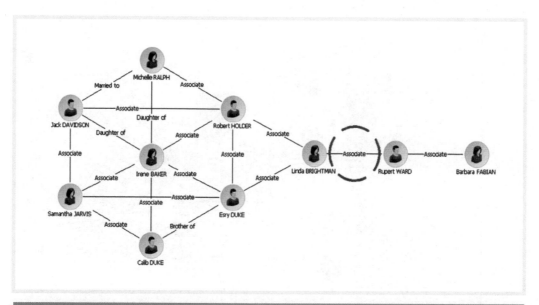

[그림 17] 링크의 연관성이 가장 높은 링크를 강조한 그래프

가. 보이스피싱 범죄 수사 사례

2014. 7.~2015. 2.경 서울 도봉구 소재 보이스피싱 콜센터 사무실에서 통화상담원(텔레마케터)들이 피해자들에 전화하여 대출을 해줄 것처럼 피해자들을 속여 수수료 명목으로 2억 상당을 편취한 전화금융사기 사건이 발생하였다.

서울경찰청 금융범죄수사대 김형사는 위 사건 수사 중 통화상담원 10명의 통화내역을 확보하게 되었다.

김형사는 i2를 활용하여 해당 통화내역상 매개 중심성이 높은 엔티티를 특정하여 추적한 결과 해당 조직의 통화상담원들을 관리하는 보이스피싱 총책으로 확인되어 검거하였다.

김형사가 분석한 과정을 설명하면 다음과 같다.

i2 분석 프로그램을 활용하여 통화상담원 10명의 통화내역 엑셀데이터를 '발신번호' 노드와 '착신번호' 노드, 링크는 '발신횟수'로 지정하여 관계형태로 데이터를 변환하여 불러온다.

그 이후 10명의 통화상담원 번호를 제외하고 매개중심성(betweenness centrality)이 높은 상위권 엔티티를 순차적으로 확인하면 다음 그림과 같이 대략 3, 4번째 안으로 총책의 번호가 포함된다.

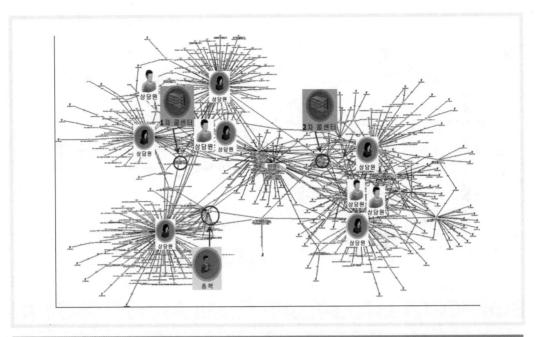

[그림 18] 보이스피싱 통화·기지국 SNA 분석결과

　　매개 중심성이 높은 엔티티가 실제 보이스피싱 범죄 조직의 공범(총책)인지 여부를 확인하는 후속 수사 방법론을 간단히 설명하면 아래와 같다.

> ▸ 우선 해당 번호의 가입자 인적사항과 통화내역을 확보하여 분석함으로써 대상 번호의 실제 사용자를 확인한다.
> ▸ 인적사항이 확인되면 경찰내부 수사시스템을 통해 해당 대상자가 동종 수사·전과기록이 없는지 살펴본 후 관련자의 진술, CCTV 수사 등 다양한 간접증거의 수집과 분석을 토대로 범죄혐의를 확정한다.
> ▸ 텔레마케터들의 '발신번호' 엔티티와 '발신 기지국' 엔티티간의 관계분석사양을 새롭게 작성하여 연결중심성이 높은 '발신기지국' 장소를 선별한 후 콜센터 사무실 위치를 특정한다.
> ▸ 콜센터 사무실 현장을 급습하여 현장에 있던 다른 공범을 검거하고 다량의 증거물을 압수함으로써 보이스피싱 조직을 소탕한다.

나. 토지대출 사기사건 수사 사례

▶ '김회장' 등 대출사기단 조직원들은 천안시 소재 '나재벌' 소유의 토지를 가로채기로 공모하였다.

▶ 그들은 먼저 '나재벌'과 성(姓)이 같고 비슷한 연령대 '나노숙'의 이름을 '나재벌'로 개명하고, 주민등록 등·초본까지 위조하였다.

▶ 부동산 소유주로 위장한 '나노숙'은 천안시 동남구 소재 시가 150억 상당 약 3,000평 규모의 '나재벌' 소유 토지를 '경대주택개발산업'이라는 법인 명의로 이전하였다.

▶ 그리고나서 '김회장' 일당은 위 부동산을 담보로 천안새마을금고에서 37억 원의 대출금을 지급받아 가로챘다.

충남경찰청 지능범죄수사대 김팀장은 실 부동산 소유주 '나재벌'의 고소장을 접수받아 수사를 개시하였다.

먼저 토지주 행세한 사람의 핸드폰 통화내역과 소유권 이전 과정에서 발생한 금전거래에 대한 자금추적 수사를 병행하여 속칭 '바지' 역할을 한 나노숙(80세, 남)을 검거하였다.

이어서 나노숙의 개명작업에 관여한 김이사, 위조 서류 전달책, 바지 물색 및 조달 총괄책을 순차적으로 검거하고 수표추적결과 3차례에 걸친 자금 세탁 사실을 확인하고 명동 사채업자 및 안양게임장에서 7억원을 현금화한 정사장 및 법인 물색 및 알선책 등 총 8명을 검거하기에 이른다.

그런데 사건관계자 8명 검거 이후, 피의자들이 혐의사실과 공범과의 관련성을 전면 부인하고 허구의 인물을 내세우며 단순 심부름을 주장함에 따라 수사가 답보상태에 빠지게 되었다.

이에 김팀장은 *i2*를 활용하여 검거된 8명이 사용한 대포폰 13대에 대한 통화네트워크 분석을 해보기로 하였다. 위 8명의 통화네트워크상 매개중심성이 높은 번호를 추려보면 숨겨진 배후의 공범들을 추가로 특정할 수 있을 것이라는 생각에서였다.

예상대로 13대 혐의자 번호의 통화네트워크상 매개중심성 지수가 높은 엔티티를 찾아 다른 단서들과 결합하여 수사하는 과정에서 브로커, 설계사, 위조총괄, 현금세탁을 총괄한 미검 피의자 4명의 대포폰을 특정하고 검거하게 되었다.

또한 매개중심성 뿐만 아니라 다음에서 설명하게 될 하위집단 분석원리인 '클러스터 찾기' 분석 결과도 상호 비교하여 공범 번호를 특정하였다.

그리고 추가로 검거한 공범 4명의 대포폰 6대의 통화내역을 확보하여 이전 자료와 함께 통합한 뒤 범인들이 사용한 총 19대의 통화네트워크상 매개중심성이 높은 새로운 번호를 확인한 결과 최초 피해자로 분류되었던 부동산 인수자인 경대주택개발산업 상호의 법인 관계자들의 번호가 확인되었다.

뭔가 이상하다고 생각한 김팀장은 법인관계자들이 처음부터 사건과 관련되어 있을 수 있다는 개연성을 두고 보강 수사한 결과, 해당 대상자들도 모두 공범이었음이 밝혀지면서 조직원 모두를 일망타진하게 되는 성과를 거두게 되었다.

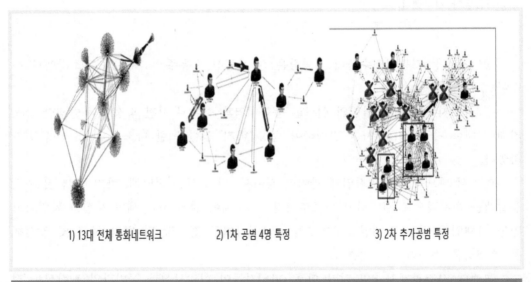

1) 13대 전체 통화네트워크　　2) 1차 공범 4명 특정　　3) 2차 추가공범 특정

[그림 19] 대출사기사건 통화네트워크 SNA 분석 과정

본 사례는 범죄수사적 맥락에서 분석가에게 몇 가지 시사점을 주고 있다.

수사정보 분석의 경우 보통 수사대상자(혐의 개체) 몇 명을 중심으로 스노우 볼링(Snowballing) 방식으로 확장해 가면서 분석이 이루어진다.

그러므로 최초 일부의 데이터에 대한 분석결과는 전체적인 맥락에 비추어 볼 때 오류의 가능성이 있을 수 있다. 추가 정보를 수집해가면서 데이터가 많아지면 많아질수록 분석의 정확도가 높아져 해당 사건의 실체적 진실을 파악할 수 있게 된다.

그러므로 일부의 데이터만을 대상으로 한 분석결과를 그대로 맹신해서는 안 되고 현재 수사가설에 오류는 없는지, 가설을 증명하기 위해 증거수집은 충분히 되었는지 여부 등을 꼼꼼히 따져보아야 한다.

다. 세월호 사건 수사 사례

2014년 전 국민을 분노에 떨게 했던 세월호 침몰 사건을 우리는 모두 기억하고 있다. 당시 검찰에서 청해진해운·천해지 등 법인자금의 횡령·배임 및 조세포탈업무상 횡령 등의 혐의로 유병언씨에 대한 대대적인 수사에 착수했으나 유병언씨의 검거가 지연됨에 따라 뒤늦게 경찰이 이 사건 수사에 합류하게 되었다.

유병언·유대균 부자에 대한 추적·검거를 목적으로 인천지방경찰청 광역수사대 내에 경찰 TF 수사팀이 꾸려지게 되었고 검찰로부터 수사대상자 약 54명의 통화내역(엑셀 행기준 약 80만건)을 입수하여 본격적인 수사정보 분석에 착수하게 되었다.

당시 경찰과 검찰 모두 아직 사회 연결망 분석이 무엇인지, 범죄수사에 해당 원리가 어떻게 활용할 수 있는지에 대해서 전혀 아는 바가 없었다.

필자는 $i2$ 프로그램 1개(copy)를 구매하여 몇 가지 사안에 적용해보는 중이었다. 현재 기준으로 본다면 본 사건은 대표적인 대용량 데이터에 대한 분석이 필요한 사건으로 $i-base$와 $i2$를 활용하기에 적합한 사례였다.

사실 $i2$ 프로그램 자체만으로는 빅데이터 분석 프로그램이라고 이야기할 수 없다. 얼마나 많은 데이터를 분석할 수 있는지는 컴퓨터 CPU 성능, 메모리 사양 등에 따라 달라질 수 있고, $i-base$와 같은 데이터베이스 유무에 따라 차이가 날 수 있다.

보통 일반 수사관들이 사용하는 행정컴퓨터 CPU 3.20GHz, 메모리(Ram) 8GB를 기준으로 한다면 원활한 분석이 가능한 데이터 건수는 엑셀 행을 기준으로 약 5만 건 내외라고 볼 수 있다.

유병언 사건처럼 대용량 수사정보에 대한 분석 시에는 서버기반의 분석 플랫폼을 활용하는 게 적당하지만 데이터를 하위 그룹별로 쪼개서 분석하거나 필터링을 통해 데이터의 양을 줄여가면서 분석을 수행할 경우 로데이터가 몇 십만 건이라 하더라도 개인컴퓨터로 분석은 가능하며 2014년 당시에도 이와 같은 방식으로 분석을 수행하였다.

분석 목표는 유병언씨 관련자들의 통화네트워크 분석을 통해 아직 수사망에 드러나지 않은 유병언씨 핵심 측근을 밝혀내고 그 핵심 측근을 추적하여 유병언씨를 검거하는 것이었다.

일단 분석대상 54명을 한꺼번에 불러오지 않고 유사한 3개의 하위집단으로 나누어 각각 데이터를 관계모델로 시각화하였다.

순천 송치재를 중심으로 유병언씨의 도피를 도왔던 조력자들의 통화네트워크는 1집단, 유병언씨의 친인척인 핵심 측근 윤○○씨를 중심으로 구성된 관계자를 2집단, 유병언씨 도피 총책으로 지목되기도 했던 오〇〇씨를 중심으로 한 관계자를 3집단으로 구분하여 각각 통화네트워크를 시각화한 이후 불필요한 데이터를 제거한 결과 화면은 아래와 같다.

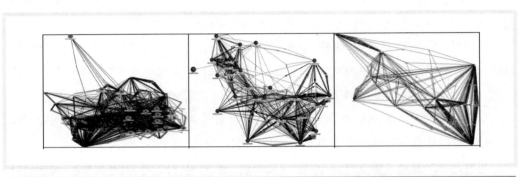

[그림 20] 유병언 사건 관계자 통화네트워크 하위집단별 분석

각각의 집단별로 데이터를 정제한 뒤 위 3개 집단을 연결해주는 브릿지 역할을 하는 엔티티를 찾아주기 위해 하나의 분석화면에 모든 데이터를 차례로 투입하였다.

그 결과 위 3개 집단을 모두 연결해주는 매개중심성이 높은 엔티티 9개를 다음과 같이 추출하였다.

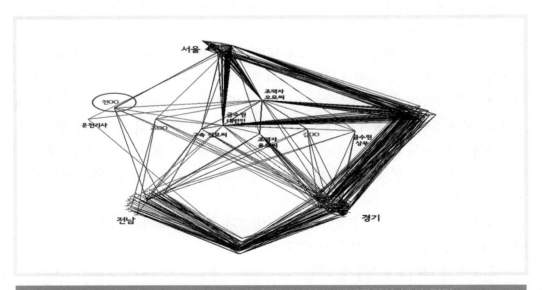

[그림 21] 유병언 사건 관계자 통화네트워크 매개중심성 분석 결과

흥미로웠던 부분은 위 9개의 매개 역할을 하는 엔티티 중 전○○ 명의의 휴대전화는 유병언씨가 당시에 사용했던 대포폰 중 하나로 확인되었다는 점이다.

이 외에도 당시 지명수배 중이었던 유병언씨의 운전기사 양○○씨와 금수원 상무, 대변인 등 이미 구속되거나 주요 수사대상이었던 사람이 6명이나 포함되어 조직범죄 수사정보 분석 시에 매개중심성 원리의 파괴력을 깨달을 수 있었다.

결과적으로 위와 같은 분석결과를 토대로 빨간색 엔티티인 '김○○', '조○○' 2개의 휴대전화 사용자는 아직 수사망에 노출되지 않은 유병언씨 핵심관계자로 추정되므로 두 사람을 추적할 것을 제안할 수 있었다.

3) 근접 중심성 · 고유벡터 원리와 활용 사례

가. 근접 중심성

근접 중심성 또는 인접 중앙성(Closeness Centrality) 원리는 네트워크에서 다른 모든 노드로의 경로 거리 합이 가장 작은 노드가 전체 중심성이 가장 높은, 연결망 전체의 중심을 차지하는 점(Freeman, 1979)이라는 관점이다.[16]

가장 짧은 단계로 연결망의 다른 모든 노드에 도달할 수 있는 위치에 있을 때 가장 근접한 위치에 있다고 평가할 수 있으므로 수치가 더 낮은 노드가 근접 중심성의 높은 것이며, 이러한 노드는 연결망에서 빠르게 정보를 확산시킬 수 있는 등 영향력을 갖고 있다. 거리가 짧다는 것은 더 적은 메시지 전송 횟수, 짧은 시간, 그리고 낮은 비용, 즉 효율성(efficiency)을 의미한다.

다음 네트워크에서 근접성이 가장 높은 엔티티는 빨간색 프레임으로 강조된 Robert HOLDER와 Esry DUKE이다. [그림 3] 중심화된 네트워크의 경우 Female1 엔티티가 네트워크의 한 중앙에 위치하고 있으므로 근접 중심성 지수가 가장 높다고 볼 수 있다.

---

16 김용학·김영진, 전게서, 121쪽.

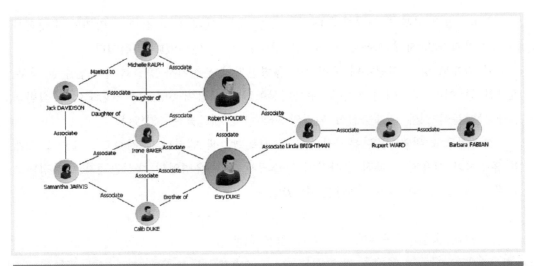

근접 중심성의 해석과 관련하여 효율성과 더불어 독립성(independence)의 관점에서도 의미를 부여할 수 있다.[17]

다음 그림에서 '경찰'은 피해자, 목격자, 변호사와 직접 접촉이 가능하고 유일하게 범죄자만 변호사를 경유해서 접촉할 수 있다. 다시말해 경찰은 다음 전체 네트워크에서 모든 사람과 소통하기 위해서 오직 '변호사' 한 사람의 중계자에게만 의지한다.

반면 '피해자'는 '경찰'외에 직접적으로 접촉할 수 있는 사람이 없고, 목격자와 변호사와 접촉하기 위해서는 경찰을 경유해야 하며, 범죄자와 접촉하려면 경찰과 변호사를 경유해야 한다. 결과적으로 피해자는 네트워크 내의 모든 사람과 접촉하려면 총 4회의 중계가 필요하다.

정리하자면 경찰이 피해자보다 네트워크 내의 모든 사람들과 더 가깝기 때문에 피해자보다 다른 사람들에게 덜 의존적이고 독립적이라고 해석할 수 있다.

---

17 Linton C. Freeman(1978), 전게 논문 224－225쪽 참조.

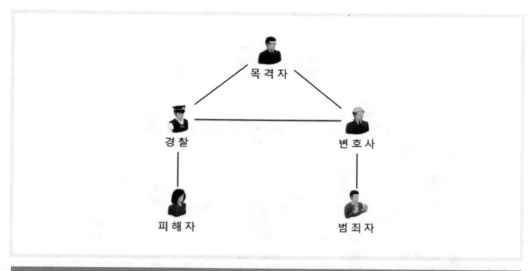

[그림 23] 근접 중심성과 독립성의 관계

나. 고유벡터(Eigenvector)

고유벡터 또는 위세 중심성 원리는 네트워크 내에서 가장 활동적인 노드에게 얼마나 직접적인 영향을 미칠 수 있는지를 측정하는 원리이다.

연결 중심성이 연결의 수를 중시하고, 매개 중심성이 매개 역할을 중시한다면, 위세 중심성은 연결된 상대방의 중요성에 가중치를 준다(Bonacich, 1987, 2007; Ruhnau, 2000).

호가호위(狐假虎威), 즉 '호랑이를 뒤따르는 여우에게 호랑이의 위엄이 이전되듯이' 때로는 힘 있는 사람 한 명과 연결되어 있을 때가 힘없는 사람 여럿과 연결되어 있을 때보다 더 큰 영향력을 행사할 수 있다는 원리를 반영한 것이 위세 지수(prestige index) 또는 위세 중심성이다.[18]

위세 중심성이 높은 사람은 중심성이 높은 키맨들로 구성된 클러스터의 중심에 위치할 가능성이 높고, 그렇기 때문에 네트워크의 주변에 위치한 위세 중심성이 낮은 사람들과 비교해 볼 때 키맨들과 직접적으로 통신할 수 있다.[19]

---

18 김용학 · 김영진, 전게서, 126쪽.
19 IBM *i*2 Analyst's Notebook Social Network Analysis, 전게서, 6쪽.

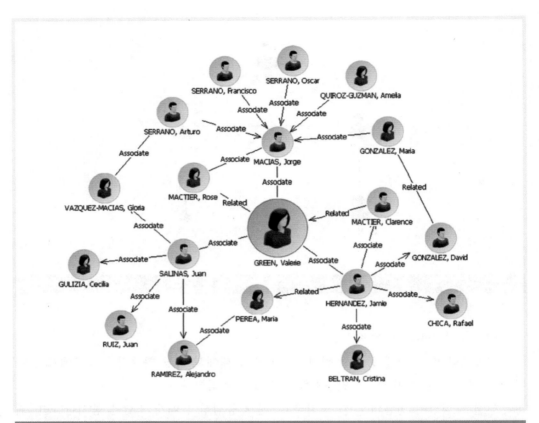

위 그림에서 GREEN, Valerie는 네트워크상 가장 활동적인 SALINAS, HERNANDEZ, MACIAS와 같은 엔티티와 직접적인 연결을 맺고 있으므로 고유벡터 지수가 가장 높다. 그녀의 위치가 네트워크상 중앙 클러스터의 심장부에 있다는 것은 그녀가 어떤 다른 사람들보다 핵심적인 사람들과 직접적 연결을 맺고 있다는 것을 의미한다. 그녀는 그 어떤 누구보다 더 빠르게 핵심적인 사람들에게 영향을 미칠 수 있을 것이다.

〈Tip〉고유벡터와 HITS(Hub and Authority)

고유벡터 지수의 발전된 모델로 방향성을 고려한 HITS(Hyperlink - Induced Topic Search) 분석 기능이 있다. i2의 고유벡터 기능에 '링크 방향 사용'을 선택하면 Authority 와 Hub 점수를 확인할 수 있다.

> ▷ Authority : 상대적으로 많은 in-link를 가지고, 마당발(Hub score가 높은 사람)을 많이 알수록 중요한 '유명인'으로 해석이 가능하다. 예를 들면 Twitter의 많은 팔로워를 보유한 유명한 계정을 의미한다.
> ▷ Hub : 상대적으로 많은 out-link를 가지고, 높은 Authority score를 가진 유명인을 많이 알면 알수록 중요한 '마당발' 역할을 한다고 볼 수 있다.

아래 [그림 25]의 <그림 1>과 <그림 2>에서 여자 1은 공통적으로 고유벡터가 100으로 가장 높아 힘센 친구들과 연결된 중요한 인물로 평가할 수 있다.

그런데 링크방향성을 고려하면 <그림 1>의 여자 1은 Authority 지수가 가장 높아 유명인으로 해석할 수 있고, <그림 2>의 여자 1은 Hub 지수가 가장 높아 마당발로 해석할 수 있다.

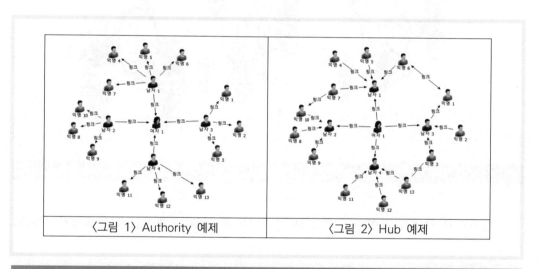

<그림 1> Authority 예제 　　　<그림 2> Hub 예제

[그림 25] HITS 모델

다. 적용사례

2017. 6월경 태국에 불법 스포츠 도박 사무실을 차려놓고 풋볼 등 도박사이트를 운영한 국민체육진흥법 위반(도박개장 등) 사건에서 조직원들의 통화관계망 분석시 근접 중심성과 고유벡터 원리가 활용되었다.

총책, 통장모집책, 프로그래머 등 조직원들 약 7명의 통화관계상 근접 중심성 상위자로 '콜센터실장'이 특정되었고, 고유벡터(Eigenvector) 상위자로 조직의 '부총책'이 특정된 것이다.

　콜센터 실장은 위로는 간부급들의 지시를 받으면서도 아래로는 콜센터 직원들에게 정보를 빠르게 전파해야 하는 위치에 있으므로 네트워크상 전 조직원들과 가장 가까운 거리에 있을 수 있다는 추론이 가능하며, 부총책은 위 호가호위의 예처럼 총책을 포함하여 조직의 키맨들과 가장 직접적인 관계를 맺고 있기에 위세 중심성이 높게 나온 것으로 추론할 수 있다.

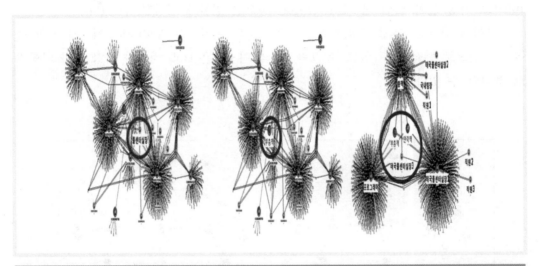

[그림 26] 도박사이트 운영 조직원 통화관계에 대한 근접 중심성, 위세 중심성 분석 결과

　지금까지 *i*2에서 제공하는 중심성 분석원리에 대해 구체적인 적용예까지 살펴보았다.

　중심성 원리의 다양한 관점인 연결 중심성, 매개 중심성, 근접 중심성, 위세 중심성(고유벡터) 원리는 분석대상 수사정보의 특성에 따라 공통적으로 그 수치가 높게 나올 수 있고 차이가 있을 수도 있다.

　분석 전에 분석하고자 하는 목표를 명확히 하고 목표에 따라 수집한 대상 정보의 유형과 관계적 특성을 고려하여 어떤 중심성 지수를 적용하는 것이 분석목표 달성에 가장 적합하고 효과적일지 결정하도록 한다.

하위집단 분석

지금까지는 *i*2에 반영된 SNA 알고리즘 중 중심성이 높은 개별 개체를 식별할 수 있는 지수에 대해서 살펴보았다.

그런데 사회 구조의 특징을 찾아내려는 연결망 분석의 또 다른 중요한 요소가 있다.

바로 그것은 집단들이 어떻게 나뉘고 연결되어 있는가의 문제인데, 그 중에서도 상대적으로 강하고, 직접적이고, 상호 호혜적이고, 빈번한 연결관계를 갖는 개체(노드 또는 액터)들의 집합(Prell 2012; Wasserman and Faust 1994)을 식별해 내는 것이 범죄 수사적 맥락에서 매우 중요하다.

이러한 원리를 응집적 하위집단(cohesive subgroup) 분석이라고 하는데 *i*2에는 'k-core'와 '클러스터 찾기' 기능이 반영되어 있다.[20]

1) k-core

k-core란 연결망 내에서 k명 이상과 연결된 노드끼리 하나의 집단으로 가정하자는 것(Seidman, 1983)을 말하는데, k-core 내의 모든 엔티티는 k보다 크거나 같은 연결 중심성을 갖는다는 의미이다. 다시말해 k-core에 포함되려면 엔티티가 그룹에 있는 k개 이상의 다른 엔티티에 링크되어야 한다.

k-core 집단은 k 미만의 연결정도를 갖는 엔티티를 제거한 이후 남은 엔티티들이 k개 이상의 엔티티와 연결되어 있어야 한다.

다음 그림의 예를 들면 2-코어는 연결정도 1을 갖는 엔티티를 제외하고 남는 나머지 연결정도 2 이상인 엔티티들로 구성되며, 3-코어는 연결정도 1, 2를 갖는 엔티티들을 제거하고 남는 엔티티들 가운데 연결정도 3 이상인 엔티티들로 구성된 하위 그룹을 찾아낼 수 있다.[21]

---

20 곽기영, 전게서 280쪽.
21 곽기영, 전게서 291쪽.

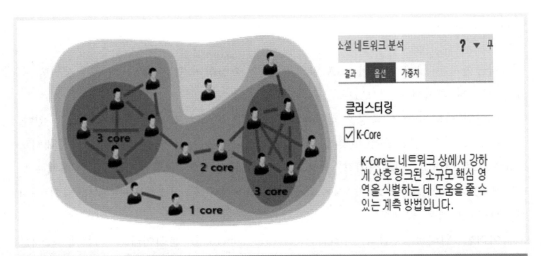

[그림 27] k-core 분석 원리 및 v2에 반영된 기능설명 화면

2) 클러스터 찾기

클러스터 찾기란 응집적 하위집단을 링크의 연결성 관점에서 정의하는데, 그룹 외부의 엔티티보다 서로 더 많이 연결되어 있는 엔티티 그룹을 말한다.

여기서 나오는 중요한 개념이 링크의 연결성 단계이다.

링크 연결성 단계란 해당 집단을 두 개의 다른 단편으로 분할하기 위해 삭제해야 할 최소한의 링크 수를 말한다.

다음 그림을 기준으로 설명한다면 A, B, C, D 그룹(1그룹)은 연결성 단계가 3이고, E, F, G, H, I 그룹(2그룹)은 연결성 단계가 4이다.

① 집단을 2개의 하위 집단으로 분리하기 위해서는 적어도 3개 이상의 링크를 제거해야만 하므로 연결성 단계가 3인 하위집단으로 볼 수 있다.

만약 연결성 단계 임계값이 3으로 지정되면 1, 2 그룹이 모두 식별되고, 연결성 단계 임계값이 4로 지정되면 2그룹만 식별되게 된다.

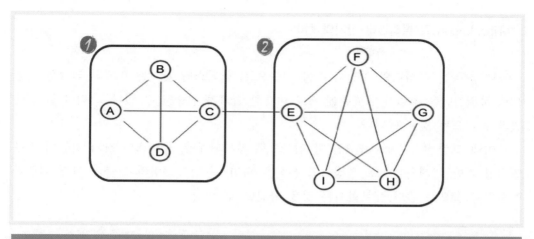

[그림 28] *i2* 클러스터 찾기 원리 설명 화면

클러스터 찾기의 이론적 근거에 대해서는 IBM에서도 명확하게 제시하지 않고 있어 명확하게 어떤 SNA 분석원리에 기반하고 있다는 점은 단언할 수 없다.

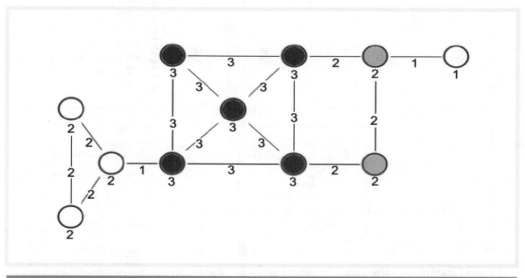

[그림 29] 클러스터 찾기 적용예

k-core는 엔티티의 연결의 수를 기반으로, 클러스터 찾기는 링크의 연결성 기반으로 하위집단을 추출하기 때문에 서로 비슷한 결과가 현출될 수 있다. 그러나 늘 같은 결과가 나오는 것은 아니다.

아래 그림은 k-core가 2인 한 집단으로 분류되지만, 클러스터 찾기 기능의 경우 연결성 기반 임계치를 2로 설정하고 분석을 하면 위 남자 3명의 그룹과 아래 익명과 여자의 그룹으로 좀더 세분화되는 것을 확인할 수 있다.

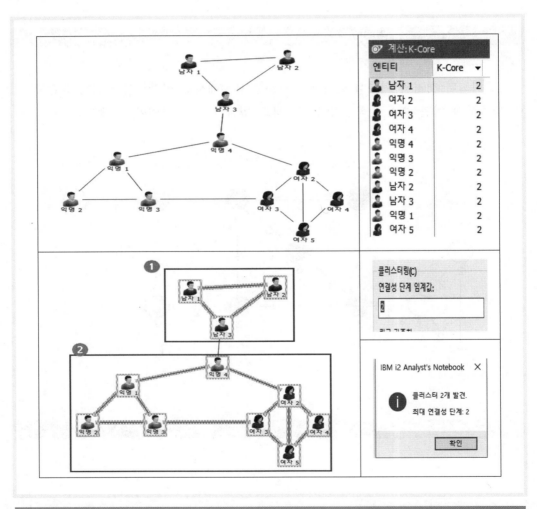

[그림 30] K-core와 클러스터 찾기의 차이

클러스터 찾기 결과가 하위집단이 2개로 나뉘는 이유는 '남자 3'과 '익명 4' 사이의 링크를 1개만 제거하면 전체 네트워크가 2개로 분리되기 때문에 링크연결성 기반 임계치가 2로 설정되어 있을 때는 적어도 링크를 2개 이상 제거했을 때 2개 집단으로 나뉘어지는 하위집단을 하나의 하위집단으로 보기 때문이다.

사안에 따라 다를 수 있겠지만 일반적으로 수사정보를 대상으로 하위집단을 추출할 때에는 k-core보다 클러스터 찾기가 좀더 정밀한 결과를 나타낸다.

3) Community(link-betweenness 기반)[22]

최근 SNA 및 네트워크 과학 분야에서 네트워크 구조적 클러스터를 식별하는 방법으로 community detection 알고리즘이 널리 쓰이고 있고, 특히 link betweenness 개념에 기초한 Girvan & Newman의 community 알고리즘과 modularity 개념에 기초를 둔 Newman의 community 식별 알고리즘이 특히 주목받고 있다.

i2에서도 자동화된 식별 기능을 제공하진 않지만 link-betweenness 기능을 활용하여 수작업으로 community를 식별할 수 있는 방법이 있으므로 이에 대해 알아보기로 하자.

이 원리는 link-betweenness가 높은 링크를 하나씩 제거해가면서 나누어지는 컴포넌트(component)[23]들로 하위 집단(community)을 식별한다. 적당히 하위집단이 나뉘어질때까지 반복적으로 link-betweenness centrality를 측정한 후 그 수치가 가장 높은 링크를 순차적으로 제거해 나간다.

이 방식은 하위 집단이 나눠지는 단계를 자연스럽게 알 수 있으며 언제까지 하위집단을 식별해낼지 여부, 즉 적절한 클러스터링 결과는 분석가가 직관적으로 결정해야 한다.

다음 그림의 경우, 최종 5단계까지 매개중심성이 높은 링크를 제거해 나가면 최종 3개의 하위집단을 식별할 수 있다.

[그림 30]의 클러스터찾기 기능에서 2개의 하위집단을 찾아낸 결과에 비해 '여자'와 '익명' 집단을 분리해냄으로써 좀더 세밀하게 하위집단을 식별해냄을 확인할 수 있다.

---

22 (주)사이람 김기훈 대표의 경찰수사연수원 교안 참조.
23 네트워크 내의 하위 네트워크 노드 사이의 직, 간접 연결이 되어 있는 하위 네트워크로 연결고리가 끊이지 않는 노드들의 집합을 말한다. 지구본의 각 대륙들을 하나의 컴포넌트라고 볼 수 있음.

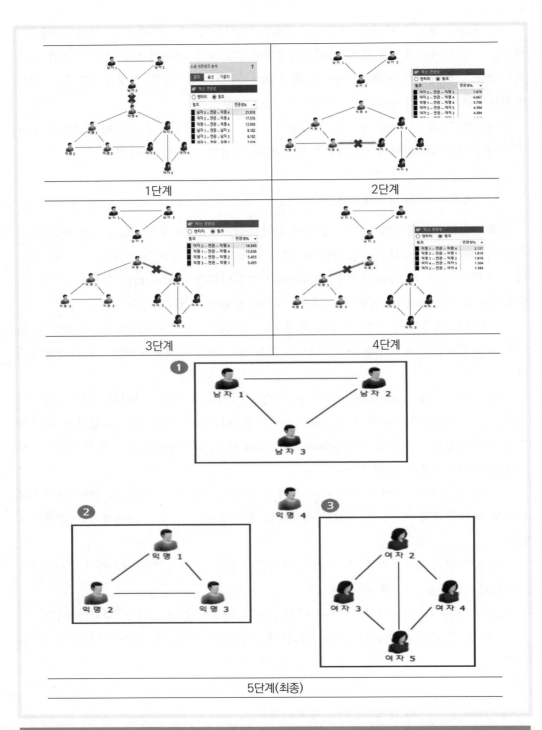

[그림 31] 커뮤니티 분석단계

하위 집단을 식별해 내는 2가지 원리도 여러 사례에 활용될 수 있는데 대표적으로 클러스터 찾기 기능의 활용사례를 살펴보면 다음과 같다.

선거운동과 관련하여 금품을 살포한 공직선거법 위반 피의사건 수사 중 공범집단 특정을 위해 클러스터찾기 분석원리가 활용되었다.

본 사건의 주 피의자 2명은 선거운동과 관련하여 금품을 주고 받았음에도 선거운동과의 관련성을 부인하면서 주고받은 금품은 단순히 농사에 필요한 경비에 불과하다는 변명을 하고 있는 상황이었다.

분석 대상 정보는 현금 유포자, 선거총책, 지역책임자, 자금조달책 4명의 통화내역이었고, 총 1,025명의 통화상대방 중 12명의 응집적 하위집단을 추출하였다.

그 결과 위 12명 중 기존 대상자 4명을 제외한 8명 안에 군수가 포함되었으며, 후속 수사를 진행한 결과 밝혀진 공범 1명도 클러스터 집단안에 포함되었다는 사실을 확인할 수 있었다.

공직선거법 위반 주요 혐의자 4명의 자아중심적 네트워크상 서로간에 밀접하게 연결되어 있는 하위집단 구성원들은 공범일 개연성이 높다는 사실을 증명할 수 있었던 사건이다.

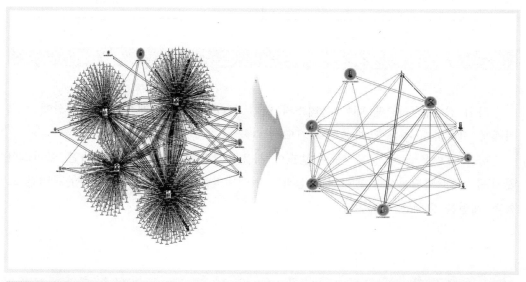

[그림 32] 공직선거법 위반 혐의자 4명 통화관계망 클러스터 찾기

이 사건에서 사회 연결망 분석 결과를 정리한 수사보고서가 간접증거로 채택되기도 하였다.[24]

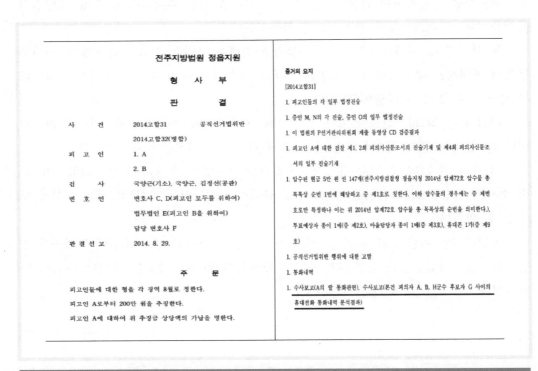

[그림 33] 사회 연결망 분석결과가 반영된 수사보고서가 증거로 채택된 판결문 일부

하위 집단을 식별해 내는 클러스터 찾기 원리는 복잡한 계좌거래 내역상에 주요 거래를 신속하게 추출할 때 활용되기도 한다.

다음 그림은 도박 공모자들이 범행에 사용한 5개 계좌 거래내역에 대한 '클러스터 찾기'를 통해 범죄사실과 관련된 핵심적인 거래내역을 추출하여 범행자금이 흘러간 흐름과 패턴을 밝혀낸 사례이다.

---

24 전주지방법원 정읍지원 2014. 8. 29. 선고, 2014고합91 판결.

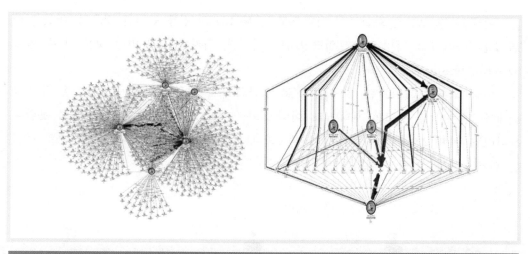

[그림 34] 도박 공모자 계좌거래내역 클러스터 분석 화면

범죄수사와 SNA, 향후 과제

1. 등위성(equivalence) 원리의 적용

중심성(Centrality)과 하위집단(Cohesive Subgroup) 분석원리와 더불어 범죄수사에 적용할 수 있는 또 하나의 유용한 SNA원리가 바로 '등위성'이다.

인간관계의 많은 경우는 지위와 역할로 규정되고 표현되기 때문에 등위성 원리는 연결망으로 표현된 사회 구조의 특징을 위치적 관점에서 접근한다(김용학·김영진, 2016).

등위성 원리의 유형은 여러 가지가 있지만 그 중에서도 ① 구조적 등위성(Structural Equivalence)과 ② 역할 등위성(Role Equivalence) 원리가 대표적이다.

먼저 구조적 등위성이란 연결망 내의 행위자들이 서로 100% 동일한 같은 유형의 관계를 맺고 있는지를 나타내는 개념이다(Burt, 1978; Friedkin, 1984 등). 그러나 실제 네트워크에서는 완벽한 구조적 등위를 찾기 어렵기 때문에 근사적 접근이 필요하고 두 노드가 동일한 링크를 많이 가질수록 좀 더 구조적으로 등위성이 높다고 판단한다.

다시말해 구조적 등위성(structural equivalence)이란 행위자 A와 행위자 B가 서로 직접적으로 연결은 되어 있지 않더라도 같은 행위자들과 연결되어 있다면 이 둘은 구조적으로 같은 위치(등위)를 차지한다고 개념화된다. 즉 이 둘은 연결망에서 유사한 역할을 수행한다거나 같은 지위에 있을 가능성이 높다.

아래 왼쪽 그림은 화살표의 방향으로 '아빠 1의 자녀'를 표현한 것으로 '아들 1'과 '딸 1'은 '아빠 1'의 자녀로 네트워크상 같은 구조적 위치를 갖고 있는 것을 알 수 있다 (Doreian, 1988).

아래 오른쪽 그림처럼 부모 '양자'로 일반화해도 '아들 2'와 '딸 2'는 같은 구조적 관계를 갖는 같은 부모의 자녀이고 '아빠 2'와 '엄마'의 직접적인 관계를 알지 못한다 하더라도 '아빠 2'와 '엄마'가 '아들 2 딸 2의 부모'라는 관계를 통해서 구조적으로 동일한 관계 패턴을 가진 사이임을 알 수 있다.

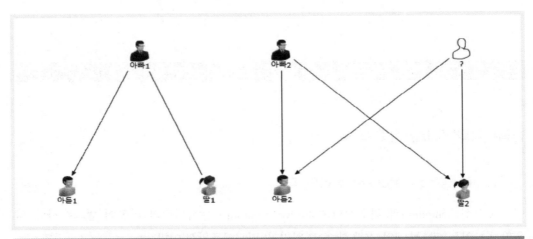

[그림 35] '~의 자녀' 관계의 단순 모형

역할 등위성은 구조적 등위성의 발전된 모델로 연결망 내에서 다른 노드들과 연결을 맺는 패턴이 유사한 노드들을 그룹으로 묶어 네트워크 구조를 파악하는 방법이다.

예를 들면 다음 그림에서 조직원 4, 조직원 5, 조직원 6은 서로 연결이 없지만 부두목 2 하고만 연결되어 있어 다른 노드하고의 관계에서는 동일한 벡터를 가지고 있으므로 구조적으로 등위하다고 해석할 수 있다.

여기서 더 나아가 역할 등위성은 연결된 상대방이 다르다 할지라도 같은 역할을 갖고 있는 사람과 같은 관계를 맺고 있으면 역할도 등위하다고 해석한다.

다음 그림에서는 부두목 1, 부두목 2는 각각 다른 사람들과 연결되어 있지만 연결된 상대방이 같은 역할을 갖고 있기 때문에 부두목 1, 부두목 2도 같은 역할을 하는 것으로 해석할 수 있다.

포지션이나 역할이 같다는 점은 대체가능성으로 해석할 수 있다. 조직범죄 맥락에

서 서로 네트워크상 직접적인 관련이 없어보이는 행위자라 할지라도 등위한 위치와 구
조를 갖고 있다면 동일 인물이거나 조직 내에서 지위가 같은 인물일 가능성이 높다.

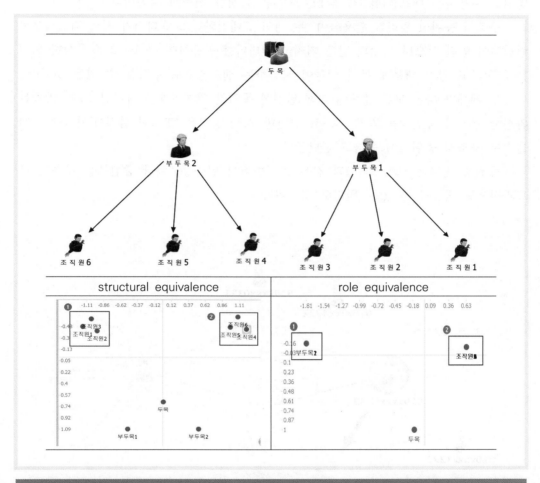

[그림 36] 등위성 설명 그림(BURT, 1990)

한편 네트워크 내의 역할분석에 있어서 '정규적 등위성(regular equivalence)'도 수사
정보 분석에 적용될만한 중요한 개념이다. 이 개념을 발전시킨 Katz similarity,
SimRank 등의 지수 및 알고리즘이 널리 사용되고 있는데, 그 결과를 가지고 <위계적
군집화(hierarchical clustering) - 블록모형화(blockmodeling)> 프로세스를 거치면 수사
정보분석 환경에서 복잡한 혐의자들간의 관계를 단순화된 역할축약도('조직도')로 변환
하는 데에 활용할 수 있을 것으로 기대된다.

(적용사례 1)

아래 자료는 구조적 등위성 원리를 활용하여 범죄 용의자(파란색 사람 노드)가 타인 명의로 사용하는 대포폰(빨간색 휴대폰 노드)을 특정한 전형적 사례이다.

구조적 등위성 원리를 활용하여, 두 개의 휴대전화번호 엔티티가 서로 직접적으로 연결되어 있진 않으나 다수의 같은 기지국 엔티티를 공유하여 구조적으로 유사한 위치를 차지하고 있기 때문에 동일 인물이 사용하는 핸드폰으로 추정할 수 있는 것이다.

두 개체가 다른 모든 개체에 대해 완전한 동일한 연결관계를 가지면 그 두 개체는 완전한 구조적 등위성을 갖게 되므로 간단한 계산 방식은 '교집합/합집합'이 1에 가까울수록 구조적 등위성이 높다고 판단한다.

등위성 원리는 보이스피싱과 같은 조직범죄에 인출총책이나 중간책을 추려낼 때 효과적으로 적용할 수 있는 원리로 생각된다.

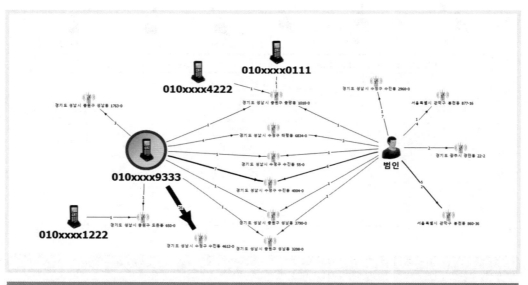

[그림 37] 구조적 등위성 원리 활용 분석 사례

(적용사례 2)

최근 유행하고 있는 리딩투자 사기사건에서 등위성원리가 적용된 사례를 살펴보자.

[사건 개요]

　피의자 장공범은 성명불상의 총책과 본 건 투자사기 범행을 공모하여 자신들의 리딩에 따라 주식이나 가상화폐 등에 투자를 하면 큰 돈을 벌 수 있다고 거짓말하여 이에 속은 피해자들로 하여금 가짜 거래소에 가입하게 한 후 투자금을 총책이 지정한 은행계좌에 이체토록 하고, 피의자 장공범은 위와 같이 피해자들로부터 입금된 금원을 다른 계좌에 다시 이체하거나, 인출하는 역할을 분담함으로써 불특정 다수의 피해자들을 상대로 사기 범행을 하기로 순차 공모하였다.

　본건 총책은 2021. 3. 7. 피해자 천호구를 단체 카카오톡 대화방에 초대한 뒤 '단 3분만 집중 부탁드립니다. 주식, 비트코인과는 색다르고 특별한 재테크 성공으로 이루어드릴께요! 내 삶을 리모델링할 기회, 여러분의 인생은 지금부터 상한가입니다.'라는 메시지를 보내고, 이에 관심을 보인 피해자를 자산관리사 최용팔이라는 상담사와의 1:1 카카오톡 대화방에 참여하게 한 뒤 '주식/코인처럼 장기간 투자를 목적으로 두는 게 아니고 단기간에 1:1 리딩을 통해 최소 당일 최대 5일 이내 수익 창출이 가능하다'는 취지로 거짓말하였다.

　피의자들은 위와 같이 속은 피해자 천호구로부터 2021. 3. 8. 21:49부터 3. 13. 19:21까지 10회에 걸쳐 약 1억원을 유한회사 매직명의 국민은행 계좌로 송금받은 것을 비롯하여 2021. 3. 8.경부터 같은 해 3. 31.경 사이에 53명의 피해자들로부터 167회에 걸쳐 합계 약 19억원을 교부받았다.

　위 사건 관련하여 담당수사관은 유력 용의자인 장공범이 위 사건 주요 현금인출책으로 공동정범에 해당한다고 보고 체포영장과 압수수색영장을 신청하였다.

　그러나 담당 검사는 피의자 장공범이 사용하는 대상증권 계좌로 1억원 상당이 이체되고 이를 피의자 장공범이 현금 인출하였다는 자료만 확인되므로 약 19억원에 해당하는 전체 범죄의 인출책으로 가담하였다는 자료가 부족하다며 범죄혐의에 대한 소명 부족으로 영장을 반려하였다.

[검사의 보완수사 요구사항]

　체포영장신청서 기재 범죄사실은, 피의자 장공범은 성명불상 총책의 2021. 3. 8.경부터 2021. 3. 31.경까지 피해자 천호구 등 53명을 상대로 한 19억 원 규모의 사기 범행에 인출책으로 가담하였다는 것인데, 기록상 피의자 장공범이 위 피해금 19억 원의 인출책으로 가담하였다는 자료가 확인되지 않아 해당 범죄사실의 공범으로 볼 수 있는지 의문입니다. 기록상 성명불상 총책의 사기 범행의 2차 계좌인 뷰×× 명의 국민은행계좌의 2021. 3. 1.경부터 2021. 3. 25.경까지 전체 거래내역 중 피의자 장공범이 사용하는 대상증권 계좌로 1억 원 상당이 이체되고 이를 피의자 장공범이 현금 인출하였다는 자료만 확인되고(제××쪽), 이와 같은 자료로 피의자 장공범이 체포영장신청서 기재 범죄사실에 가담한 사실이 확인되지 않습니다. 피의자 장공범이 체포영장신청서 기재 범죄사실에 가담하였다는 사실을 소명하거나, 피의자 장공범이 인출책으로 가담한 금원의 피해자를 추가로 확인하는 등 보완하기 바랍니다.

이에 대하여 담당수사관은 경찰대학교 치안데이터과학연구센터에 수사정보분석을 의뢰하였고, 등위성 원리를 활용하여 분석한 결과는 다음과 같다.

전체적인 자금의 흐름은 1차 계좌인 (유)매직×× 국민은행 2개 계좌에 투자사기 피해자의 금원 약 30억원이 입금된 후 2차 계좌인 (유)매직× 국민은행 계좌로 약 19억원이 흘러들어갔으며, 최종적으로 장공범 등 개인 명의의 3차 증권계좌로 흘러들어가 CD/ATM 현금 인출된 경로가 확인되었다.

최종적으로 현금을 인출한 것으로 추정되는 제3자 명의의 증권계좌의 수가 수십 개가 넘는 것으로 보이나 일단 장공범 명의 등 본건 범죄사실과 관련된 6개 증권계좌에 대해서만 거래내역을 확보하였다.

그 결과 개인 명의의 6개 증권계좌로 입금된 돈은 다른 계좌로 이체되지 않고 전액 ATM기를 이용하여 현금으로 출금한 사실을 확인할 수 있었다.

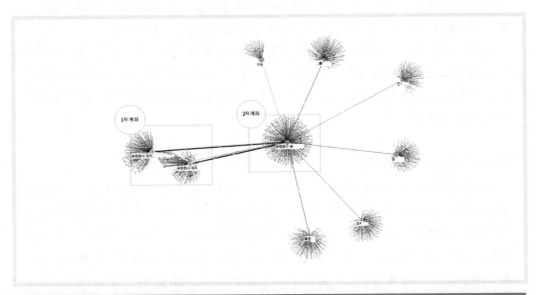

[그림 38] 전체 자금흐름 네트워크

본건에서 확인된 약 10여 개의 피해계좌만 특정하여 피해금이 1차 계좌에 입금된 후 최종적으로 3차 계좌에서 현금으로 출금되기까지 흐름 역시 같은 패턴을 보이고 있다.

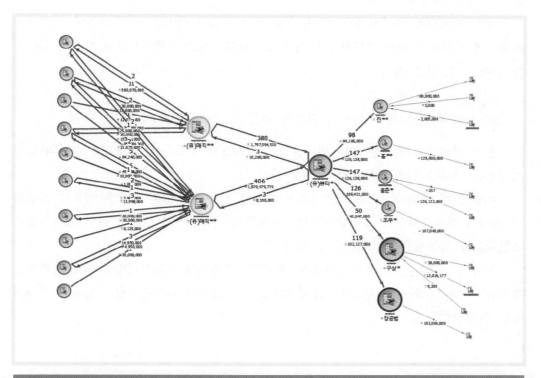

[그림 38]의 전체 자금흐름 네트워크 구조에 의하면 장공범 등 5명(6개 계좌)의 계좌는 서로간에 직접적인 거래는 없으면서도 상위에 위치한 2차 계좌인 (유)매직× 계좌와 유일하게 거래관계가 있어 구조적(Stuructural)으로 역할적(Role)으로도 등위하다고 볼 수 있다. 이는 위 5명의 계좌를 사용하는 사람이 조직범죄 안에서 같은 역할이거나 또는 동일 인물이라는 맥락으로 해석할 수 있다.

위 해석론에 따르면 장공범이 비록 본인 명의 증권계좌로 송금받아 인출한 돈이 1억원에 불과하더라도 조직 범죄 내에서 수많은 다른 주요 인출책과 기능적 행위지배에 따라 같은 역할과 임무를 부여받아 수행한 것이므로 전체 범죄에 대한 공동정범으로 간주하는 것이 타당하다.

위와 같은 논리로 분석결과보고서를 작성하여 회신해주었고, 담당 수사관은 다시 영장을 재신청하여 체포·압수수색영장을 발부받아 피의자를 구속하였다. 비록 *i2*에서 등위성 원리를 산출해주는 기능은 없었지만, 네트워크 구조를 보고 해석론을 통해 이와 같은 결과를 얻어낸 것이다.

다른 조직범죄 수사시에도 이 사건과 같이 등위성 원리를 잘 응용한다면 검사와 판사의 합리적인 의심을 배제하고 단계적으로 강제수사를 진행함으로써 사건의 실마리를 풀어갈 수 있을 것이다.

2. 사회 연결망 분석 원리의 단계적 적용

한편 지금까지 살펴본 SNA 원리들을 단계적으로 융합하여 활용하면 수사의 합목적성뿐만 아니라 인권침해도 방지할 수 있다.

예를 들어 범행 후 도주중인 피의자가 현재 사용하고 있는 대포폰 번호를 특정하기 위해서 연결중심성과 등위성 원리를 단계적으로 적용하면 사건과 관련없는 사람을 오인체포할 가능성을 최소화 할 수 있다.

보통 수사관들은 과거에 피의자가 사용했던 휴대전화 통화상대방중 다수 통화자를 추출한 후 다수통화자의 통화내역을 순차적으로 추출하여 연결중심성이 높은 통화상대방을 찾게 된다.

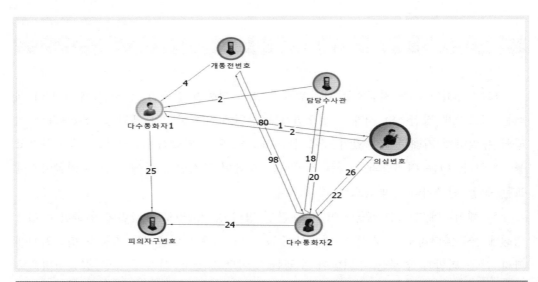

[그림 40] 다수통화자 2명과 범행일 이후 신규통화한 번호 3개

공교롭게도 이 사건의 경우 최초 개통일자가 본 건 범행일 이전에 개통한 번호와 본 사건 담당수사관의 번호를 제외하면 유일하게 남는 휴대전화 번호 한 대가 특정되었고 해당번호가 용의자의 번호라 생각하고 사용자를 체포하였다.

그러나 실제 범인은 한달 전에 위 번호를 또 바꾸어 체포된 사람은 무고한 것으로 확인되었다.

위와 같은 사례의 경우 마지막으로 용의자의 번호라고 추정되는 의심번호의 통화내역을 추출하여 과거에 범인이 썼던 구번호 통화상대방들과의 구조적 등위성을 분석하였다면 무고한 제3자를 체포하는 오류는 범하지 않았을 수도 있었다.

이와같이 도망중인 피의자가 사용하는 최근 휴대전화 번호를 특정하기 위해 아래와 같은 데이터 분석 프로세스를 정립할 수 있다.

① 피의자의 과거 휴대전화 통화내역상 다수통화자 추출
② 다수통화자 통화내역을 추출하여 연결중심성이 높은 대상번호 특정
③ 용의번호에 대한 통화내역을 추출하여 피의자의 과거 휴대전화 통화내역과 등위성 분석 후 결론도출

3. 범죄 유형별 맞춤형 사회 연결망 분석 원리 연구개발 필요

한편 위에서 살펴본 중심성 원리는 해당 수사정보에 가장 적합한 SNA 표준 알고리즘 몇 가지를 그대로 적용했을 뿐 범죄유형에 따른 고유한 특성이 반영된 맞춤형 알고리즘을 개발하여 적용하지는 않았기 때문에 오류가능성을 배제할 수 없다.

왜냐하면 수사정보라는 것은 그 특성상 전체 네트워크(whole network) 데이터가 아니라 눈덩이 굴리기(snowballing) 프로세스에 의한 부분 네트워크(partial network) 데이터라는 점. 둘째, 기성(ready-made) 지수인 연결(degree), 매개(betweenness), 근접(closeness centrality), 고유벡터(eigenvector) 중심도 지수들이 개별적으로는 수사정보 분석 맥락에서 필요로 하는 의미를 갖추고 있지 못하다는 점 때문이다.

아래 매개중심성 적용사례를 검토해보기로 하자.

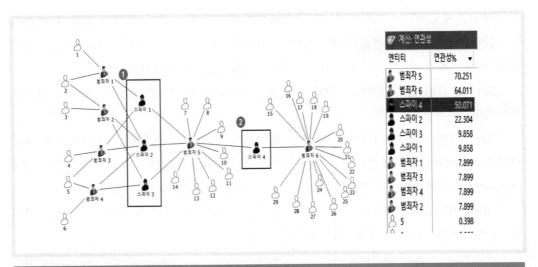

[그림 41] 매개 중심성 분석결과

매개 중심성의 기본 알고리즘을 적용하여 수치를 측정해보면 '스파이 4' 노드가 '스파이 1, 2, 3'보다 더 높은 매개 중심성을 갖고 있다.

그러나 해당 사건의 맥락에서 '스파이 1, 2, 3'이 범죄자들과 직접적인 연결관계를 더 많이 가지고 있으면서 또 매개 역할도 하고 있으므로 실제적으로는 '스파이 4'보다 더 중요한 노드로 취급해야 할 수 있다.

이런 경우 대안으로 i2에는 반영되어 있지 않지만 중심성 원리로 분류되고 있는 PageRank나 Katz Centrality 모델을 적용해 볼 수 있다.

PageRank는 구글에서 하이퍼링크로 이어진 연결 구조에 의거하여 웹페이지의 순위를 계산할 때 사용하는 방법이다(Page, Brin, Motwani, & Winograd, 1999).

$$PageRank\ of\ site = \sum \frac{PageRank\ of\ inbound\ link}{Number\ of\ links\ on\ that\ page}$$

OR

$$PR(u) = (1 - d) + d \times \sum \frac{PR(v)}{N(v)}$$

[그림 42] PageRank 수식

이 방법은 "중요한 노드는 다른 중요한 노드로부터 링크를 받는다"는 점에 착안한 것으로 한 노드의 중요성은 다른 많은 중요한 노드들로부터 링크를 받았는가에 따라 결정된다. 중요성이 링크를 타고 흐르는 하나의 시스템을 연결망이라고 보고, 여기서 각 노드가 자신의 나가는 링크들에 골고루 자신의 중요성을 분배한다고 가정하여 반복적으로 각 노드의 중요성을 계산한 것이 페이지 랭크 점수이다. 그 흐름을 도식화하면 아래와 같다(김용학·김영진, 2016).

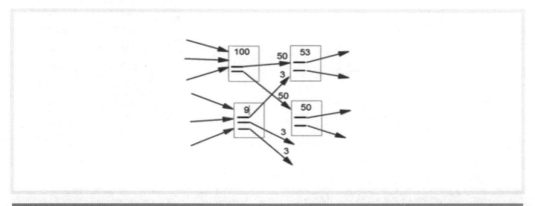

[그림 43] PageRank 점수 산출방식

위 매개 중심성 분석 사례에 PageRank 점수를 산출해보면 아래와 같이 '스파이 4' 노드에 비해서 '스파이 2, 3, 1'이 더 높은 것으로 확인되어 사건의 맥락에서는 더 적합한 알고리즘이 될 수 있다. 물론 그렇다고 하여 PageRank 원리가 매개 중심성(betweenness centrality)원리보다 더 효과적인 분석원리라고 섣불리 일반화 할 수는 없다.

다만 각 사안에 따라 링크가중치를 일일이 부여하는 것이 어려운 경우가 발생할 수도 있기 때문에 매개 중심성보다 PageRank가 더 적합한 사건과 네트워크 구조가 나타날 수 있다. 이러한 맥락을 어떻게 식별할 것인가가 중요한 문제이다.

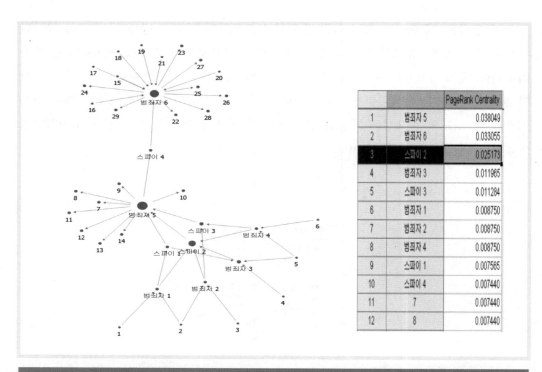

		PageRank Centrality
1	범죄자 5	0.038049
2	범죄자 6	0.033055
3	스파이 2	0.025173
4	범죄자 3	0.011965
5	스파이 3	0.011284
6	범죄자 1	0.008750
7	범죄자 2	0.008750
8	범죄자 4	0.008750
9	스파이 1	0.007565
10	스파이 4	0.007440
11	7	0.007440
12	8	0.007440

[그림 44] PageRank 분석 결과

통신정보 관계분석

통신정보 관계분석

통화관계 분석 개관

수사정보 분석의 대상이 되는 대표적인 정보유형이 휴대전화(문자) 통화내역이다. 최근에는 카카오톡, 페이스메신저, 인스타DM, 텔레그램 등 SNS에 대한 활용도가 높아지긴 했으나 그럼에도 불구하고 사람과 사람 사이의 관계를 분석함에 있어 휴대전화 통화내역의 중요성은 아무리 강조해도 지나치지 않다.

보통 통화내역 분석사양은 '발신번호→착신번호'의 일원 연결망으로 구성하지만 최근에 보이스피싱 범죄 사건 등에서는 콜센터 사무실 위치를 특정하거나 보이스피싱 사기범과 대포통장 개설조직 등과의 공범관계를 수사하기 위해 '발신번호→발신기지국'의 이원 연결망 분석을 수행하기도 한다.

다음 [그림 1]은 보이스피싱 사기범들이 사용한 대포폰 3대와 공범혐의를 부인하고 있는 인출책 3명이 사용한 휴대전화의 통화내역을 일원 연결망 네트워크로 시각화한 결과이다.

통화내역상으로는 사기본범의 대포폰 3대와 인출책 3명 사이에 전화나 문자 교신 내역은 발견되지 않았다.

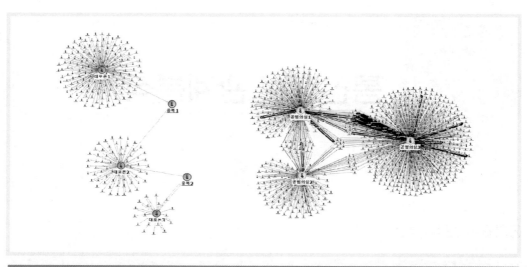

　　그러나 사기본범과 인출책간에 중첩되는 발신기지국이 있는지 여부를 분석해보면 결과는 달라진다. 다음 '발신번호'와 '발신기지국'간의 이원 연결망 분석 결과 '대포폰 3'과 인출책 '왕○○'이 김포시 양촌읍과 구례동 일대 기지국 3개소에서, '대포폰 2'와 인출책 '이○○', '임○○'이 김포시 양폰읍 일대 기지국 1개소에서 위치가 중첩되는 사실을 확인할 수 있다.

　　물론 다음 네트워크는 시간까지 고려하지 않았기 때문에 사기본범과 인출책들이 같은 시점에 같은 위치에 있었다고 단정할 수는 없다. 그러나 다음 장소 부근에 보이스피싱 사기단의 은신처나 콜센터가 위치해 있을 것이라고 합리적으로 의심해 볼 수 있다. 실제 사건 수사 결과 의심지역에 범행을 공모하고 불법수익을 분배하는 장소로 활용되던 총책의 은신처가 있음이 확인되었다.

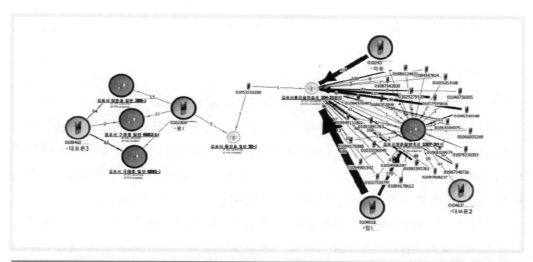

[그림 2] 보이스피싱 범죄집단의 '발신번호→발신기지국' 네트워크 분석 결과

위 네트워크 분석결과 보이스피싱 사기단의 은신처(콜센터)로 의심되는 지역 일대를 지도에 현출하면 다음과 같다.

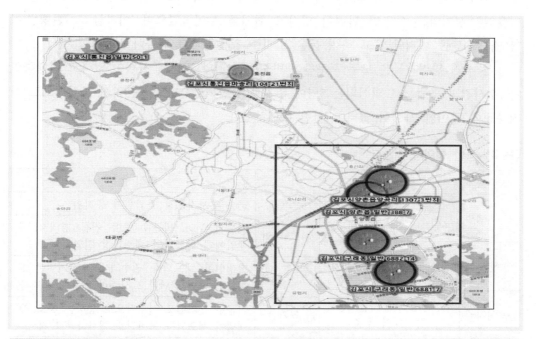

[그림 3] 보이스피싱 범죄집단의 '발신번호→발신기지국' 공간분석 결과

무진군수 공직선거법 위반 사건 통화관계 분석

1) 사건 개관

그렇다면 본격적으로 통화관계 분석 방법론을 살펴보기로 하자.

분석대상 데이터는 본 사건 주범(현금유포자 : 현행범,[1] 불법선거총책 : 권수괴) 2명과 공범의심자 2명(자금조달책 : 이자금 , 지역책임자 : 홍책임)의 통화내역으로 1,050개의 노드와 1,656건의 링크데이터(가중치 : 통화횟수)로 구성되어 있다. '발신번호', '착신번호' 노드의 통화 네트워크로 구성된 일원 연결망(1–mode) 자료이다.

해당사건은 불법선거운동원이었던 '현행범'이 무진군수 지방선거 직전 지역 주민들에게 배부하기 위해 잠바 안주머니에 선거인명부와 약 700만원을 넣고 해당지역 선거책임자 '홍책임'과 있다가 경찰에 적발되어 긴급체포된 사건이다.

'현행범'은 수사과정에서는 위 돈 중 일부는 친구인 '이자금'에게 빌린 것이며 나머지 일부는 박군수 선거캠프 '권수괴'로부터 수고비조로 받은 것이라고 인정하는 듯하다가 농사비로 받은 것이라고 진술을 번복하였다.

'권수괴'는 '현행범'과 30년지기 친구로 농사비 명목으로 사용하라며 200만원을 건넸을 뿐 선거와는 아무런 관련이 없다고 혐의를 부인하였으며 '이자금'도 '현행범'이 "묻지 말고 좀 빌려달라"고 하여 돈을 빌려준 것뿐이라고 진술하였다.

본 사건 관련자들은 모두 서로간에 박군수 선거와 관련된 사실이 없다고 변명하였다. 수사결과 공범으로 의심되는 5명이 추가로 확인되었으나, 이들 역시 공식적으로 선거운동에 관여한 사실이 없다고 전면 부인하였다.

〈표 1〉 공범 혐의자 리스트

이 름	범죄 혐의	이 름	범죄 혐의
① 현행범	현금유포자, 무직 (통화내역 추출/ 체포)	⑤ 박군수	군수 후보자로서 불법선거 총지휘
② 권수괴	불법선거 총괄 (통화내역 추출/ 체포)	⑥ 조명의	권수괴 부하, 박군수 소유 건물 명의자, 홍책임에게 현행범의 체포과정 전화문의
		⑦ 주지지	현행범이 체포되자 권수괴에게 선거법은 모른다고 하면 끝난다고 사주한 박군수 지지자
③ 이자금	현행범에게 자금조달 (통화내역 추출)	⑧ 오사무장	박군수 선거캠프 사무장으로 통하는 자로, 현행범이 체포되자 묵비권을 행사하라고 지시

---

1 실제 사건을 각색하여 주요 사건 관계자의 이름은 모두 비 식별화하였음.

④ 홍책임	박군수 지역책임자 (통화내역 추출)	⑨ 박측근	지역신문사대표, 박군수 측근으로 불법자금관리 혐의, 현행범 체포당시 등 권수괴와 수시통화	

2) 분석 과제

무진경찰서 김형사는 현행범과 권수괴를 체포하여 아래 ①~④번 대상자의 통화내역을 확보하였다. 4명의 통화내역을 분석하여 박군수를 포함한 아래 대상자들이 공범 관련성이 있는지 여부를 확인해보도록 하자.

〈표 2〉 대상자 휴대전화 번호 목록

이 름	휴대전화 번호	이 름	휴대전화 번호
① 현행범	010 – 3867 – 5602	⑤ 박군수	011 – 9141 – 2720
② 권수괴	010 – 3653 – 6745	⑥ 조명의	010 – 5236 – 5287
③ 이자금	011 – 653 – 1937	⑦ 주지지	011 – 605 – 3143
④ 홍책임	010 – 3426 – 5892	⑧ 오사무장	010 – 3681 – 1152
		⑨ 박측근	010 – 8225 – 9067

실습 문제

① 위 4명의 통화네트워크를 $i2$로 불러와 알려진 인물에 대해 시각적으로 잘 확인할 수 있도록 디자인 하라.
② 위 4명의 통화내역 통화상대방 중 50회 이상 통화상대방을 찾아라.
③ 클러스터 찾기 분석과 K–core(5 이상) 분석을 통해 소규모의 응집력있는 그룹을 추출하고 박군수가 포함되어 있는지 여부를 확인하라.
④ 소셜네크워크 분석 연관성, 근접성, 정도, 고유벡터 상위 15개 번호를 추출하라.
⑤ 타임라인 분석사양을 짜서, 새벽시간대(00:00~05:00) 통화상대방을 추출하라.
⑥ 권수괴가 현행범에게 선거자금으로 200만원을 건넸던 5. 29.과 현행범이 선거인명부와 약 700만원을 소지한채 홍책임의 집앞에서 체포된 6. 2. 11:00전까지 위 관련자들의 통화내역을 추출하여 의심점을 찾아보자.
⑦ 활동보기 기능을 활용하여 ⑥에서 제시한 두 날짜에만 통화한 상대방은 없는지 의심점을 확인하라.

3) 분석사양짜기

분석과제에 대한 네트워크 및 타임라인 분석사양짜기 기본 방법은 제5장 $i2$의 활용편을 기본으로 데이터의 형태와 분석가의 의도에 맞춰 응용하면 된다.

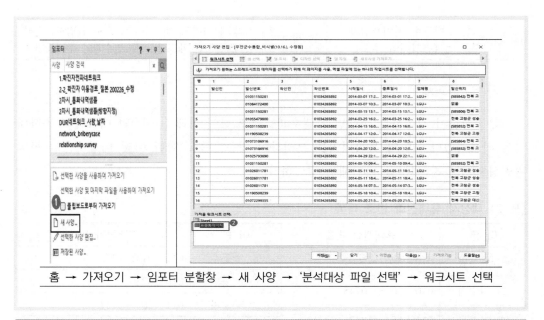

홈 → 가져오기 → 임포터 분할창 → 새 사양 → '분석대상 파일 선택' → 워크시트 선택

[그림 4] 데이터 가져오기 및 워크시트 선택

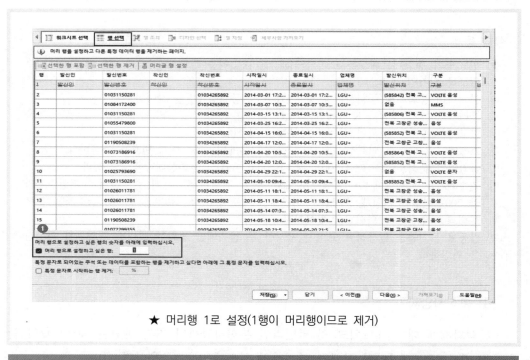

★ 머리행 1로 설정(1행이 머리행이므로 제거)

[그림 5] 머리행 설정

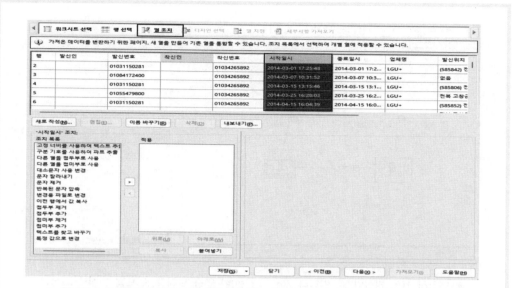

★ 열조치 : '시작일시' 열을 이용하여 날짜와 시간을 분리하는 새로운 열을 만들어보자

[그림 6] 열조치

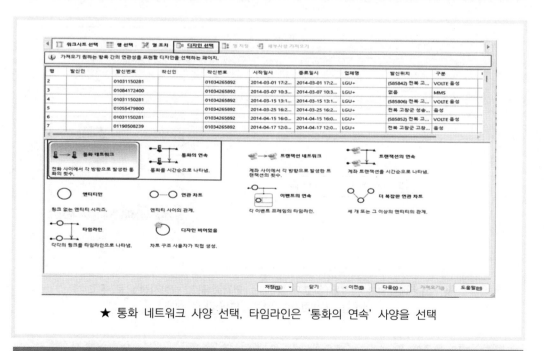

★ 통화 네트워크 사양 선택, 타임라인은 '통화의 연속' 사양을 선택

[그림 7] 디자인 선택

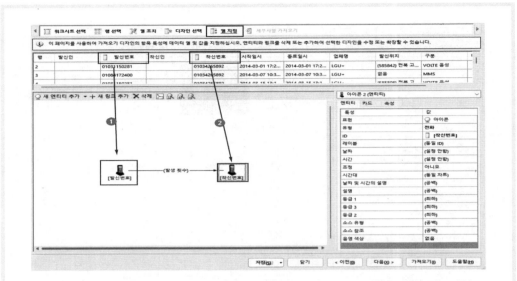

★ 엔티티 1에 '발신번호', 엔티티 2에 '착신번호' 열을 드래그 & 드랍 방식으로 삽입

[그림 8] 열 지정(엔티티 특성 지정)

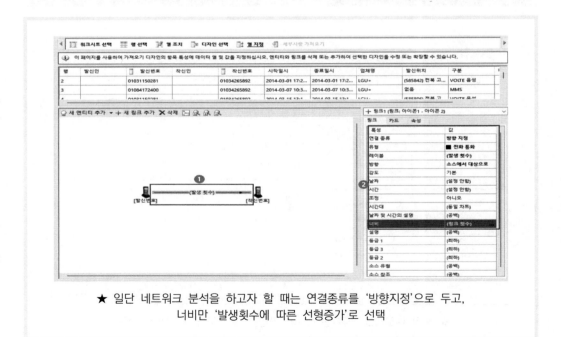

★ 일단 네트워크 분석을 하고자 할 때는 연결종류를 '방향지정'으로 두고,
너비만 '발생횟수에 따른 선형증가'로 선택

[그림 9] 디자인 선택(링크 특성 지정)

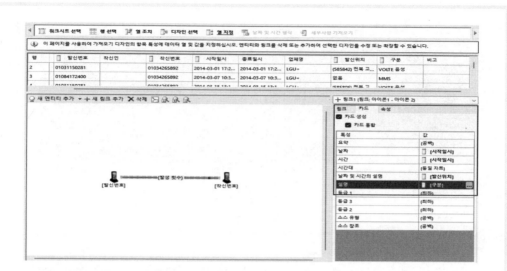

★ 링크에 여러 건의 통화내역이 포함되므로 카드를 통합하여 하나로 생성하면 향후 링크에
포함된 통화내역을 쉽게 복사하여 엑셀로 옮길 수 있음, 한편 특성값을 지정해주면 카드
나열시 지정해준 특성값이 열값으로 생성되어 분석이 편리함

[그림 10] 열 지정(링크 특성 지정 : 카드 생성)

★ 분석 → 목록 → 카드나열에 열 지정 후 엑셀로 추출 가능

[그림 11] 카드나열

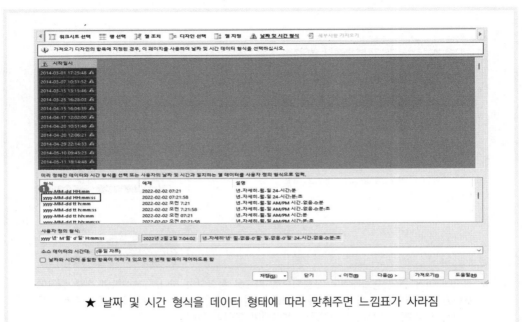

★ 날짜 및 시간 형식을 데이터 형태에 따라 맞춰주면 느낌표가 사라짐

[그림 12] 날짜 및 시간 형식

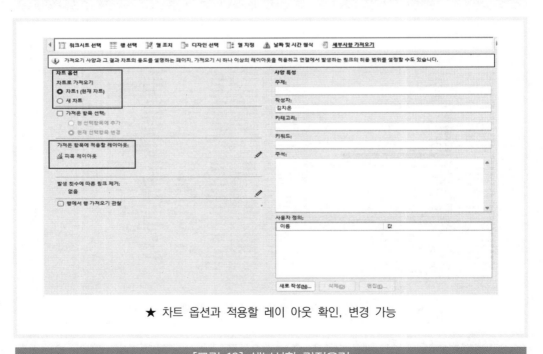

★ 차트 옵션과 적용할 레이 아웃 확인, 변경 가능

[그림 13] 세부사항 가져오기

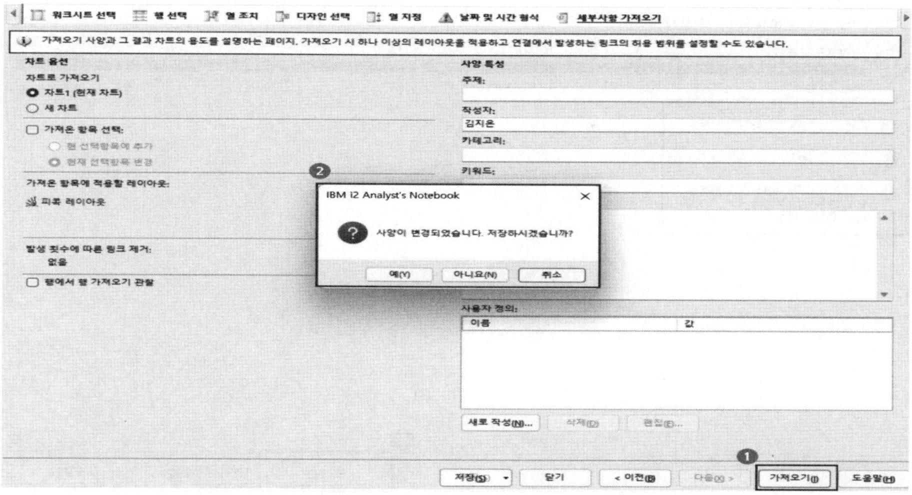

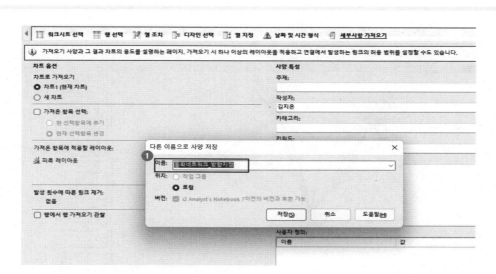

★ 일단 네트워크 분석을 하고자 할 때는 연결종류를 '방향지정'으로 두고,
너비만 '발생횟수에 따른 선형증가'로 선택

[그림 14] 세부사항 가져오기(사양 저장)

★ 이름을 선정할 때는 현재 분석사양의 '디자인 유형'과 '링크 연결종류'를 지정해주면
여러 개의 분석사양이 만들어졌을 때 구분이 편리함

[그림 15] 세부사항 가져오기(다른 이름으로 사양 저장)

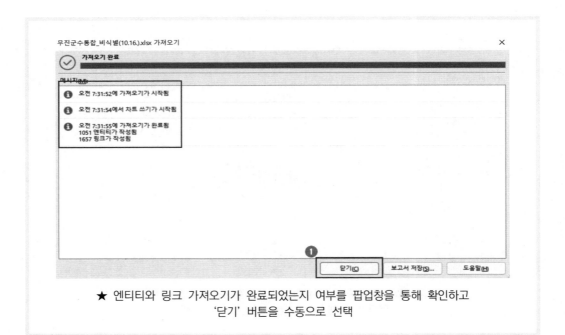

★ 엔티티와 링크 가져오기가 완료되었는지 여부를 팝업창을 통해 확인하고
'닫기' 버튼을 수동으로 선택

[그림 16] 데이터 가져오기

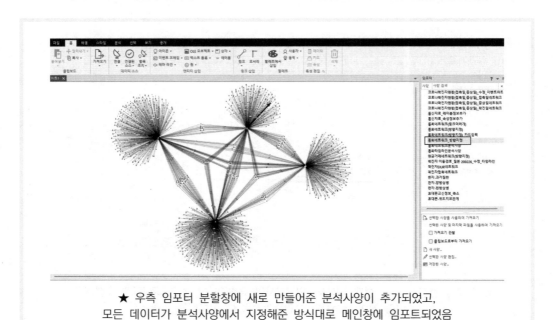

★ 우측 임포터 분할창에 새로 만들어준 분석사양이 추가되었고,
모든 데이터가 분석사양에서 지정해준 방식대로 메인창에 임포트되었음

[그림 17] 데이터 임포트 결과 확인

※ 타임라인 분석사양을 짤때는 '열조치'까지는 네트워크 분석사양 짜는 방법과
　　같이 진행하다가 '디자인 선택'과 '열 지정' 단계에서 특성에 맞게 선택해주면
　　된다.

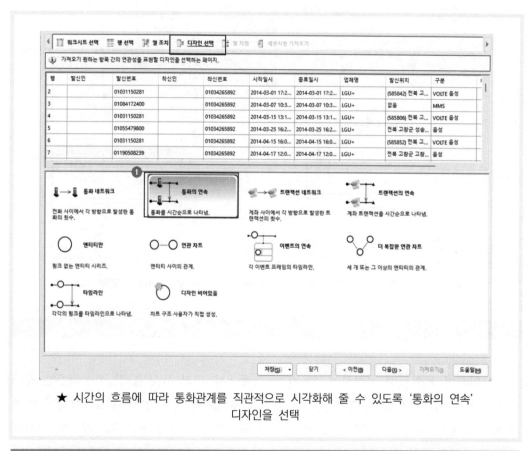

★ 시간의 흐름에 따라 통화관계를 직관적으로 시각화해 줄 수 있도록 '통화의 연속'
디자인을 선택

[그림 18] 디자인 선택(타임라인)

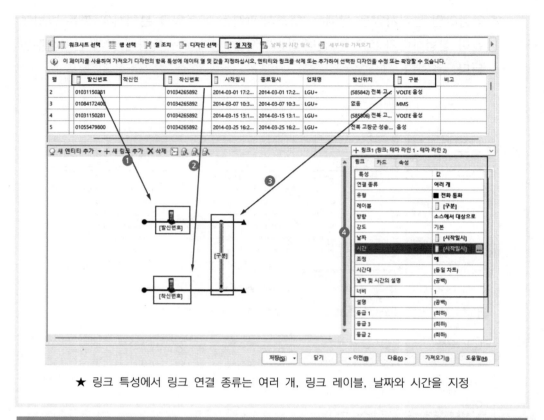

★ 링크 특성에서 링크 연결 종류는 여러 개, 링크 레이블, 날짜와 시간을 지정

[그림 19] 열 지정(타임라인)

타임라인 분석사양 작성시에 '열 지정' 단계에서 '링크 특성'을 잘 설정해주는 것이 중요하다. 위와 같이 링크 레이블을 '구분'으로 지정하면 문자인지 음성통화인지 여부가 차트에 현출된다. 만약 발신번호의 기지국 위치를 차트상에 현출하고 싶다면 링크레이블을 '발신위치'로 지정해주면 된다. 둘다 현출해주고 싶다면 '속성' 시트에 '구분'이나 '발신위치'를 지정해 줄 수 있다. 그러나 차트에 너무 많은 정보가 현출되면 시각화를 통해서 얻을 수 있는 직관적인 통찰력을 반감시킬 수 있으니 이에 유의해야 한다.

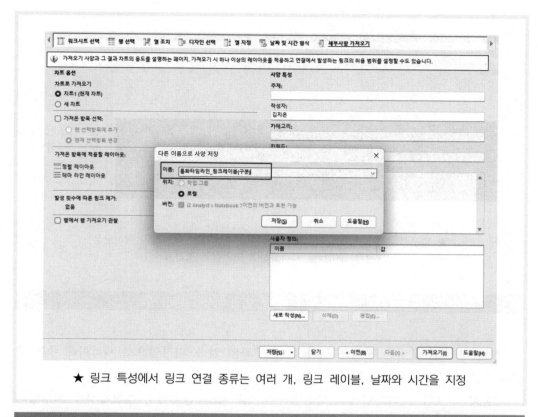

★ 링크 특성에서 링크 연결 종류는 여러 개, 링크 레이블, 날짜와 시간을 지정

[그림 20] 세부사항 가져오기(타임라인)

타임라인 분석사양은 링크의 연결종류가 '여러 개'일 수밖에 없으므로 새 사양 제목을 링크레이블의 유형을 기준으로 정해주면 편리하다.

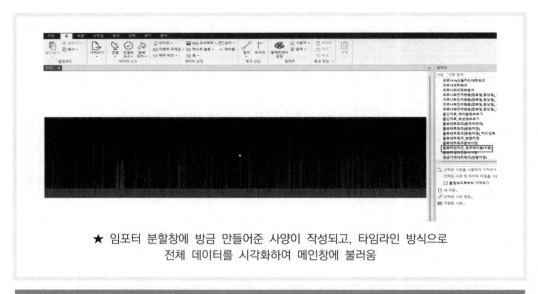

★ 임포터 분할창에 방금 만들어준 사양이 작성되고, 타임라인 방식으로
전체 데이터를 시각화하여 메인창에 불러움

[그림 21] 데이터 임포트 결과 확인(타임라인)

    시간의 흐름에 따른 분석은 위와 같이 '통화의 연속' 디자인으로 시각화해 주는 방
법이 있으나, '통화 네트워크' 디자인을 선택하더라도 분석은 가능하다.
    '통화 네트워크' 디자인을 선택하였다면, '열 지정' 단계에서 링크특성을 지정할때
'연결종류'를 '여러 개'로 날짜와 시간을 입력해주면 된다. 이와 같이 분석사양을 짜면
시각화 방식만 네트워크 방식일뿐 통화내역 건별로 링크가 생성되기 때문에 날짜와 시
간에 따라서 필터링하는 등 분석이 가능하다.

[그림 22] 링크 연결종류 '여러 개' 통화네트워크 시각화 결과

4) 실습문제 풀이

① 위 4명의 통화네트워크를 $i2$로 불러와 알려진 인물에 대해 시각적으로 잘 확인
할 수 있도록 디자인하라.
- 여기서는 '현행범' 엔티티 1개에 대해서만 디자인해 보도록 하자.
- 전체 파일에서 '검색' 기능을 활용하여 현행범(01038675602)의 엔티티를 찾은
뒤 해당 엔티티의 아이콘 편집창을 띄워서 디자인을 진행한다.

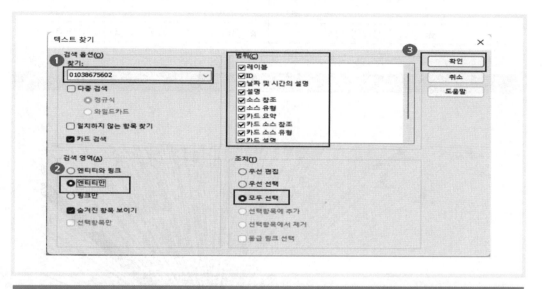

[그림 23] 현행범 엔티티(01038675602) 텍스트 찾기

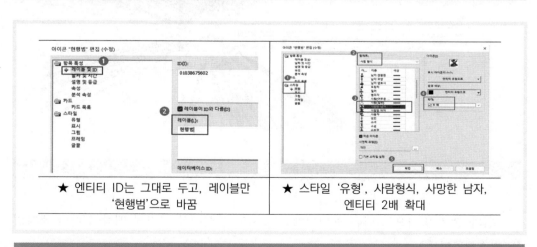

★ 엔티티 ID는 그대로 두고, 레이블만 '현행범'으로 바꿈	★ 스타일 '유형', 사람형식, 사망한 남자, 엔티티 2배 확대

[그림 24] 현행범 엔티티 레이블, 스타일 편집

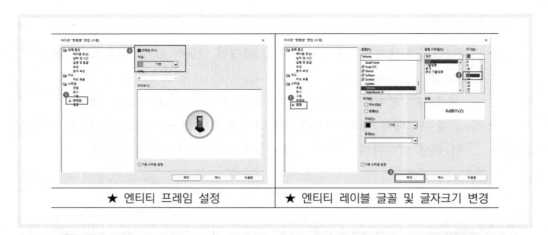

| ★ 엔티티 프레임 설정 | ★ 엔티티 레이블 글꼴 및 글자크기 변경 |

[그림 25] 현행범 엔티티 프레임 및 글꼴 지정

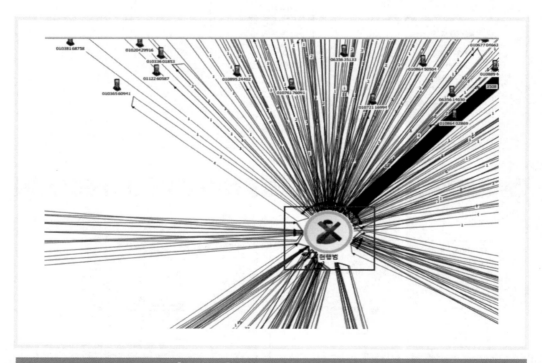

[그림 26] 현행범 엔티티 편집결과

위와 같은 방식으로 다른 엔티티에 대해서도 분석대상 사건의 맥락에 따라 스타일을 변경해준다.

② 위 4명의 통화내역 통화상대방 중 50회 이상 통화상대방을 찾아라.
- 막대형 차트 및 히스토그램 또는 시각적 검색 기능을 활용하여 50회 이상의 통화상대방을 찾는다.
- 아래는 막대형 차트 및 히스토그램의 '연결당 링크의 총 값' 기능을 이용하여 50회 이상의 통화내역을 추출하는 과정이다.

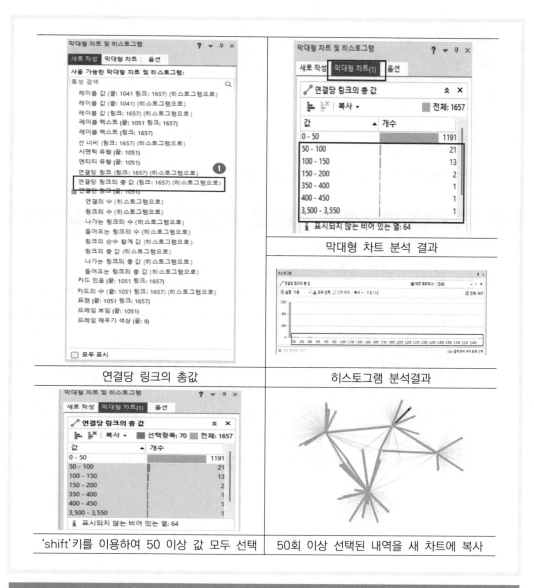

[그림 27] 막대형 차트 및 히스토그램 분석 과정

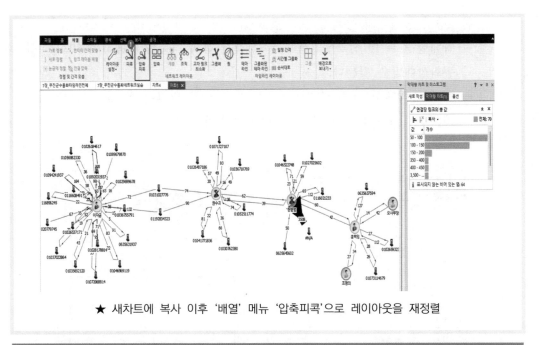

★ 새차트에 복사 이후 '배열' 메뉴 '압축피콕'으로 레이아웃을 재정렬

[그림 28] 50회 이상 통화내역 추출 결과

- 여기서 유의할 점은 '레이블 값(링크)' 기능과의 구별이다.
- 링크의 레이블이 '발생횟수'이기 때문에 자칫 50회 이상의 통화내역을 추출하기 위해 링크 레이블 값이 50 이상인 내역을 뽑아내면 될 것이라고 생각할 수 있다.
- 그러나 통화내역이 50회 이상이라는 의미는 발신과 역발신 내역을 합하여 50 이상인 내역을 추출하라는 의미이다.
- 현재 링크의 유형이 '방향지정'으로 발신링크와 역발신 링크 2줄이 현출되므로 '연결당 링크의 총값' 기능을 활용해야만 연결된 두 개의 엔티티간 발신링크, 역발신링크 합계값이 50 이상인 내역을 도출할 수 있다.

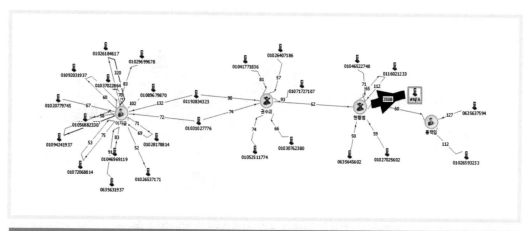

[그림 29] 링크 레이블 값이 50 이상인 내역 추출 결과

③ 클러스터 찾기 분석과 K-core(5이상) 분석을 통해 소규모의 응집력있는 그룹을 추출하고 박군수가 포함되어 있는지 여부를 확인하라.

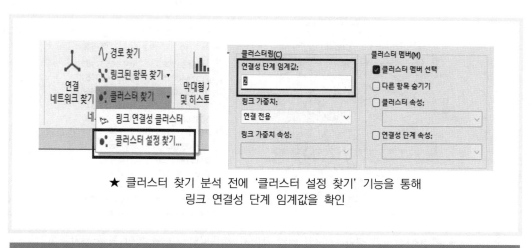

★ 클러스터 찾기 분석 전에 '클러스터 설정 찾기' 기능을 통해
링크 연결성 단계 임계값을 확인

[그림 30] 클러스터 설정 편집

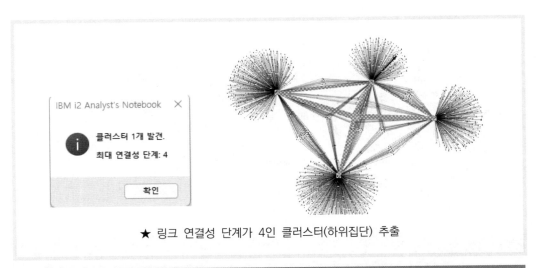

★ 링크 연결성 단계가 4인 클러스터(하위집단) 추출

[그림 31] 링크 연결성 클러스터 찾기 결과

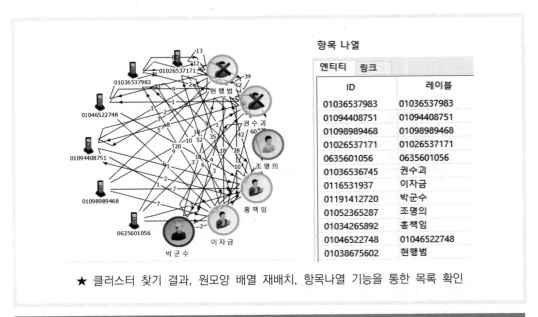

★ 클러스터 찾기 결과, 원모양 배열 재배치, 항목나열 기능을 통한 목록 확인

[그림 32] 클러스터 찾기 결과 시각화 및 항목나열

- 클러스터 찾기 결과 1,051개의 엔티티 중 12개의 엔티티를 도출하였다. 위 12명에는 주범 4명 외에 박군수와 조명의가 포함된 사실을 확인할 수 있고, 연결망 구조적으로 공범일 개연성이 높다고 해석할 수 있다.

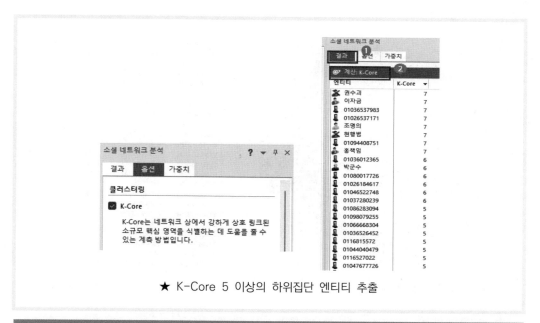

★ K-Core 5 이상의 하위집단 엔티티 추출

[그림 33] K-Core 5 이상 하위집단 엔티티 추출 내역

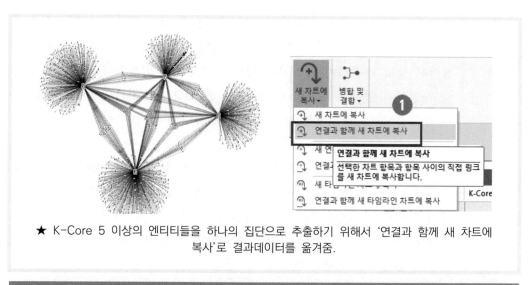

★ K-Core 5 이상의 엔티티들을 하나의 집단으로 추출하기 위해서 '연결과 함께 새 차트에 복사'로 결과데이터를 옮겨줌.

[그림 34] K-Core 5 이상 하위집단 엔티티 추출내역 새 차트에 복사

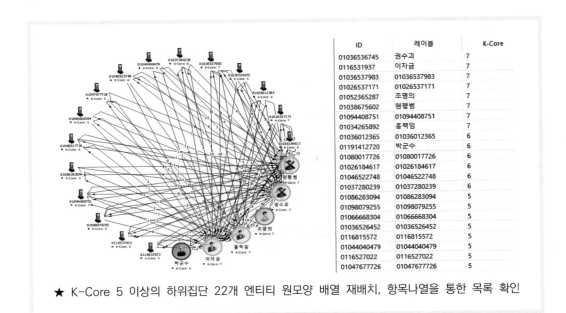

ID	레이블	K-Core
01036536745	권수괴	7
0116531937	이자금	7
01036537983	01036537983	7
01026537171	01026537171	7
01052365287	조명의	7
01038675602	현행범	7
01094408751	01094408751	7
01034265892	홍책임	7
01036012365	01036012365	6
01191412720	박군수	6
01080017726	01080017726	6
01026184617	01026184617	6
01046522748	01046522748	6
01037280239	01037280239	6
01086283094	01086283094	5
01098079255	01098079255	5
01066668304	01066668304	5
01036526452	01036526452	5
0116815572	0116815572	5
01044040479	01044040479	5
0116527022	0116527022	5
01047677726	01047677726	5

★ K-Core 5 이상의 하위집단 22개 엔티티 원모양 배열 재배치, 항목나열을 통한 목록 확인

[그림 35] K-Core 5 이상 하위집단 엔티티 추출내역 시각화 및 항목나열

- K-Core 5 이상 하위집단을 추출한 결과 클러스터 찾기에 비해서 좀더 광범위하게 22개의 엔티티로 구성된 하위집단이 도출되었고, 이 역시 서로 응집력이 높고 끈끈하게 연결되어 있다는 관점에서 범죄조직 관점에서 공범일 개연성이 있다고 해석할 수 있다. 물론 해당 대상자들의 공범여부는 추가 수사를 통해 다른 증거들을 확보하여 증명해 나가야 한다.

④ 소셜네크워크 분석 연관성, 근접성, 정도, 고유벡터 상위 15개 번호를 추출하라.
  - 여기서는 연관성(Betweenness Centrality, 매개 중심성) 분석 결과만 확인하고 나머지 변수들도 같은 방식으로 상위 15개 번호를 추출하도록 하자.
  - 소셜네트워크 분석 분할창 하단에 '항목나열'을 선택하면 바로 해당 내역을 엑셀로 옮겨서 보고서에 첨부할 수 있다.

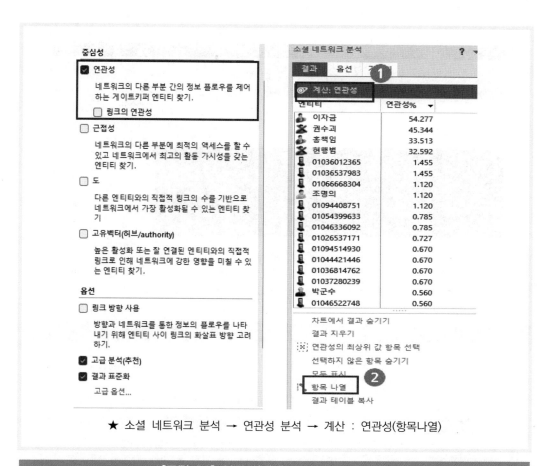

★ 소셜 네트워크 분석 → 연관성 분석 → 계산 : 연관성(항목나열)

[그림 36] 연관성(매개 중심성) 분석 결과

유의할 점

▲ 연관성, 근접성, 도, 고유벡터 중심성 지수 각각에 대한 상위 15개 번호를 추출한 뒤 엑셀 Rank 함수를 이용하여 총 순위를 산출하는 경우가 있는데, 이는 적절하지 않다.

▲ 왜냐하면 위 4개의 중심성 지수는 네트워크 내의 중심성에 대한 서로 다른 시각과 관점이기 때문에 분석대상 사건의 성격이나 분석목표에 따라 가장 적합한 중심성 지수를 개별적으로 적용하는 것이 바람직하기 때문이다.

⑤ 타임라인 분석사양을 짜서, 새벽시간대(00:00~05:00) 통화상대방을 추출하라.

　- 타임라인 분석사양으로 전체 통화내역을 시각화한 뒤 막대형 차트 및 히스토그램 기능을 활용하여 새벽시간대 통화내역을 추출한다.

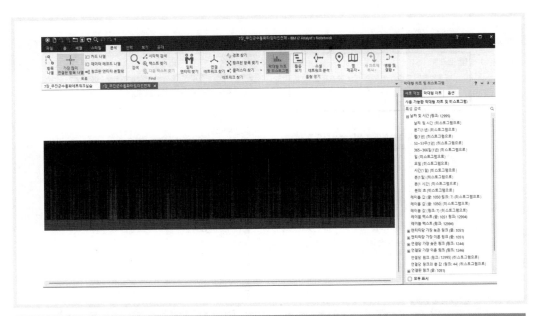

[그림 37] 전체 통화내역 타임라인 유형 시각화

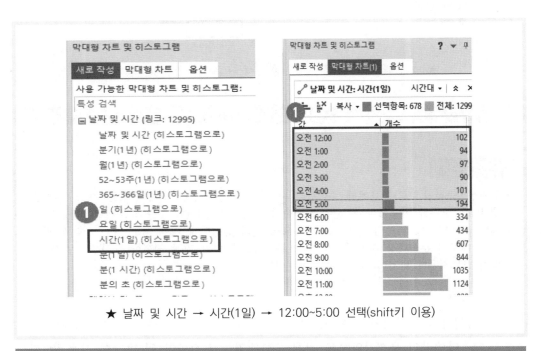

★ 날짜 및 시간 → 시간(1일) → 12:00~5:00 선택(shift키 이용)

[그림 38] 막대형 차트 및 히스토그램 기능을 활용한 새벽시간대 통화내역 추출 과정

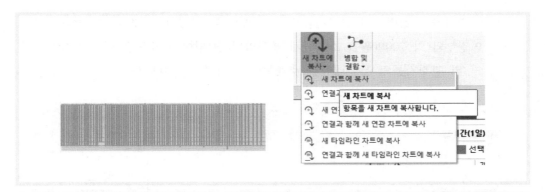

[그림 39] 새벽시간대 통화내역 새 차트에 복사

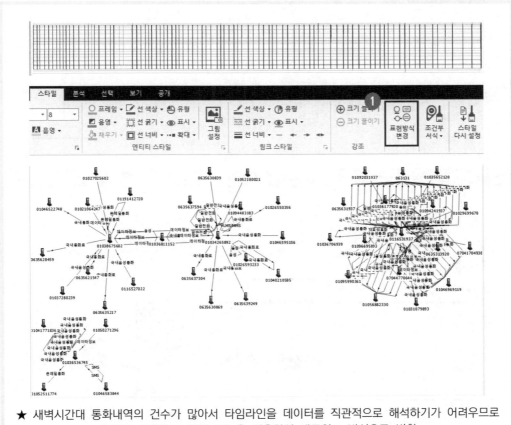

★ 새벽시간대 통화내역의 건수가 많아서 타임라인을 데이터를 직관적으로 해석하기가 어려우므로
　 스타일, 표현방식 변경 기능을 이용하여 네트워크 방식으로 변환

[그림 40] 새벽시간대 통화내역 네트워크 방식으로 변환한 결과

⑥ 권수괴가 현행범에게 선거자금으로 200만원을 건넸던 5. 29.과 현행범이 선거
  인명부와 약 700만원을 소지한채 홍책임의 집 앞에서 체포된 6. 2. 11:00 전까
  지 위 관련자들의 통화내역을 추출하여 의심점을 찾아보자.

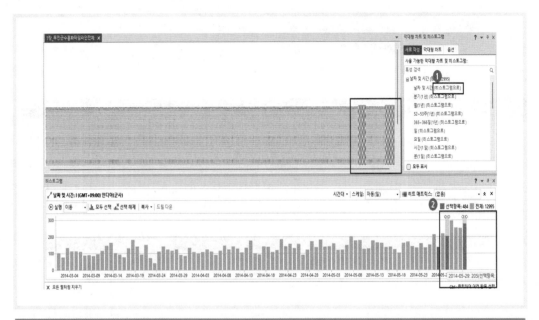

[그림 41] 날짜 및 시간 히스토그램(5. 29.과 6. 2. 선택)

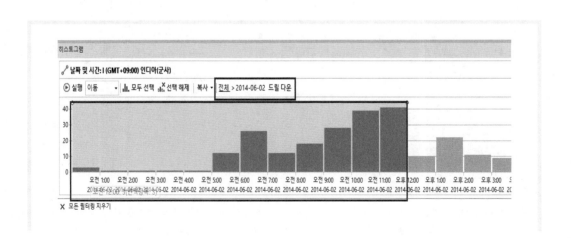

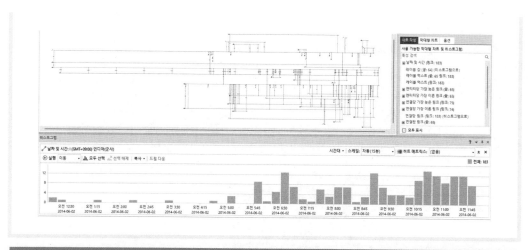

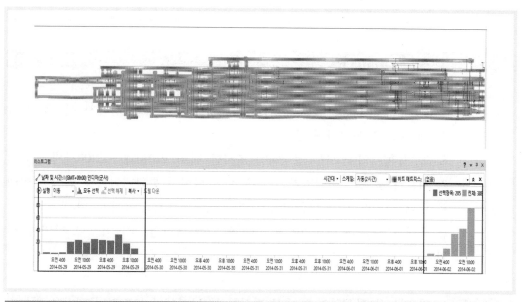

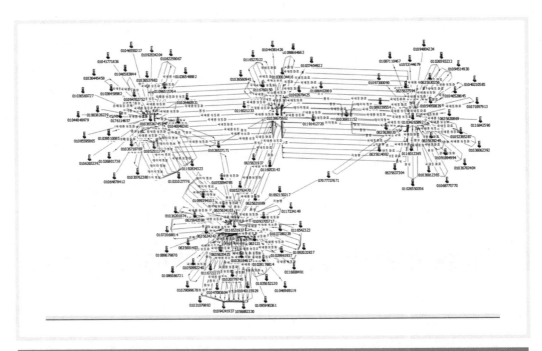

[그림 44] 5. 29./6. 2. 00:00~11:00까지 통화내역 표현방식을 네트워크 형태로 변경

- 5. 29.과 6. 2. 00:00~11:00까지 통화내역을 히스토그램상에서 선택하여 각
  각 새 차트로 복사하여 옮긴다.
- 5. 29. 통화내역을 모두 선택하고 복사한 뒤 6. 2. 00:00~11:00까지 통화내
  역 차트로 옮겨서 붙여넣기를 해주면 두 날짜의 통화내역이 타임라인 형태
  로 [그림 43]과 같이 병합되며 표현방식을 네트워크 형태로 변경(스타일 메
  뉴)하면 [그림 44]와 같이 두 날짜의 통화내역만 직관적으로 파악할 수
  있다.

⑦ 활동보기 기능을 활용하여 ⑥에서 제시한 두 날짜에만 통화한 상대방은 없는지
의심점을 확인하라.

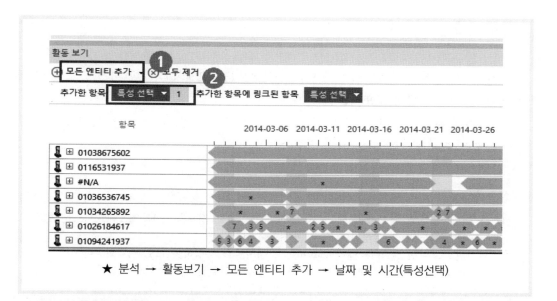

★ 분석 → 활동보기 → 모든 엔티티 추가 → 날짜 및 시간(특성선택)

[그림 45] 활동보기 실행 화면

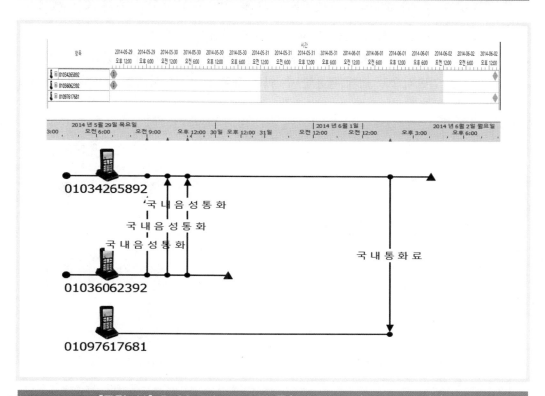

[그림 46] 5. 29. 또는 6. 2.만 통화가 있는 전화번호 3개 추출

기지국 통화내역 분석

6장 사회 연결망 분석원리를 활용한 수사정보분석편에서 소개한 기지국 수사 사례에 대한 실습을 진행해 보도록 하자.

대전과 부산에서 발생한 연쇄 사기절도 사건 범인의 대포폰 번호를 특정하는 것이 기지국 통화내역 분석의 목표이다.

〈실습 문제〉
① 기지국 통화내역 분석을 위해 먼저 '발신 SITE' 주소 정보를 구글 스프레드시트를 활용하여 위경도 열을 생성하여 다른 이름으로 저장한다.
② '발신번호', '발신 SITE'를 엔티티로 하는 분석사양을 작성하여 $i2$로 시각화한다.
③ 연결중심성이 가장 높은 발신번호와 해당 번호와 연결된 기지국을 추출한다.
④ 부산과 대전에서 모두 통화내역이 있는 휴대전화번호를 추출한다.

① 기지국 통화내역 분석을 위해 먼저 '발신 SITE' 주소 정보를 구글 스프레드시트를 활용하여 위경도 열을 생성하여 다른 이름으로 저장한다.
   – 주소정보를 위경도로 변환하기 위한 방법은 여러 가지가 있겠지만 여기서는 일반적으로 쉽게 활용할 수 있는 구글 스프레드시트를 활용하기로 한다.

★ 주소정보를 위경도로 변환하기 위해 구글 스프레드시트 프로그램을 실행한다.

[그림 47] 구글 스프레드 시트 검색 화면

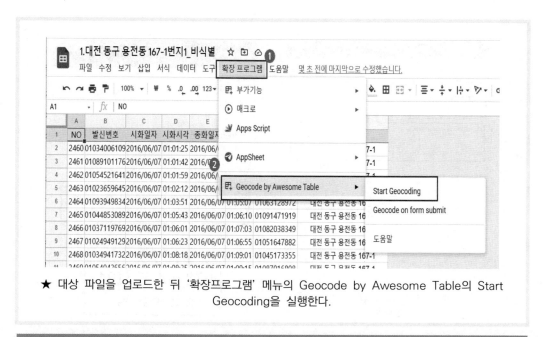

★ 대상 파일을 업로드한 뒤 '확장프로그램' 메뉴의 Geocode by Awesome Table의 Start Geocoding을 실행한다.

[그림 48] 구글 스프레드시트 'Geocode by Awesome Table' 기능

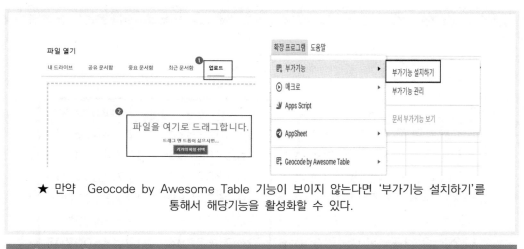

★ 만약 Geocode by Awesome Table 기능이 보이지 않는다면 '부가기능 설치하기'를 통해서 해당기능을 활성화할 수 있다.

[그림 49] 구글 스프레드시트 'Geocode by Awesome Table' 부가기능 설치하기

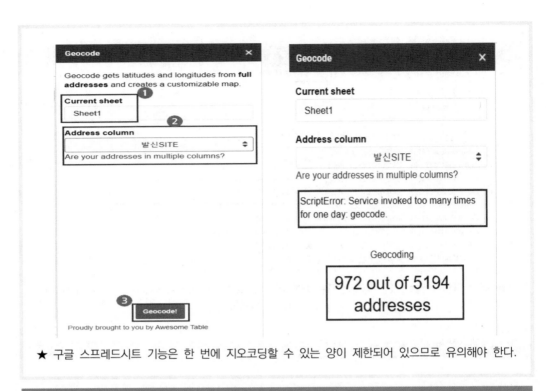

★ 구글 스프레드시트 기능은 한 번에 지오코딩할 수 있는 양이 제한되어 있으므로 유의해야 한다.

[그림 50] Geocoding 완료화면

A 발신SITE	B Latitude	C Longitude
대전 동구 용전동 167-1	36.3527822	127.4318189
대전 중구 중천동 396-11	36.3367795	127.4153376
대전 중구 은행동 26-1	36.3307252	127.4239393
대전 유성구 장대동 143-1	36.3627589	127.3339056
대전 유성구 봉명동 536-9	36.3561635	127.3429979
대전 유성구 봉명동 690-6	36.3567384	127.3500705
부산 금정구 서동 543-32	35.2165844	129.0967954
부산 사상구 학장동 717-8	35.1489797	128.9773069

[그림 51] Geocoding 결과

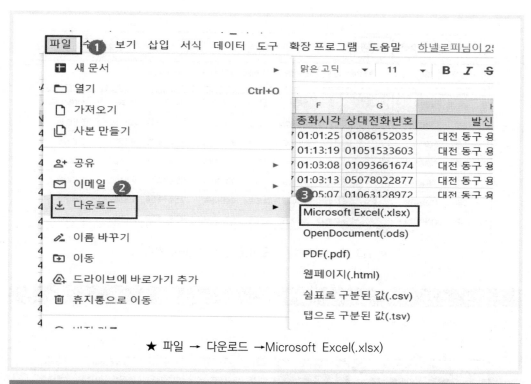

★ 파일 → 다운로드 →Microsoft Excel(.xlsx)

[그림 52] Geocoding 결과 다운로드

② '발신번호', '발신 SITE'를 엔티티로 하는 분석사양을 작성하여 *i*2로 시각화한다.
   - 분석사양을 짤때 워크시트를 선택하고, 행을 선택하는 단계는 동일하므로
     생략하고 다른 부분만 설명하도록 한다.

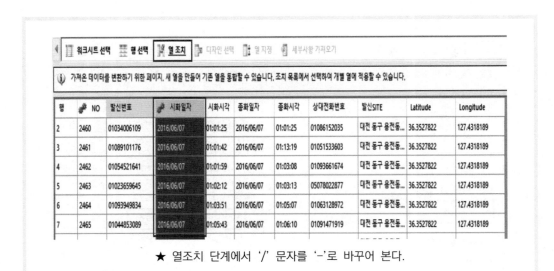

★ 열조치 단계에서 '/' 문자를 '-'로 바꾸어 본다.

[그림 53] 분석사양 작성(열조치 단계)

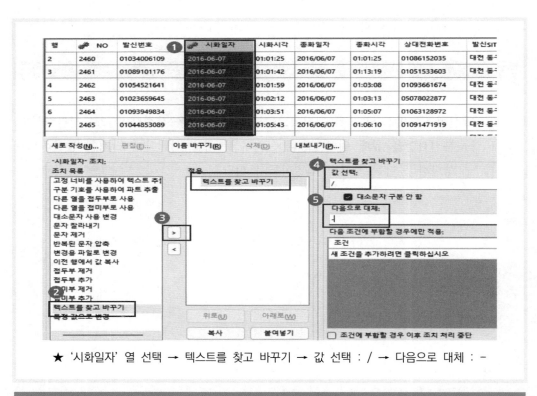

★ '시화일자' 열 선택 → 텍스트를 찾고 바꾸기 → 값 선택 : / → 다음으로 대체 : -

[그림 54] 텍스트를 찾고 바꾸기 실행 과정

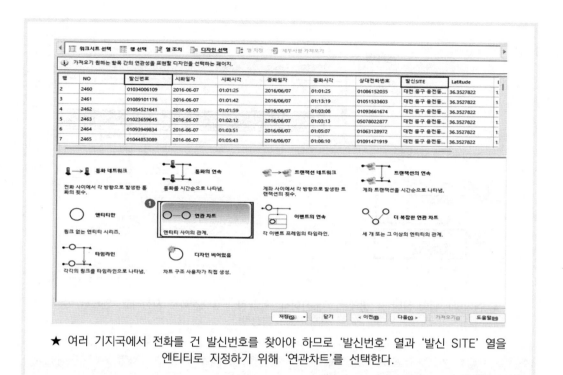

★ 여러 기지국에서 전화를 건 발신번호를 찾아야 하므로 '발신번호' 열과 '발신 SITE' 열을
엔티티로 지정하기 위해 '연관차트'를 선택한다.

[그림 55] 기지국 통화내역 분석사양 작성 열조치 단계

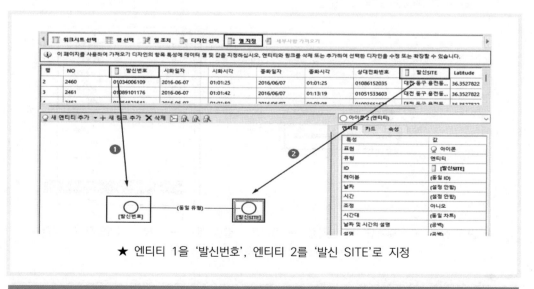

★ 엔티티 1을 '발신번호', 엔티티 2를 '발신 SITE'로 지정

[그림 56] 기지국 통화내역 분석사양 작성 열지정 단계

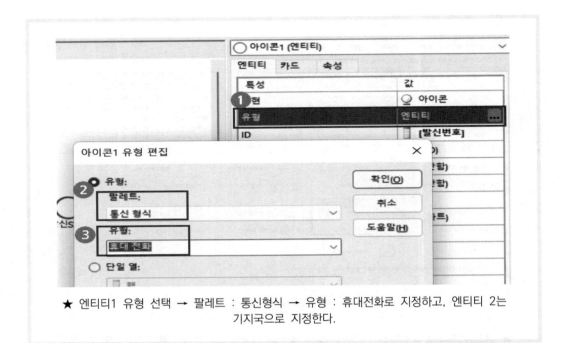

★ 엔티티1 유형 선택 → 팔레트 : 통신형식 → 유형 : 휴대전화로 지정하고, 엔티티 2는
기지국으로 지정한다.

[그림 57] 기지국 통화내역 분석사양 작성 열지정 단계(엔티티 유형 설정)

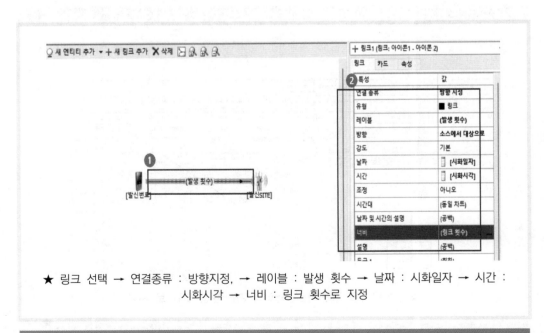

★ 링크 선택 → 연결종류 : 방향지정, → 레이블 : 발생 횟수 → 날짜 : 시화일자 → 시간 :
시화시각 → 너비 : 링크 횟수로 지정

[그림 58] 기지국 통화내역 분석사양 작성 열지정 단계(링크 특성 지정)

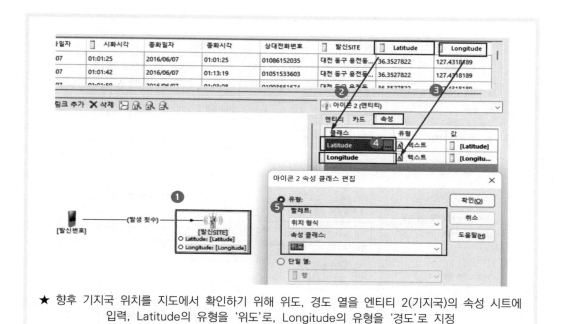

★ 향후 기지국 위치를 지도에서 확인하기 위해 위도, 경도 열을 엔티티 2(기지국)의 속성 시트에
입력, Latitude의 유형을 '위도'로, Longitude의 유형을 '경도'로 지정

[그림 59] 기지국 통화내역 분석사양 작성 열지정 단계(엔티티 2 위도,경도 지정-1)

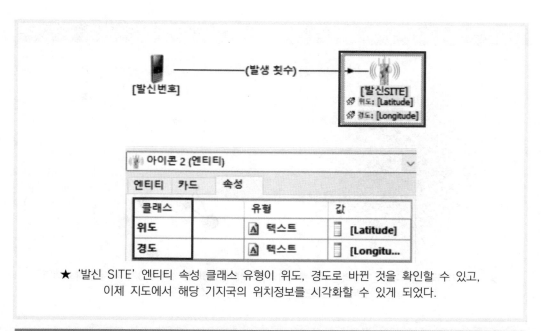

★ '발신 SITE' 엔티티 속성 클래스 유형이 위도, 경도로 바뀐 것을 확인할 수 있고,
이제 지도에서 해당 기지국의 위치정보를 시각화할 수 있게 되었다.

[그림 60] 기지국 통화내역 분석사양 작성 열지정 단계(엔티티 2 위도,경도 지정-2)

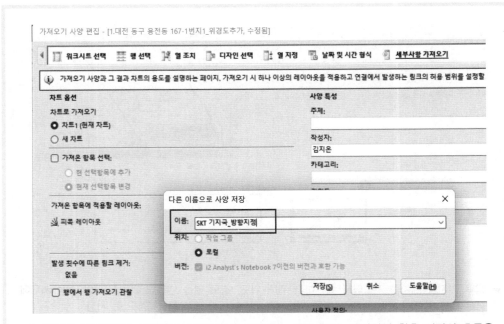

★ 링크의 연결종류를 고려하여 분석사양을 저장하는 것이 좋다. 왜냐하면 향후 시간의 흐름을 고려한 분석을 하기 위해서는 링크의 종류를 '여러 개'로 지정한 분석사양을 작성해야 하기 때문이다.

[그림 61] 기지국 통화내역 분석사양 작성 '세부사항 가져오기' 단계

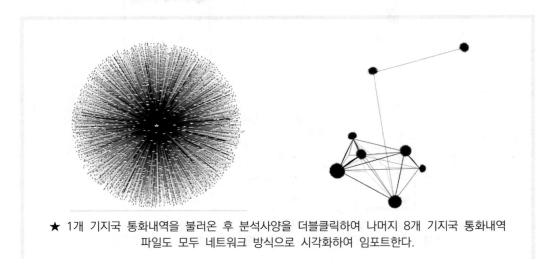

★ 1개 기지국 통화내역을 불러온 후 분석사양을 더블클릭하여 나머지 8개 기지국 통화내역 파일도 모두 네트워크 방식으로 시각화하여 임포트한다.

[그림 62] 기지국 통화내역 시각화 결과

③ 연결중심성(degree centrality)이 가장 높은 발신번호와 해당 번호와 연결된 기지국을 추출한다.

- 본 사건 수사정보는 연쇄범죄가 발생한 8곳의 장소를 관할하는 통신기지국에서 범행 시간대에 전화를 사용한 발신전화 통화내역을 추출한 것이다.
- 그러므로 여러 기지국에서 발신내역이 있는 휴대전화번호가 범인의 대포폰일 개연성이 높다.
- 일반적으로 수사관들은 이러한 수사방식을 기지국 중복자료를 찾는다고 표현하기도 하였다.
- 여기서는 소셜 네트워크 분석의 '도(degree)', 즉 연결중심성 원리를 활용하여 해당 지수가 높은 휴대전화 번호를 추출해 보기로 한다.
- 다른 방식으로는 막대형 차트 및 히스토그램의 '연결의 수' 기능을 활용할 수 있고, 가장 많이 연결된 항목나열의 '가장 많이 연결된 엔티티' 기능을 활용하여 같은 결과를 도출할 수 있다.

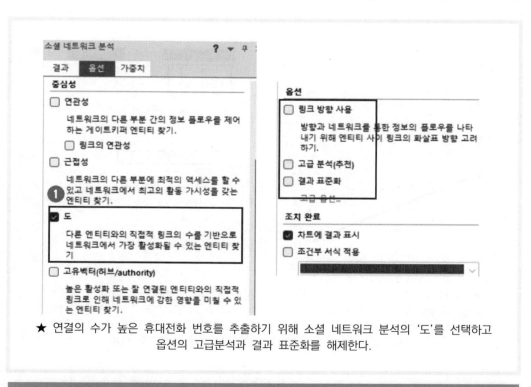

★ 연결의 수가 높은 휴대전화 번호를 추출하기 위해 소셜 네트워크 분석의 '도'를 선택하고 옵션의 고급분석과 결과 표준화를 해제한다.

[그림 63] 소셜 네트워크 분석(도)

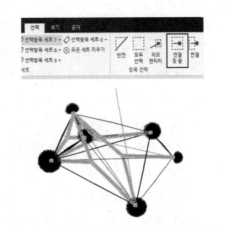

★ 도 지수가 3인 엔티티 6개를 선택한 후, '선택' 메뉴에서 '연결 및 끝'을 선택하면 해당 휴대전화와 연결된 링크와 그 끝의 발신기지국 엔티티까지 선택된다.

[그림 64] 소셜 네트워크 분석 도 지수가 3인 휴대전화 내역

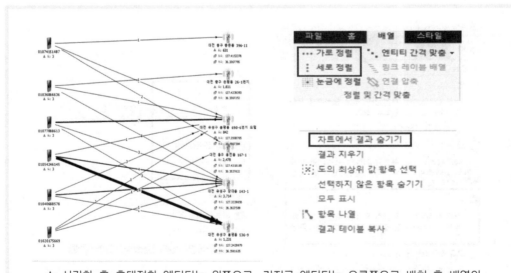

★ 시각화 후 휴대전화 엔티티는 왼쪽으로, 기지국 엔티티는 오른쪽으로 배치 후 배열의 휴대전화 엔티티 6개를 선택 후 '세로 정렬', 휴대전화와 기지국 엔티티의 수평을 맞추기 위해서 위에서부터 가로 기준으로 같은 라인의 휴대전화, 기지국 엔티티를 선택 후 '가로정렬' / 도 지수 결과값은 '차트에서 결과 숨기기'로 삭제

[그림 65] 도 지수가 3인 휴대전화 6개 기지국 통화내역 편집

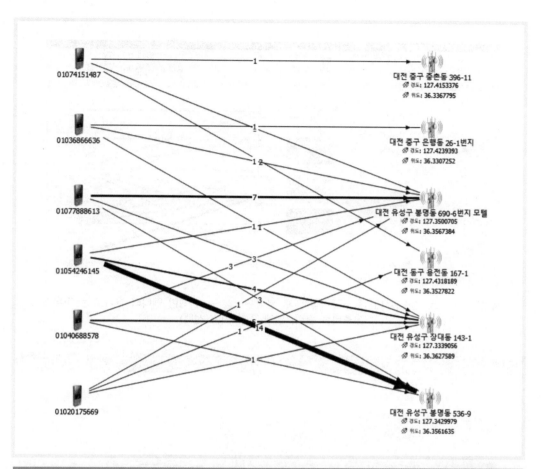

[그림 66] 도 지수가 3인 휴대전화 6개 기지국 통화내역 추출 결과

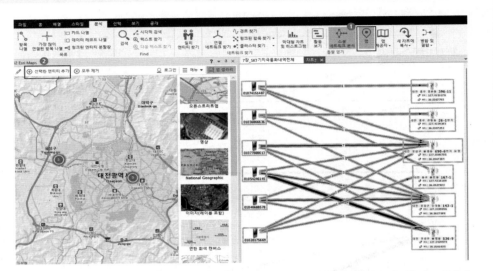

★ Ctrl + A로 현출된 내역을 모두 선택 후 분석 → 맵 → 선택한 엔티티 추가(또는 마우스 우측버튼 클릭, 맵에 추가 기능 선택)

[그림 67] 기지국 위치를 지도에 추가한 결과

★ 휴대전화별로 발신 기지국 위치 확인

[그림 68] 휴대전화 1개의 발신기지국 위치를 지도상 확인

④ 부산과 대전에서 모두 통화내역이 있는 휴대전화번호를 추출한다.
  – 앞서 연결의 수가 가장 많은 휴대전화 6대를 추출하였다.
  – 그러나 연결의 수가 가장 높은 번호중 하나가 범인이 사용하는 휴대전화라
    고 단정할 수는 없다.
  – [그림 66]의 6대의 휴대전화들은 모두 대전에서만 발신을 하였으므로 본 사
    건이 대전과 부산을 오고가며 이루어졌다는 점을 감안하면 연결의 수가 3
    보다 낮다 하더라도 대전과 부산에서 모두 통화내역이 있는 휴대전화가 있
    는지 여부를 확인해야 한다.
  – 범죄 수사적 맥락에서는 대전과 부산에서 모두 발신내역이 발견된 휴대전
    화가 범인의 휴대전화일 가능성이 있기 때문이다.

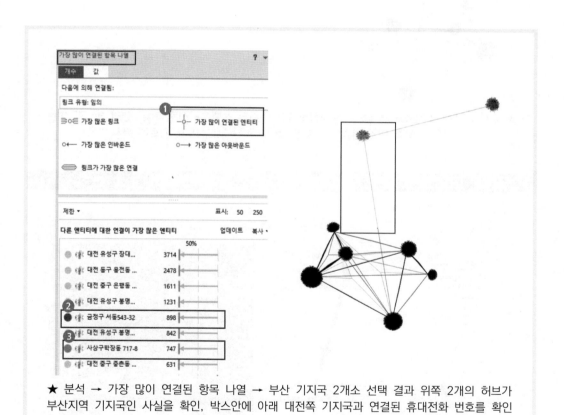

★ 분석 → 가장 많이 연결된 항목 나열 → 부산 기지국 2개소 선택 결과 위쪽 2개의 허브가
부산지역 기지국인 사실을 확인, 박스안에 아래 대전쪽 기지국과 연결된 휴대전화 번호를 확인

[그림 69] 가장 많이 연결된 항목 나열 기능을 활용 부산지역 기지국 통화내역 확인

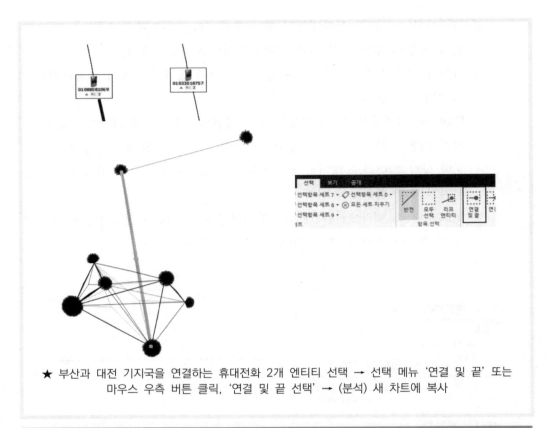

★ 부산과 대전 기지국을 연결하는 휴대전화 2개 엔티티 선택 → 선택 메뉴 '연결 및 끝' 또는
마우스 우측 버튼 클릭, '연결 및 끝 선택' → (분석) 새 차트에 복사

[그림 70] 부산과 대전을 연결하는 휴대전화 2대의 통화내역 선택

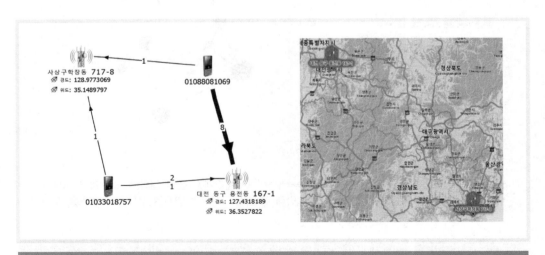

[그림 71] 부산과 대전에서 발신한 휴대전화 2대 통화내역 추출 및 공간분석 결과

SNS 통신정보 분석

최근에는 카카오톡, 텔레그램 등 소셜미디어와 네이버 데이터 랩 등 온라인상 공개출처정보를 활용한 분석도 활발하게 진행되고 있다.

카카오톡 수사정보의 경우에도 대화상대방 ID와 접속로그와 관련하여 관계모델을 구성하여 $i2$를 활용한 네트워크 분석이 활발하게 이루어지고 있다. 대표적인 시각화 예시[2]는 다음과 같다.

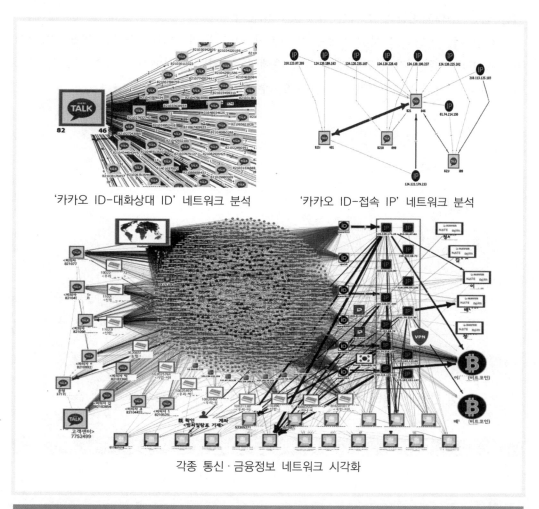

'카카오 ID-대화상대 ID' 네트워크 분석   '카카오 ID-접속 IP' 네트워크 분석

각종 통신·금융정보 네트워크 시각화

[그림 72] 카카오톡 수사정보 분석

2 부산지방경찰청 사이버수사대 전병하 팀장이 제공한 자료를 각색한 것임.

박사방으로 통하는 디지털 성착취 사건 수사시에는 박사방 무료회원을 특정하기 위해 실검 이벤트에 사용된 키워드를 이용하기도 하였는데, 이때 '네이버 데이터 랩'의 검색어 트랜드 기능이 사용되었다.

이는 특정 키워드가 어떤 날짜에 얼마나 많이 입력되었는지 상대적인 수치³를 보여주는데, 아래 그림에서 알 수 있듯이 '우리가 박사다'라는 키워드는 12월 초경에만 검색되었고, 해당 기간을 전후로는 입력되지 않았음을 알 수 있다. 2019. 12. 2. 20:38경 '우리가 박사다'라는 키워드를 입력하라는 지시가 있었기에, 아래 그래프의 결과는 지시를 받은 무료회원들이 검색한 사실을 보여준다.

직접적인 네트워크 분석 사례는 아니지만 이를 통해 수집한 자료를 활용하여 2차적으로 'ID-키워드'간 연관관계 분석을 수행할 수 있다는 점에서 결국 대부분의 정보들은 관계적 성격을 갖고 있다는 점을 알 수 있다.

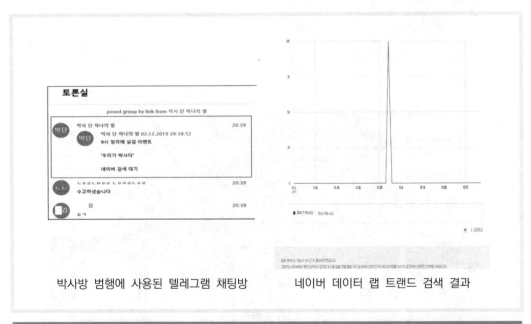

박사방 범행에 사용된 텔레그램 채팅방   네이버 데이터 랩 트랜드 검색 결과

[그림 73] 디지털 성착취 사건 공개출처정보 분석 사례

---

3 네이버에서 해당 검색어가 검색된 횟수를 일별/주별/월별 각각 합산하여, 조회기간 내 최다 검색량을 100으로 설정하여 상대적인 변화를 나타낸다.

금융정보 관계분석

CHAPTER 08

금융정보 관계분석

금융정보 관계분석 개관

수사정보분석에 활용되는 금융정보의 대표적인 예는 계좌거래내역이다. 불과 몇년 전까지만 해도 계좌거래내역 분석을 할 수 있는 수사관은 그리 많지 않았다. 그 이유는 분석도 분석이지만 은행마다 계좌내역 서식이 달라서 분석을 위한 전처리 단계에서 엄두를 내지 못했기 때문이다.

그러나 2015년 수사정보표준화프로그램($i1$: integration one)이 개발·출시됨에 따라 단 몇 번의 클릭으로 다양한 양식의 계좌내역을 하나의 통합된 양식으로 표준화할 수 있게 되었다. 또한 최근에는 python 등 오픈소스 기반의 프로그래밍 언어를 활용하여 금융정보 전처리 과정을 반자동화함으로써 훨씬 편리하게 데이터 분석을 진행할 수 있게 되었다.

2021년 9월 약 355명의 수사관을 대상으로 설문조사한 결과에 의하면 수사관들이 수사정보분석을 하는 가장 큰 이유가 계좌 및 자금흐름 분석인 것으로 나타났다.

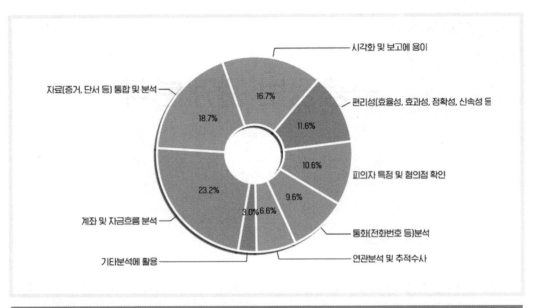

[그림 1] 수사관들이 수사정보분석을 활용하는 이유

2020년 코로나 펜데믹 이후 메신저 피싱 등 온라인 사기사건이 증가하고 있고, 주식투자에 대한 국민적 관심이 증가하면서 오픈채팅방 등을 활용한 리딩투자 사기사건도 늘어나고 있다.

이러한 사이버 범죄자들은 자금세탁을 위해 비트코인 등 가상자산(암호화폐)을 활용하기도 하며, 주로 비대면으로 간편하게 개설이 가능한 증권계좌를 이용하고 있다.

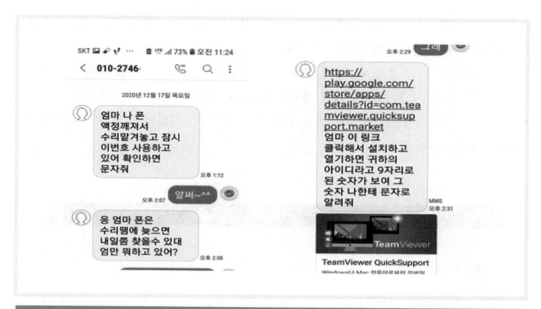

[그림 2] 메신저피싱 범행수법

　암호화폐 자금흐름 추적을 위해 대표적으로 쓰이는 분석 프로그램이 미국 체이널리시스(Chainalysis) 社에서 제공하는 Chainalysis인데 워낙 고가라서 많은 수사관들이 이용하지는 못하고 있는 실정이다.

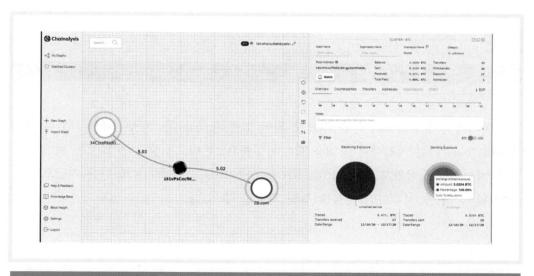

[그림 3] Chainalysis 프로그램 화면

그래서 체이널리시스에 대한 대안으로 일부 수사관들은 'TRM Forensics[1]'이라는 도구를 사용하여 암호화폐 거래를 추적하기도 한다.

암호화폐의 지갑 주소 정보 및 암호화폐 거래마다 생기는 고유값을 통해 어느 지갑으로부터 얼마만큼의 암호화폐가 들어왔는지, 또 어디로 나갔는지 확인할 수 있다. 예를 들어, 아래 그림은 '13eBWTQ...pLLhf'라는 비트코인 지갑에 비트코인이 언제, 얼마만큼 들어왔는지 확인할 수 있는 창이다.

[그림 4] 가상화폐 추적이 가능한 TRM Forensics 분석 결과 화면-1

여기에서 방향(Direction)을 IN으로 되어 있는 항목을 체크하면, 다음 그림과 같이 '18ishj...14Td'라는 지갑에서 총 8.2 BTC가 인출되었는데, 그 중 1.89 BTC는 위에서 살펴본 지갑으로 들어왔고, 나머지 6.3 BTC는 '14NPHQ...eNuj'라는 또 다른 지갑으로 들어갔다는 정보를 시각화된 차트를 통해 확인할 수 있다.

---

1 https://www.trmlabs.com/products/forensics.

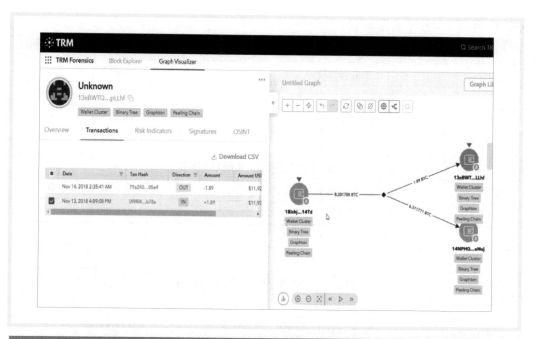

유사수신 사기사건 자금흐름 분석2

1) 사건 개관

본 사건은 피의자 저팔계가 수많은 사람들을 상대로 투자를 하면 고수익을 보장한다는 거짓말을 하여 고액의 투자금을 받아 편취한 유사수신행위 사기사건이다.

강남경찰서 김형사는 사오정, 독고탁, 삼장법사라는 피해자 3명의 신고를 접수하고 수사에 착수하게 된다.

위 피해자 3명이 피의자 저팔계에게 지급한 피해금 내역은 다음과 같다.

---

2 본 사건은 광주남부경찰서 김광진 경위가 제공한 자료를 각색한 것임.

〈표 1〉 피해자 3명의 송금내역

사오정 (주택은행 12210204171789)		
연번	송금일자	송금액
1	2016. 7. 13. 16:12:56	6,000,000원
2	2016. 7. 13. 16:13:15	6,000,000원
3	2016. 7. 13. 16:13:36	2,750,000원
독고탁 (국민은행 94408808663)		
연번	송금일자	송금액
1	2016. 8. 24. 15:19:24	6,000,000원
2	2016. 8. 24. 15:20:05	6,000,000원
3	2016. 8. 24. 15:20:44	2,750,000원
삼장법사 (농협 3560409120833)		
연번	송금일자	송금액
1	2016. 9. 23. 14:58:19	6,000,000원
2	2016. 9. 23. 14:59:23	6,000,000원
3	2016. 9. 23. 15:00:28	2,750,000원

김형사는 피해자들로부터 투자금을 송금받은 피의자 저팔계의 계좌에 대해 압수수색영장을 발부받아 아래와 같이 거래내역을 확보하였다.

- 대상 계좌 : 하나은행 28891010220307
- 거래 기간 : 2015. 1. 1. ~ 2016. 11. 25.

위 계좌내역을 분석하여 피해자 3명의 범죄 피해금이 어디로 흘러갔는지를 파악하고, 위 피해자 3명 외에 다른 피해자는 없는지 자금의 흐름을 분석해보도록 하자.

① 확보된 피의자 저팔계 계좌의 입·출금 총액 확인
② 피해자 3명 피해금의 실제 입금 여부 확인
③ 피해금 입금 이후 피의자의 금액 사용처 확인(피해금의 흐름)
④ 피해자 3명 외 다른 피해자 존재 여부 및 피해금 추정
⑤ 피의자의 다른 계좌와 자금 흐름
⑥ 공범으로 추정되는 손오공과의 자금 흐름

2) 분석사양짜기

계좌내역 분석사양을 짜기 위해서 먼저 해당 데이터의 유형과 특성을 살펴보고 통신정보 분석사양과 차이점을 중심으로 설명하기로 한다.

[그림 6] 계좌내역 표준화 서식

김형사가 압수수색한 계좌내역을 수사정보표준화프로그램($i1$)을 활용하여 표준화하면 위와 같은 서식으로 계좌내역 형식이 변경된다.

통화내역은 '발신번호', '착신번호' 열이 있어서 Sorce와 Target 열이 명확하게 구분되는 엣지리스트(edge list) 형태로 $i2$를 활용하여 분석사양을 짜기가 용이했다.

그런데 계좌내역의 경우 위와 같이 '계좌번호(압수대상)', '상대계좌번호' 열로 구성되어 있어 이 두 열만으로는 방향을 알 수 없어 통신정보와 같이 분석사양을 작성할 수 없다는 문제에 봉착하였다.

각 열들을 자세히 살펴보면 방향성은 맨 앞열인 '입출구분'의 '입금'과 '출금'이라는 셀값을 통해 구분된다는 것을 알 수 있다. 결국 '입출구분' 열을 이용하면 엣지리스트 형태로 분석사양을 짤 수 있다는 아이디어를 떠올리게 된다.

'입금' 내역은 '상대계좌번호→계좌번호', '출금' 내역은 '계좌번호→상대계좌번호'의 방향을 띠기 때문에 입금내역과 출금내역을 따로따로 분석사양을 작성하여 데이터를 불러온 다음 한 차트에 합친다면 전체 계좌 거래내역을 불러올 수 있을 것이다.

(여기서 잠깐?)

아래와 같이 표준화된 계좌거래내역 양식과 다른 서식의 계좌내역은 어떻게 분석사양을 짜야 할까?

과거거래내역조회

계좌번호 441-063171-02-101
조회기간 : 2010.01.01 ~ 2010.12.31

No.	거래일시	적요	기재내용	찾으신금액	맡기신금액	거래후 잔액	취급점	메모
1	2010.12.18 12:42	예금결산	예금결산이자	0	0	4,480	문흥동지점	
2	2010.09.18 13:13	예금결산	예금결산이자	0	4,480	4,480	문흥동지점	
3	2010.09.09 16:44	인터넷	최가혜	6,620	0	0	문흥동지점	
4	2010.08.02 09:49	인터넷	전북군산도시가스	5,900	0	6,620	문흥동지점	
5	2010.08.01 17:33	인터넷	전북전북도시가스 (	820	0	12,520	문흥동지점	
6	2010.08.01 17:33	인터넷	전북효자1차 열	86,660	0	13,340	문흥동지점	
7	2010.07.31 08:56	인터넷	하하김혜자	10,000,000	0	100,000	문흥동지점	

[그림 7] 임의제출 계좌내역 서식 예

개인이 공인인증서를 활용하여 자신의 우리은행 계좌거래내역 파일을 다운받아 수사기관에 제출하였다. 그런데 위 서식에는 '계좌번호' 열이 없고, '상대계좌번호' 열도 존재하지 않는다. 별도의 '입출구분' 열도 없어서 입금과 출금을 구분하기도 쉽지 않다.

자세히 보니 '찾으신 금액'과 '맡기신 금액'이 구분되어 있어 이 열을 이용하면 '입출구분' 열을 새로 만들 수 있고, '계좌번호'도 2행에 별도로 기재되어 있어 별도의 '계좌번호' 열을 삽입할 수 있어 보인다. 문제는 '상대계좌번호' 열인데, 위 내역상으로는 '상대계좌번호'와 내용상 가장 가까운 열이 '기재내용' 열이므로 '상대계좌번호' 대신 '기재내용' 열을 엔티티 2로 지정하면 '계좌번호 ↔ 기재내용'의 네트워크 분석사양을 짤 수 있을 것으로 생각된다.

한 가지 유의할 점은 '입출구분' 열은 가장 왼쪽 1열에 배치하여야만 분석사양 작성시 '특정 문자로 시작하는 행 제거' 기능을 활용할 수 있다.

금융정보 네트워크 분석사양을 짜기 위해 간단히 전처리한 결과는 아래와 같다.

과거거래내역조회

계좌번호 : 441-063171-02-101
조회기간 : 2010.01.01 ~ 2010.12.31

입출구분	계좌번호	거래일시	적요	기재내용	찾으신금액	맡기신금액	거래후 잔액	취급점	메모
입금	44106317102101	2010.12.18 12:42	예금결산	예금결산이자	0	0	4,480	문흥동지점	
입금	44106317102101	2010.09.18 13:13	예금결산	예금결산이자	0	4,480	4,480	문흥동지점	
출금	44106317102101	2010.09.09 16:44	인터넷	최가혜	6,620	0	0	문흥동지점	
출금	44106317102101	2010.08.02 09:49	인터넷	전북군산도시가스	5,900	0	6,620	문흥동지점	
출금	44106317102101	2010.08.01 17:33	인터넷	전북전북도시가스 (	820	0	12,520	문흥동지점	
출금	44106317102101	2010.08.01 17:33	인터넷	전북효자1차 열	86,660	0	13,340	문흥동지점	

[그림 8] 임의제출 계좌내역 서식 전처리 결과

위와 같이 분석대상 데이터의 서식이 달라지더라도 관계모델로 재구성할 수 있다면 얼마든지 네트워크 분석을 수행할 수 있다.

그렇다면 본격적으로 분석사양을 작성해 보도록 하자.

먼저 '입금'에 해당하는 분석사양을 작성하여 입금내역을 임포트한 뒤, 바로 해당 차트에서 '출금' 사양을 작성하여 출금내역을 임포트하면 모든 거래내역을 *i2* 차트에 시각화 할 수 있다. 타임라인 분석사양도 디자인 선택만 다르게 하여 같은 방식으로 분석사양을 작성하면 된다.

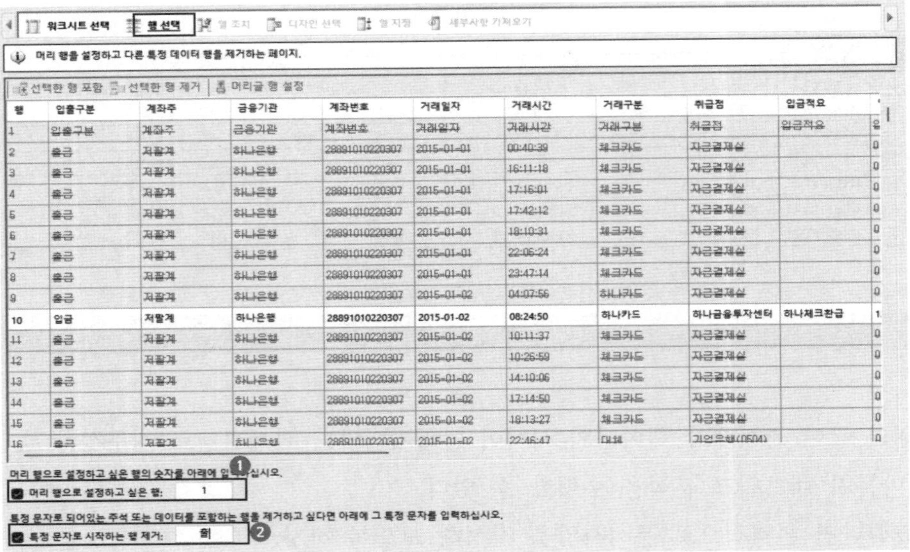

행	입출구분	계좌주	금융기관	계좌번호	거래일자	거래시간	거래구분	취급점	입금적요	
1	입출구분	계좌주	금융기관	계좌번호	거래일자	거래시간	거래구분	취급점	입금적요	0
2	출금	저활계	하나은행	2889101022030?	2015-01-01	00:40:39	체크카드	자금결제실		0
3	출금	저활계	하나은행	2889101022030?	2015-01-01	16:11:18	체크카드	자금결제실		0
4	출금	저활계	하나은행	2889101022030?	2015-01-01	17:16:01	체크카드	자금결제실		0
5	출금	저활계	하나은행	2889101022030?	2015-01-01	17:42:12	체크카드	자금결제실		0
6	출금	저활계	하나은행	2889101022030?	2015-01-01	18:10:31	체크카드	자금결제실		0
7	출금	저활계	하나은행	2889101022030?	2015-01-01	22:06:24	체크카드	자금결제실		0
8	출금	저활계	하나은행	2889101022030?	2015-01-02	23:47:14	하나카드	자금결제실		0
10	입금	저활계	하나은행	2889101022030?	2015-01-02	08:24:50	하나카드	하나금융투자센터	하나체크환급	1
11	출금	저활계	하나은행	2889101022030?	2015-01-02	10:11:37	체크카드	자금결제실		0
12	출금	저활계	하나은행	2889101022030?	2015-01-02	10:26:59	체크카드	자금결제실		0
13	출금	저활계	하나은행	2889101022030?	2015-01-02	14:10:06	체크카드	자금결제실		0
14	출금	저활계	하나은행	2889101022030?	2015-01-02	17:14:50	체크카드	자금결제실		0
15	출금	저활계	하나은행	2889101022030?	2015-01-02	18:13:27	체크카드	자금결제실		0
16	출금	저활계	하나은행	2889101022030?	2015-01-02	22:45:47	대체	기업은행(0604)		0

머리 행으로 설정하고 싶은 행의 숫자를 아래에 입력하십시오. ❶
☑ 머리 행으로 설정하고 싶은 행: 1

특정 문자로 되어있는 주석 또는 데이터를 포함한 행을 제거하고 싶다면 아래에 그 특정 문자를 입력하십시오.
☑ 특정 문자로 시작하는 행 제거: 출 ❷

★ 머리행 1로 설정 → 특정 문자로 시작하는 행 제거 : '출' 입력(입금사양을 작성할 때는 '출', 반대로 출금사양을 작성할 때는 '입'을 입력한다.

[그림 9] 머리행 설정

여기서 유의할 점이 한 가지 있다.

'출'과 같은 특정 문자를 입력할 때 문자를 입력했는데도, '다음' 버튼이 활성화되지 않아 클릭할 수 없다거나 또는 '출금' 내역이 제대로 제거되지 않는 경우가 발생하기도 하는데, 이는 *i2* 프로그램상의 버그(bug)[3]로, '출'을 입력한 후 스페이스바로 공백을 넣었다가 지운다거나('출 ' → '출') 다른 글자를 입력한 후 지운 다음 '출'만 다시 남겨놓으면('출ㄱ' → '출'), '출금' 내역이 제대로 제거되어 다음으로 넘어갈 수 있다.

물론 *i2* 분석사양 작성 단계에서 입출구분을 하지 않고 사전에 엑셀 파일 자체를 입금과 출금 시트로 둘로 나눈다면 '특정 문자로 시작하는 행 제거'없이 머리행만 제거하고 입금 분석사양을 작성해 나갈 수 있다.

한편 이와같이 입금, 출금 사양을 따로따로 작성하지 않고 한 번에 분석사양을 작성할 수 있는 두 가지 방법이 있다. 다른 방식의 분석사양 작성법은 아래에서 별도로 설명하겠지만 각 방식마다 몇 가지 단점이 존재한다는 점을 유의해야 한다.

---

3 프로그램상의 결함에 의해 컴퓨터 오류나 오작동이 일어나는 현상(출처 : 네이버 지식백과).

결국 계좌내역과 같이 링크 방향성이 별도의 열로 나뉘어 있는 자료의 경우 분석 사양을 방향성에 따라 나누어서 작성할 것을 권장한다.

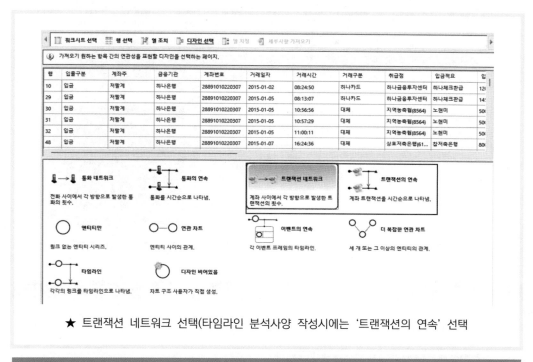

★ 트랜잭션 네트워크 선택(타임라인 분석사양 작성시에는 '트랜잭션의 연속' 선택

[그림 10] 금융정보 네트워크 분석사양 작성(디자인 선택)

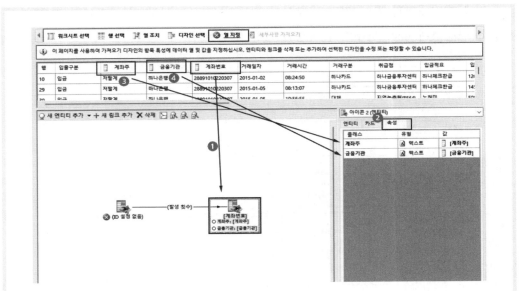

★ 입금 사양이므로 계좌번호열을 엔티티 2에 지정, 엔티티 2의 속성시트에 '계좌주', '금융기관'을 지정

[그림 11] 금융정보 네트워크 분석사양 작성(열지정 : 엔티티 2)

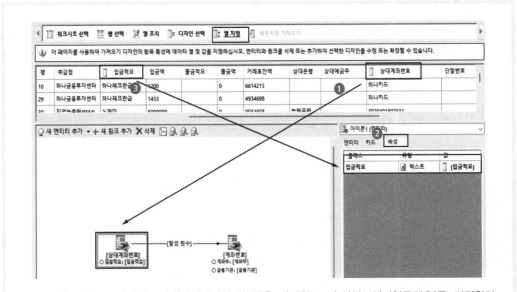

★ 입금사양이므로 엔티티 1에 '상대계좌번호' 열을 지정하고, 속성정보에 '입금적요'를 지정한다.

[그림 12] 금융정보 네트워크 분석사양 작성(열지정 : 엔티티 1)

▲ 분석사양 작성시 '상대계좌번호' 엔티티의 속성 정보에 '적요'를 입력하는 경우가 많다.
▲ 그런데 이는 향후 분석과정에서 텍스트 찾기 기능을 이용하여 '계좌번호' 엔티티의 속성
정보인 '계좌주' 이름을 기준으로 엔티티를 병합할때 같은 속성정보인 '적요'에 이름이
기재되어 있는 경우 동일 계좌로 인식하고 함께 병합되는 문제가 발생한다.

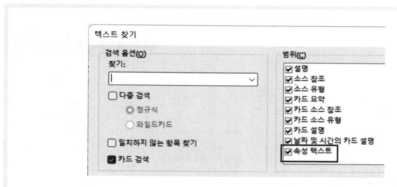

★ 텍스트 찾기 기능은 '속성 텍스트'를 기준으로 검색을 하므로 각 속성 정보의 다른
유형을 구분하기 어렵다.

[그림 13] 텍스트 찾기(Ctrl + F) 편집창

▲ 한 사람이 여러 계좌를 보유하고 있는 사건의 거래내역을 분석할 때 계좌 소유주를 기
준으로 엔티티를 병합하고자 한다면 '상대계좌번호'의 속성정보를 지정하지 않은 상태에
서 텍스트찾기 기능을 사용하거나, 시각적 검색의 '속성클래스'를 활용하여 '계좌주' 정보
를 기준으로 엔티티를 병합해야 한다.

i1 최신버전(19. 9. 11.자 업데이트 버전 기준)을 사용해 계좌내역 표준화를 진행하면
'상대계좌번호' 열안에 내용이 상대계좌번호가 있으면 상대계좌번호가, 상대계좌번호가
없으면 '거래구분' 또는 '적요' 내용이 들어가도록 지정되어 있다.

그래서 표준화 파일에는 '상대계좌번호' 열에 빈칸이 없이 내용이 채워져 있지만,
구버전의 i1을 사용할 경우 상대계좌번호가 없으면 내용이 비워져 있어 '상대계좌번호'
열에 빈칸이 있는 경우가 있다.

'상대계좌번호' 열에 빈칸이 있는 경우 '상대계좌번호' 열을 끌어 넣으면 다음 그림
과 같이 엔티티 ID 앞에 노란색 느낌표(!) 표시가 뜨게 되는데, 이러한 경우 ID 오른쪽
에 있는 '…'을 선택하고, 편집 창에서 '데이터가 공백일 때:' '엔티티를 생성하고 다음으

로 ID를 설정:'을 체크한 뒤 '상대계좌공백' 또는 '공백' 등으로 의미를 이해할 수 있게 ID를 지정한다. 이렇게 하면, 상대계좌번호 내용 중 공백이 있을 경우 해당 행은 '상대계좌공백' 또는 '공백'이라는 ID로 엔티티를 생성하고 차트에 표시하게 된다.

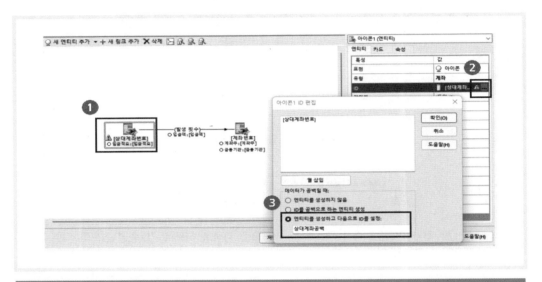

[그림 14] 상대계좌번호가 공백일 경우 편집 방법

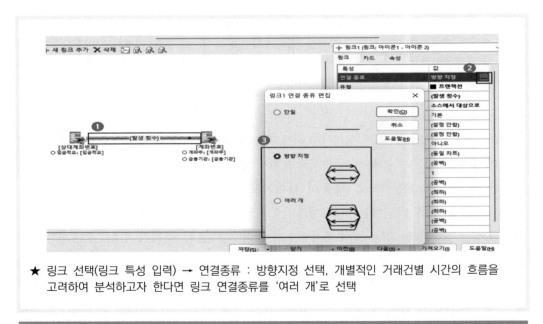

★ 링크 선택(링크 특성 입력) → 연결종류 : 방향지정 선택, 개별적인 거래건별 시간의 흐름을 고려하여 분석하고자 한다면 링크 연결종류를 '여러 개'로 선택

[그림 15] 금융정보 네트워크 분석사양 작성(열지정 : 링크 연결종류)

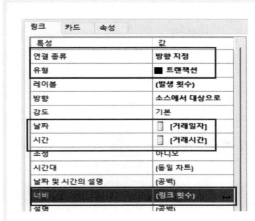
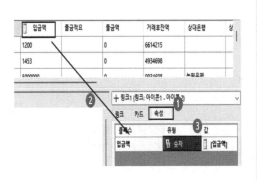

★ 링크유형 : 트랜잭션(출금링크의 경우 입금링크와 구별하기 위해 색깔을 파란색으로 변경), 날짜
  : 거래일자, 시간 : 거래시간, 너비 : 발생횟수에 따른 선형증가 / 속성시트 선택 → '입금액'
  열을 속성에 삽입 → 유형을 '텍스트'에서 '숫자'로 바꿔줌

[그림 16] 금융정보 네트워크 분석사양 작성(열지정 : 링크 특성 및 속성정보)

링크 속성에 '입금액' 값의 유형을 '텍스트'로 할 경우에는 입금액이 10건일 경우
10건이 각각 차트에 개별적으로 표시되지만, '숫자'로 지정할 경우에는 입금액 10건의
금액을 합한 값이 차트에 표시된다.

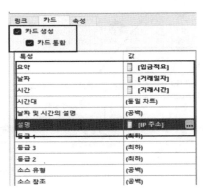

★ 카드생성 → 카드통합(건건별로 개별적으로 카드를 생성하고 싶다면 클릭 해제 → 요약, 날짜,
  시간, 설명값 지정은 향후 카드나열에서 엑셀로 다운받고 싶다면 분석가가 중요하다고 생각되
  는 정보를 중심으로 지정

[그림 17] 금융정보 네트워크 분석사양 작성(열지정 : 링크 카드정보 입력)

위와 같이 분석사양을 작성하면 아래와 같은 모델로 일반적인 계좌 네트워크 분석 사양(입금)이 완성된다.

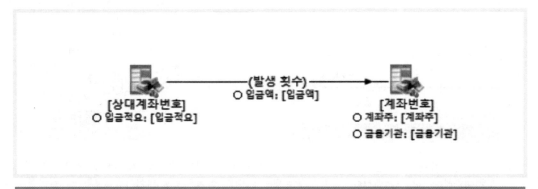

[그림 18] 금융정보 네트워크 입금 분석사양 작성(계좌 네트워크 ELP 모델)

그런데 이 사례의 경우 ① 입출금 총액을 확인하는 문제를 쉽게 풀기 위해서 입출금 총액을 나타내는 엔티티를 추가할 수 있다.

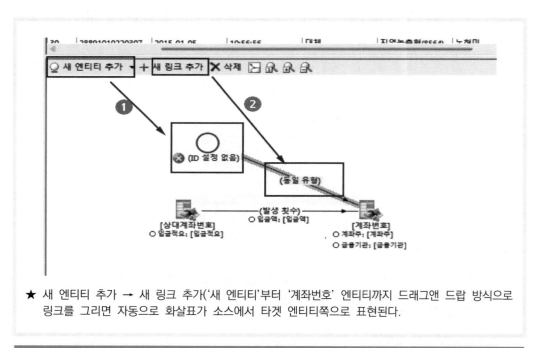

★ 새 엔티티 추가 → 새 링크 추가('새 엔티티'부터 '계좌번호' 엔티티까지 드래그앤 드랍 방식으로 링크를 그리면 자동으로 화살표가 소스에서 타겟 엔티티쪽으로 표현된다.

[그림 19] 금융정보 네트워크 분석사양 작성(입금총액 엔티티 추가)

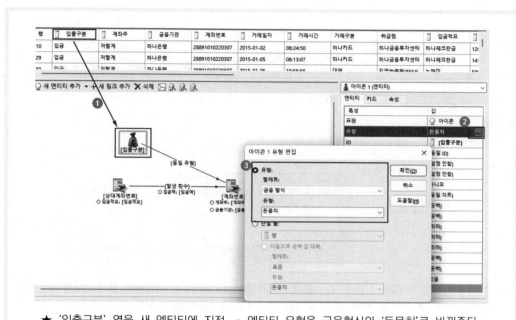

★ '입출구분' 열을 새 엔티티에 지정 → 엔티티 유형을 금융형식의 '돈뭉치'로 바꿔준다.

[그림 20] 금융정보 네트워크 분석사양 작성(입금총액 엔티티 추가)

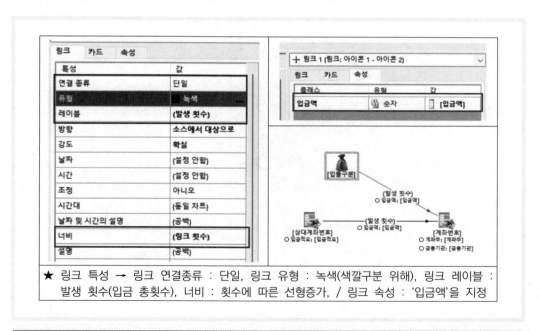

★ 링크 특성 → 링크 연결종류 : 단일, 링크 유형 : 녹색(색깔구분 위해), 링크 레이블 : 발생 횟수(입금 총횟수), 너비 : 횟수에 따른 선형증가, / 링크 속성 : '입금액'을 지정

[그림 21] 금융정보 네트워크 분석사양 작성(입금총액 엔티티, 링크 디자인)

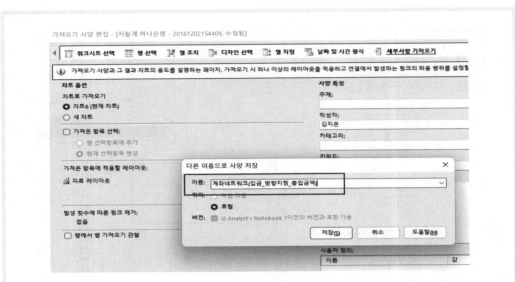

★ 네트워크 또는 타임라인, 입금 또는 출금, 방향지정 또는 여러 개, 총입금액 표시 여부를 구분하기
위해 분석사양 제목을 '계좌네트워크(입금_방향지정_총입금액)'으로 입력

[그림 22] 금융정보 네트워크 분석사양 작성(세부사항 가져오기)

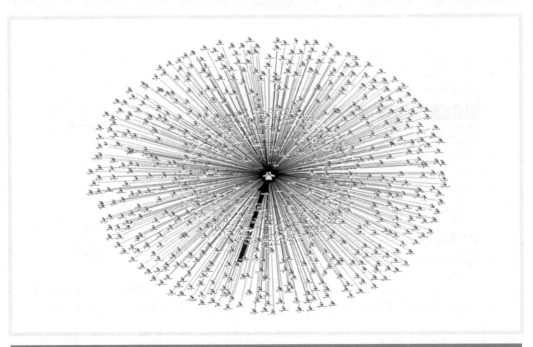

[그림 23] 유사수신 사기사건 저팔계 계좌내역(입금) 네트워크 방식 시각화 결과

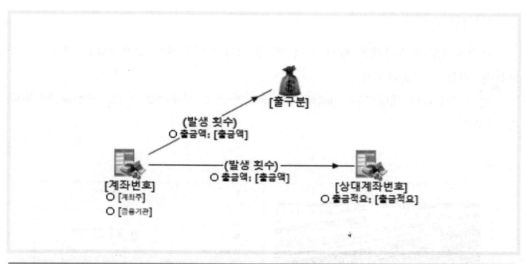

[그림 24] 금융정보 네트워크 분석사양 작성(계좌네트워크 출금분석사양 ELP 모델)

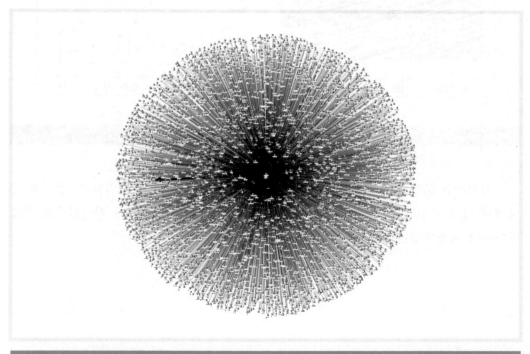

[그림 25] 유사수신 사기사건 저팔계 계좌내역(출금) 네트워크 방식의 시각화 결과

(여기서 잠깐?)

본격적으로 실습문제를 풀기 전에 제3장 *i2*의 이해편에서 설명하였던 '파일 → 차트특성' 기능을 떠올려보자.

먼저 속성값에 해당하는 '입금액', '출금액'의 소수 자릿수를 0으로 맞춰준 뒤 분석을 시작한다.

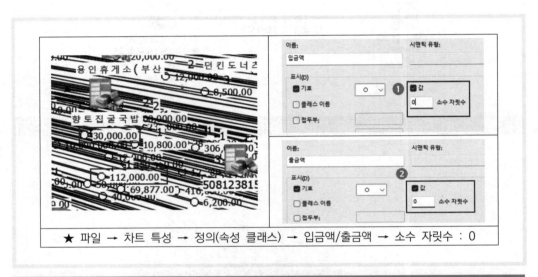

[그림 26] 입금액·출금액 소수 자릿수 조정

타임라인 분석사양도 같은 절차로 진행하되 '디자인 선택'만 달리하고, 열지정 단계에서 링크 특성과 링크 속성 정보에 대해서만 거래 건별로 링크가 작성된다는 점을 감안하여 지정해주면 된다.

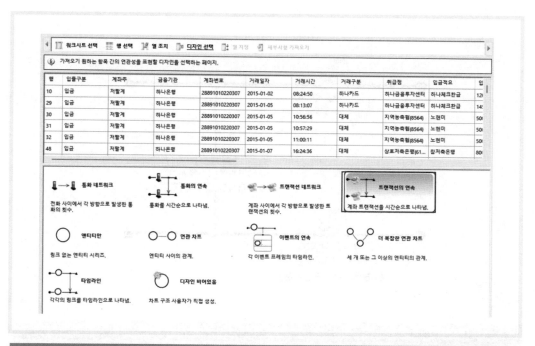

[그림 27] 금융정보 타임라인 분석사양 작성하기(디자인 선택)

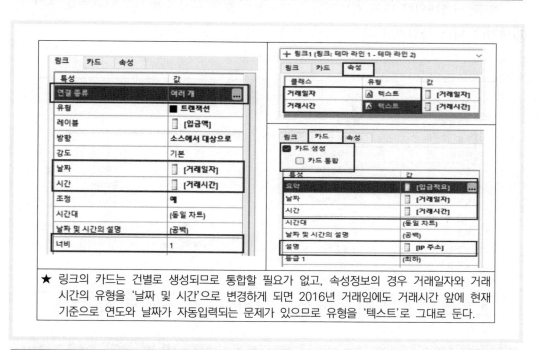

★ 링크의 카드는 건별로 생성되므로 통합할 필요가 없고, 속성정보의 경우 거래일자와 거래시간의 유형을 '날짜 및 시간'으로 변경하게 되면 2016년 거래임에도 거래시간 앞에 현재 기준으로 연도와 날짜가 자동입력되는 문제가 있으므로 유형을 '텍스트'로 그대로 둔다.

[그림 28] 금융정보 타임라인 분석사양 작성하기(열지정 : 링크 특성/카드/속성 정보 입력)

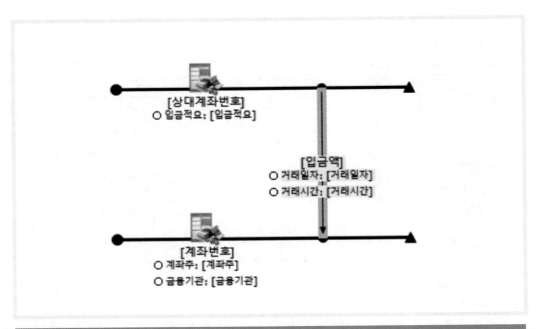

입금 거래내역에 대한 타임라인 분석사양을 모두 작성하였다면, 다음으로 출금 거래내역에 대한 타임라인 분석사양을 아래와 같은 모델로 작성한다.

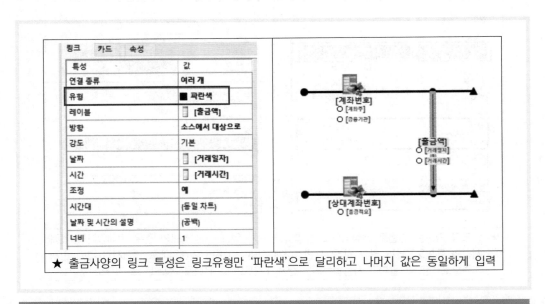

★ 출금사양의 링크 특성은 링크유형만 '파란색'으로 달리하고 나머지 값은 동일하게 입력

★ 타임라인 방식의 시각화는 건별로 링크가 생성되기 때문에 데이터의 양이 많을 때에는 위와 같이 까맣게 나타나지만 날짜와 시간 등을 기준으로 필터링하면 원하는 데이터를 추출하여 시간의 흐름에 따른 자금거래를 한눈에 파악할 수 있다.

[그림 31] 유사수신 사기사건 저팔계 계좌내역 타임라인 방식의 시각화 결과

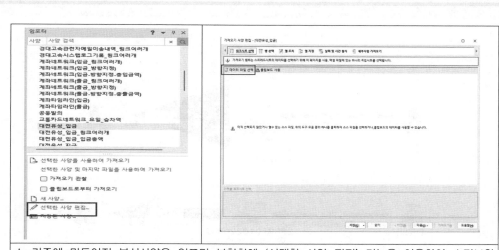

★ 기존에 만들어진 분석사양은 임포터 분할창에 '선택한 사양 편집' 기능을 이용하여 수정보완이 가능하다. 만약 소스파일이 선택되지 않는다면 '데이터 파일 선택'을 클릭하고 PC에 저장된 경로를 찾아가 대상파일을 불러올 수 있다.

[그림 32] 분석사양 편집방법

3) 실습문제 풀이

① 확보된 피의자 저팔계 계좌의 입·출금 총액 확인
- 돈뭉치 모양의 별도의 엔티티로 입출금 총액을 확인할 수 있도록 분석사양을 작성하였으므로 이를 이용하여 입·출금 총액을 확인한다.

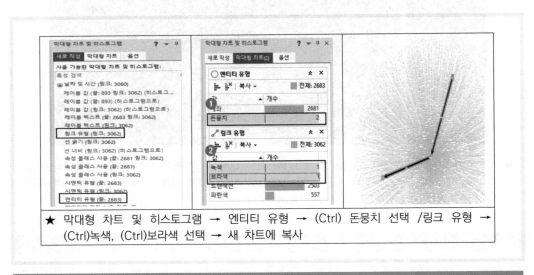

★ 막대형 차트 및 히스토그램 → 엔티티 유형 → (Ctrl) 돈뭉치 선택 /링크 유형 → (Ctrl)녹색, (Ctrl)보라색 선택 → 새 차트에 복사

[그림 33] 입·출금 총액 거래내역 추출과정

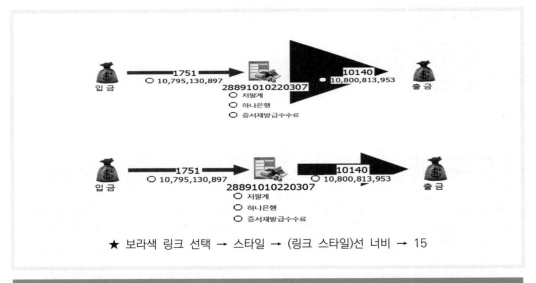

★ 보라색 링크 선택 → 스타일 → (링크 스타일)선 너비 → 15

[그림 34] 링크 스타일 중 선 너비 조절

② 피해자 3명 피해금의 실제 입금 여부 확인

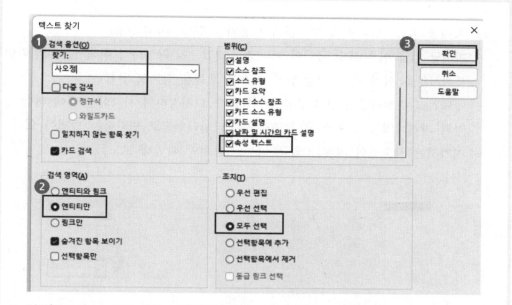

★ 검색(Ctrl+F) → 검색 옵션 : '사오정' 입력 → 검색 영역 : '엔티티만' 선택 → 범위 : '속성 텍스트' 체크 확인 → 조치 : '모두 선택' 체크 확인 → '확인' 선택

[그림 35] 피해자 3명 검색방법

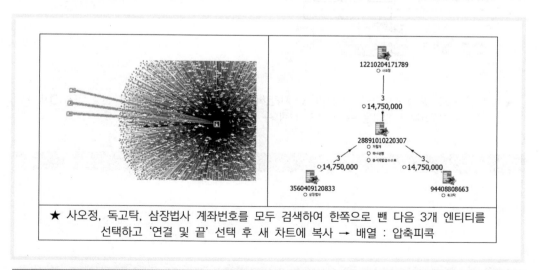

★ 사오정, 독고탁, 삼장법사 계좌번호를 모두 검색하여 한쪽으로 뺀 다음 3개 엔티티를 선택하고 '연결 및 끝' 선택 후 새 차트에 복사 → 배열 : 압축피콕

[그림 36] 피해자 3명의 피해금 입금 내역

- 피해자 3명 모두 3회에 걸쳐서 14,750,000원을 저팔계 계좌로 입금한 내역을 확인

③ 피해금 입금 이후 피의자의 금액 사용처 확인(피해금의 흐름)
- 피해금 입금 이후 해당 금액이 어디로 흘러갔는지 확인하기 위해서는 타임라인 분석사양을 짜서 바로 해당 날짜의 자금 흐름을 살펴보거나,
- 네트워크 분석사양의 링크 종류를 '여러 개'로 지정하여 시각화한 후에 해당 날짜의 거래내역을 추출한 후 최종적으로 타임라인으로 변환하는 방법이 있다.
- 여기서는 사오정의 피해금 입금 이후 사용처만 확인해 보도록 한다.

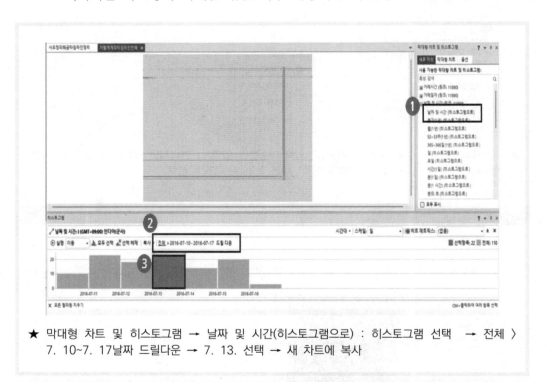

★ 막대형 차트 및 히스토그램 → 날짜 및 시간(히스토그램으로) : 히스토그램 선택 → 전체 〉
7. 10~7. 17날짜 드릴다운 → 7. 13. 선택 → 새 차트에 복사

[그림 37] 2016. 7. 13. 타임라인 거래내역 선택

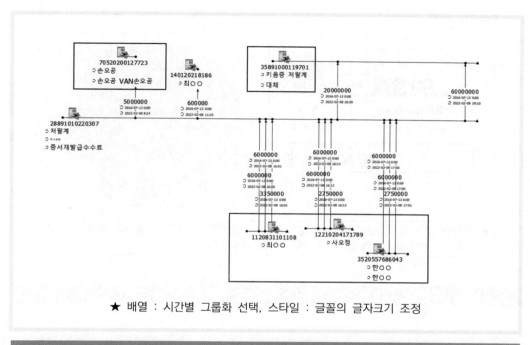

★ 배열 : 시간별 그룹화 선택, 스타일 : 글꼴의 글자크기 조정

[그림 38] 2016. 7. 13. 사오정 피해금 입금 전후 주요거래내역 타임라인 시각화

- 피해자 사오정이 피해금 1,475만원을 보낸 전후로 최○○와 한○○가 유사한 패턴으로 돈을 보낸 사실로 미루어 유사수신 사기사건의 다른 피해자일 가능성이 높다고 해석할 수 있음.
- 저팔계가 손오공에게 500만원을 보낸 사실로 미루어 손오공은 공범일 가능성이 있음.

④ 피해자 3명 외 다른 피해자 존재 여부 및 피해금 추정
- 피해자들은 대부분 일방적으로 피해금을 입금했을 것으로 추정되므로 양방향 거래가 없이 링크 숫자가 1개인 내역을 추출한다.
- 그 후 출금을 제외하고 입금 내역만 따로 뽑아서 대략적으로 1천만원 이상 입금한 대상자들의 거래내역을 추출하여 피해자 리스트를 정리해본다.

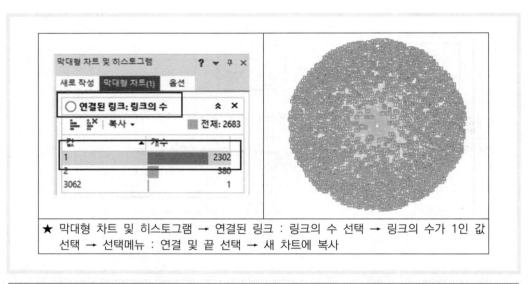

★ 막대형 차트 및 히스토그램 → 연결된 링크 : 링크의 수 선택 → 링크의 수가 1인 값
선택 → 선택메뉴 : 연결 및 끝 선택 → 새 차트에 복사

[그림 39] 링크의 수가 1인 거래내역 추출

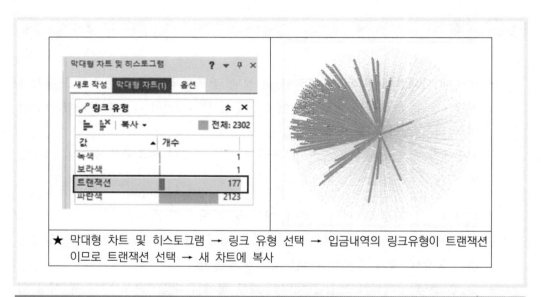

★ 막대형 차트 및 히스토그램 → 링크 유형 선택 → 입금내역의 링크유형이 트랜잭션
이므로 트랜잭션 선택 → 새 차트에 복사

[그림 40] 링크의 수가 1인 거래내역 중 입금내역만 선택

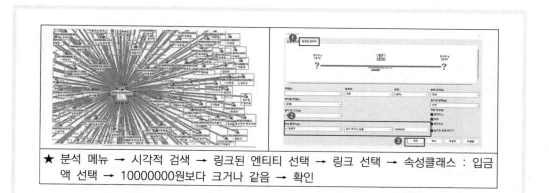

★ 분석 메뉴 → 시각적 검색 → 링크된 엔티티 선택 → 링크 선택 → 속성클래스 : 입금액 선택 → 10000000원보다 크거나 같음 → 확인

[그림 41] 1천만원 이상 입금내역 추출 과정

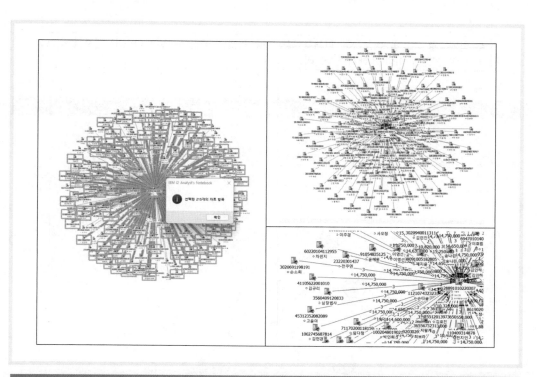

[그림 42] 1천만원 이상 입금한 피해자 의심 거래내역 추출

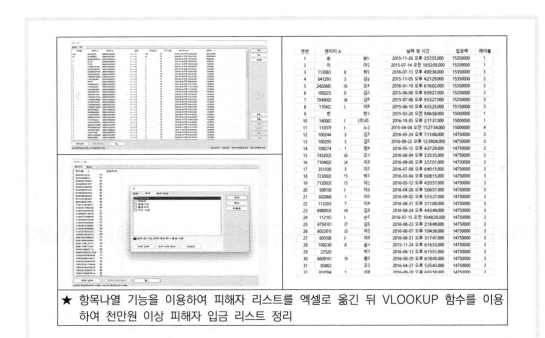

★ 항목나열 기능을 이용하여 피해자 리스트를 엑셀로 옮긴 뒤 VLOOKUP 함수를 이용하여 천만원 이상 피해자 입금 리스트 정리

[그림 43] 1천만원 이상 입금한 피해목록 리스트

⑤ 피의자의 다른 계좌와 자금 흐름

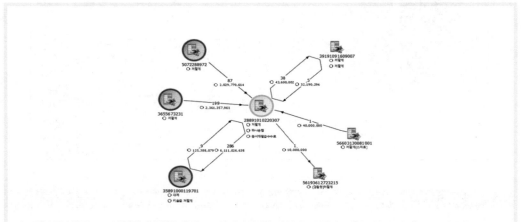

★ 텍스트 찾기 → 저팔계 입력(속성텍스트에 '저팔계' 단어가 들어간 계좌 모두 선택) → 저팔계의 에고 계좌(288~, 하나은행) 선택 해제 → 선택 : 연결 및 끝 선택 → 새 차트에 복사 → 배열 : 압축피콕

[그림 44] 피의자 저팔계 사용 의심계좌간 자금세탁 내역 시각화 결과

– 피의자 저팔계의 하나은행 주계좌로 '507~(저팔계)', '365~(저팔계)' 계좌에서 약 43억 규모의 자금이 들어오고 '358~(저팔계)' 계좌로 약 61억이 빠져나간 사실을 확인할 수 있음.

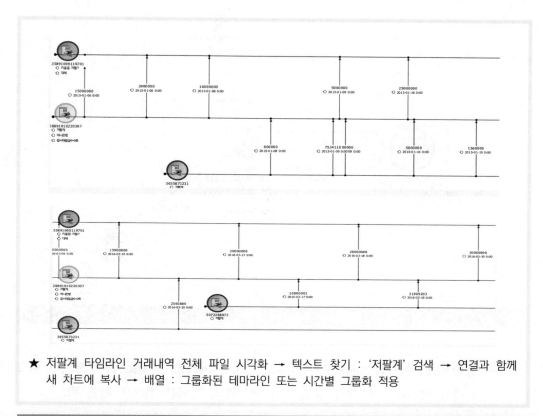

★ 저팔계 타임라인 거래내역 전체 파일 시각화 → 텍스트 찾기 : '저팔계' 검색 → 연결과 함께 새 차트에 복사 → 배열 : 그룹화된 테마라인 또는 시간별 그룹화 적용

[그림 45] 피의자 저팔계 사용 의심계좌 자금세탁 경로 타임라인 패턴 분석

– 피의자 저팔계가 사용한 것으로 추정되는 주요 계좌들간의 자금세탁 흐름을 타임라인 형태로 시각화한 결과, 초기에는 '3656~(저팔계)' 계좌에서 하나은행 주계좌로 돈이 흘러 들어와서 3589~(저팔계) 계좌로 돈이 나가다가 약 1년 후에 추가로 '5072~(저팔계)' 계좌에서도 돈이 흘러들어오는 패턴을 확인할 수 있음.

⑥ 공범으로 추정되는 손오공과의 자금 흐름

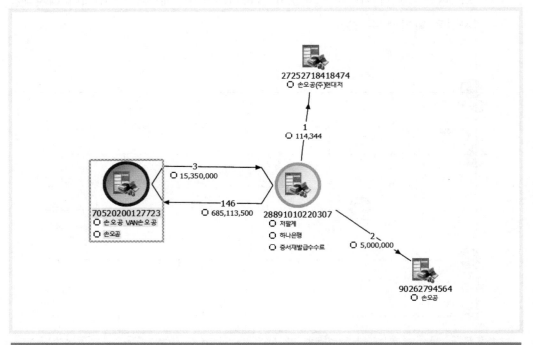

[그림 46] 피의자 저팔계와 공범의심 손오공과의 거래관계 시각화 결과

– 공범으로 의심되는 손오공과는 주로 7052~ 계좌로 거래를 한 것으로 보이고 저팔계 계좌에서 약 7억 정도의 자금이 흘러 들어간 것으로 확인 됨.

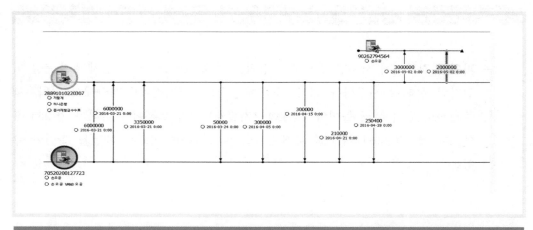

[그림 47] 피의자 저팔계와 공범의심 손오공과의 자금흐름 타임라인 시각화 결과

업무상 횡령 및 뇌물수수 사건 자금흐름 분석사례

1) 사건 개관

피의자 박멸구는 경대 텔레콤 부장으로, 관공서 등에 인터넷망 회선 신축 및 추가 구축 신청시 영업활동 용도로 본사로부터 제공되는 상품권(총 1억2,000만원 상당)을 받아 상품권매매업자인 김철수 사장을 통해 해당 상품권을 현금화하여 횡령하였고, 그 중 일부를 아산시청 서놀부 국장에게 뇌물을 제공한 혐의로 수사를 받고 있다.

박부장의 측근인 이우현 과장의 진술에 의하면 박부장이 "서놀부 국장에게 현금을 계좌로 송금한 적이 있는데, 이로 인해 서국장이 아주 난리를 쳤다."라는 얘기를 들은 적이 있다고 한다.

김철수 사장은 박부장이 상품권을 판매하면서 대부분 박부장 본인 명의 계좌로 송금받았고, 그 외에는 박부장이 알려주는 타인 명의 계좌로 송금하거나 현금으로 가져갔다고 한다.

충남경찰청 반부패공공범죄수사대장 이승태 경정은 이우현 과장의 제보로 첩보를 입수하고 수사에 착수하였다. 구체적인 진술 내용을 토대로 일단 사건 관계자인 박멸구 부장, 서놀부 국장, 김철수 사장 명의 10여 개의 계좌거래내역을 압수수색하였다.

2) 분석요구사항

① 박부장의 계좌거래내역을 분석하여 상품권을 판매하여 현금화시킨 돈을 어디로 보냈는지 그 사용처에 대한 분석
   - 박부장 계좌에 5천만원 이상 입금된 상대계좌 추출
   - 박부장 계좌에서 5천만원 이상 출금된 상대계좌 추출
   - 박부장 계좌에서 현금, 수표거래로 의심되는 금액만 따로 추출
② 박부장이 서놀부 국장에게 제공한 뇌물로 의심되는 자금거래내역 도출
③ 박멸구 부장, 서놀부 국장, 김철수 사장 3사람의 계좌를 중심으로 자금의 흐름을 분석하여 의심되는 자금거래내역 도출

3) 주요 분석 내용

- 위 요구사항에 대해서는 첫번째 유사수신 사기사건 분석시나리오를 참고하여 실습데이터를 활용하여 각자 연습해 보기로 한다.

‑ 본 사안은 대상자가 3명이지만 계좌의 수는 여러 개인 사건으로 전체 거래내역
을 시각화하면 다음과 같이 복잡한 거래관계가 현출된다.
‑ 이를 엔티티 1의 속성 정보인 '계좌주'를 기준으로 병합해보자.

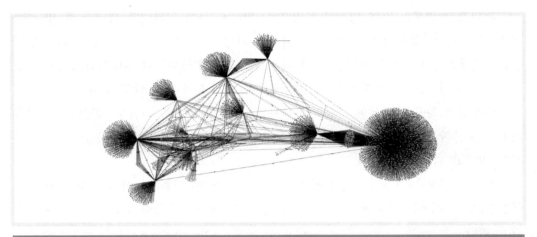

[그림 48] 수사대상자 3명 계좌 거래 네트워크 시각화 결과

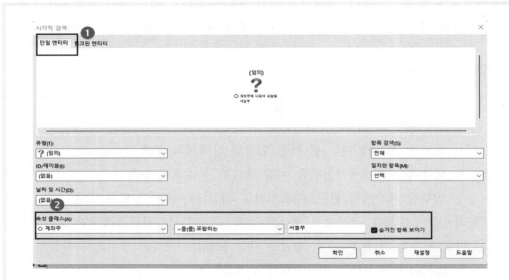

★ 엔티티 1의 속성정보로 설정한 '계좌주' 기준으로 엔티티를 병합하기 위해 '시각적 검색' 기능
을 활용(텍스트 찾기 기능은 '속성 텍스트' 기준밖에 없어서 엔티티 2의 속성정보인 '적요'란에
서놀부 등 3명의 이름이 있을 경우 해당 엔티티까지 선택되는 문제가 발생

[그림 49] 계좌주 기준으로 엔티티를 병합하기 위한 시각적 검색 기능

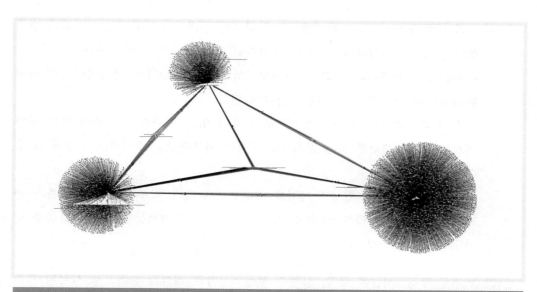

[그림 50] 계좌주 기준 엔티티 병합

② 박부장이 서놀부 국장에게 제공한 뇌물로 의심되는 자금거래내역 도출

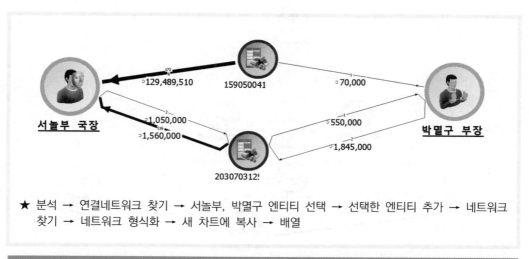

★ 분석 → 연결네트워크 찾기 → 서놀부, 박멸구 엔티티 선택 → 선택한 엔티티 추가 → 네트워크 찾기 → 네트워크 형식화 → 새 차트에 복사 → 배열

[그림 51] 서놀부 국장과 박멸구 부장의 자금흐름 연결 네트워크 찾기 시각화 결과

- 위 분석결과에 따르면 박부장과 서부장을 연결하는 2개의 계좌가 발견되었다.
- 물론 박부장으로부터 서국장까지 돈이 흘러들어가는 흐름이 확인되었다면 보다 확실히 범죄혐의를 증명할 수 있었을 것이다.

- 그러나 현재 3사람의 계좌거래내역만 확보한 상태에서 이와같이 명백하게 범죄 혐의가 확인되는 흐름이 확인될 것이라고 기대하는 것은 무리이다.
- 수사는 스노우볼링과 같고, 수사정보분석 역시 최초 작은 단서에서 출발하여 단계적으로 분석정보를 확대해 나가게 된다.
- 사실 서국장과 박부장과 공통적으로 거래가 있는 계좌가 나왔다는 사실 자체 만으로도 위 2계좌를 통해 범죄자금 세탁이 이루어졌을 것이라고 추정해 볼 수 있다.
- 다음 단계 수사에서 위 2개 계좌를 압수수색 한다면 '박부장 → 제3의 계좌 → 15905~계좌 → 서놀부 국장(약 1억3천 송금)'으로 이어지는 자금세탁 흐름을 찾 아낼 수도 있을 것이다.

③ 박멸구 부장, 서놀부 국장, 김철수 사장 3사람의 계좌를 중심으로 자금의 흐름 을 분석하여 의심되는 자금거래내역 도출

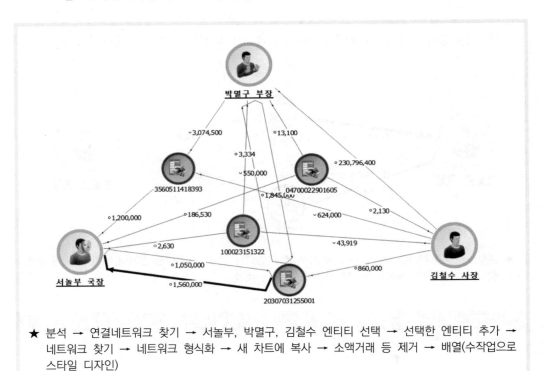

★ 분석 → 연결네트워크 찾기 → 서놀부, 박멸구, 김철수 엔티티 선택 → 선택한 엔티티 추가 → 네트워크 찾기 → 네트워크 형식화 → 새 차트에 복사 → 소액거래 등 제거 → 배열(수작업으로 스타일 디자인)

[그림 52] 서놀부 국장, 박멸구 부장, 김철수 사장의 자금흐름 연결 네트워크 찾기 시각화 결과

입금/출금 사양을 반드시 나눠서 짜야 할까?

"꼭 사양을 입금과 출금으로 나눠서 짜야 하나요?"

지금까지 엣지리스트(소스, 타겟) 형태가 아닌 계좌내역 표준화 자료와 같은 유형의 데이터를 분석할 때 구분열의 '입금, 출금' 내역을 나누어서 각각 분석사양을 만들어주었다.

그러나 한 번에 분석사양을 만들어 줄 수 있는 방법이 전혀 없는 것은 아니며 아래와 같이 두 가지 방법을 활용할 수 있다. 각각의 방법은 최종 시각화결과 다소 아쉬운 점이 있으므로 이에 유의하여야 하고, 결론적으로는 입금과 출금 별도로 분석사양을 만들어줄 것을 권장한다.

(1) 먼저 분석사양 짜기 '열지정' 단계에서 링크 방향 편집 기능의 단일 열인 '입출구분' 열의 값(입금 또는 출금)을 기준으로 방향성 문제를 해결해 줄 수 있다.
(2) 두번째로 '열지정' 단계에서 별도의 링크를 추가로 삽입하여 각각 방향을 달리하여 연결해준다면 역시 방향성 문제를 해결할 수 있다.

분석사양을 작성할때 입출금 구분 사양과 다른 부분은 우선 행선택 단계에서 '특정 문자로 시작하는 행 제거' 기능을 활용하지 않고 통신정보 분석사양 짤 때와 마찬가지로 머리행만 설정하고 다음 단계로 넘어가도록 한다.

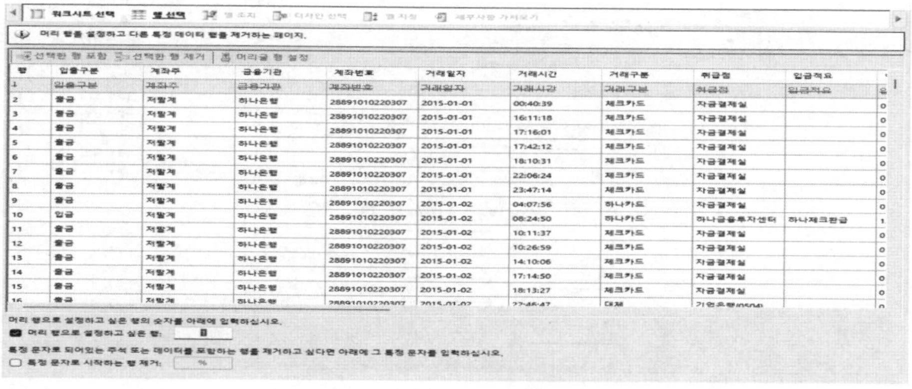

★ 머리행 설정 → 다음

[그림 53] 계좌내역 분석사양 짜기 행선택 단계

하나의 분석사양으로 모든 것을 나타내 주어야 하므로 상대계좌 엔티티 속성정보에 적요 정보를 지정하는 경우, 입금적요와 출금적요를 나란히 지정하여 시각화결과 한쪽이 0이라 하더라도 두개 값이 모두 나란히 현출된다는 단점이 있다.

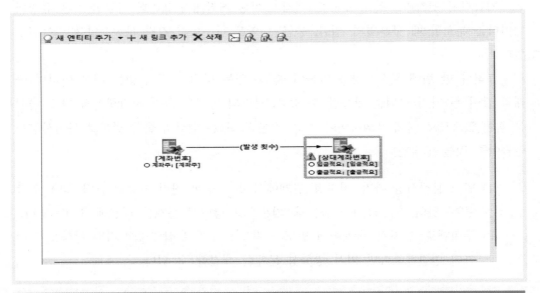

[그림 54] 분석사양 작성시 상대계좌 엔티티 속성정보 지정화면

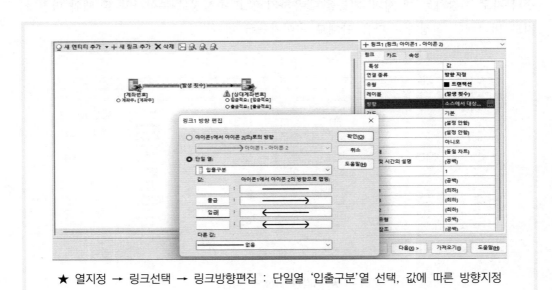

★ 열지정 → 링크선택 → 링크방향편집 : 단일열 '입출구분'열 선택, 값에 따른 방향지정

[그림 55] 입출구분 열 값에 따른 링크방향 지정

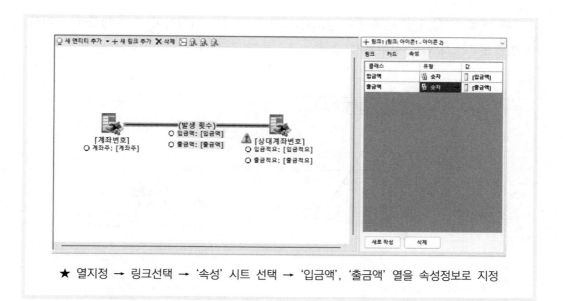

★ 열지정 → 링크선택 → '속성' 시트 선택 → '입금액', '출금액' 열을 속성정보로 지정

[그림 56] 분석사양 작성시 링크 속성정보 지정

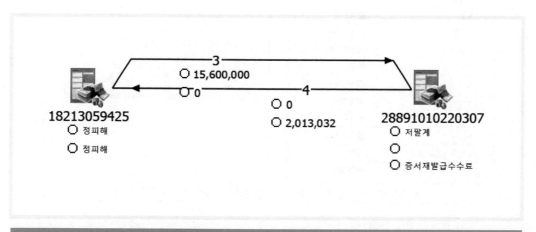

[그림 57] 링크 방향편집 기능을 활용한 금융정보 네트워크 분석사양 시각화 결과

금융정보 네트워크 분석사양을 링크 방향편집 기능을 활용하여 한 번에 작성하는 방법의 시각화 결과과 위 [그림 57]과 같다.

기존 사양과 달리 입금링크의 속성정보를 입금액만, 출금링크의 속성정보를 출금액만 지정할 수 없어서 각각의 링크의 항상 두 개의 속성정보가 모두 현출되는 불편함이 있고, 두 링크의 색깔을 달리 표시할 수도 없다.

두 번째로 '열지정' 단계에서 별도의 링크를 추가로 삽입하여 각각 방향을 달리하여 연결해주는 방법을 살펴보자.

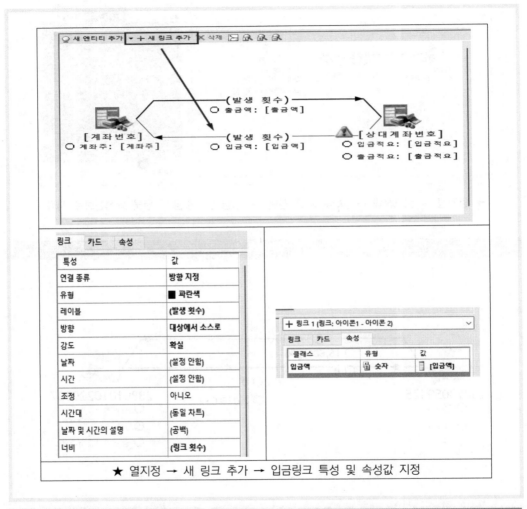

[그림 58] 새 링크 추가 기능을 활용한 금융정보 네트워크 분석사양

열 지정 단계에서 새 링크를 하나 추가하여 각각 방향성에 따라 링크 특성값과 속성값을 별도로 지정할 수 있다. 이렇게 분석사양을 작성하면 입금과 출금링크의 색깔을 달리 표현하는게 가능하다.

그러나 이때에는 링크레이블이 입금내역과 출금내역을 별도로 구분하지 않고 횟수를 산출하게 되어 아래와 같이 입금 및 출금 횟수를 합한 값(입금 4+출금 3=7)으로 표시된다.

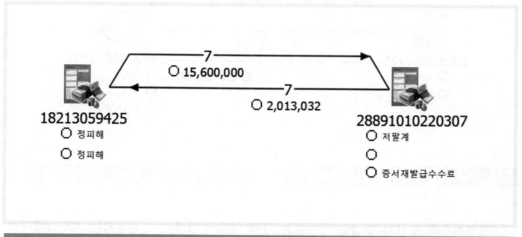

[그림 59] 새 링크 추가 기능을 활용한 금융정보 네트워크 분석사양 시각화 결과

링크레이블인 발생횟수가 합산되는 문제를 해결하기 위해 각 링크의 방향편집 기능을 이용하여 아래와 같이 단일열인 '입출구분' 열을 기준으로 분석사양을 짤 수도 있다. 그러나 이렇게 하면 '다른 값'에 대해서 링크를 생성되지 않게 할 수 있는 기능이 없어서 [그림 61]과 같이 방향성 없는 새로운 링크가 생성되는 문제가 발생한다.

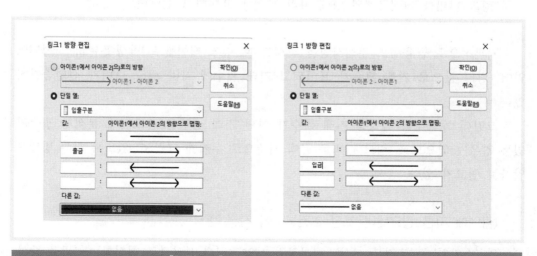

[그림 60] 링크 방향편집 기능 화면

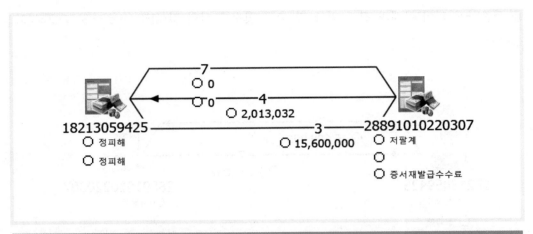

[그림 61] 새 링크 추가(링크 방향편집) 기능 활용 금융정보 네트워크 분석사양 시각화 결과

결론적으로 입금과 출금을 구분하는 열에 의해서 방향성이 결정되는 계좌거래내역과 같은 수사정보의 경우 입금사양과 출금사양을 각각 나눠서 작성하는 방법이 가장 바람직하다.

조건부 서식활용 TIP

"링크 너비를 거래금액의 양에 따라 두껍게 표현하고 싶다면?"

기본적으로 금융정보 분석사양을 작성할 때 링크 레이블로 '발생횟수'가 지정되어 있어, 링크 값으로 거래 횟수가 표시되고 거래 횟수에 따라 링크 너비가 선형증가하였다.

그런데 계좌내역 특성상 거래 횟수가 아닌 거래 금액을 중요하게 분석할 필요가 있는 경우가 있으므로, 링크 너비를 금액 기준으로 두껍게 그릴 수 있도록 하는 방법을 알아둘 필요가 있다.

(금액에 따른 링크너비 조절 조건부서식 작성 순서)

① '스타일' → '조건부 서식' → '저장된 사양' → '새 사양으로 형식화' → '새로 작성'
② '규칙 적용'에서 '링크' 선택

③ 2. 다음을 기반으로 규칙 실행'에서 '속성을 포함하는 링크:'를 클릭한 후 'ㅇ입
　금액(또는 'ㅇ출금액')' 선택
④ '규칙 변경'에서 '너비' 선택,
⑤ '너비을(를) 변경'에서 '입금액을(를) 기반으로 한 점진적 배율의 값'을 클릭한
　후 '편집'에서 '입금액의 가장 낮은 값:'은 '차트에서', 너비는 '헤어라인'으로 지
　정하고, '입금액의 가장 높은 값:'은 '차트에서', 너비는 임의의 숫자, 예를 들어
　'20'으로 지정한 후 '확인'을 클릭

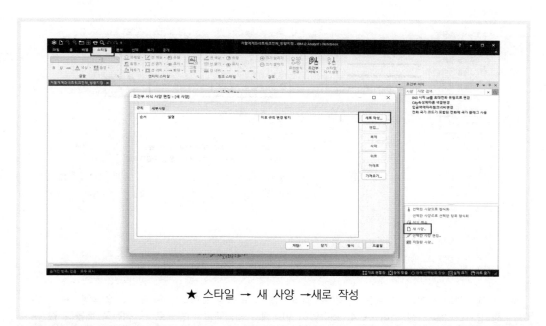

★ 스타일 → 새 사양 →새로 작성

[그림 62] 조건부 서식 새로 작성

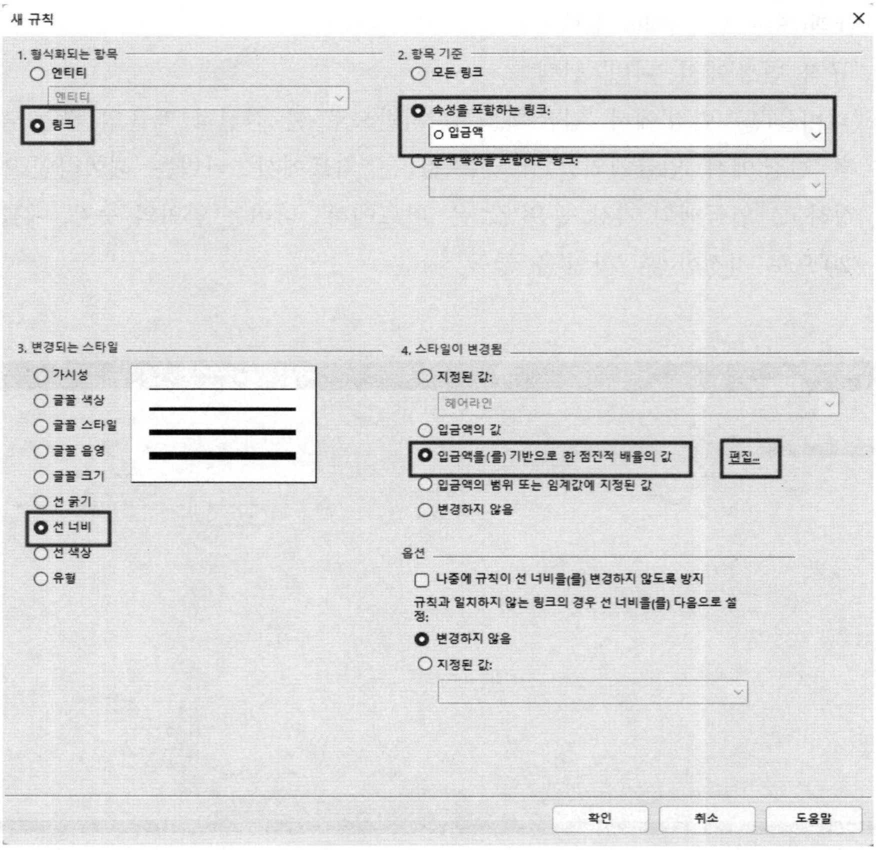

★ 1. 형식화되는 항목 : 링크 선택 → 항목 기준 : 속성을 포함하는 링크 : o 입금액 → 3. 변경되는 스타일 : 선 너비 → 4. 스타일이 변경됨 : 입금액을 기반으로 한 점진적 배율의 값 → 편집

[그림 63] 링크 속성 입금액에 다른 선 너비 조절 조건부 서식 새 규칙

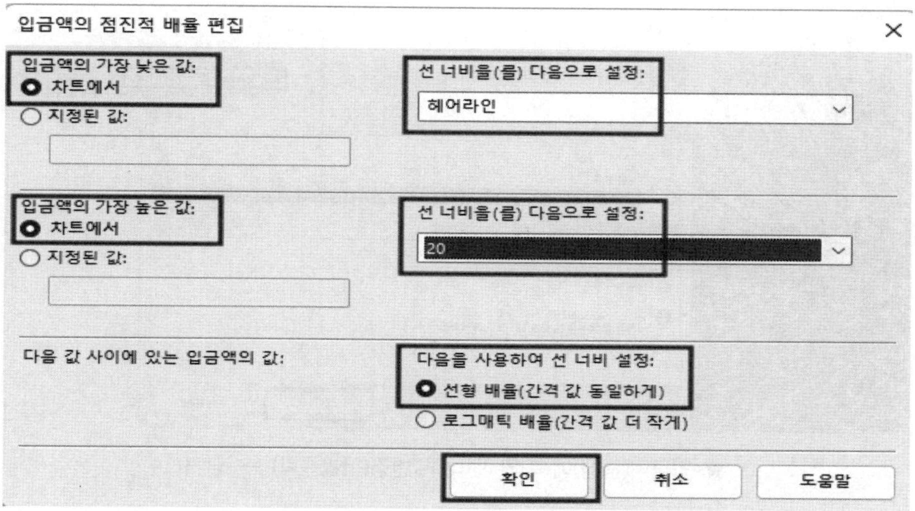

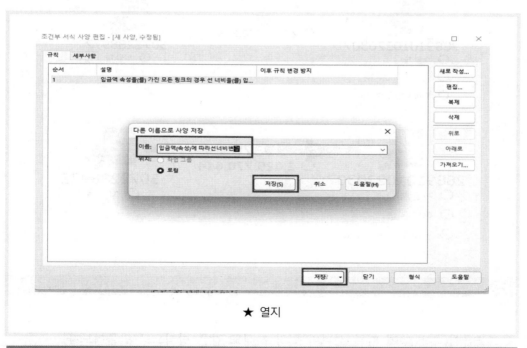

★ 입금액의 가장 낮은 값 : 헤어라인 → 입금액의 가장 높은 값 : 20 → 선형 배율

[그림 64] 입금액의 점진적 배율 편집창

★ 열지

[그림 65] 입금액(속성값)에 따라 선너비변경 조건부서식 저장

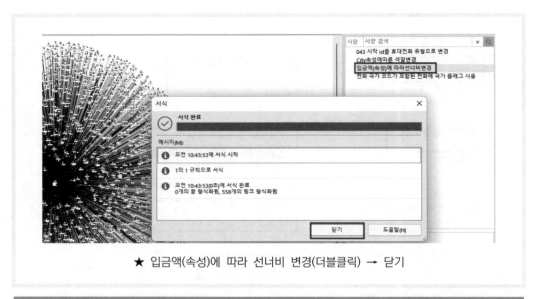

★ 입금액(속성)에 따라 선너비 변경(더블클릭) → 닫기

[그림 66] 조건부 서식 적용

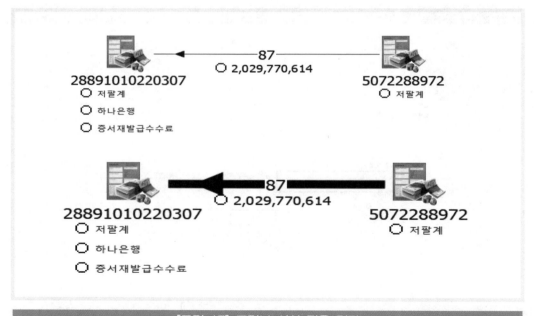

[그림 67] 조건부 서식 적용 결과

출금액(속성 값)에 따른 선너비 변경 서식도 같은 방식으로 만들어보자!

링크레이블을 거래금액으로 지정하여 차트 만들기

"꼭 링크를 거래 횟수에 따라 그려야 하나요?"

링크레이블을 '거래 횟수'가 아닌 '거래 금액'을 기준으로, '거래 금액'이 링크값으로 표시되고 '거래 금액'에 따라 선형 증가하는 차트를 그리는 것도 가능하다.

기존의 금융정보 네트워크 분석사양 만드는 방법과 한 가지 차이점은 링크 레이블로 '발생횟수' 대신 해당 자리에 '금액(입금액 또는 출금액)'을 넣어둔다는 것이다.

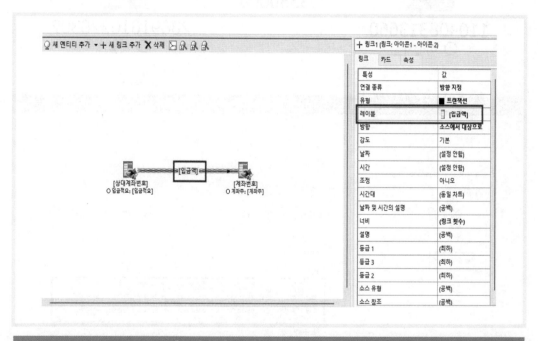

[그림 68] 링크레이블 입금액 지정

다만 여기서 한 가지 유의할 점은 차트 시각화 결과 아래와 같이 합산된 금액이 표시되지 않고 건별로 나란히 표시된다는 점이다. [그림 69]의 피해자와 저팔계의 거래는 링크의 카드를 확인하면 600만원씩 2번, 335만원 1번으로 총 1,535만원을 피해자가 저팔계에게 입금하였다.

그러나 링크레이블이 같은 600만원은 하나만 차트에 표현되어 총 입금액을 추산하는데도 혼선이 발생할 수 있다.

이를 방지하기 위해서는 차트를 불러오기 전에 '차트 특성' 기능을 활용하여 링크레이블 병합 및 붙여넣기 규칙의 '숫자 링크 합'을 선택해 주어야 한다.

차트 특성 옵션을 변경해준 다음 시각화하면 [그림 72]와 같이 링크레이블의 입금액이 합산된 상태로 시각화할 수 있다.

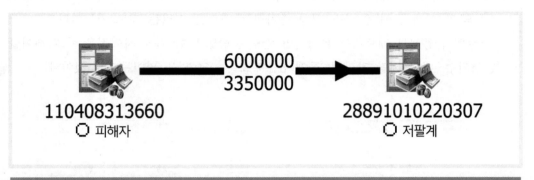

[그림 69] 링크레이블 입금액 분석사양 시각화 결과

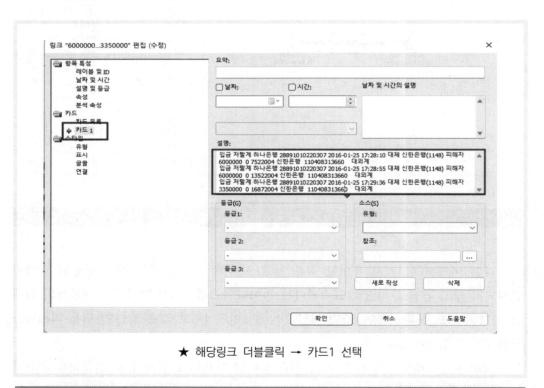

★ 해당링크 더블클릭 → 카드1 선택

[그림 70] 링크 편집창 카드설명 확인

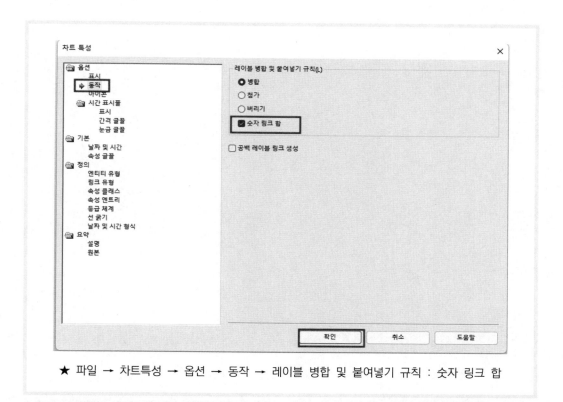

★ 파일 → 차트특성 → 옵션 → 동작 → 레이블 병합 및 붙여넣기 규칙 : 숫자 링크 합

[그림 71] 차트특성 편집창

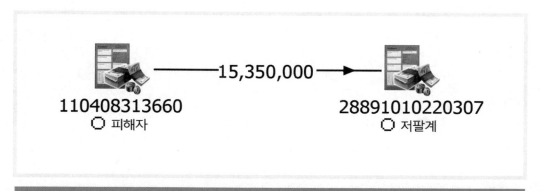

[그림 72] 차트 특성 옵션 지정 후 링크레이블 입금액 분석사양 시각화 결과

출금액을 링크레이블로 지정한 분석사양도 같은 방식으로 만들어보자!

이원 연결망(2-mode network)을
활용한 수사정보분석

CHAPTER 09

이원 연결망(2-mode network)을 활용한 수사정보분석

이원 연결망(2-mode network) 분석이란?

지금까지는 전화번호(엔티티 1)와 전화번호(엔티티 2)간의 통화내역에 대한 분석, 또는 계좌번호와 계좌번호의 거래내역에 대한 네트워크 분석을 위주로 살펴보았다.

이는 주로 하나의 소셜엔티티 집합으로부터 측정된 일원 행렬 연결망(One-mode) 네트워크 분석에 해당한다. 그러나 기지국 통화내역 분석에서 '발신기지국 위치'와 '전화번호'라는 이종의 데이터의 관계에 대한 분석을 수행하였듯이 경우에 따라서는 서로 다른 두 종류의 소셜엔티티 집합에 대한 분석이 필요한 경우가 많다. 이를 2원 행렬 연결망(2-mode netwok) 분석이라고 한다.

최근에는 몸캠피싱 등 신종 사이버범죄에서 수집되는 다양한 수사정보의 연관관계를 분석해야 하는 수요가 많아 3-mode, 4-mode 분석이 필요한 경우도 많아지고 있다.

〈표 1〉 몸캠피싱 데이터 연관관계 분석 모델

구 분	2-mode 네트워크 분석 모델				
ID	ID-계좌번호	ID-파일명	ID-IP주소	ID-전화번호	ID-사이트
IP	IP주소-계좌번호	IP주소-파일명	IP주소-전화번호		
전화번호	전화번호-계좌번호	전화번호-파일명			

이와 관련하여 다종의 데이터간의 연관관계를 확장해 나가면서 분석할 수 있는 데이터베이스(i-base) 기반의 네트워크 분석방법론도 실무에서 활용되기 시작[1]하였으며,

---

1 2020. 4월, 경찰청 수사정보분석가들이 주축이 되어 COVID-19 역학조사 데이터분석을 지원하였고,

2원 행렬 연결망(2−mode) 데이터를 1원 행렬 연결망(1−mode) 데이터로 변환하여 유사성을 분석할 수 있는 분석 방법론(김현철, 2020)[2]도 연구되고 있다.

데이터의 종류가 3가지 이상(3−mode)이고 그 양이 방대할 때는 전체 데이트를 한 번에 불러오는 방식이나, 그에 따른 중심성 원리 등 SNA 알고리즘 적용이 어렵다.

이와 같은 경우에는 최초 혐의단서를 불러온 뒤 관련 정보를 확장해 나가는 방식으로 다중의 데이터 사이의 직·간접적인 연관관계를 분석해야 한다.

몸캠피싱 수사정보에 대해 i−base를 활용하여 확장분석해 나가는 과정을 간단히 살펴보면 다음과 같다.

데이터 베이스에 <표 1>과 같은 구조로 몸캠피싱 수사정보 스키마(schema)[3]를 작성하고 데이터를 축적하였다면 아래와 같은 분석이 가능하다.

먼저 몸캠피싱 용의 ID인 '미연'이라는 엔티티를 불러온 후 해당 엔티티와 관련있는 전화번호와 계좌번호를 DB에서 불러오면 다음과 같이 시각화 할 수 있다.

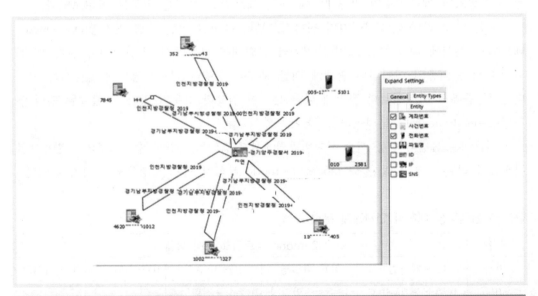

[그림 1] i−base 활용 'ID−전화번호, ID−계좌번호' 확장검색 결과

이때 국내 최초로 $i2$ 기반의 데이터베이스 분석 프로그램인 i−base를 활용한 노하우를 바탕으로 2020. 11. 18. 서울경찰청 수사과에 보이스피싱 집중대응팀을 신설하여 보이스피싱 범죄 대용량 수사정보 분석에 i−base를 적용하기 시작함.

2 김현철, 윤지원, 소셜네트워크 분석을 통한 사이버금융범죄 수사활용사례(2−모드 중심으로), 디지털포렌식연구 제14권 제4호, 2020. 12.

3 스키마는 데이터베이스를 구성하는 데이터 개체(Entity), 속성(Attribute), 관계(Relationship) 및 데이터 조작시 데이터 값들이 갖는 제약조건 등에 관해 전반적으로 정의하는 메타데이터의 집합.

연속하여 '미연'과 관련된 전화번호와 계좌번호 중에 2개의 전화번호와 관련된 또 다른 ID를 찾아보면 다음과 같이 확장이 가능하다.

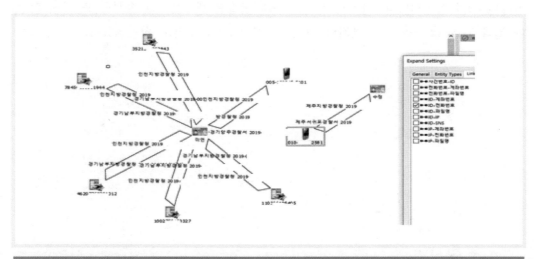

[그림 2] *i*-base 활용 '전화번호-ID' 확장검색

위와 같은 분석 과정을 해석해 보자면 '미연'이라는 ID를 쓰는 몸캠피싱 범인은 010-××××-2581번을 사용하였고, 해당 번호는 '수정'이라는 ID를 쓰는 범인도 사용하였으므로 '미연'과 '수정'은 같은 사람이거나 또는 같은 범죄집단에 소속된 사람이라는 합리적 의심을 할 수 있다. 이런 방식으로 분석을 더 확장해 나가면 다음과 같은 간접적인 연관관계를 추가로 확인할 수 있다.

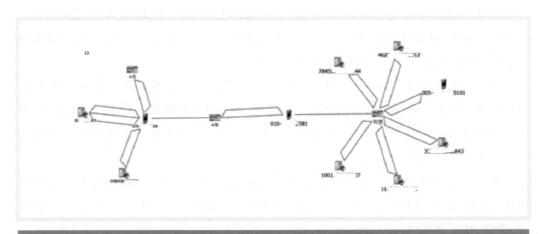

[그림 3] *i*-base 활용 'ID-전화번호', '전화번호-ID/계좌' 확장검색

네트워크 연결관계를 계속 확장해 나가면 '수정'이라는 ID를 사용하는 사람이 '070－xxxx－7569'번을 사용하였고, 이 전화번호와 관계가 있는 계좌번호 2개와 '소연'이라는 ID가 확인되었다. 여기서 각 계좌들과 연결된 새로운 'ID' 유무를 또 다시 확장한 결과 '0450xxxxxx2202' 계좌와 연결된 5개의 ID가 추가로 확인되었다.

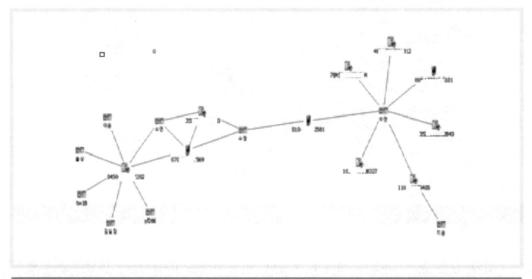

[그림 4] *i*-base 활용 '계좌번호-ID' 확장검색

위와 같이 최초 '미연'이라는 몸캠피싱 용의 ID에서 시작하여 네트워크를 확장검색한 결과, 관련성이 있는 ID 총 9개와 전화번호 3대, 계좌번호 7개가 확인되었다.

특히 이중에서도 '0450xxxxxx2202' 계좌번호의 경우 여러 ID와 070 전화번호와 연결되어 있어 몸캠피싱 범죄에서 활발하게 사용되는 핵심계좌로 의심되므로 거래내역을 확인해 볼 필요성이 있다는 소결론을 도출할 수 있다.

이런 방식으로 몸캠피싱 수사단서간 직·간접적인 연관관계를 확장해 나가면서 분석하다 보면 서로 관련이 없어 보이는 단서들간의 연관관계를 확인할 수 있을 뿐만 아니라 수사관이 상정한 가설과 추론방식에 따라서 꼬리에 꼬리를 무는 방식으로 단서를 추적해 나갈 수 있다.

뿐만 아니라 연속되는 확장분석 결과 만들어지는 몸캠피싱 수사단서들간의 글로벌 네트워크의 전체 구조적 관계를 분석한다면 범죄 수사적 맥락에서 새로운 함의를 끌어낼 수도 있을 것이다.

한 가지 아쉬운 점은 *i2*에서는 2−mode를 1−mode로 변환하는 분석기능은 제공되지 않으므로 상관관계가 있는 전화번호끼리의 유사도, 계좌번호끼리의 유사도를 알고 싶다면 다른 SNA 프로그램을 활용해야 한다.

데이터베이스에 기반한 분석방법론은 이 정도로 가름하고 이번 장에서는 수사과정에서 다양하게 수집될 수 있는 2−mode 데이터에 대한 연관관계 분석 사례를 살펴보도록 하자.

산업기밀 유출사건 이원연결망 분석

1) 사건 개관

주식회사 경대텔레콤에서 개발한 6G 차세대 통신기술과 관련된 핵심 문건이 내부보고 과정에서 유출되는 사건이 발생하였다.

해당 연구책임자인 유지훈 상무가 처음으로 내부기술보고서를 경대텔레콤 핵심 임원들에게 회사 전용 이메일에 첨부하여 발송하였고, 그후 관련부서 관계자들에게 해당 문건이 전파되었다.

그러던 중 누군가 이를 외부로 반출하였고, 반출사실을 회사 산업보안팀에서 2018. 11. 19. 10:10에 확인하게 되었다.

산업보안팀에서는 외부 유출자를 찾기 위해 내부 조사를 시작하였고, 아래와 같이 유출문건 메일발송내역과 유출된 기술보고서가 저장되어 있는 내부시스템 접속로그기록 정보를 추출하게 되었다.

No	발신자	일시	수신자성명	목적
	유지훈	11/18 일 13:10	장나라	최초 보고
	유지훈	11/18 일 13:10	하상구	최초 보고
	유지훈	11/18 일 13:10	이상혁	최초 보고
	유지훈	11/18 일 13:10	김성택	최초 보고
	유지훈	11/18 일 13:10	박진환	최초 보고
	유지훈	11/18 일 13:10	김정일	최초 보고
	유지훈	11/18 일 13:10	강민호	최초 보고
	유지훈	11/18 일 13:10	김희애	최초 보고

[그림 5] 내부 보고 경로

부서	직급	UserNam	LoginDateTime	UserIP	비고
이동통신본부	1급	김철수	2018-11-18 12:19:35.000	10.226.7.104	
연구개발본부	1급	김철수	2018-11-20 09:35:26.000	10.226.7.104	
기술개발본부	차장	김창민	2018-11-20 08:15:49.000	10.226.9.108	
기술개발본부	차장	김창민	2018-11-20 09:48:18.000	10.226.9.108	
기술개발본부	차장	유충신	2018-11-19 07:53:31.000	10.226.9.105	
기술개발본부	차장	유충신	2018-11-19 08:26:06.000	10.226.9.105	
기술개발본부	차장	유충신	2018-11-19 08:26:45.000	10.226.9.105	
기술개발본부	차장	유충신	2018-11-19 08:45:36.000	10.226.9.105	

[그림 6] 시스템 접속로그

보통 기술개발본부나 연구개발본부 팀장들은 사무실 컴퓨터 또는 모바일을 이용하여 내부시스템에 한, 두 차례 정도 접속하여 당일 임무와 연구과제 등을 확인하고 업무를 수행한다고 한다.

내부 직원들 대상으로 조사한 결과 현재 의심되는 사람은 기술개발 4팀장 유충신과 연구본부 3팀장인 권대부 정도로 추정된다.

2) 분석 요구사항

(1) 데이터 전처리 관련

- 메일발송내역 파일은 엑셀의 '텍스트 나누기' 기능을 활용하여 날짜와 시간 열을 분리하고, 날짜 앞에 연도를 추가한 뒤 연도를 2018년으로 바꾼 후 형식을 2018-01-01로 변경(요일 열은 삭제)
- 시스템로그기록 파일도 날짜와 시간 열을 분리하고, 시간열은 분까지만 표시
- 각각 수정한 파일을 '① 메일이송내역_날짜시간분리_연도추가, ② 시스템로그기록_날짜시간분리'로 저장하여 첨부

(2) 정보유출 시점인 2018. 11. 19. 10:10 전까지 (1) 데이터상 보고를 받은 사람들의 관계네트워크를 *i*2를 활용하여 그려 보자.

※ 엔티티 유형 : 사람(어두운셔츠), 링크 연결종류 : 여러 개, 링크레이블 : 목적

(3) 정보유출 시점 전까지 사고사실을 보고받은 사람들의 관계 네트워크에 해당 대상자들의 시스템 접속로그를 추가하여 네트워크를 그리고, 그중 스마트폰 접속로그가 있는 사람들만 그 내역을 별도로 추출하여 그 내역을 엑셀파일로 옮겨보자.

※ 시스템 접속로그 엔티티 속성 : 직급·부서, 링크 연결종류 : 여러 개, 링크 레이블 : 날짜 및 시간(분석사양 작성 시 날짜와 시간열을 합쳐 새열 생성)

※ IP대역 : 10.~/116.~ 경대텔레콤 내 데스크탑, 172.~ 스마트폰으로 접속한 Mobile 로그

(4) 내부조사결과 의심되는 인물은 권대부와 유충신이라는 다수 진술을 확인하였다. 유지훈 상무의 전파를 시작으로 혐의자인 권대부와 유충신까지 경로 네트워크를 그리고(연결네트워크 찾기, 네트워크 형식화) 권대부와 유충신에게 정보를 전달한 자로부터 비슷한 시점에 정보를 받은 사람 중 같은 직책(팀장)을 가지고 있는 사람들의 시스템 접속로그까지 붙여서 i2 차트에 현출해보자.

※ 엔티티 레이블/속성 글꼴 크기 11, 최종 차트에 '링크레이블' 미표시

3) 사안의 해결

(1) 데이터 전처리

엑셀 '텍스트 나누기', 셀서식(표시형식) 등의 기능을 이용하여 각자 아래와 같이 전처리를 해 보도록 하자(부록 엑셀 전처리 참조).

No	발신자	날짜	시간	수신자성명	목적
	유지훈	2018-11-18	13:10	장나라	최초 보고
	유지훈	2018-11-18	13:10	하상구	최초 보고
	유지훈	2018-11-18	13:10	이상혁	최초 보고
	유지훈	2018-11-18	13:10	김성택	최초 보고
	유지훈	2018-11-18	13:10	박진환	최초 보고
	유지훈	2018-11-18	13:10	김정일	최초 보고
	유지훈	2018-11-18	13:10	강민호	최초 보고
	유지훈	2018-11-18	13:10	김희애	최초 보고
	유지훈	2018-11-18	13:10	이기찬	최초 보고
1	유지훈	2018-11-18	13:10	차태현	최초 보고
	유지훈	2018-11-18	13:10	유지훈	최초 보고

① 메일내역_날짜시간분리_연도추가

부서	직급	UserName	LoginDate	LoginTime	UserIP	비고
영업본부	1급	김철수	2018-11-18	12:19:35	10.226.7.104	
차량관리부	1급	김철수	2018-11-20	09:35:26	10.226.7.104	
운행본부	차장	김창민	2018-11-20	08:15:49	10.226.9.108	
운행본부	차장	김창민	2018-11-20	09:46:18	10.226.9.108	
운행본부	차장	유충신	2018-11-19	07:53:31	10.226.9.105	
운행본부	차장	유충신	2018-11-19	08:26:06	10.226.9.105	
운행본부	차장	유충신	2018-11-19	08:26:45	10.226.9.105	

② 시스템로그기록_날짜시간분리

[그림 7] 날짜 시간 전처리 결과

(2) 보고경로 원모드 네트워크 분석사양 만들기 및 문제 해결

먼저 [그림 5]의 데이터 형태를 보면 정보를 보내는 '발신자' 열이 있고 보고를 받은 '수신자' 열이 있으니 전형적인 엣지리스트 형태의 관계데이터라는 사실을 알 수 있다.

이 두 열을 각각 엔티티 1, 2로 지정해주고 시간의 흐름에 따라 보고 건별로 분석을 해야 할 수 있으므로 링크 연결종류는 여러 개, 링크 레이블은 '메일전달 목적'으로 지정하여 분석사양을 작성해준다면 정보의 흐름을 네트워크 형태로 시각화 할 수 있다.

분석 사양 작성시 유의해야 할 부분과 시각화 결과는 다음과 같다.

- 디자인을 연관차트로 선택하고 목적에 맞게 열 지정을 해준다.
- 열지정 단계에서 링크 연결종류를 여러 개로 지정하고, 링크레이블은 '목적' 열을 지정한다. 방향과 날짜와 시간도 알맞게 지정해준다. 각각의 엔티티들도 엔티티 1은 발신자, 엔티티 2는 수신자로 지정하고 엔티티유형을 사람형식 중 사람(어두운 셔츠)로 선택한다.
- 날짜 및 시간 형식 단계에서 날짜와 시간이 오류(느낌표) 없이 잘 맞추어져 있는지 확인하고 분석사양을 저장한다.

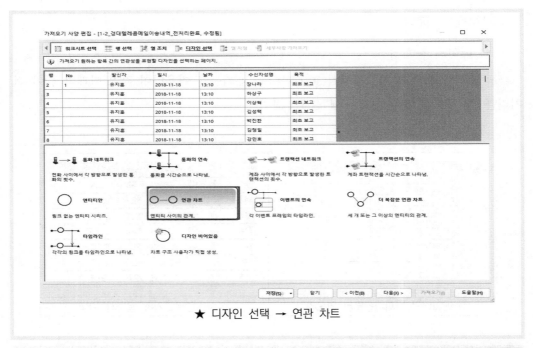

★ 디자인 선택 → 연관 차트

[그림 8] 메일발송 네트워크 분석사양 만들기 디자인 선택 단계

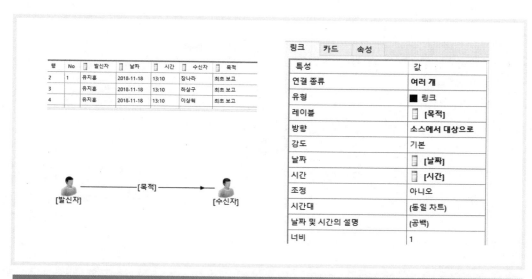

행	No	발신자	날짜	시간	수신자	목적
2	1	유지홍	2018-11-18	13:10	장나라	최초 보고
3		유지홍	2018-11-18	13:10	하상구	최초 보고
4		유지홍	2018-11-18	13:10	이상혁	최초 보고

특성	값
연결 종류	여러 개
유형	■ 링크
레이블	[목적]
방향	소스에서 대상으로
강도	기본
날짜	[날짜]
시간	[시간]
조정	아니오
시간대	(동일 차트)
날짜 및 시간의 설명	(공백)
너비	1

[그림 9] 메일발송 네트워크 분석사양 만들기 열지정 단계

날짜	시간
2018-11-18	13:10
2018-11-18	13:10
2018-11-18	13:10
2018-11-18	13:10
2018-11-18	13:10
2018-11-18	13:10
2018-11-18	13:10
2018-11-18	13:10
2018-11-18	13:10
2018-11-18	13:10
2018-11-18	13:10

형식	예제
H:mm	22:20
H:mm:ss	22:20:20
HH:mm	22:20
hh:mm tt	10:20 오후
HH:mm:ss	22:20:20
HH:mm:ss.fff	22:20:20.039

사용자 정의 형식:
H:mm   22:09   24-시간-없음-0:분

[그림 10] 메일발송 네트워크 분석사양 만들기 날짜 및 시간 형식 단계

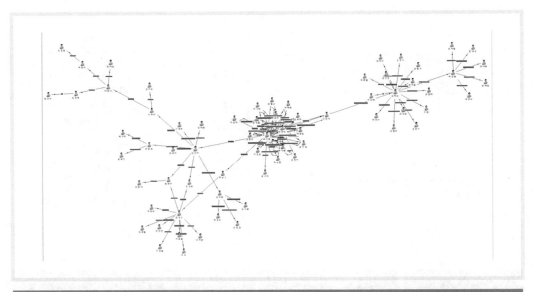

[그림 11] 메일발송 네트워크 시각화 결과

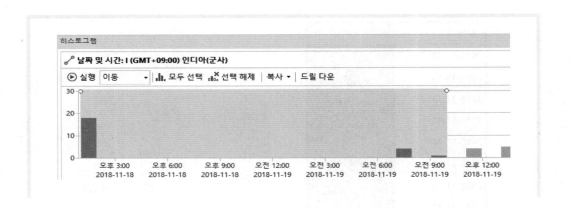

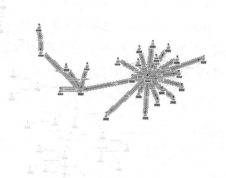

★ 분석 → 막대형 차트 및 히스토그램 → 날짜 및 시간 : '히스토그램으로' 선택 → 11. 18.부터 11. 19. 11시 전까지 히스토그램 선택(시프트 키 활용) → 새 차트에 복사

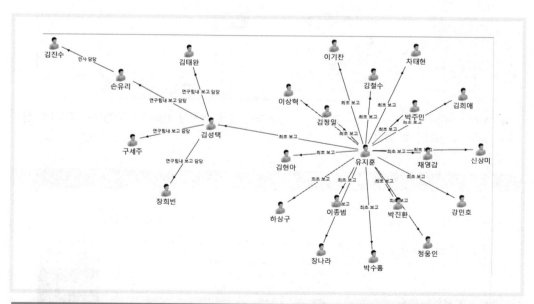

(3) 시스템 접속로그 투모드 네트워크 분석사양 만들기 및 문제 해결

[그림 6]의 데이터 형식을 보면 엔티티 1을 'UserName', 엔티티 2를 'UserIP'로 지정해야 '이름-접속로그'간의 2-mode 네트워크 분석사양을 만들 수 있다.

분석사양 작성시에 아래와 같이 열조치 단계에서 날짜와 시간열을 합쳐 '날짜 및 시간' 열을 생성한 뒤 링크레이블로 지정해보자.

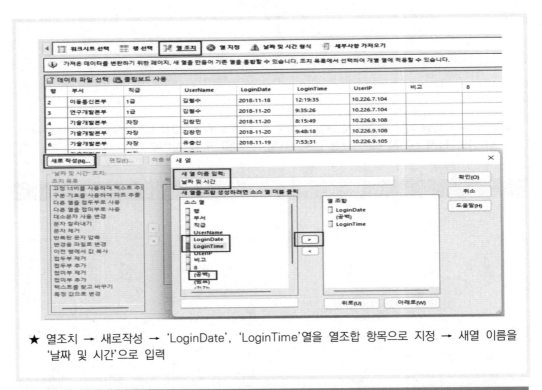

★ 열조치 → 새로작성 → 'LoginDate', 'LoginTime'열을 열조합 항목으로 지정 → 새열 이름을 '날짜 및 시간'으로 입력

[그림 14] 분석사양 작성 열조치 단계(날짜 및 시간 새열 생성)

행	부서	직급	UserName	LoginDate	LoginTime	UserIP	비고	8	날짜 및 시간
2	이동통신본부	1급	김철수	2018-11-18	12:19:35	10.226.7.104			2018-11-18 12:19:35
3	연구개발본부	1급	김철수	2018-11-20	9:35:26	10.226.7.104			2018-11-20 9:35:26
4	기술개발본부	차장	김창민	2018-11-20	8:15:49	10.226.9.108			2018-11-20 8:15:49
5	기술개발본부	차장	김창민	2018-11-20	9:48:18	10.226.9.108			2018-11-20 9:48:18
6	기술개발본부	차장	유충신	2018-11-19	7:53:31	10.226.9.105			2018-11-19 7:53:31

[그림 15] '날짜 및 시간' 새열 생성 결과

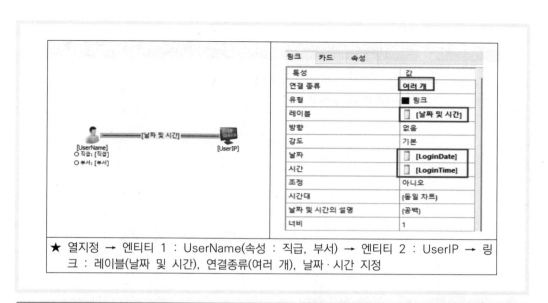

★ 열지정 → 엔티티 1 : UserName(속성 : 직급, 부서) → 엔티티 2 : UserIP → 링크 : 레이블(날짜 및 시간), 연결종류(여러 개), 날짜·시간 지정

[그림 16] 이름-접속로그 분석사양 작성(열지정)

[그림 16] 이름-접속로그 분석사양 작성(열지정)

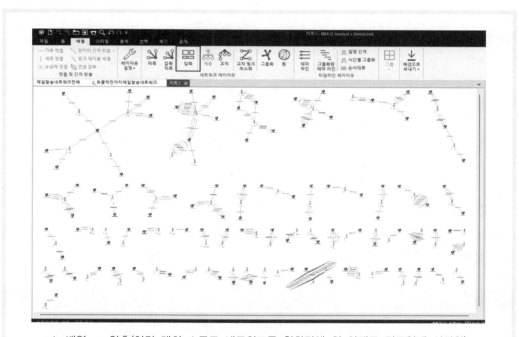

★ 배열 → 압축(여러 개의 소규모 네트워크를 한화면에 위 아래로 밀도있게 시각화)

[그림 17] 경대텔레콤 시스템 사용자 접속로그 네트워크 시각화 결과

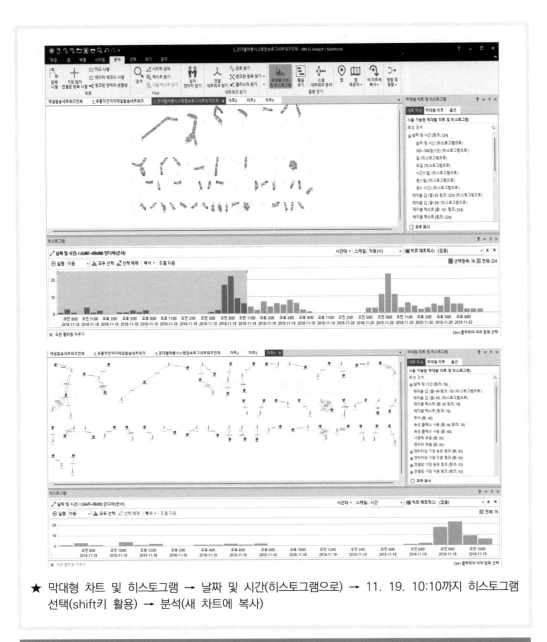

★ 막대형 차트 및 히스토그램 → 날짜 및 시간(히스토그램으로) → 11. 19. 10:10까지 히스토그램
선택(shift키 활용) → 분석(새 차트에 복사)

[그림 18] 11. 19. 10:10까지 시스템 접속로그 추출 과정

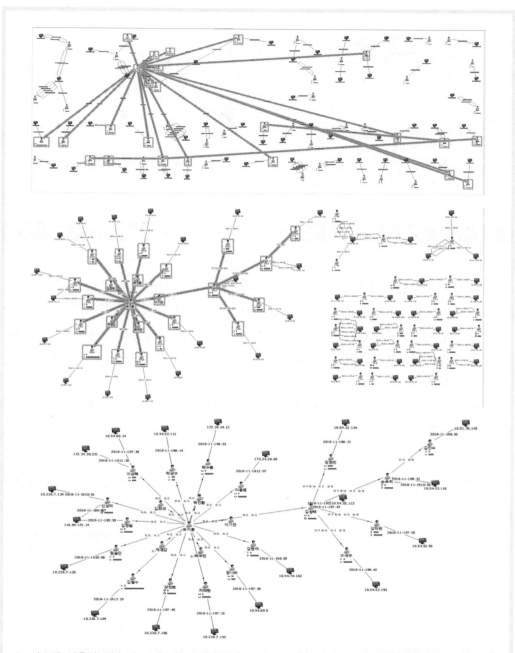

★ 시스템 사용자 접속로그 네트워크 차트에 '2018. 11. 19. 10:10분 전까지 메일 발송경로 네트워크' 차트를 복사하여 붙임 → 배열 : 압축피콕 → 선택 : 연결 및 끝 → 분석 : 새 차트에 복사

[그림 19] 산업기밀유출직전까지 메일보고경로&시스템접속로그 네트워크 시각화 과정

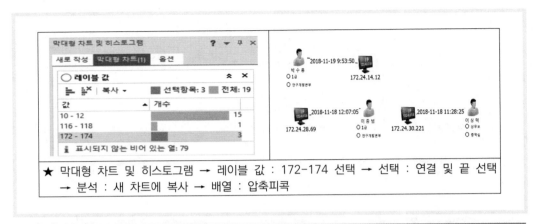

★ 막대형 차트 및 히스토그램 → 레이블 값 : 172-174 선택 → 선택 : 연결 및 끝 선택
→ 분석 : 새 차트에 복사 → 배열 : 압축피콕

[그림 20] 산업기밀 유출전 스마트폰 사용자 추출 결과

(4) 혐의자 2명을 중심으로 산업기밀 유출 혐의 분석하기

경대텔레콤 감사팀의 내부조사 결과 의심인물이 2명 확인되었다. 최초 유지훈 상무의 전파를 시작으로 권대부와 유충신까지 연결되는 경로를 찾고 권대부와 유충신과 비슷한 시점에 정보를 전달받은 사람 중 같은 직책을 가지고 있는 사람들과 시스템 접속로그 패턴에 어떤 차이점이 있는지 분석해보기로 하자.

먼저 연결네트워크 찾기 기능을 활용하여 유지훈에서 권대부와 유충신까지 이어지는 연결경로를 살펴보자.

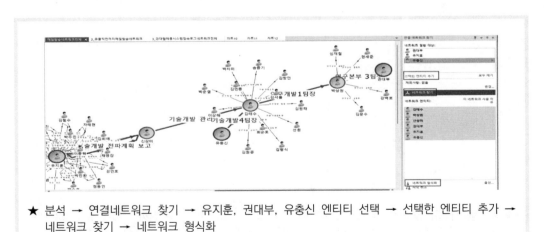

★ 분석 → 연결네트워크 찾기 → 유지훈, 권대부, 유충신 엔티티 선택 → 선택한 엔티티 추가 →
네트워크 찾기 → 네트워크 형식화

[그림 21] 혐의자 2명 연결네트워크 찾기

메일 발송 흐름상으로 유충신은 김태수로부터, 권대부는 박상원으로부터 정보를 전달받았다. 유충신과 권대부가 정보를 전달받을 때 함께 전달받은 것으로 추정되는 사람들을 선택하여 직책이 같은 사람을 선별하면 다음과 같이 분석대상을 압축할 수 있다.

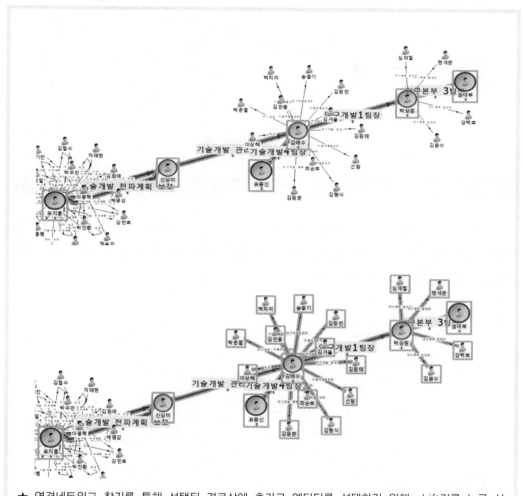

★ 연결네트워크 찾기를 통해 선택된 경로상에 추가로 엔티티를 선택하기 위해 shift키를 누른 상태로 마우스 왼쪽 버튼을 누르고 드래그 해주면 김태수와 박상원과 연결된 엔티티까지 추가로 선택할 수 있음

[그림 22] 연결네트워크 찾기를 활용한 분석과정

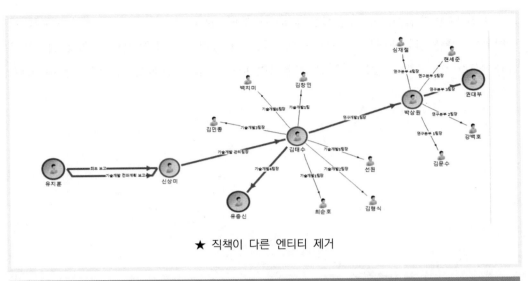

★ 직책이 다른 엔티티 제거

위와 같이 권대부와 유충신과 같은 직책을 갖고 있는 사람들까지 포함하여 11. 19. 10:10분 전 시스템 접속 기록을 네트워크 형태로 시각화한 결과 유충신과 권대부에게 다음과 같은 혐의점이 발견되었다.

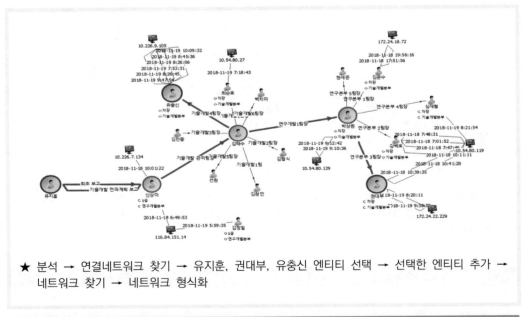

★ 분석 → 연결네트워크 찾기 → 유지훈, 권대부, 유충신 엔티티 선택 → 선택한 엔티티 추가 → 네트워크 찾기 → 네트워크 형식화

유충신은 산업기밀유출 직전에 다른 동일 직책 사람들과 비교했을 때 경대텔레콤 내 데스크탑으로 수차례 시스템에 접속한 내역이 확인되었으며, 권대부의 경우 사무실 PC 외에도 스마트폰으로 2차례에 걸쳐 접속한 내역도 확인되었다.

이와같이 유충신과 권대부는 동일 직책의 다른 사람들과 비교하였을 때 사건발생 전 의심스러운 시스템 접속내역이 발견되었으므로 내부감사시 그 경위를 파악하여 기밀 유출행위가 있었는지를 확인해야 한다.

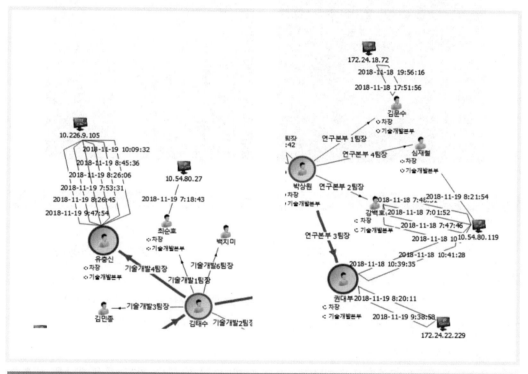

[그림 25] 유충신, 권대부와 동일직책 대상자와 시스템 접속네트워크 비교분석 결과

교통카드 내역을 활용한 범죄용의자 동선 추적

1) 사건 개관

피해자 A녀(40대)는 중국국적으로 13년전에 한국에 입국 후 비자 연장 방식으로 취업하여 생활해 온 여성으로, 2018. 2. 17. 05:00경 부산 남포동 소재 자신의 주거지에

서 누군가에게 과도로 복부와 목부위를 4회 찔려 과다출혈 등으로 사망한 채로 친척에게 발견되었다.

[그림 26] 살인사건 현장사진 및 용의자가 포착된 지하철 CCTV 화상자료

경찰은 주변 CCTV 추적 수사를 통해 유력한 용의자가 교통카드를 이용하여 지하철을 탑승하는 장면을 확보하였다.

용의자가 사용한 선불교통카드 번호를 특정한 이형사는 부산교통공사 및 ㈜마이비 상대 압수영장을 집행하였고, 2017. 11.부터 2018. 3.까지 약 4개월간의 선불교통카드 사용내역을 회신받았다.

용의자는 주로 대중교통을 이용할 것으로 판단되므로 교통카드 사용패턴을 분석하여 용의자의 주거지, 직장 등 근거지를 파악해보자.

2) 분석 요구 사항

(1) 특정 요일별 사용패턴을 분석하기 위해, '승차일시' 열(D열) 옆에 새 열(E열)을 삽입하여 '요일' 정보를 나타내보자.
(2) 요일별 승차횟수를 직관적으로 볼 수 있도록 엔티티(1)을 '요일'로, 엔티티(2)를 '승차역'으로 하는 네트워크 차트를 그려보자.

※ 분석사양 작성시 향후 분석이 용이하도록 3, 4번 문제를 읽어본 후 링크의 '레이블, 연결 종류, 방향'을 설정하고 엔티티 유형을 '날짜 및 시간'와 '버스정류장(속성 : 노선번호)'으로 설정하자.

(3) ① 버스(또는 지하철) 승차횟수가 가장 많은 요일 3개와 ② 버스(또는 지하철) 승차횟수가 가장 많은 승차역 3개를 추출해보자.

※ 승차횟수가 합산되도록 링크를 병합하고 조건부서식을 활용하여 횟수가 많은 링크의 너비를 두껍게 표현

(4) 승차횟수가 가장 많은 요일을 골라 승차횟수가 가장 많은 대중교통 승강장(또는 지하철역) 3개의 이용내역만 따로 추출한 뒤 표현방식을 타임라인으로 변환하여 승차패턴을 해석해보자.

※ 3개 승강장(역)을 추출할때 승강장 번호가 다르지만 이름이 같은 승강장 엔티티는 같은 장소이므로 엔티티를 병합

3) 사안의 해결

(1) 데이터 전처리

요일별 승차패턴을 분석하기 위해 '승차일시' 열을 활용하여 아래와 같이 '요일' 열을 새로 만들어보자.

차량번호	승차일시	승차역
부산70자4330	2017-11-01 07:07:54	청학고개(2621407)
부산70자4102	2017-11-01 07:34:27	중앙역2번출구(2616346)
부산70자4128	2017-11-01 13:19:16	수영구청(2606321)
부산70자4365	2017-11-01 13:55:06	부산역(2600070)
	2017-11-02 13:23:45	현대수퍼
부산70자4334	2017-11-02 21:27:26	영도대교남포역(2616348)

승차일시	요일	승차역
2017-11-01 07:07:54	수	청학고개(2621407)
2017-11-01 07:34:27	수	중앙역2번출구(2616346)
2017-11-01 13:19:16	수	수영구청(2606321)
2017-11-01 13:55:06	수	부산역(2600070)

[그림 27] 데이터 전처리('요일' 열 추가)

메모장을 열고 '승차일시' 열의 데이터를 메모장에 복사하여 옮긴 후 새로운 열을 만들고(이때 새로운 열의 표시형식을 '일반' 또는 '날짜'로 맞춰 놓는다.) 메모장에 옮긴 데이터를 복사하여 붙여 넣는다. 그리고나서 아래와 같이 셀서식 기능을 이용하여 표시형식을 'aaa' 또는 'aaaa'로 지정하여 요일로 표시될 수 있도록 바꿔준다.

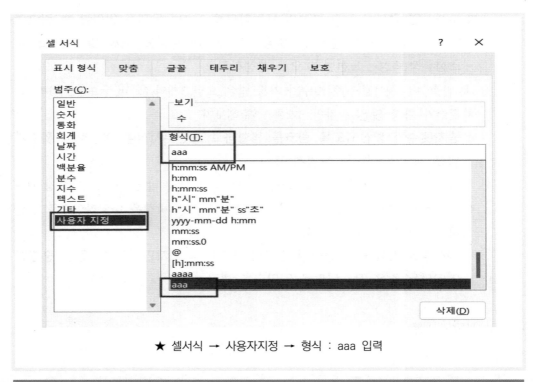

★ 셀서식 → 사용자지정 → 형식 : aaa 입력

[그림 28] '요일' 열 표시형식 바꾸기

(2) 요일별 대중교통 승차패턴을 분석하기 위한 네트워크 분석사양 만들기

요일별 승차패턴 분석을 위해 엔티티 1은 '요일', 엔티티 2는 '승차역'으로 하는 '요일 – 승차역' 네트워크 분석사양을 작성한다.

이때 링크레이블을 '승차일시'로 지정할 수도 있지만 분석과정에서 3)번 문제와 같이 링크를 병합해 주어야 한다면 이를 고려하여 링크레이블을 '발생횟수'로 지정한다.

링크의 방향은 향후 인바운드와 아웃바운드에 따라 필터링 분석을 간편하게 수행하기 위해 방향성을 한쪽으로 지정해 주는 것이 분석에 유리하다.

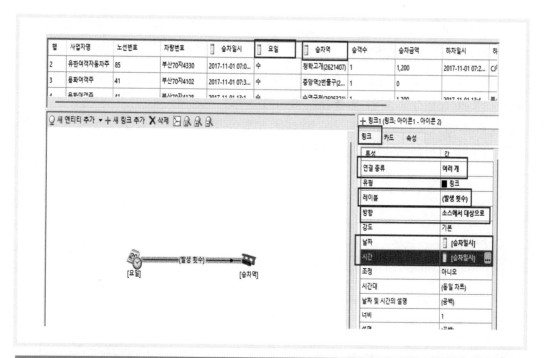

행	사업자명	노선번호	차량번호	승차일시	요일	승차역	승객수	승차금액	하차일시	하
2	유한여객자동차주	85	부산70자4330	2017-11-01 07:0...	수	청학고개(2621407)	1	1,200	2017-11-01 07:2...	CJ
3	용화여객주	41	부산70자4102	2017-11-01 07:3...	수	중앙역2번출구(2...	1	0		
4	요한예객조	41	부사70자4129	2017-11-01 12:1...	승	스여구제/26262211	1	1,200	2017-11-01 12:4	보

[그림 29] 요일별 승차패턴 네트워크 분석사양(열지정)

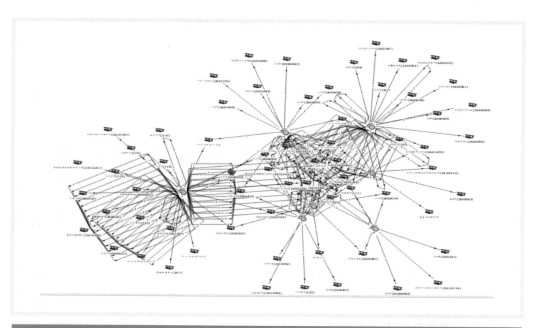

[그림 30] 요일-승차역 네트워크 시각화 결과

(3) 대중교통 승차횟수가 가장 많은 요일과 가장 많이 이용하는 승차역 3개를 추출하자.

분석 기능 중에서 '가장 많이 연결된 항목 나열'을 이용하여 승차횟수가 가장 많은 요일과 용의자가 가장 많이 이용하는 승차역 3개를 추출해보자.

그리고 승차횟수가 합산되도록 링크를 병합한 후 조건부서식을 활용하여 횟수가 많은 링크의 너비를 두껍게 표현해보자.

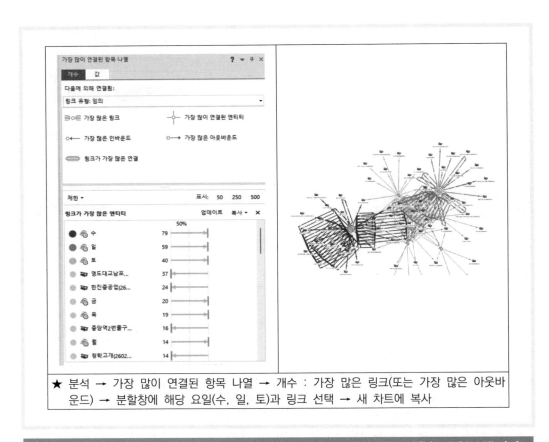

★ 분석 → 가장 많이 연결된 항목 나열 → 개수 : 가장 많은 링크(또는 가장 많은 아웃바운드) → 분할창에 해당 요일(수, 일, 토)과 링크 선택 → 새 차트에 복사

[그림 31] 가장 많이 연결된 항목 나열 기능을 활용하여 가장 많이 이용한 요일 3개 추출

수, 일, 토요일에 이용한 승차역 네트워크를 새 차트에 옮긴 뒤 링크를 병합해주기 전에 파일(차트특성) 기능에서 '숫자링크 합'을 선택해 주어야만 링크를 병합했을 때 링크레이블인 발생횟수가 합산된다.

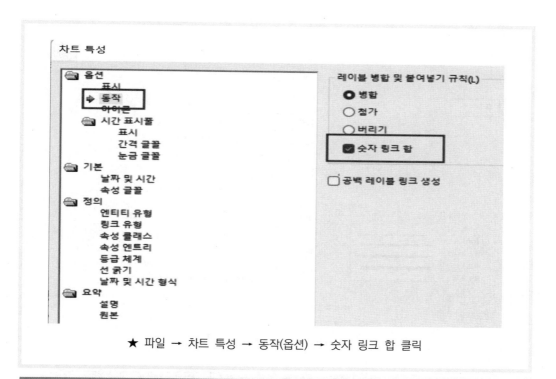

★ 파일 → 차트 특성 → 동작(옵션) → 숫자 링크 합 클릭

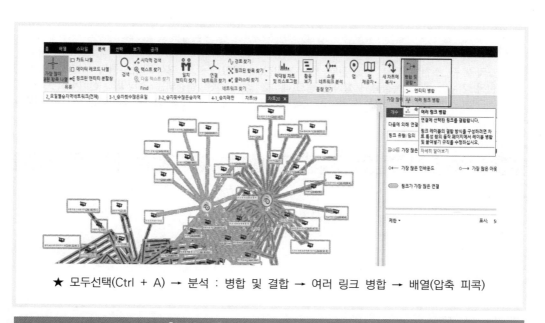

★ 모두선택(Ctrl + A) → 분석 : 병합 및 결합 → 여러 링크 병합 → 배열(압축 피콕)

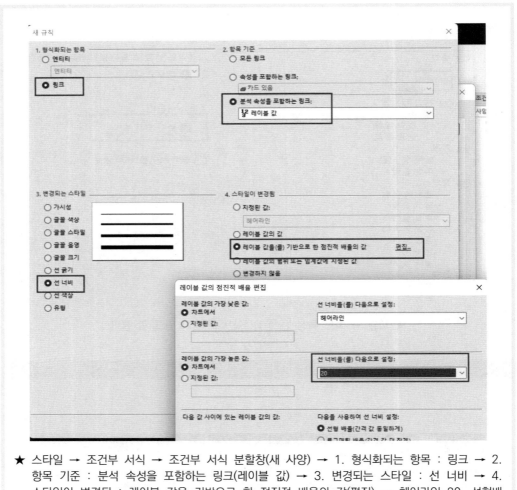

★ 스타일 → 조건부 서식 → 조건부 서식 분할창(새 사양) → 1. 형식화되는 항목 : 링크 → 2. 항목 기준 : 분석 속성을 포함하는 링크(레이블 값) → 3. 변경되는 스타일 : 선 너비 → 4. 스타일이 변경됨 : 레이블 값을 기반으로 한 점진적 배율의 값(편집) → 헤어라인~20, 선형배율 → 확인

[그림 34] 링크 레이블 값에 따른 링크 너비조정 조건부 서식 편집

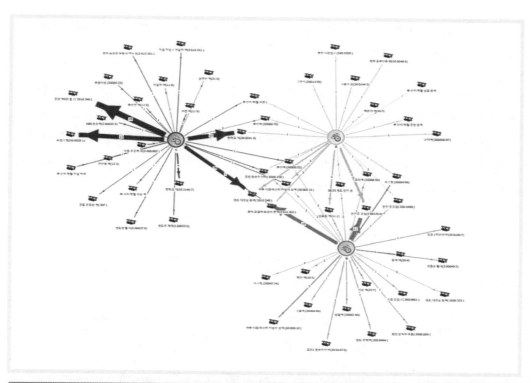

[그림 35] 용의자가 가장 많이 이용한 3개 요일의 승차역 네트워크 시각화 결과

이와 같은 방식으로 승차횟수가 많은 승차역(3개)을 아래와 같이 시각화해 보자.

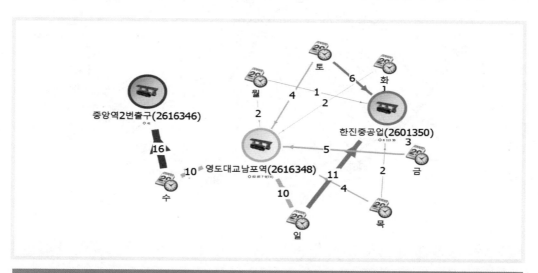

[그림 36] 용의자가 가장 이용한 3개 승차역과 요일 네트워크 시각화 결과

(4) 승차횟수가 가장 많은 요일의 승차패턴을 분석하여 범인검거를 위한 잠복시간
과 장소를 선정하자.

위에서 분석한 결과와 같이 승차횟수가 가장 많은 수요일의 네트워크를 추출하여
새 차트에 시각화한 결과는 다음과 같다.
승차횟수가 가장 많은 3개 승차역 이용내역만 따로 추출하기 위해 가장 많이 연결
된 항목나열 기능을 활용하기 전에 사실상 동일한 위치로 추정되는 '청학고개(2602414),
청학고개(2621407)' 엔티티를 병합한다.

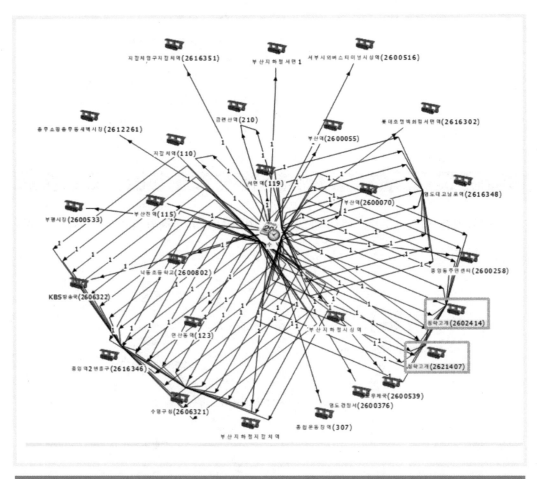

[그림 37] 수요일-승차역 네트워크 시각화 결과

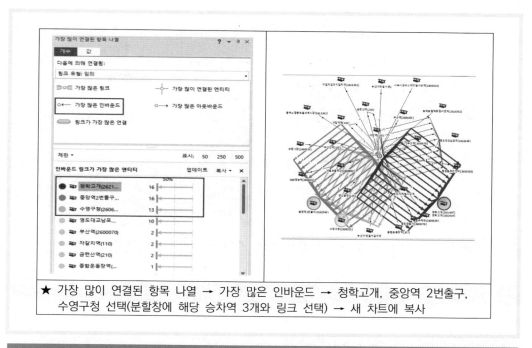

★ 가장 많이 연결된 항목 나열 → 가장 많은 인바운드 → 청학고개, 중앙역 2번출구,
수영구청 선택(분할창에 해당 승차역 3개와 링크 선택) → 새 차트에 복사

[그림 38] 수요일에 가장 많이 이용한 3개 승차역 선택

수요일에 가장 많이 이용한 3개 승차역을 추출한 후 링크레이블의 횟수대신 날짜
및 시간을 표시하기 위해 링크 스타일을 변경해 준다.

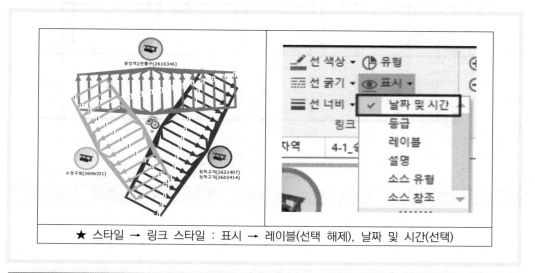

★ 스타일 → 링크 스타일 : 표시 → 레이블(선택 해제), 날짜 및 시간(선택)

[그림 39] 링크스타일 날짜 및 시간 표시로 변경

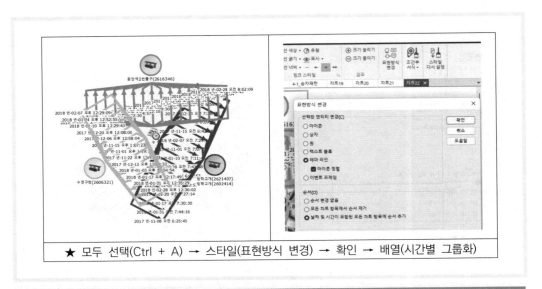

★ 모두 선택(Ctrl + A) → 스타일(표현방식 변경) → 확인 → 배열(시간별 그룹화)

[그림 40] 타임라인으로 표현방식 변경

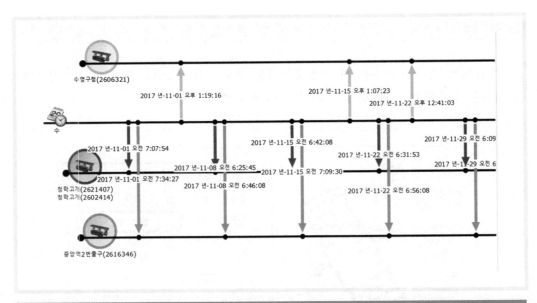

[그림 41] 수요일 승차패턴 타임라인 시각화 결과

최종 시각화 결과 용의자는 수요일에 오전 6시 30분~7시 사이에 청학고개역에서 출발하여 중앙역 2번 출구에서 갈아타는 것을 알 수 있고, 오후 12~13시 사이에 수영구청 역에서 승차하는 패턴을 확인할 수 있다.

이를 통해 추론해본다면 용의자의 주거지 또는 은신처가 청학고개역 주변에, 용의자가 수요일마다 가는 직장 또는 행선지가 수영구청역 부근에 있을 것이라 합리적으로 의심해 볼 수 있다. 또한 수요일 새벽 6시경부터 청학고개역 주변에 잠복한다면 용의자를 어렵지 않게 검거할 수 있을 것이다.

위치기반 추론을 통한

COVID-19 감염경로 추적

CHAPTER 10

위치기반 추론을 통한 COVID-19 감염경로 추적

문제제기

　　2020년부터 인류는 코로나바이러스감염증과 전쟁을 벌이고 있다고 해도 과언이 아닐 정도로 COVID-19 바이러스가 정치·사회·경제를 불문하고 전 세계적으로 큰 여파를 미치고 있다.

　　우리나라의 경우에도 중국 우한에서 COVID-19가 처음으로 발생한 이후 2020년 1월 20일 첫 번째 확진자가 발생하였다. 초창기였던 2월 16일 30명의 확진자가 발생하기까지는 확진자 증가 추세가 하루에 한두 명 수준에 불과하였고 확진자의 동선 정보도 바로바로 공개되었다. 그러나 2. 18. 31번째 확진자가 신천지 신도로 밝혀지면서 다음 날부터 신천지 신도를 중심으로 집단감염이 발생하여 전국적으로 확산되기에 이르렀다. 그 후 크고 작은 집단감염 사건이 지속적으로 발생하여 2020년 9월 사회적 거리두기가 2.5단계까지 올라갔다가 10. 12. 0시자로 사회적 거리두기 1단계로 조정되어 진정되는 듯 했으나 이틀만에 다시 하루 100명 이상 확진되었다. 급기야 12. 12. 기준 일일 확진자가 1,000명이 넘어섰으며 2022년 2월말 기준 일일평균 확진자 수가 20만명이 넘어서며 팬데믹(pandemic)이 지속되고 있다.

　　COVID-19에 효과적으로 대응하기 위해서는 신속하고 정확하게 감염원과 감염경로를 확인하는 방법으로 지역사회 내 전파를 최소화해야 한다. 코로나 바이러스는 노출일로부터 최소 2일에서 최장 14일까지의 잠복기를 가지며 증상발현일 2일 전부터 전파가 가능하다고 알려져 있으므로 확진자의 접촉자를 찾아 잠재적 전파자를 신속하게 격리하는 것이 감염확산 방지의 주요과제이다. 이를 위해 인터뷰 방식의 확진자의 진술에 의존하는 것은 의도적 또는 비의도적 기억인출의 오류 등 여러 한계를 노정하고 있어 데이터 과학(Data Science)에 기반한 COVID-19 역학조사 분석 방법론의 정립이 필요하다.

　　본 장에서는 연구진의 역학조사 지원 경험[1]을 토대로 방역당국이 수집할 수 있는 역학조사 데이터의 유형에 맞는 최적화된 분석방법론과 포스트 코로나 시대를 대비한 정책적 대안을 제시한다.

　　대부분 내용은 필자가 형사정책연구에 투고한 논문[2]에서 가져왔음을 밝힌다.

역학조사 데이터 분석의 현황과 한계

1. 역학조사 데이터 수집 및 분석 현황

　　현행 감염병의 예방 및 관리에 관한 법률(이하 '감염병관리법'이라 한다.)[3]에 의하면 질병관리청장 또는 시·도지사는 감염병 예방 및 감염 전파의 차단을 위하여 필요한 경우 관계 중앙행정기관의 장, 지방자치단체의 장, 공공기관, 의료기관 및 약국, 법인·단체·개인에 대하여 감염병환자 등 및 감염병의심자에 관한 각종 개인정보 제공을 요청할 수 있으며, 요청을 받은 자는 이에 따라야 한다. 다만 위치정보의 경우에는 경찰관서의 장을 경유하여 정보를 요청할 수 있다.

〈표 1〉 감염병관리법 제76조의2에 따라 수집가능한 정보의 종류

> ① (중앙행정기관, 지방자치단체, 공공기관, 의료기관 및 약국, 법인·단체·개인)
> 　△ 성명·주민등록번호·주소·전화번호 등 인적사항 　△ 처방전·진료기록부 등
> 　△ 출입국관리기록
> 　△ 그 밖에 이동경로를 파악하기 위한 신용카드·직불카드·선불카드 사용명세·교통카드
> 　　 사용명세·영상정보처리기기를 통하여 수집된 영상정보
> ② (개인위치정보사업자, 전기통신사업자)
> 　△ 위치정보(경찰관서의 장에게 요청하는 방법으로 위치정보 수집 가능)

---

1 경찰대학 교무과─1892(2020. 4. 27.) '코로나19 중앙사고수습본부 데이터 분석 지원 계획 보고(통보)' 등에 따라 2020. 4. 27~5. 2. 중앙사고수습본부에 역학조사 데이터 분석 지원(4명)을 시작으로 5. 14.~5. 29. 이태원 클럽 집단감염 사건 휴대폰 교신정보 분석, 6. 22.~9. 21. 질병관리청(舊 질병관리본부) 데이터분석팀 파견 등 총 3차에 걸쳐 코로나19 역학조사 데이터분석을 지원.
2 김지온, 김경종, 이정현, 강정한(2021), 위치기반 추론을 통한 COVID─19 전파경로 파악. 형사정책연구, 32(1), 285~323.
3 감염병의 예방 및 관리에 관한 법률 제76조의2(정보 제공 요청 및 정보 확인 등) 제1항, 제2항 참조.

그러나 아직까지 실제 수집되는 데이터는 상당히 제한적으로 그 종류는 크게 ① 휴대전화 교신정보, ② 신용카드·교통카드 사용명세, ③ 의료기관 및 약국 진료 및 처방전 내역, ④ QR코드 로그기록에 불과하다.

여기서 '휴대전화 교신정보'라 함은 대상자의 위치를 확인할 수 있는 발신기지국의 위치추적자료[4]를 의미하며 '의료기관 및 약국 진료 및 처방전 내역'은 건강보험심사평가원에서 관리하는 의약품안전사용서비스(DUR)[5]상 의료기관 및 약국 진료 및 처방전 내역을 말한다.

위와 같은 정보를 효과적으로 수집·처리하기 위하여 국토교통부, 과학기술정보통신부, 질병관리청(舊 질병관리본부)이 합동으로 역학조사지원시스템(EISS : Epidemic Investigation Support System)을 개발하여 활용 중에 있다.

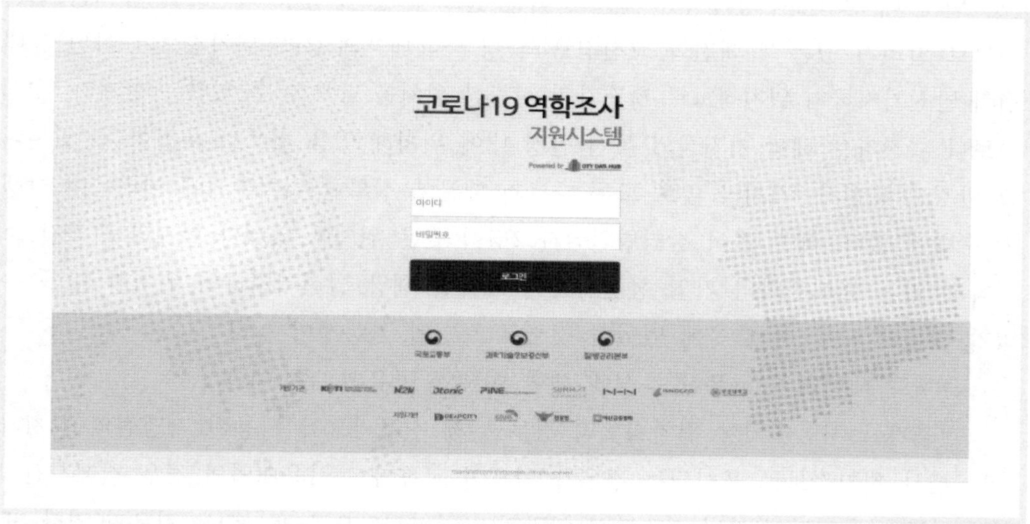

[그림 1] 역학조사지원시스템 초기화면

코로나19 관련 정부기관, 공공기관, 민간기업간 정보유통 전산망을 연계하여 정보의 제공요청, 승인, 제공이 하나의 시스템에서 이루어지도록 함으로써 신속한 정보수집

---

4 통신비밀보호법 제2조(정의) 제11호 '통신사실확인자료'의 유형 참조.
5 의약품안전사용서비스(Drug Utilization Review) : 의약품 처방·조제 시 병용금기 등 의약품 안전성 관련 정보를 실시간으로 제공하여 부적절한 약물사용을 사전에 점검할 수 있도록 의사 및 약사에게 의약품 안전 정보를 제공하는 서비스(출처 : 건강보험심사평가원 홈페이지 의료정보→내가 먹는 약→의약품안전사용서비스).

이 가능하게 되었다. 아울러 환자별로 제공되는 휴대폰 교신 위치 정보는 암호화된 파일 형식으로 서버에 저장되어 있어 높은 보안을 유지하면서도 필요시 원활히 접근할 수 있도록 하였다. 분석기능은 ① 회신 받은 자료의 지리정보를 지도에 현출하게 해주는 개인별 이동동선 분석과 ② 지정기간 동안 동일 장소, 동일 시간대에 2인 이상 접점이 발생할 경우 핫스팟으로 지도에 현출하여 교차 대상 확진자 번호를 확인하게 해주는 핫스팟 분석, ③ 확진자간 전파 네트워크를 확인할 수 있는 확진자 전파 네트워크 분석 기능을 제공한다.

2. 역학조사 데이터 분석의 한계

가. 데이터의 정확성과 범위의 한계

먼저 데이터의 부정확성 문제를 살펴볼 필요가 있다. 통상 확진자의 휴대폰 위치 정보로 알려져 있는 '휴대전화 교신정보'의 경우 휴대폰의 GPS 위치정보가 아닌 휴대전화 발신기지국의 위치정보로 확진자의 정확한 위치를 담보할 수 없다는 한계가 있다. 코로나 확진자는 해당 기지국의 통신 반경 내에 위치해 있을 것으로 추정할 수 있는데 그 반경도 통신사·기지국 별로 모두 다르기 때문에 정확한 위치추적에 어려움이 발생할 수밖에 없다. 예를 들어 감염병의심자 2명이 같은 위치에 있었다 할지라도 각각 소지하고 있는 휴대전화의 가입 통신사가 다르다면 해당 발신기지국의 위치가 다를 수 있기 때문에 서로 다른 곳에 있었던 것으로 오인될 가능성이 높다.

둘째로 데이터의 고유한 특성에 대한 이해와 공유의 부족이다.

신용카드 사용내역상 위치정보의 경우 실제 신용카드가 사용된 가맹점의 위치가 아닌 본사 위치정보로 표시되는 경우가 있으며 교통카드 사용내역의 경우 결제시간이 실제 카드 사용시간이 아닌 시스템상 일괄적인 처리시간으로 표기되는 경우가 있다. 또한 기본적으로 데이터 분석에 대한 방향성이 정해진 상태에서 데이터 수집이 이루어지는 게 아니다보니 전처리나 데이터베이스에도 어려움을 겪을 수밖에 없다. 신용카드 데이터의 경우 '카드사별' 또는 '사람·카드사별'로 엑셀 시트(sheet)가 구분되어 있지 않고 한 시트에 유형이 다른 각 카드사 데이터가 한꺼번에 저장되어 있어 데이터 분석을 위한 정형화에 많은 시간이 소요되었다. 또한 DUR 정보의 경우 처방날짜 외에 처방받은 시간 정보가 없어서 다른 유형의 데이터와 '날짜 및 시간'을 통일하여 데이터베이스를 구축할 수 없었다.

셋째로 정보의 부족이다. 위에서 언급한 정보 외에도 확진자나 감염병의심자가 안

드로이드 휴대전화를 사용할 경우 Google Timeline 정보를 활용한다면 보다 정확한 GPS 위치정보를 획득할 수 있고, 이 외에도 Wi-Fi 정보나 휴대전화 어플리케이션(삼성헬스, T-map 등)에서 제공하는 위치정보를 활용할 수 있다면 각 데이터 유형간 상호 검증을 통해서 보다 정확한 확진자의 이동경로를 파악할 수 있을 것이다. 그러나 Google 정보의 경우 외국기업이다 보니 국내법에 따라 협조의무를 부과하기 어렵고 다양한 휴대전화 어플리케이션의 위치기반 서비스 정보는 각 기업들과의 시스템 연계 속도가 더뎌 아직 해당정보를 수집하지 못하고 있다.

나. 맞춤형 분석방법론의 부재

가장 큰 문제는 COVID-19 역학조사에 적합한 데이터 분석 방법론이 아직 정립되지 않았다는 점이다. 현재 역학조사 지원 시스템의 분석기능을 보더라도 위치정보 기반으로 시각화해주는 기능을 넘어서 진정한 분석기능을 제공하지 못하고 있다. 먼저 '개인별 이동동선 분석'과 '핫스팟' 분석 기능의 경우 ① 이동동선 현출 및 분석이 1명 단위로만 가능하여 다른 확진자와의 동선을 교차하여 비교할 수 없고, ② 이동동선이 1일 단위로만 현출 가능하여 일별, 시간대별 다양한 검색조건을 부여할 수 없는 문제가 있다. 아울러 ③ 핫스팟 분석의 경우 목록화 기능 없이 개별 클릭을 통해 상세정보를 확인해야 해서 특정지역에 여러 개의 핫스팟이 생성될 경우 일괄적으로 조회하여 확인할 수 없는 한계가 있다. 확진자 전파네트워크 분석 기능의 경우에는 확진자를 선택하면 그와 직·간접적으로 관련된 네트워크가 표현될 수 있도록 기능은 구현해 놓았으나 단순히 관련성을 선으로 연결해줄 뿐 분석가가 자유롭게 네트워크 구조나 형태를 변경할 수 있는 조작기능이나 다양한 사회 연결망 분석 알고리즘이 반영되어 있지 않다.

이러한 문제로 사실상 역학조사 지원 시스템의 분석 기능은 거의 사용되지 않고 있으며 확진자 전파 네트워크에 대한 관리나 정책적 대응도 미흡한 실정이다.

COVID-19 역학조사를 위한 맞춤형 데이터 분석 방법론

1. 연구 목표 및 대상정보

위에서 살펴본 분석의 한계 중 첫 번째 한계, 즉 자료 자체의 한계는 정보 활용과 관련된 법과 시스템이 개정되어야 하고 다양한 자료의 원천별로 정확도와 축적 방법을 향상시키지 않고는 극복이 어렵다. 따라서 본 연구의 주요 목표는 효과적 생활 방역과 향후 포스트 코로나 시대를 대비하여 두 번째 한계를 극복하는 방안, 즉 보다 효과적인 역학조사를 위한 데이터 기반의 맞춤형 분석 방법론을 제안하는 것이다. 분석 방법론이 정립되면 신속하고 효과적인 데이터 분석을 통해 감염경로가 불분명한 확진자나 집단 감염 사건을 최소화함으로써 감염원과 감염경로를 밝히는데 큰 도움이 될 것으로 예상한다.

분석방법론 제시를 위한 대상 정보의 유형은 위에서 언급한 정보 중 역학조사시 가장 많이 활용하게 되는 ① 휴대전화 교신정보, ② 신용카드·교통카드 사용명세, ③ 의료기관 및 약국 진료 및 처방전 내역(DUR)이다.

휴대전화 교신정보는 '대상자 ID, 일시, 체류시간, 기지국의 위도 및 경도, 등록일시'로 이루어져 있고 이 구성요소 중에서 '대상자 ID', '일시', '위도', '경도' 열(column)이 분석에 활용된다.

신용(교통)카드 사용내역은 '회원명, 카드번호, 카드회사명, 승인시각, 승인번호, 승인금액, 가맹점명, 가맹점주소'로 구성되어 있고 이 구성요소 중 '회원명', '카드번호', '승인일자', '승인시각', '승인금액', '가맹점명', '가맹점주소' 열이 분석에 활용된다.

DUR 정보는 '이름, 처방/조제, 처방기관명(요양기관), 처방조제일자, 주소, 기관전화번호, 약품명' 등으로 이루어져 있는데 이 구성요소 중에서 '이름', '처방기관명', '주소', '약품명' 열이 분석에 활용된다.

〈표 2〉 COVID-19 역학조사 분석대상 정보유형

정보유형	휴대전화 교신정보	신용/교통카드	DUR 정보
분석대상 정보	① 대상자 ID ② 일시 ③ 위도 ④ 경도	① 회원명 ② 카드번호 ③ 승인일자 ④ 승인시각 ⑤ 승인금액 ⑥ 가맹점명/주소	① 이름 ② 처방기관명 ③ 주소 ④ 약품명

2. 이론적 배경

가. 가설적 추론과 역행추론

가설적 추론(가추)과 역행추론은 어떤 놀라운 현상에 대해 가능한 설명을 제공하는 가설을 고안하는 추론양식이다(이기홍, 2008). 이러한 추론방식은 보통 범죄수사과정에서 많이 활용되는데 만약 수사과정에서 발견되는 범죄흔적이 여러 가지 수수께끼와 같은 의문을 생기게 한다면 수사관은 새로운 타입의 가설을 상상하게 되고 이 새로운 타입을 통해 해당사건을 설명하려고 하게 된다(박노섭, 2012). 이때 수사관의 경험과 노하우에 의해서 만들어진 새로운 가설은 논리적으로 완전하지 않으며 오류가능성이 있기 때문에 반드시 검증과정을 거쳐야 하는데 이러한 검증의 기법을 '역행추론' 이라고 한다. 즉 역행추론은 어떠한 현상을 설명하기 위해 추론된 가설에 대해 검증과 제거의 절차를 거쳐 가설의 참과 거짓을 판명하는 방법이다(김대근, 2016). 그런데 특히 가설을 검증하는 역행추론 단계가 오류나 과오를 피하기 위해 가장 중요하고, 이를 위한 구체적인 방법론으로 대두되는 것이 경합가설 제거 방식이다. 경합가설 제거의 기준에 의하면, 설명가설은 아직 반박되지 않은 경합가설이 제출될 수 있는 한 수용되어서는 안 되고, 이들이 모두 소거된 경우에 비로소 정당화되어 입증이 성공한 것으로 본다(조원철, 2006).

코로나 역학조사 시에도 불명확한 감염경로를 밝히기 위해 제한된 데이터 속에서 새로운 감염경로에 대한 가설을 도출하고 이를 증명하거나 기각해 나가는 역행 추론을 행하게 된다. 예를 들면 일부 발견된 단서들을 토대로 '세종시 해양수산부 집단감염 사건의 최초 감염경로는 천안 줌바댄스 집단감염이다.' 라든지 'A가 집단감염 사건의 최초 감염자일 것이다' 라는 새로운 가설을 설정하게 되고 이를 검증하기 위해 '세종시 해양수산부 집단감염 사건의 감염경로가 천안 줌바댄스 집단감염이 아닐 수도 있다.'는 경합가설을 뒷받침하는 단서들을 소거하는 방식으로 간접증명을 하게 된다. 제한된 데이터 속에서 설명가설을 직접증명한다는 것은 사실상 불가능에 가깝기 때문에 위와 같은 간접증명의 방식을 채택할 수밖에 없다. 직접증명은 추론의 전제문에서 증명의 근거를 직접 찾는 것이지만, 간접증명은 만약 결론이 옳지 않다면 모순에 이르게 된다는 것을 보여주면서 종국적으로 그 주장이 옳은 것임이 틀림없다는 것을 보여주는 방식이다. 즉 간접증명이란 증명되어야 할 가정을 제외한 모든 것들이 진실이 아니라는 것을 보여주면, 결국 증명되어야 할 주장만이 유일하게 진실이 되는 구조를 말한다(배문범, 2013).

본 연구에서는 가추를 검증하기 위한 역행추론, 경합가설 소거를 위한 구체적인 분석 방법론으로 사회 연결망 분석과 공간분석 원리를 활용하려 한다.

나. 사회 연결망 분석
사회 연결망 분석이란 사람들의 사회적 행위를 그들이 맺은 관계로 구성된 연결망의 특성으로 설명하려는 시도(Mitchell, 1969. 2; 김용학·김영진, 2016)로 개인 및 집단들 간의 관계를 개체와 개체간의 '연결(tie)'로서 모델링하여 그 위상구조, 확산/진화과정을 계량적으로 분석하는 방법론을 말한다(김지온, 2019). 네트워크상 확산에서 중요한 개체 및 연결의 특성은 크게 두 가지로 나누어 생각해 볼 수 있다.

우선 개체가 갖는 연결의 개수(degree)다. 많은 사람과 접촉하는 개인은 감염의 위험을 크게 높이는 슈퍼 전파자의 역할을 할 가능성이 높다. 평소 사회생활에서 소위 허브(hub)의 역할을 하는 개체는 본인이 감염되는 순간 폭발적 전염의 위험이 있기 때문에 일차적인 방역의 대상이 되어야 할 것이다. 이처럼 연결선의 수가 많은 허브가 전염병 확산에 미치는 영향은 너무나 분명하지만, 방역의 효과성 측면에서 문제는 감염의 군집(cluster)이 형성되기 전에는 누가 사회적 허브인지 미리 알기 힘들다는 점이다.

두 번째로 주목할 특성은 가교(bridge) 역할을 하면서도 강한 연결이다. 사회 연결망 연구에서는 약한 연결의 역할을 강조한 그라노베터의 기념비적 연구(Granovetter, 1973) 이후, 서로 다른 연결망 군집에 다리를 놔주는 연결선은 교류 빈도나 강도 면에서 약하다는 가정이 받아들여져 왔다. 그러나 최근 세계적 규모의 트위터 자료와 모바일 통화 기록을 분석한 연구(Patrick S, Joshua E, Michael W., 2018)는 지리적 혹은 사회적으로 거리가 먼 연결망 군집간을 연결해주는, 소위 길고 강한 연결선들을 관찰했다. 연구에 따르면 이처럼 강하고 긴 연결은 연결망 우주의 "웜홀(wormhole)"과 같아서 거리가 먼 연결망 집락간을 빠르게 가로지를 수 있게 해준다.

본 연구가 주로 주목하려는 연결망 특성은 바로 이 두 번째, 즉 길면서도 강한 연결이다. 그간 상대적으로 주목받지 못한 이러한 연결은 국지적으로 한 집락에 갇혀있던 바이러스를 사회적 혹은 지리적으로 멀리 떨어진 다른 집락으로 옮기는데 결정적 역할을 할 수 있다. 대구 신천지 신도간 관계망과 천안 줌바댄스 수강생간 관계망은 지리적, 사회적으로 거리가 있다. 하지만 신천지 신도 중 감염된 대구 시민 한 명이 친한 지인 중 한 명인 줌바댄스 수강생을 만나러 천안에 갔다면, 긴 거리를 연결해주는 이 친밀한 관계는 바이러스의 확산에 결정적 역할을 할 것이다.

물론 사회적 허브를 미리 파악하고 방역하기 힘들 듯, 강하고 긴 연결도 미리 파악하고 방역에 활용하기 힘들 것이다. 하지만 세 가지 이유에서 강하고 긴 연결에 주목하는 것은 방역에 유용하다.

첫째, 코로나의 초기 확산에는 폭발적 감염집단의 형성이 두드러졌고 슈퍼 전파자의 역할이 중요했다. 하지만 시민들이 사회적 접촉을 자제하는 장기적 생활 방역에서는 바이러스가 확산되지 않고 국지적으로 관리되도록 하는 것이 더 중요하기 때문에, 길고 강한 연결을 통한 원거리 전파를 파악하는 것이 초기보다 중요하다.

둘째, 길고 강한 연결에 주목하는 것은 역학조사에서 감염 집락간 연결고리를 찾아줄 가능성이 높기 때문에 감염의 전체 과정을 파악하는데 유용할 수 있다. 특히 이런 길고 강한 연결을 통한 감염이 어떤 특성의 장소 및 만남에서 일어났는가를 안다면 방역에 중요한 정보가 될 수 있을 것이다.

셋째, 현실적으로 방역은 공간을 중심으로 이루어질 수밖에 없다. 그리고 강하고 긴 연결의 역할에 주목하는 것은 공간 정보를 활용한 감염 파악 및 방역에 효과적이다. 이를 알아보기 위해 공간분석의 특성부터 알아보자.

다. 공간분석

감염경로를 탐색하고자 하는 환자(이후 '탐색대상')가 감염원과 일정시간 이상 접촉하였는지 여부를 확인하기 위해서는 공간적/시간적 분석이 필요하다. 매일 수많은 확진자가 신규로 발생하는 현 상황에서 분석가가 역학조사관에게 실시간으로 공간분석 결과 탐색대상을 전달하는 것은 방역활동에 있어 매우 중요하다.

감염원은 '선행확진자' 또는 '확진자에 의해 바이러스에 노출된 시설'로 구분될 수 있는데 먼저 감염원이 선행 확진자가 되는 경우에 대한 공간분석 절차를 살펴보자.

공간적 인접성(Spatial proximity) 판단을 위해서는 우선 기지국 위치정보에 대한 이해가 필요하다. 휴대전화를 통해 수집된 위치정보는 기지국 중계기의 위치정보이다. 중계기의 공간적 분포는 지역 특성에 따라 편차가 있으나 평균적으로 약 100~200m 간격의 밀집도를 가지고 분포되어 있다. 한편, 각 이동통신사[6]는 서로 다른 중계기를 사용하고 있다. 만약 같은 이동통신사를 이용하는 확진자가 반경 100~200m 이내에 있다면 동일한 위경도 좌표에 있는 것으로 표시될 것이다. 반대로, 정확히 같은 위치에 있는 두 사람이라도 서로 다른 통신사를 사용한다면 다른 위경도 좌표로 표시될 수 있다. 이러한 데이터의 한계를 반영하여 실제 분석 모델 설계 시에는 제공받은 위치정보의 오차를 반경 100m로 설정하였다.

따라서, 탐색대상의 위·경보 정보를 토대로 이동동선을 지도에 표시한 후, 그 이동동선 반경 100m안에 위·경도 좌표가 위치하는 다른 확진자들을 공간적 인접성이 확인된 감염원이라고 판단하였다.

---

6 우리나라에서 통신 기지국을 보유하고 있는 기간통신사업자는 통신 3사로 통하는 SKT, KT, LGU+이다.

공간적 인접성에 대한 평가를 거쳐 같은 장소에 머물렀다는 잠정결론이 난 대상자들에 대해서는 시간적 인접성(Temporal proximity)에 대한 평가가 이루어진다. 해당 장소가 장시간 바이러스에 노출되어 고위험장소로 평가되는 경우가 아닌 한 유사한 시간대에 머물렀을 때에 사람간 감염이 이루어진 것으로 의심할 수 있기 때문이다.

우선 시간적 해상도를 일 단위로 하여 같은 장소에 2명 이상의 확진자가 체류하였는지를 확인하였다. 그후 감염원이 선행확진자가 되는 경우에 대한 분석에서 공간적 인접성이 확인된 경우, 해당 선행확진자들과 탐색대상의 '체류시작 시간'과 '체류종료 시간'을 비교하여 시간적 인접성을 평가하였다.

다음으로, 확진자에 의해 바이러스에 노출된 시설(또는 장소)을 감염원으로 하는 분석(Exposed place as source)도 필요하다.

노출된 시설 또는 핫스팟의 위치를 기준으로 100m 반경을 설정하여 해당 기지국 내 교신정보를 추출하여 노출위험성이 높은 사람들을 추출하였다. 이러한 분석은 주로 다수의 확진자들이 발생한 것으로 이미 확인된 장소(종교시설, 클럽 등 다중이용시설) 또는 확진자들의 이동동선이 겹치는 핫스팟에 대한 노출력을 평가하는데 사용하였다. 지난 5월 이태원 클럽 집단감염 사건이 발생했을 때 이 분석 방법론에 따라 이태원 클럽 기지국 300m 반경 내에 인접한 감염의심자를 추출하기도 하였다. 비록 코로나19의 주요 전파경로는 비말에 의한 직접 전파이나, 매우 제한된 상황에서 서로 다른 시간에 같은 장소를 이용한 사람간 간접전파도 가능하다. 따라서 본 연구에서 제시하는 분석방법론은 이러한 경우를 가정하여 다소 시간적 인접성이 떨어지더라도 공간적 인접성에 근거하여 감염경로를 탐색한 것이다.

위와 같은 과정 이후에는 통상 분석오류를 최소화하기 위해 추출된 데이터를 지도에 표시하여 장소·시간에 대한 상세평가를 실시한다. 상세평가를 위해서는 확진자들의 거주지, 직장소재지, 집단시설 이용력 등의 역학정보와 다중이용시설의 위치정보 등을 고려한다. 예를 들어 공간적 인접성이 있던 장소가 지하철 노선도 위에 표시되는 경우 같은 지하철을 타고 이동했을 가능성이 높아 직접 접촉이 있었다고 단정하기 어렵다. 또한 교차로가 인접한 위치에서 매우 짧은 시간(5초~1분) 체류한 경우도 각각 신호대기 중이었을 가능성이 높아 직접접촉으로 보기 어렵다고 평가하였다.

이러한 상세 평가과정을 거쳐 위치정보에 대한 최종 인접성 평가를 하고 평가 결과에 따라 역학조사관이 확진자 또는 감염의심자를 재 인터뷰하여 감염여부를 검증하게 된다. 인접성 분석결과를 인터뷰 결과와 종합하여 탐색대상 확진자가 선행확진자와 직접 접촉하였거나, 확진자 본인은 인지하지 못하였으나 CCTV 등 보완적인 방법으로 비말 전파가 가능한 거리 내에 있었던 것이 확인된 경우, 해당 감염원과의 개인 대 개인(person-to-person)을 통한 전파의 가능성이 있다고 추정하게 된다.

한편, 확인된 인접성 외에 다른 근거를 찾기 어려우나, 선행 확진자와 직접 접촉이 확인되지 않거나 비말 접촉이 어려운 거리 내에 있었을 경우, 공기전파(aerosol transmission) 또는 병원체가 서식하는 물건 등에 의한 개달 전파(fomite transmission)의 가능성을 염두에 두고 추가 역학조사를 하는 근거로 활용한다.

3. 연결망 특성과 공간분석을 결합한 COVID-19 맞춤형 분석[7]

가. 확진자 전파 네트워크 분석

본 연구가 제시하는 맞춤형 분석의 실효성 검토를 위해 코로나19 초창기였던 2020. 2. 26.자 질병관리본부에서 공개한 소규모의 확진자 이동경로 정보를 활용하였다. 우선 알려진 확진자 전파네트워크를 [그림 2]와 같이 시각화 하였고 적은 양의 네트워크 데이터였음에도 불구하고 다음과 같은 전파 네트워크 집락들을 도출할 수 있었다.

데이터는 1월 20부터 2월 20일 사이에 COVID-19에 확진된 총 82명의 감염경로 정보이며, 데이터 유형은 '확진자 번호, 성별, 국적, 나이, 감염경로, 확진일자, 입원기관, 접촉자수'로 구성되어 있다. '확진자 번호'를 노드로 삼고 감염경로를 연결 화살표로 하여 확진자 전파 네트워크를 시각화 하였다. 즉 COVID-19 전파는 번호가 작은 노드에서 큰 노드로 연결선을 따라 이루어진다.

시각화 결과 확진자 전파경로는 크게 ① '우한방문' ② '미확인' 2개 허브 노드 중심으로 확산되고 있으며 태국여행, 싱가폴 컨퍼런스, 일본 확진자 접촉 등 당시 기준으로 확산가능성이 높지 않는 소규모 허브 노드 4개가 발견되었다.

---

7 본 논문에서 네트워크 및 공간분석 방법론 소개를 위해 활용한 소프트웨어는 IBM사의 $i2(i-base)$, ㈜ 사이람의 NetMiner, ESRI사의 ArcGIS Pro 프로그램이다.

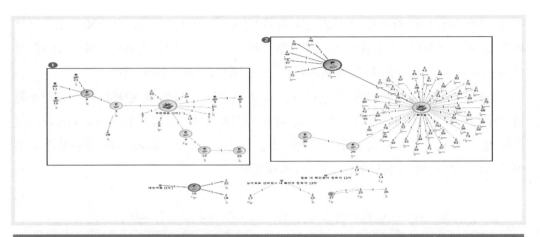

[그림 2] 2020. 2. 26.자 확진자 전파 네트워크

이 중 '우한방문' 네트워크상 확산구조를 분석하였을 때, 3번(1.63) 6번(1.96) 노드가 매개중심성(betweenness centrality)이 높아 제2의 집단감염을 유발할 수 있는 허브 노드가 될 가능성이 높으므로 위 두 노드의 자가 격리 시점 전까지 이동경로를 집중적으로 분석하여 방역 위험지역 범위를 선정해야 하는 것으로 확인되었다.

매개중심성이 높은 확진자란, 그 확진자에 해당하는 노드를 연결망에서 제거했을 때 다른 노드들간 연결 정도가 낮아지는 노드를 뜻한다. 즉, 그 확진자가 없었다면 집락들간 전파가 줄어들 가능성이 높다. 물론 연결 개수가 많은 허브가 매개 중심성이 높은 경향이 있지만, [그림 3]의 3번 확진자처럼 허브가 아니어도 매개 중심성이 높은 경우도 있다. 3번 확진자는 우한 방문자와 6번 허브를 연결하는 매개자 역할을 하고 있으며, 서로 떨어진 두 집락을 연결한다는 점에서 연결망 위상 구조상 '긴 거리' 연결을 만들어 주고 있다.

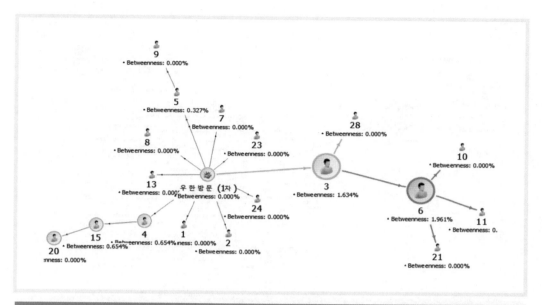

[그림 3] 우한 방문 이후 확산 네트워크

이처럼 기존의 자료에서도 허브가 아닌 집락간 연결 혹은 위상적으로 긴 연결에 주목하여도 확산을 이해하는데 도움이 된다. 좀 더 중요한 점은, 여기에 추가로 고위험 대상자의 이동경로에 대한 시계열 분석과 공간분석을 추가할 경우 방역대책에 도움이 되는 분석결과를 도출할 수 있다. [그림 4]의 '미확인' 전파 네트워크에서 집락간 긴 연결을 만든 것으로 보이는 31번 확진자를 중심으로 시계열적인 공간분석을 해보았다.

31번 확진자의 이동경로에 대한 시계열 분석 결과, '집 ⇒ 회사 ⇒ 한방병원 ⇒ 교회 ⇒ 호텔 ⇒ 보건소'로 이동한 것을 시각적으로 한눈에 확인할 수 있었다.

아울러 서울지역 확진자 이동동선에 대한 핫스팟 분석 결과 시각적으로 감염위험 지역을 한눈에 확인할 수 있었는데 방역초기부터 이러한 분석방법론이 적용되었더라면 확진자의 불명확한 기억, 의도적 왜곡 등을 보완함으로써 보다 정확하고 효과적인 방역 활동을 할 수 있지 않았을까 하는 아쉬움이 남는다.

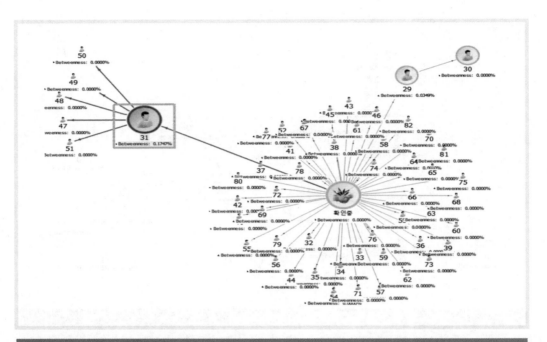

[그림 4] 감염경로 미확인 확산 네트워크

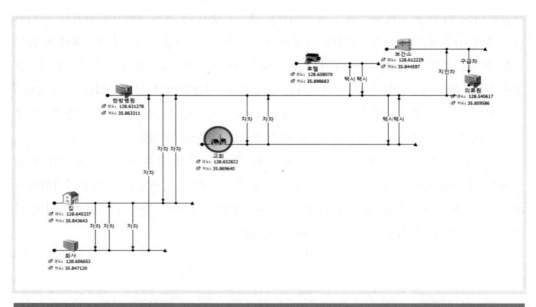

[그림 5] 31번 확진자 동선에 대한 시계열 분석 결과

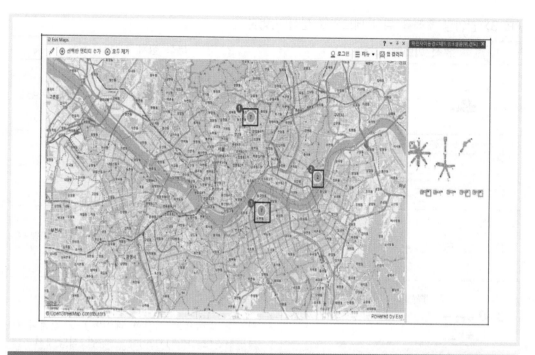

[그림 6] 서울지역 확진자 이동동선 공간분석 결과

나. 감염경로 추적을 위한 분석

전체적인 확진자 전파 네트워크의 정확성을 담보하고 실시간으로 감염병 확산방지를 위한 역학조사를 시행하기 위해 개별·구체적인 탐색대상에 대한 감염경로 추적이 필요하다.

감염경로 추적은 크게 두 가지 방식으로 이루어지는데 특정 확진자와 접점이 있는 감염 의심자를 찾기 위한 감염원 추적과 특정 확진자가 방문한 장소에 같은 시간대에 해당 장소에 머물렀던 감염 의심자를 찾는 감염장소 기반의 추적이다.

위 두 가지 감염경로 추적 방법과 절차에 대한 구체적인 해설은 다음과 같다.

〈표 3〉 감염원 추적을 위한 네트워크 분석 방법론

분석 방법론 시각화	분석 절차 해설
	1. 사전에 COVID-19 네트워크 DB(i-base) 구축 ※ '사람', '카드', '가맹점'이 네트워크 방식으로 연결될 수 있도록 데이터를 축적
	2. 29번 확진자가 풀무원 식당[8]에서 카드를 쓴 내역을 시각적(Visual) 쿼리로 불러옴
	3. DB에서 해당 데이터를 추출한 후 2-mode 네트워크 방식으로 시각화
	4. 시계열 방식으로 시각화 레이아웃을 전환하여 특정시점(2. 17. 11:29)에 풀무원 식당에서 카드를 사용한 내역을 확인
	5. 2. 17. 11:00~12:00 같은 식당에서 카드 사용한 사람을 불러올 수 있는 쿼리 작성
	6. 해당시간대에 29번 확진자와 같은 장소에서 식사를 한 14번 추출

---

8 풀무원 식당은 집단감염이 발생한 정부부처 직원식당으로 29번 확진자와 비슷한 시점에 식사를 한 사람이 COVID-19에 감염되었을 가능성이 있다는 전제하에 분석을 수행하게 되었다.

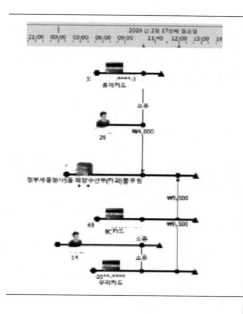	7. 29번 확진자가 11시 29분경 풀무원 식당에서 카드 결제를 하였고, DB상 축적되어 있는 신용카드 사용내역에서 추출한 결과 11시 59분경 14번 확진자가 같은 식당에서 카드 결제를 한 사실을 확인 ※ 먼저 결제를 하고 식사를 하는 직원식당인 점을 감안하면 29번이 식사를 하고 있는 도중 14번이 식당에 들어와 식사를 한 것으로 추정되므로 두 사람의 자리배치가 인접해 있었는지 여부를 확인해야 함
분석 결과	14번 확진자가 29번 확진자에게 코로나를 감염시켰을 개연성이 있으므로 역학조사를 통해 구체적인 사실관계를 확인해 볼 것을 주문할 수 있음

〈표 4〉 감염장소 기반 추적을 위한 공간분석 방법론

분석 방법 시각화	분석 절차 해설
< 분석 흐름도 > 전체 데이터 분석대상자 데이터 추출 (부분집합쿼리) 분석대상자 외 데이터 추출 (부분집합쿼리) 반경 100m 지정 (버퍼) 장소적 접착성 확인 (교차) 시간적 접착성 확인 (필드 추가, 계산)	1. 특정 확진자가 방문한 장소에 같은 시간대에 해당 장소에 머물렀던 감염의심자를 찾기 위한 공간분석 모델빌더 작성
	2. 타겟 확진자의 휴대전화 교신정보를 지도상에 추출 ※ 확진자 휴대전화 교신정보는 하루 약 2,000건 으로 1명에 대해 최대 14일간의 정보를 확보할 경우 1명당 28,000행의 데이터임을 감안하여 DB구축 필요
	3. 타겟 확진자 외에 다른 대상자의 휴대폰 교신정보(위·경도)를 지도상에 모두 추출

	4. 타겟 확진자의 100미터 반경 범위 설정 　※ 분석 대상 확진자의 위치 반경 100m 구역 　　을 설정하기 위해 ArcGIS Pro 프로그램의 　　버퍼 (Buffer) 도구를 활용 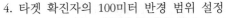 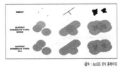
	5. 타겟 확진자의 100미터 반경안에 들어오는 다 　른 대상자 추출(시간 미고려) 　※ 장소적 접착성이 있는 확진자를 추출하기 　　위해 교차(Intersect)기능 활용 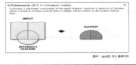
	6. 타겟 확진자와 100미터 반경안에 들어오는 대 　상자 중 체류시점이 겹치는 대상자만 추출
분석 결과	13,765번 확진자가 방문한 장소에 같은 시점에 해 당장소를 방문한 101명의 감염의심자 명단 추출

　　위와 같은 감염원 및 감염장소 기반의 추적 방법론에 따라 체계적인 분석을 수행할 경우 서로 관련성이 발견되지 않았던 지역간 집단감염 사건의 감염경로를 밝혀내어 전체적인 확진자 전파네트워크를 개선해줌으로써 보다 정확한 방역대책 수립에 도움을 줄 것으로 기대된다.

　　실제로 지난 6월 질병관리청에 파견나간 경찰 데이터분석 지원팀에서 본 연구자는 위 감염장소 추적 분석방법론을 수행하여 서로 관련성이 없어 보였던 수도권과 대전·광주로 이어지는 집단감염의 '원거리' 연결고리를 찾아내기도 하였다. [그림 7]의 첫 번째 그림은 공개 정보에서 도출된 세 개의 분리된 감염 집락을 보여주고 있다.

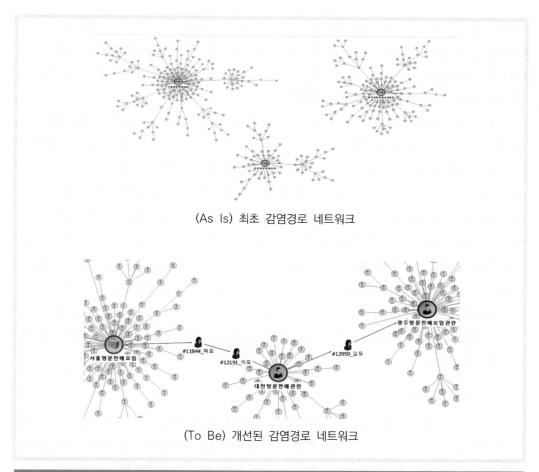

(As Is) 최초 감염경로 네트워크

(To Be) 개선된 감염경로 네트워크

최초 서로 관련이 없어보였던 감염집락들이 어떻게 서로의 연관성이 밝혀지게 되었는지 여부를 살펴보자.

2020년 6월 중순부터 대전지역에 감염경로를 알 수 없는 소규모 집단 감염이 발생하였고, 그 중 대전 ○○교회 주일예배를 통해 감염된 이○○(확진자번호 : 12153), 백○○(확진자번호 : 12154), 이○○(확진자번호 : 12191)의 최초 감염원을 찾기 위한 휴대폰 위치정보 분석을 시행하게 되었다.

분석도중 이○○(확진자번호 : 12191)가 대전과 서울을 장거리로 이동한 내역을 발견하고 해당 대상자의 서울에서의 이동내역을 기존 서울지역 확진자들의 위치정보와 비교대조한 결과, 이○○(확진자번호 : 12191)가 서울 관악구 소재 방문판매 업체인 '○

○웨이' 발 감염자인 허○○(확진자번호 : 11844)가 거주하는 '○○쉼터'에 방문한 사실을 확인할 수 있었다. 그런데 '○○쉼터'의 위치가 '○○웨이'와도 근접해 있어 결과적으로 이○○(확진자번호 : 12191)가 서울 '○○웨이' 방문판매 집단감염 경로로부터 감염된 대전지역 최초 확진자라고 특정하게 되었다.[9]

대전에서 광주로 이어지는 감염경로를 밝혀내게 된 경위는 다음과 같다. 광주지역의 경우 '○○사'에서 최초 확진자가 발생하였고 이후 '○○빌딩'에 다수 확진자가 발생하였다. 최초 확진자가 나온 '○○사' 신도 중 한명이 광주지역 최초 감염자일 것이라고 의심하던 중 '○○빌딩' 현장조사 중 방문판매회사인 '○○홈닥터' 사무실을 발견하게 되었다. 당시 대전에서는 '○○홈닥터' 대전지점에서 다수의 확진자들이 나온 상황이었다. 결국 광주 '○○홈닥터' 사무실이 위치해 있는 '○○빌딩' 확진자들의 휴대폰 위치정보를 분석한 결과 대전 '○○홈닥터' 사무실을 다녀온 김○○[10](확진자번호 : 12959)를 특정함으로써 대전에서 광주로 이어지는 감염경로를 밝혀낼 수 있었다.

정리하자면 기존에 파악된 전파 집락 정보와 집락별 초기 전파자의 위치 정보(카드 결제 정보 및 핸드폰 기지국 정보)를 결합하면, 집락간을 연결해주는 웜홀을 찾을 가능성이 매우 높아진다.

다. 가설적 추론과 역행추론 검증 시나리오 검토

다음은 사회 연결망 분석과 공간분석을 활용하여 방역당국에서 감염경로 추적을 위해 어떻게 가설적 추론과 역행추론을 진행해 나가는지 시나리오에 따라 살펴보기로 하자.

감염경로가 밝혀지지 않은 해양수산부(이하 '해수부'라고 한다.) 집단감염 케이스(그림11 참조)에 대해 최초 피감염자(확진자 번호[11] : 29)와 해당 피감염자의 감염경로를 찾기 위한 프로젝트가 시작되었다. 방역당국에서는 해수부 집단감염 확진자들의 DUR 정보를 확인하던 중 29번 확진자가 처음으로 코로나19 증상으로 관련 의약품을 처방받은 사실을 인지하고 다음과 같은 새로운 가설을 세우게 되었다.

"해수부 집단감염의 최초 피감염자는 29번 확진자이며, 29번 확진자는 신천지 집

---

9 집단감염 확산으로 해당 확진자 추가인터뷰를 통해 개별 접촉력 확인은 하지 못했으나 분석 결과 외에 다른 접촉이 전혀 탐색되지 않아 이 경로로 감염되었을 가능성이 높다고 판단하게 되었다.

10 김○○은 6. 10, 6. 11.에 두 차례 대전 '○○홈닥터' 사무실을 방문한 이후 자신이 만난 사람들이 COVID−19에 확진된 사실을 알고 있었으나 이를 의도적으로 숨기고 있다가 데이터 분석 결과로 추궁하자 방문 사실을 인정하였다.

11 이 시나리오의 확진자 번호는 당시 COVID−19 정부합동지원단에서 별도로 추적, 관리하던 번호로 현재 질병관리청에서 관리하는 전체 확진자 번호와는 다를 수 있음.

단감염 확진자(확진자 번호 : 1)와 같은 장소에 머물렀던 이력이 확인되었으므로 해수부 집단감염 케이스의 감염경로는 신천지 집단감염이라고 보아야 한다."

위와 같은 가설을 세우게 된 근거는 대구 신천지 확진자(확진자 번호 : 1)가 29번 확진자와 같은 시점에 같은 기차역에 있었다는 사실과 DUR 정보상 해수부의 확진자들 중 가장 먼저 코로나 증상으로 약국에서 의약품을 처방받은 사람이 29번 확진자라는 사실을 방역당국에서 알고 있었기 때문이다.

위 가설을 경합가설 소거방식에 따라 해수부 집단감염의 최초 피감염자가 29번 확진자가 아닐 수도 있는 근거를 찾아보기로 하였다.

먼저 DUR 정보는 의사의 처방이 있는 경우에만 의약품 조제 및 처방내역이 확인된다는 사실을 인지하고, 병원진료 없이 개인적으로 약국을 방문하여 의약품을 구매한 사람들은 없는지 확인해 보았다. 그러자 29번 확진자 외에도 같은 해수부의 25번 확진자가 29번 보다 먼저 약국을 간 사실을 확인하였고, 해수부 9번 확진자의 부인인 12번 확진자가 29번 보다 먼저 약국을 간 사실을 확인할 수 있었다.

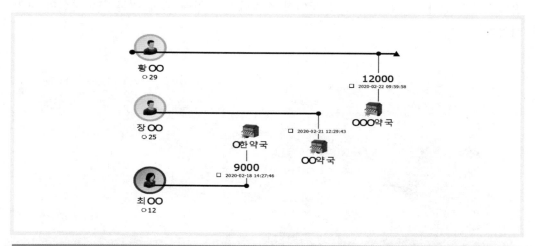

[그림 8] A집단감염 관련자 신용카드 사용내역

25번 확진자의 경우 출장이 잦은 업무 수행으로 부산을 자주 다녀왔는데 해수부 집단감염보다 먼저 발생했던 부산 온천병원 집단감염 발생장소 주변을 다녀왔을 개연성도 배제할 수 없는 상황이었다.

[그림 9] 25번 확진자 이동동선 분석결과

아울러 12번 확진자의 경우 해수부 집단감염이 발생하기 전 해당지역에서 먼저 확진된 7번 확진자[12]와 같은 시점에 동일한 장소에서 수차례 함께 머물렀던 사실이 확인되었다.

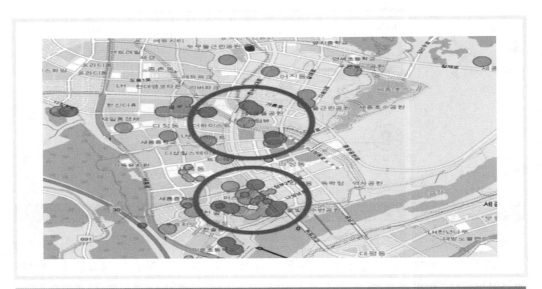

[그림 10] 7번과 12번의 동일시점 중첩된 휴대전화 교신정보 분석결과

---

12 7번 확진자는 A집단감염 발생 전에 해당지역에서 먼저 확진된 자로, 휴대폰 교신정보에 대한 공간분석 결과 A집단 9번 확진자의 부인인 12번 확진자와 접촉한 것으로 추정되는 것임.

결국 방역당국에서 세운 29번이 해수부 집단감염의 최초 피감염원이라는 가설을 간접적으로라도 증명하기 위해서는 '① 25번 확진자가 부산 온천병원 집단감염 사건에서 감염되어 해수부 집단에 감염을 시켰다. ② 12번 확진자가 7번 확진자로부터 감염되어 자신의 남편인 해수부 집단 9번 확진자가 감염되어 9번 확진자가 해수부 집단에 감염을 시켰다.' 라는 2가지 유형의 경합가설을 역학조사를 통해 기각해야만 한다. 당시로서는 이러한 기각을 위해 25번과 12번 확진자가 29번보다 먼저 약국에서 신용카드를 사용한 내역이 코로나 증상과 무관한 약품이라는 사실을 증명하지 못한 상황이었다.

여기서 주목할 점은, 원래 가설과 두 경합 가설 모두에서 길거나 강한 연결이 감염경로에 미치는 역할이 두드러진다는 것이다. 원래 가설에서는 세종시에 거주하는 29번 확진자가 오송역에서 1번 신천지 확진자에게 감염되었을 경우로서, 지리적으로 긴 거리 감염에 해당한다. 경합가설 ①의 경우도 출장이 잦은 세종시 거주자인 25번 확진자가 부산의 집단 감염 집락에서 바이러스를 옮겨온 경우로 지리적으로 긴 거리 감염에 해당한다. 경합가설 ②의 경우는 7번과 12번이 동일 지역에 반복적으로 머문 사실로부터 강한 연결(그림 11 참조)을 통해 감염이 이루어진 것으로 추론할 수 있는 경우다. 이처럼 해수부 집단감염의 최초 감염원에 대한 세 가설 모두 긴 거리 혹은 강한 연결을 통한 감염 시나리오를 구성하게 되었으며, 주요 역할을 한 확진자들은 시나리오상에서 사회적 허브로 역할했다고 볼 필요는 없는 경우들이다.

또 한 가지 강조할 점은, 휴대전화 위치 정보나 카드 사용 정보가 가추 발굴 단계뿐 아니라 역행 추론 단계의 경합 가설들의 발굴에도 중요하게 활용되었다는 점이다. 감염 집락간 연결 고리를 찾기 위해 합리적인 시나리오 다수를 발굴하는 과정은 역학조사를 더욱 과학적으로 향상시키고 방역에 도움이 되는 함의를 도출할 가능성을 높일 것이다.

라. 역학조사관의 역학조사서 정보 추가분석

사실 지금까지 위에서 제시한 휴대전화 교신정보, 신용카드 사용내역, DUR 정보 못지 않게 중요한 정보가 역학조사관이 직접 확진자를 만나 수집한 인터뷰 자료이다. 확진자의 증상발현일 또는 확진일 전후 이동동선과 타인 접촉 내용을 대면 인터뷰로 수집한 정보이고 정형화되지 않은 자료이기 때문에 다른 정보들과 연계하여 분석이 이루어지지 못하고 있는 실정이었다.

위에서 제시한 해수부 집단감염 사건의 역학조사 정보를 종합적으로 활용하여 감염경로 네트워크를 시각화하면 다음 '(Aa Is) 해수부 집단감염사건 기존 감염경로' 그림과 같은 감염경로 네트워크를 그릴 수 있다. 그리고 '<표 3> 감염원 추적을 위한 네트워크 분석 방법론' 방식으로 찾아낸 새로운 정보를 반영하면 '(To Be) 개선된 감염경로 네트워크' 그림과 같이 감염경로 재구성의 정확도를 높일 수 있다.

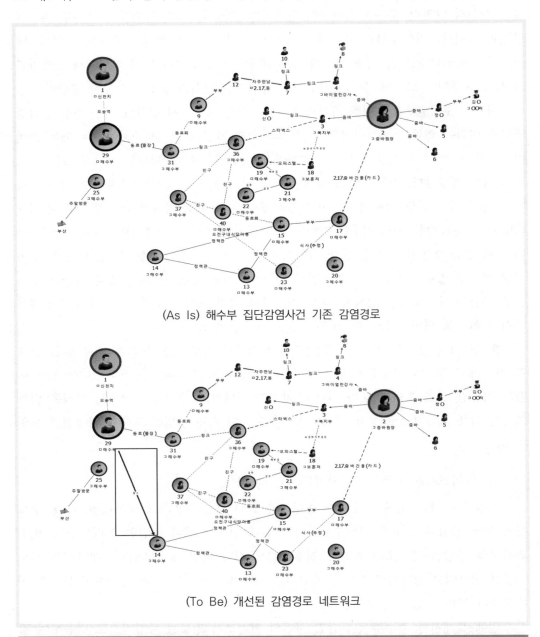

(As Is) 해수부 집단감염사건 기존 감염경로

(To Be) 개선된 감염경로 네트워크

[그림 11] 감염원 추적 분석방법론 적용 전후 해수부 집단감염 사건 네트워크

최대한 많은 정보들을 연계하여 하나 또는 여러 개의 집단감염 사건의 확진자 전파 네트워크를 최종적으로 확정하게 된다면, 다양한 연결망분석 원리를 적용하여 네트워크 구조적인 관점에서 감염경로를 추정해 볼 수 있다.

전체가 연결된 거대 집락 내에서 부분 집락을 식별하는 한 방법은 전체 집락을 부분 집락으로 분할할 때 삭제해야 할 최소한의 연결선을 지정하는 방식이다(김지온, 2019). 아래 그림을 기준으로 설명한다면 A, B, C, D 네 노드로 이루어진 집단(집단 1)은 연결성 단계가 3이고, E, F, G, H, I 집단(2집단)은 연결성 단계가 4이다. 만약 연결성 단계 임계값이 3으로 지정되면 1, 2 집단이 모두 식별되고, 연결성 단계 임계값이 4로 지정되면 2집단만 식별된다.

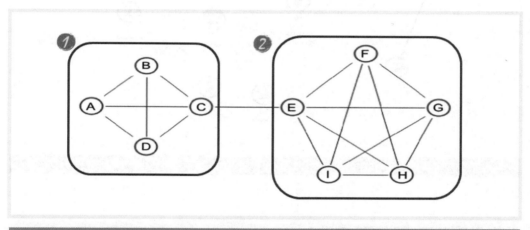

[그림 12] 클러스터 찾기 원리

[그림 11]의 개선된 감염경로 네트워크를 기반으로 연결성 단계 임계값을 2로 지정한 상태에서 하위집단을 추출한 결과, [그림 13]과 같이 ③ 천안 줌바댄스 집단감염 경로가 해수부 집단감염과 하위집단을 이루는 것을 확인할 수 있다.

① 대구 신천지 집단감염 경로와 ② 부산온천병원 집단감염 경로는 연결성 단계가 1이므로 그 임계값이 2인 경우 하위집단에서 배제되게 된다. 즉 천안줌바댄스 집단감염 경로의 경우 적어도 링크를 2개 이상 제거해야만 해수부 집단감염 경로와 분리될 수 있을 정도의 응집력을 갖고 있는 것으로 링크의 밀도 관점에서 해수부 집단감염의 발원지는 ③번 경로의 가능성이 높다고 추정해 볼 수 있다. 물론 이와 같은 가설적 추론은 다양한 정보들을 활용하여 사후검증 함으로써 그 오류 가능성을 최소화해야 한다.

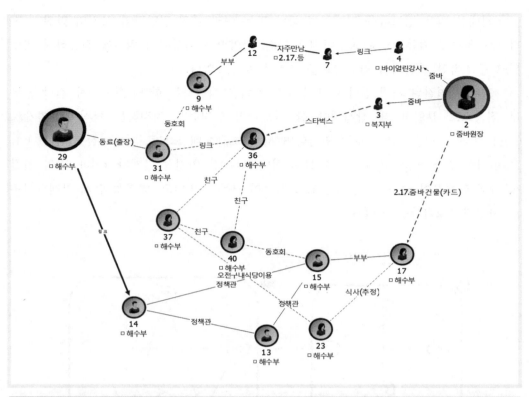

감염 경로 재구성과 정책 제언

1. 국가재난에 대비한 데이터 사이언스 기반의 통합분석체계 구축

2020년 12월 12일부터 20일 사이 일일 평균 확진자 숫자가 1,000명이 넘어가면서 국내에서는 대구 신천지 집단감염 사건 이후 제3차 팬데믹 상황이다. 방역당국은 하루하루 발생하는 확진자의 이동경로와 증상발현일 2주 전까지 접촉자 추적에 모든 역량을 집중하고 있다. 그러나 선제적 대응이 어려운 상황에서 감염병 확산방지에만 대응하다보니 전체적인 맥락에서 감염병 확산 네트워크를 관리하고 분석하여 보다 심층적인 정책적 대안을 찾아내지 못하고 있는 듯하다.

지배적인 코로나 바이러스의 유형도 최초 우한발에서 북미·유럽발로 바뀌고 최근 영국의 변이 바이러스 등장까지 변화가 심하여, 몇 번의 백신 개발로 종식될 수 있을지도 불확실하다. 이제 앞으로 전 인류는 포스트 코로나, 즉 감염병과 함께 사는 시대에 대한 대비가 필요하다. 이를 위해 감염병 확산 방지 체계를 미리 만들어 놓는 것은 무엇보다 시급한 과제가 아닐 수 없다. 체계적인 감염병 역학조사 대응체계 구축을 위해 몇 가지 사안을 제안해보고자 한다.

먼저 역학조사 맥락에서 감염병 관련 데이터의 유형과 특성에 대한 종합적인 이해가 필요하다. 전염병 관련 데이터에 대한 도메인 지식 관점에서의 이해가 선행되어야만 구체적인 분석 목표를 뚜렷하게 제시할 수 있다. 분석목표가 정해지면 그에 따른 데이터의 전처리, 구조화 등 빅데이터 분석을 위한 데이터베이스를 구축할 수 있다.

현재까지 코로나19 역학조사를 위해 활용되고 있는 데이터는 위에서 제시한 ① 휴대전화 교신정보, ② 신용카드·교통카드 사용명세, ③ 의료기관 및 약국 진료 및 처방전 내역(DUR) 정도이다. 비록 본 연구에서 이 세 가지 유형의 데이터만으로도 유용한 가설을 도출할 수 있음을 보였지만 여전히 제한적일 수밖에 없다. 방역당국의 가설적 추론과 역행추론을 보다 효과적으로 뒷받침하기 위해서는 위 데이터와 더불어 역학조사관의 역학조사 내용정보에 대한 정형화 모델 정립이 필요하다. 위에서 제시한 감염원 및 감염장소 추적 분석방법론과 가추와 역행추론 시나리오에 역학조사관의 역학조사 정보를 추가로 반영한다면 보다 풍부하고 정확한 확진자 전파 네트워크를 완성할 수 있다.

다양한 유형의 정형·비정형 데이터에 대한 분석 DB를 구축하는 것과 더불어 데이터의 누락·손상을 방지하고 무결성을 보장하기 위해 데이터의 수집·보관·처리·폐기에 이르는 전 과정을 통합·일원화해야 한다. 일일이 수기로 받는 데이터가 많아지게 되면 그 과정에 누락되는 정보가 많을 뿐만 아니라 분석도중 필요한 정보를 확장하여 실시간으로 수집할 수 없는 문제도 발생하기 때문이다.

한편 이는 정보주체인 개인의 프라이버시 보호와도 관련이 있다. 현재는 휴대전화 교신정보의 경우 EISS 시스템에서 다운받아 파일을 열 때 비밀번호를 입력해야 하며 대상자 인적사항은 '대상자 ID : P0011316'과 같은 방식으로 고유번호로 처리되어 해당 대상자가 누구인지 알 수 없도록 비식별화 되어 있는 정도이다. 그러나 국가기관이 개인정보를 장기적 그리고 대규모로 집적·통합하는 데이터베이스화는 현대적 의미의 프라이버시권을 침해하여 그 자체로 '강제처분'에 해당하므로 특별한 법률상 근거가 필요하다는 주장도 있다(山本 龍彦, 2013). 현행 '감염병의 예방 및 관리에 관한 법률'에도 '정보의 제공요청 및 확인(제76조의2)'과 관련된 규정만 있을 뿐 개인정보에 대한 데이터베이스 방법이나 절차에 대한 근거규정은 없는 실정이다. 향후 데이터 연계분석에 지장을 초래하지 않으면서도 개인정보를 최대한 보호할 수 있는 합리적인 프라이버시 보호 정책과 법률적 근거가 마련되어야 할 것이다. 프라이버시의 침해나 제한은 시민의 피로도를 높여 장기적으로 방역 효과를 낮출 수 있다는 점에서도 해결책이 필요하다.

마지막으로 물리적인 데이터 과학 인프라 구축과 더불어 전문인력 양성도 필요하다. 현재 정부 각 부처에 데이터에 대한 이론적 지식과 분석 기술에 대한 숙련을 바탕으로 통찰력, 전달력, 협동 능력을 발휘할 수 있는 전문인력(한경진·조근태, 2016)인 데이터 과학자(data scientist)가 부족한 것이 현실이다. 이번 코로나-19 사태는 공공영역에 필요한 데이터 과학자가 부족함을 일깨워주는 한편, 데이터 과학이 필요한 영역을 방역으로 확장해 주기도 하였다. 범정부적으로 4차 산업혁명 시대에 대비한 각 분야별 데이터 과학자 양성과 충원을 더욱 가속화해야 한다.

2. 긴 연결의 식별과 장소 정보를 활용한 선제적 방역대책

코로나-19와 관련하여 네트워크적 관점에서 발표되고 있는 최근 연구의 주요 함의는 '사회적 허브를 관리, 면역시키는 게 중요하다'는 것이다. 코로나-19 전파 네트워크는 척도없는 네트워크(Scale-free)로서 멱함수 분포(Power-law distribution)를 보여주고 있으므로 사회적 거리가 불과 3.6명[13]에 불과한 우리나라의 상황을 감안한다면 지금까지 확인된 감염 네트워크에서 연결선이 가장 많은(degree centrality) 허브 노드 상위 5%를 제거할 경우 코로나-19 확진자를 70% 감소시킬 수 있다는 연구결과도 있다.[14]

그러나 방역대책 마련을 지원하기 위한 사후적 분석 측면에서 사회적 허브를 관리하는 것이 가능할 수는 있으나 확진자의 전염력이 가장 높다고 보는 증상발현일 2일 내에 이것을 찾아내는 것은 현실적으로 불가능에 가깝다고 볼 수 있다. 그러기에 현재 실정으로서는 확진자의 밀접접촉자를 선제적으로 검사하는 방식으로 허브의 역할을 최소화하고 있다.

위에서 살펴본 서울, 대전을 거쳐 광주로 이어지는 방문판매 집단감염, 천안 줌바댄스에서 세종 정부종합청사로 연결되는 집단감염의 확산, 그 외 미확인 감염의 후보 시나리오들의 공통적인 특성은 서로 떨어져 있는 장소간 긴 연결경로(long-range tie)를

---

13 '연세대 김용학 교수의 사회 연결망 조사' 2004년 1월 9일 중앙일보 보도자료.
14 장덕진, 조원광, 유명순, 김기훈, '코로나19, 전파의 네트워크', 출처 : https://www. snu.ac.kr/coronavirus/video?md=v&bbsidx=129445.

통해 전염될 가능성이 높다는 사실이다. 즉 전염의 대규모 집락들간 다리 역할을 하는 연결망상의 웜홀을 통해 전염하는 파급효과가 팬데믹 후기로 올수록 더 크다고 볼 수 있다.

그렇다면 전염의 사회적 허브를 찾는 게 쉽지 않은 상황에서 이러한 긴 연결을 찾아 선제적으로 대응하는 것은 가능한가? 물론 이러한 웜홀을 미리 찾는 것은 사회적 허브를 미리 찾는 것처럼 불가능하다. 그러나 본 연구를 통해 확인한 점은 이처럼 긴 연결을 찾는데 장소적 정보(휴대 전화 위치, 카드 결제, 약국 처방 등)가 유용한 역할을 한다는 점이다. 확진자의 밀접접촉자를 찾아 코로나 검사를 하는 것 못지않게 중요한 것은, 이러한 밀접접촉자별로 장소적 정보를 실시간으로 수집하여 본 연구가 제안한 방식처럼 분석하는 것이다. 밀접접촉자 중 장거리 이동을 반복적으로 하는 사람, 최근 약국에서 결제를 한 사람, 휴대전화 위치상 사람들의 밀집도가 높은 곳에서 휴대전화 위치가 자주 발견된 사람 등을 우선적으로 검사하고 그들의 밀접접촉자, 즉 확진자의 2차 밀접접촉자들에 대한 선별적 분석으로 나아갈 수 있다.

또한 긴 연결은 꼭 지리적으로 긴 연결일 필요는 없다. 사회적으로 거리가 먼 두 집단을 연결하는 관계도 긴 연결이다. 앞서 예를 든 교회 모임과 방문판매 모임간을 연결하는 경우가 이에 해당한다. 확진자의 밀접접촉자를 포함한 감염 의심자의 장소 정보를 통해 이런 연결에 관여할 가능성이 높은 대상을 선별해 볼 수 있다. 예를 들어 카드 결제의 횟수에 비해 결제 장소 및 업종이 다양하다거나, 휴대 전화 위치로 파악되는 장소의 성격이 서로 매우 이질적이라면, 다양한 사회적 집락을 연결하는 역할을 할 가능성이 크다. 더불어 본 연구에서는 본격적으로 활용하지 못했으나, 확진자의 역학 조사 인터뷰를 분석하여 접촉자 수보다도 접촉자들간 이질성이 높은 확진자를 우선 식별해 볼 수 있다.

팬데믹이 길어질수록 시민들도 사회적 거리두기에 피로감을 많이 느낀다. 따라서 시민들의 피로감이 커질수록 사회적 거리두기에 호소하는 방역은 효과가 줄어든다. 이럴 때일수록 무차별적 거리두기보다는 선택적 거리두기에 집중하게 하는 것이 효과적일 것이다. 본 연구는 전파에서 중요한 사회적 '거리'는 감염 집락간 거리라는 점에서, 시민들의 사회 활동의 성격을 단순화하는 방식으로 선택적 거리두기를 하는 것이 효과적이라 생각한다. 사회적 거리두기를 위한 정책도 단순히 시민들의 접촉 빈도를 줄이는 방향보다 접촉 성격을 단순화할 수 있는 방안들을 개발하는 것이 효과적일 것이다.

맺으며

본 연구는 역학조사에서 미확인 감염경로를 밝히기 위해 가추 및 역행 추론을 수행할 때 휴대전화 위치 정보와 식당 및 의료 관련 카드 결제 정보가 중요한 역할을 할 수 있음을 보였다. 그리고 그러한 위치 및 결제 정보를 통해 구성한 가설적 감염 시나리오는 감염 연결망상에서 길거나 강한 연결의 역할에 주목하게 해주었다. 이처럼 연결망에서 허브 이외의 연결에 주목하는 것은 사회적 허브를 통한 폭발적 감염 집락 형성에 주목하는 초기 방역 단계를 넘어 장기적 생활 방역 단계에도 기여가 클 것으로 본다.

현실적으로 방역은 장소 중심으로 될 수밖에 없다. 그리고 본 연구는 장소 정보를 맞춤형으로 활용할 것을 제안하고 있다. 이러한 장소 중심 정보의 통합적 축적과 꾸준한 분석은 방역의 효과를 높여줄 것이다. 감염에서 사회적 허브와 장소적 허브는 다르고 사회적 허브를 통제하는 것이 어렵다면 장소적 허브를 잘 통제하는 것이 효과적이다. 본 연구를 통해 제기한 가능성은, 길고 강한 연결을 통한 감염에 기여하는 장소의 특성들을 이해한다면 장소적 허브를 파악하는 데도 도움이 될 수 있다는 것이다.

장소적 허브를 관리하여 감염 집락간 연결을 조기에 끊어낼 수 있을 때 일정 기간 도시 자체를 봉쇄(shut-down)해야 하는 최악의 국면을 면하면서 봉쇄 정책에 가까운 방역효과를 얻을 수도 있을 것이다.

최근과 같이 확진자 숫자가 국가의 통제범위를 벗어나는 상황 속에서 본 연구와 제안이 이러한 상황을 타개할 수 있는 새로운 전략으로 검토되기를 기대한다.

또 다른 시작을 꿈꾸며...

또 다른 시작을 꿈꾸며...

수사의 완성은 언제나 사람입니다.

점과 선으로 시작한 이야기의 끝은 좋은 관계로 맺고자 합니다. 많은 분량을 할애하여 프로그램 사용법과 데이터 분석기법을 논하였지만 정작 중요한게 하나 빠졌다는 느낌을 지울 수가 없습니다.

그것은 바로 '사람'이라는 핵심가치입니다.

누군가 시켜서 시작한 게 아니었습니다. 그저 범죄수사에 대한 사명감으로 모인 사람들이 이루어 낸 작은 기적 중 하나입니다. 체계적인 조직과 시스템을 갖추지도 못했고, 제도적으로 뒷받침된 것도 아니었습니다.

경찰이라는 숭고한 사명아래 마침내 발견된 코뮌(Commune, 프랑스 중세의 주민자치체)처럼 한 사람, 한 사람이 모여 작은 전문가 그룹을 결성하였고, 이들의 열정이 지금도 세상을 조금씩 바꾸어 나가고 있습니다. 마치 마이크로(Micro)가 매크로(Macro)를 견제하고 균형을 이루게 하는 것처럼……

결국 수사의 완성이 언제나 사람이듯, 수사정보분석도 형사의 의지와 열정이 가장 중요하다고 생각합니다.

그래서 이 책의 말미에 작지만 큰 저의 경험 하나를 소개하는 것으로 마무리를 대신하고자 합니다.

2013년 경찰수사연수원 아산이전을 기념하여 표지석 문구 공모가 시작되었다.

나도 고민끝에 참여하게 되었는데
'수기안인' '늘 스스로를 갈고닦아 많은 사람을 편안하게 해주라'는 공자님의 말씀, '타자공헌'이란 '나'를 버리고 누군가에게 최선을 다하는 것이 아니라 오히려 나의 가치를 실감하기 위한 행위라는 알프레드 아들러의 철학에 감명받아 그 핵심가치인 '사람'이라는 키워드를 꼭 넣고 싶었고, 나머지 한 개 단어는 당시 유행하던 드라마 '미생'에서 '현장의 모든 일은 사무실에서 완성된다'는 문구에 필이 확 꽂히는 바람에 '사람'과 '완성'

의 키워드로 조합한 것이 '수사의 완성은 사람입니다'를 문구를 떠올리게 되었다.

그런데 뭔가 2프로 아쉽다는 느낌을 못내 지울수가 없어 부사를 하나 넣음으로써 문장에 영혼을 불어넣었다.

그래서 세상밖으로 나온게.....

'수사의 완성은 언제나 사람입니다.'

화려하지는 않지만 그래도 따뜻해서 좋다라는 생각을 했는데, 약 40명 남짓 조촐한 규모의 연수원이었기에 전 직원이 한 자리에 모여 투표를 통해 최종작을 결정하기로 하였고, 칠판에 최종 후보작 2개를 써놓고 한 사람 한 사람씩 왜 이게 되었으면 좋겠는지 의견을 이야기하기 시작했다.
개표(?ㅎㅎ) 초기에는 별반 인기없이 밀리던게, 후반으로 가면서 극적인 역전극을 이뤄냈는데 그 이유 중 하나로 누군가가 이런 말을 한 것으로 기억한다.
처음에 보면 눈에 확 들어오진 않고 밋밋해 보이는데 계속 칠판을 보고 있으려니 어느 순간 눈에 들어오면서 뭔가 스며드는 것 같다고...

부끄러웠지만 돌비석에 지은이로 이름이 새겨졌으니 개인적으로는 이래도 되나 싶을 정도로 큰 영광이었다.

그런데 처음에 연수원 입구에 세워졌던 표지석을 누군가 '사람'이라는 단어에 정치색이 느껴진다는 이의제기를 하여, 어느날 뿌리채 뽑아 연수원 뒷마당으로 숨겨버렸다.ㅎㅎ
정작 나는 '사람'을 표절한게 아니고 '완성'을 표절한건데, 센스없는 사람들하며 혀를 끌끌 찼는데, 또 왠걸, 사람들 눈밖으로 뒷마당에 숨겨진 그 표지석이 오히려 포토존을 형성하며 말 그대로 사람들이 찾아 모이게 되었고, 뒷마당의 특성상 직원들의 회식 출발 장소로 자주 이용됨에 따라 줄여서 '완성탑'이라는 애칭도 갖게 되었으니 이런 걸 두고 전화위복이라고 해야 할지 세옹지마라고 해야 할지ㅎㅎ

당시 원장님이 그 뜻풀이를 해보라고 하시어 적어간 글이란,

"수사를 완성한다는 것은, 단지 사건을 해결한다는 의미만은 아닙니다. 누가봐도 공평정대하고 절차에 있어 무결하며, 범죄를 진압하고 피해를 최소화하면서 억울한 이를 위로해 주는 것, 수사를 완성하는 것은 사건해결부터, 피해자 보호, 정의사회 구현까지 범죄수사를 하는 모든 이의 임무이자 사명입니다.

자유와 정의가 중시되던 이데올로기시대를 지나 21세기 탈이데올로기시대, 행복·공감과 소통의 시대 핵심가치는 다름아닌 사람입니다.

수사를 완성해야 하는 책무를 지고 있는 이도 사람, 수사를 완성하고자 할 때 지향해야 할 기준점도 인본, 즉 사람입니다.

훌륭한 법과 제도, 시스템을 만들고 향유하는 그 이유는 널리 인간세상을 이롭게 하기 위한 홍익인간 정신에 아로 새겨져 있듯, 지금은 잠시 뒤안길에 머물러 있지만, 다시 돌아올 수밖에 없는 그 가치 그래서 수사의 완성은 언제나 사람이지 싶습니다"

사람과 사람의 좋은 관계 속에서 이게 끝이 아니라 시작임을, 절망이 아닌 희망을 꿈꾸며, 다시금 설레이는 마음으로 우리의 아름다운 동행을 꿈꾸어 봅니다.

부록

수사정보분석보고서

서울경찰청 사이버수사대   '21. 10. 20.(수)

보이스피싱 사기사건 수사정보분석 보고서

□ 사건 개요

유형	보이스피싱	의뢰기관	*# 의뢰기간 또는 부서가 있는 경우 작성*
발생일시	2021. 4. 9.	발생장소	미상
사건개요	2021. 4. 9. 중고차딜러를 사칭해 피해자로부터 2,300만원을 편취한 보이스피싱 사기사건		

□ 분석 목표

o 본건 보이스피싱 사기범행 관련자들의 통화네트워크 분석을 통한 공범의심 대상번호 추출

o 본건 보이스피싱 범죄 1, 2차 계좌 분석을 통한 추가 압수수색이 필요한 혐의계좌 추출

o 본건 수사정보에 대한 사회 연결망 분석(Social Network Analysis) 결과, 이수거와 임수거, 왕수거의 공범혐의 판단

□ 분석 자료

o 보이스피싱 범죄에 이용된 6건의 통화내역과 5건의 계좌거래내역

통신정보	‣ 대포폰 1 : 010-××××-1808, 대포폰 2 : 010-××××-5848 (각각 2021. 3. 30. ~ 7. 30.) ‣ 대포폰 3 : 010-××××-4564(2021. 4. 13. ~ 5. 14.) ‣ 임수거 : 010-××××-1763, 이수거 : 010-××××-4070, 왕수거 : 010-××××-6984(각각 2021. 2. 28. ~ 8. 31. 6개월간)
계좌정보	‣ 이수거 (카뱅)3333××××76813(2021. 3. 1. ~ 4. 13. 거래내역) ‣ 임수거 (카뱅)3333××××88103, (기업)339×××3101017 ‣ 왕수거 (카뱅)9416×××252469, (농협)3510×××92593 ※ 임수거, 왕수거 각각 2021. 1. 1. ~ 8. 27. 거래내역

□ 분석 원리

○ 사회 연결망 분석(Social Network Analysis) 및 흐름(Timeline) 분석(GIS 접목[1])

사회 연결망 분석

▶ 사회구성원간의 관계에 분석의 초점을 맞추어 이들 관계의 패턴으로부터 의미 있는 시사점을 도출하는 기법[2]으로, 개인과 집단들간의 관계를 개체와 링크로서 모델링하여 그 위상구조, 확산/진화과정을 계량적으로 분석하는 방법론

▶ 어떤 노드(node, 개체)가 연결망 내에서 얼마나 중심적인 위치를 차지하는가를 측정하는 중심성(Centrality) 원리 중 연결(degree), 매개(betweenness), 근접(closeness) 중심성 원리를 적용하여 주요 혐의 노드 추출

▶ 상대적으로 강하고 응집력이 있는 하위 집단(cohesive subgroup)을 식별해주는 분석원리인 k-core,와 클러스터 찾기 원리를 적용하여 공범 그룹 추출

□ 분석 도구

[1] *i2**(Information Image) : 방대한 데이터간의 연관관계를 시각적으로 분석해 수사 단서를 찾아내는 지능형 소프트웨어

　* 美 FBI, CIA 등에서 활용중인 IBM의 정보분석 전용 프로그램으로 '15년부터 경찰청 수사국에서 도입하여 범죄수사목적으로 활용 中

[2] *i*-Base : *i2* 기반의 로컬 DB 저장소로 빅데이터에 대한 워크그룹(Team) 형태의 분석을 지원해주는 프로그램

□ 1차분석 결과

【 통화 네트워크 】

○ 본건 보이스피싱 방조 혐의자인 이수거, 임수거, 왕수거 3명의 통화네트워크(집단 1)와 주피의자가 사용한 대포폰 3개 번호 사용자의 통화네트워크(집단 2)간의 연관관계를 분석한 결과는 아래와 같음.

　* 이하 이수거, 임수거, 왕수거는 '집단 1', 대포폰 1, 2, 3은 '집단 2'로 한다.

---

1 Geographic Information System을 활용한 위치정보 분석.
2 곽기영, 소셜네트워크분석, 도서출판 청람, 2014, 7쪽.

- 2개 그룹을 연결하는 노드(node)는 010-××××-6562번이 유일하나 임수거, 이수
거와 대포폰 1, 대포폰 2에게 일방적으로 문자만 보낸 내역이 발견되므로 사건과
관련없는 스팸 문자일 개연성이 높음
- 대포폰 3대와 통화를 한 상대번호들은 대부분 보이스피싱 범죄 피해자로 대포폰 1대
와 통화내역이 발견되는 패턴을 보이는 반면, 010-××××-2826, 010-××××-2023번
만 대포폰 2대와 통화가 있으므로 추가로 통화내역을 확보하여 공범 여부를 확인
해야 할 것임.

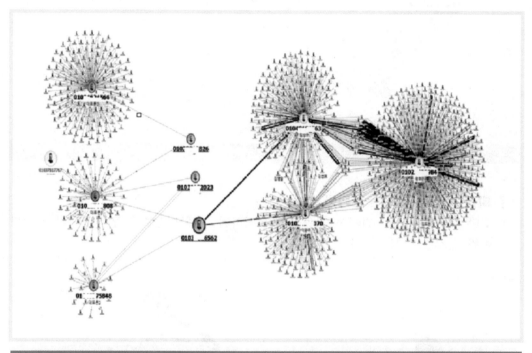

[그림 1] 전체 통화 네트워크

○ 본건 사기방조 혐의자인 이수거, 임수거와 통화한 사실이 있는 건외 김영일
(010-××××-2691), 김선호(010-××××-0272)가 별건 접근매체 양도 혐의로 수사
를 받고 있으므로 이수거 등 3명과 모두 통화가 있는 아래 6개 전화번호에 대한
통화내역을 확보하여 공범 여부 증명을 위한 추가분석이 필요

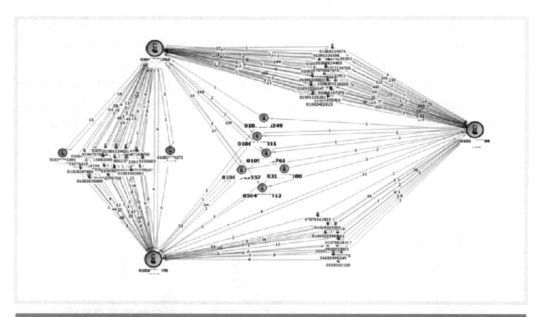

[그림 2] 이수거 등 3명 통화네트워트 연결중심성 분석결과

【 발신기지국 위치 분석결과 】

○ 집단 1과 집단 2의 위치적 연관성을 분석하기 위해 발신번호-발신기지국에 대한
이원 연결망 분석 결과는 다음과 같음.

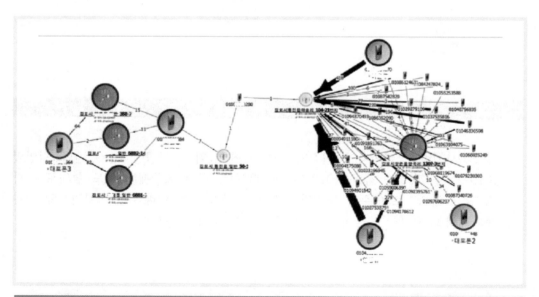

[그림 3] 주요 대상자에 대한 발신번호-발신기지국위치 네트워크 분석 결과

- '대포폰 3'과 왕수거의 발신기지국 위치가 '김포시 양촌읍 388-7', '김포시 구래동 6882-14', '김포시 구래동 6881-7'에서 수차례 겹치고 있음
- '대포폰 2'와 이수거, 임수거는 '김포시 양촌읍 양곡리 1307-3'에서 위치가 자주 겹치는 것으로 나타남.
- '집단 1'과 '집단 2' 구성원 다수가 김포시 양촌읍, 구래동 일대에서 위치한 사실은 동시간대까지 확인한 것은 아니므로 보이스피싱 조직 사무실이 위치한 것인지, 아니면 단순히 김포지역 젊은이들이 자주 가는 유흥가에 불과한 것인지 면밀히 확인해 볼 필요가 있음.

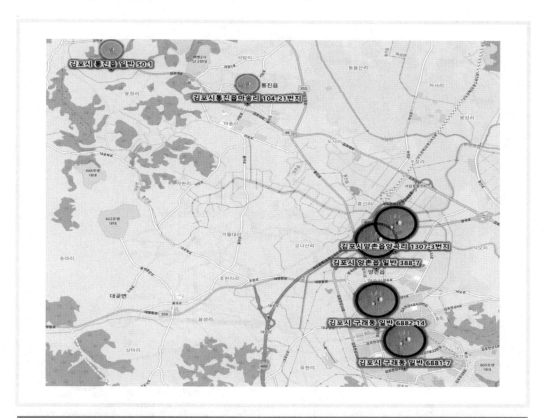

[그림 4] 주요 대상자 발신번호-발신기지국위치 공간분석 결과

○ 본건 혐의자들의 통화상대방 중 총 4곳의 위 의심지역에서 발신한 대상자들은 다음과 같음.

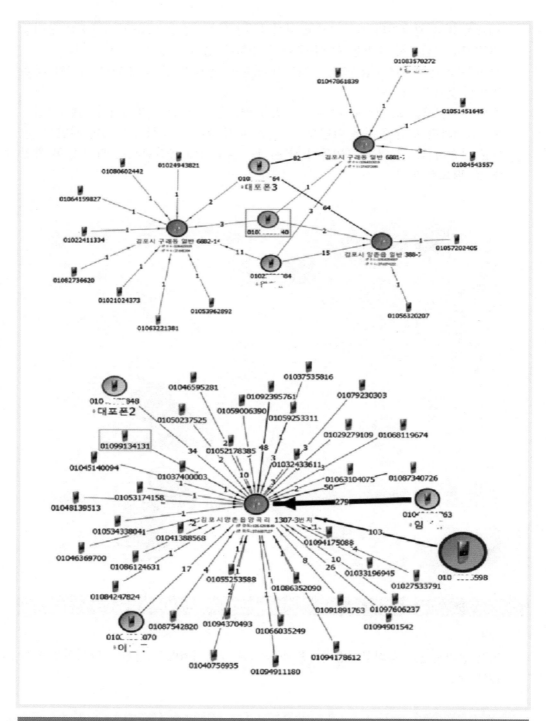

- 위 의심지역에서 전화를 건 대상자들의 가입자 정보를 모두 확인하여 사건관련성 여부를 확인할 필요가 있음.
- 특히 의심지역 3곳에서 발신한 010-××××-9740번과 의심지역 1곳에서 103번 발신한 010-××××-6598번은 통화내역을 확보하여 추가 분석을 진행해야 할 것임.

【 자금흐름 분석결과 】

○ 본건 '집단 1' 이수거, 임수거, 왕수거의 계좌네트워크 분석결과는 다음과 같음.

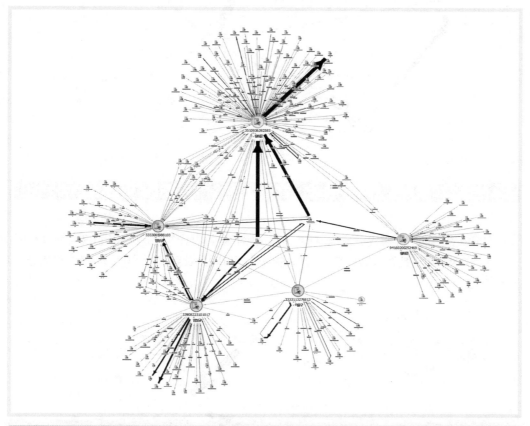

[그림 6] 집단 1 계좌네트워크 분석 결과

- 위 세 사람의 계좌와 밀도있게 연결되어 하위집단을 형성하고 있는 클러스터를 추출한 결과 의심계좌 4개를 발견하였음.

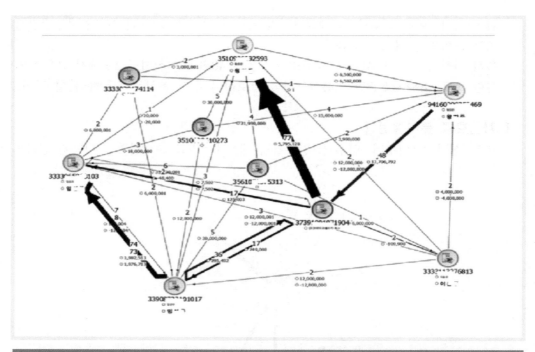

[그림 7] 계좌네트워크 클러스터 분석 결과

- 500만원 이상 다액 입·출금 네트워크 분석결과 입금계좌는 제3의 피해자일 것으로 추정되며, 본건 관련 추가 압수수색이 필요한 혐의계좌 10개를 추출하였음.

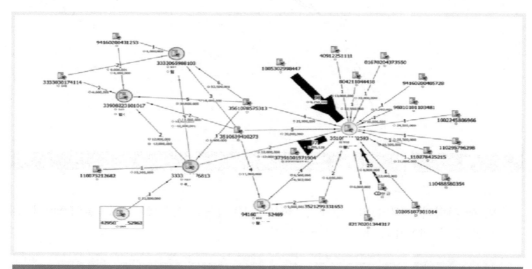

[그림 8] 500만원 이상 입금 네트워크 분석 결과

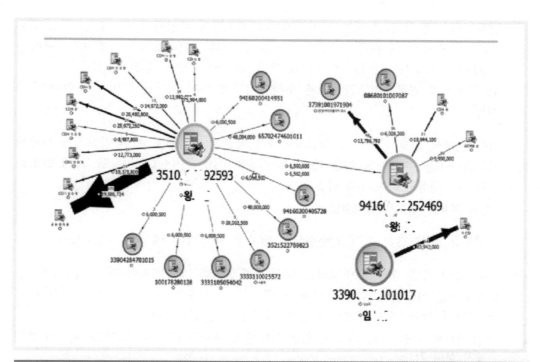

[그림 9] 500만원 이상 출금 네트워크 분석 결과

【 소결 】

○ 본건 보이스피싱 사기범행 관련자들의 통화네트워크 분석을 통해 다음과 같이 공범 혐의를 수사할 필요성이 높은 대상번호를 추출하였음.

연번	추가 수사대상 번호	비고
1	010 - ××××- 2826	대포폰 1, 3과 통화
2	010 - ××××- 2023	대포폰 1, 2와 통화
3	010 - ××××- 5249	이수거, 임수거, 왕수거와 통화
4	010 - ××××- 9311	〃
5	010 - ××××- 5761	〃
6	010 - ××××- 3557	〃
7	031 - 869 - ××××	〃
8	050 - ××××- 8912	〃

o 발신기지국 분석 결과 본건 보이스피싱 사기조직의 은신처일수도 있는 장소 후보 군으로 '김포시 양촌읍 388-7', '김포시 구래동 6882-14', '김포시 구래동 6881-7', '김포시 양촌읍 양곡리 1307-3' 기지국 주변을 추천하였음.

 - 위 장소들과 연관성이 있는 다른 수사단서가 있는지 여부를 면밀히 확인해야 할 것임.

o 기지국 분석 결과 위 4곳의 의심지역에서 발신한 전화번호 중 공범혐의가 강하게 의심되는 010-××××-9740번 등 14개 번호와 010-××××-6598번 등 38개 번호를 추가수사 대상번호로 추출*하였음.

  * 해당 목록은 별도 엑셀파일로 송부

o 자금흐름 분석 결과 추가 압수수색이 필요한 혐의계좌 14개를 추출하였음.

o 위와 같이 공범 혐의가 의심되는 대상 휴대전화와 계좌번호에 대한 압수수색 등 보강수사를 진행하여 추가 분석을 진행할 경우, 이수거 등 3명의 공범 혐의를 보다 명확히 하고 배후 공범을 특정할 개연성이 높다고 판단됨.

  ※ 추가자료 확보시 또는 중요한 범행일자, 장소, 관계자 등 후속 범죄정보 제공시 별도 2차 분석 가능

분석일시	2021. 10. 20.
참고자료	보이스피싱 사기사건 분석결과 파일 10개
보 고 서	분석보고서 1부
분 석 관	서울경찰청 사이버수사대 분석관 홍 길 동

광주청 사이버수사대   '21. 5. 11.(화)

리딩투자 사기사건 수사정보분석 보고서

□ 사건 개요

유형	투자사기	의뢰기관	광주북부경찰서
발생일시	2021. 3月	발생장소	미상
사건개요			2021. 3. 7.~3. 31.경 사이에 카카오톡 메시지를 활용하여, 단기간에 1:1 리딩 주식투자로 큰 이익을 볼 수 있다고 피해자들을 속여 53명의 피해자로부터 약 19억여원을 교부한 사기사건

□ 분석 목표

○ 본건 주식투자 사기 범행 조직원들이 피해자로부터 송금받은 금원의 네트워크 및 흐름을 분석, 범행패턴 확인

○ 본건 사기로 취득한 금원이 최종 인출된 주식계좌 사용자인 피의자 장수거가 범죄 수익 인출책으로 의심되는 거래내역 도출

□ 분석 자료

○ 주식투자 사기범행에 사용된 총 9개 은행 및 주식계좌 거래내역

1차 계좌	‣ 매직아이(국민은행) 88280×××11084(3. 11. ~ 3. 18.) ‣ 매직아이(국민은행) 88280×××10780(3. 17. ~ 3. 20.)
2차 계좌	‣ 뷰티쌀롱(국민은행) 584×××1284889(3. 1.~ 3. 25.)
3차 계좌	‣ 장수거(대신증권) 60×××573(3. 5. ~ 3. 25.) ‣ 구일진(대신증권) 40×××875(3. 5. ~ 3. 15.) ‣ 조상태(대신증권) 60×××575(3. 2. ~ 3. 25.) ‣ 진나라(대신증권) 40×××716(3. 6. ~ 3. 25.) ‣ 홍의병(대신증권) 404×××55(3. 1. ~ 3. 25.) ‣ 홍의병(유안타 증권) 6311×××0113(3. 1. ~ 3. 25.)

□ 분석 원리

o 사회 연결망 분석(Social Network Analysis) 및 흐름(Timeline) 분석(GIS 접목[3])

사회 연결망 분석

▶ 사회구성원간의 관계에 분석의 초점을 맞추어 이들 관계의 패턴으로부터 의미 있는 시사점을 도출하는 기법[4]으로, 개인과 집단들간의 관계를 개체와 링크로서 모델링하여 그 위상구조, 확산/진화과정을 계량적으로 분석하는 방법론

▶ 본 사건과 관련하여 사회 연결망 분석 원리 중 '등위성(Equivalence)'원리는 네트워크 구조를 분석하여 서로 직접적인 관련이 없다하더라도 등위한 위치나 역할을 하는 개체를 찾아내는 분석원리임[5]

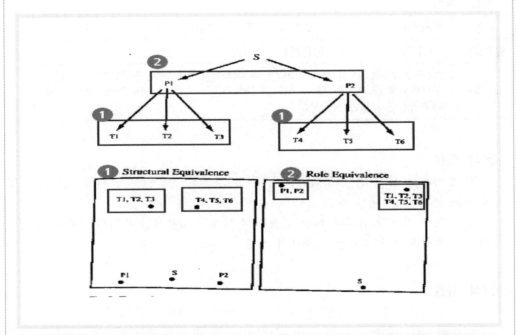

[그림 1] 등위성 설명 그림(BURT, 1990)

▶ 위 그림에서 T1, T2, T3는 서로 연결이 없지만 P1과만 연결되어 있어 다른 개체(노드)하고의 관계에서는 동일한 벡터를 가지고 있으므로 구조적으로 등위하다고 해석할 수 있음 (Structural Equivalence)

▶ 또한 역할 등위성(Role Equivalence)은 연결된 상대방이 다르다 할지라도 같은 역할을 갖고 있는 사람과 같은 관계를 맺고 있으면 역할도 등위하다고 해석

---

3 Geographic Information System을 활용한 위치정보 분석.
4 곽기영, 소셜네트워크분석, 도서출판 청람, 2014, 7쪽.
5 Ronald S. BURT, Detecting Role Equivalence, Social Networks 12(1990), 83~97, North－Holland.

□ 분석 도구

1. *i2**(Information Image) : 방대한 데이터간의 연관관계를 시각적으로 분석해 수사 단서를 찾아내는 지능형 소프트웨어

    * 美 FBI, CIA 등에서 활용중인 IBM의 정보분석 전용 프로그램으로 '15년부터 경찰청 수사국에서 도입하여 범죄수사목적으로 활용 中

2. *i*-Base : *i2* 기반의 로컬 DB 저장소로 빅데이터에 대한 워크그룹(Team) 형태의 분석을 지원해주는 프로그램

□ 분석 결과

【 전체 자금 흐름 】

○ 전체적인 자금의 흐름은 1차 계좌인 (유)매직아이 국민은행 2개 계좌에 투자사기 피해자의 금원이 입금된 후 2차 계좌인 (유)뷰티쌀롱 국민은행 계좌를 경유하여 장수거 등 6명 명의의 3차 증권계좌로 흘러들어가 CD/ATM 현금 인출된 경로가 확인됨.

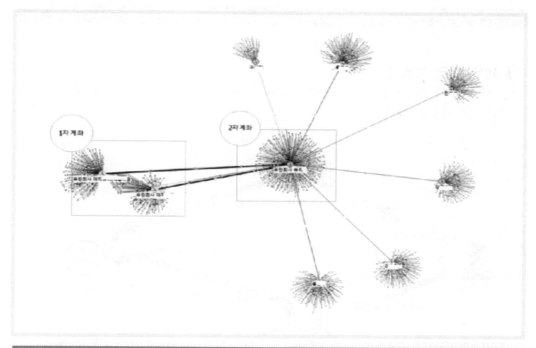

[그림 2] 전체 자금흐름 네트워크

○ 본건에서 확인된 약 10여 개의 피해계좌만 특정하여 피해금이 1차 계좌에 입금된 후 최종적으로 3차 계좌에서 현금으로 출금되기까지 흐름 역시 같은 패턴을 보이고 있음.

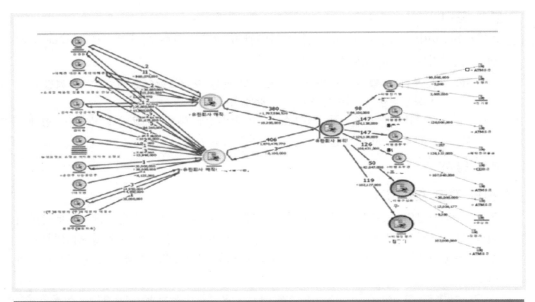

[그림 3] 10개 피해계좌 자금흐름 네트워크

【 세부 자금 흐름 】

○ 1차 계좌에 약 32억원이 입금되었고, 이중 약 21억원(약 66%)이 2차 계좌로 흘러들어간 사실을 확인할 수 있음.

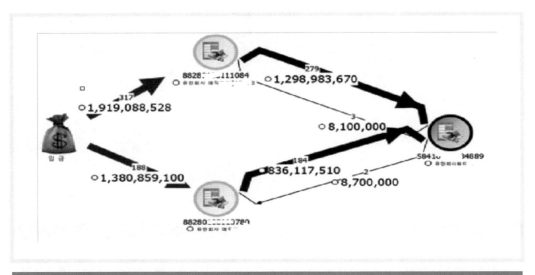

[그림 4] 1, 2차 계좌 총금액 자금흐름 네트워크

◦ 그 후 2차 계좌로 흘러들어간 21억 중 약 5억9천(588,977,000원)에 해당하는 금액
이 3차 계좌인 진나라 등 5명에게 흘러들어가 대부분 금액(571,162,000월)이 해당
3차 계좌에서 현금으로 출금되었음.

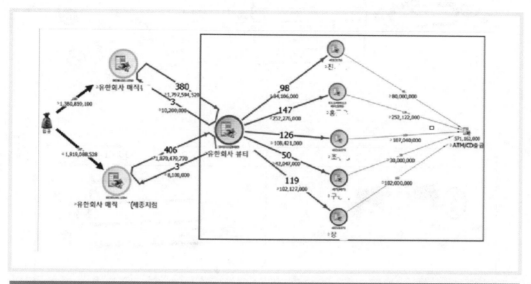

[그림 5] 2, 3차 계좌 자금흐름 네트워크

◦ 본건 피해금 중 3. 13.자 천피해(천동생 명의)가 2회에 걸쳐 송금한 7,500만원의
흐름을 시간순서대로 추적해 본 결과, 2, 3차 계좌로 돈이 분산되면서 다른 피해자
들의 금원과 뒤섞이면서도 최종 진나라 명의 3차 계좌까지 돈의 일부가 흘러들어
가 현금으로 출금되는 과정이 관찰됨.

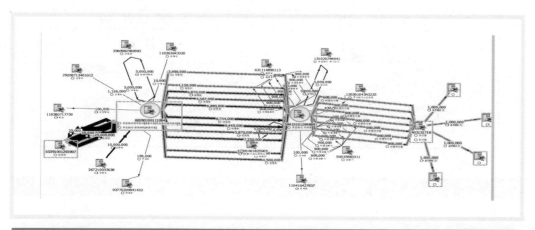

[그림 6] 3. 13. 오후 천동생 명의 등 주요계좌 거래 전체 흐름

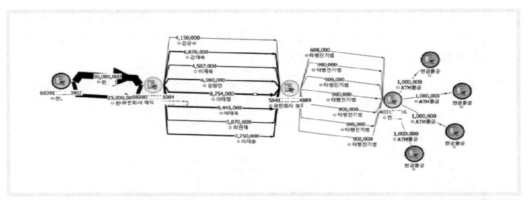

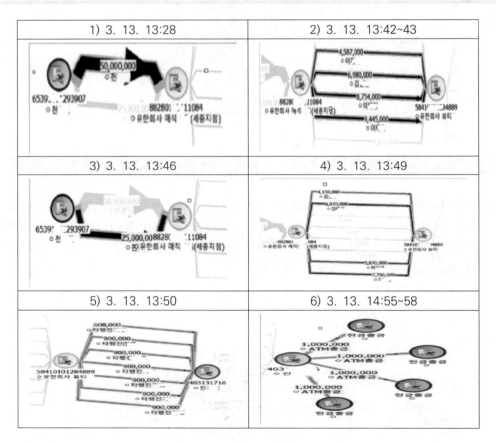

[그림 7] 3. 13. 오후 천동생 명의 통장거래 흐름

【 소결 】

○ 그림 1의 전체 자금흐름 네트워크 구조에 의하면 장수거 등 5명(6개 계좌)의 계좌는 서로간에 직접적인 거래는 없으면서도 상위에 위치한 2차 계좌인 (유)뷰티쌀롱 계좌와 유일하게 거래관계가 있어 구조적(Stuructural)으로 역할적(Role)으로도 등위하다고 해석할 수 있음.

○ 이는 위 5명의 계좌를 사용하는 사람이 조직범죄 안에서 같은 역할이거나 또는 동일 인물이라는 맥락으로 해석할 수 있음.

○ 실제 다수 피해자들이 1차 계좌인 (유)매직아이 계좌로 입금한 금원은 2차 (유)뷰티쌀롱 계좌를 경유하여 3차 계좌로 흘러간 후 최종적으로 현금 인출된 패턴이 발견됨.

○ 현재까지 확보한 3차 계좌가 6개(5명)에 불과함에도 2차 계좌 21억중 약 6억원이 입금되어 현금으로 인출된 사실을 미루어 볼 때 나머지 금액은 다른 3차 계좌로 흘러가 현금 인출되었을 것으로 추정할 수 있고, 향후 확인 필요.

○ 본건 피해자 천피해(천동생 명의)의 3. 13.자 피해금의 자금세탁 경로를 시간 순으로 추적해 보았을 때 일부 금원이 최종 진나라 명의 3차 계좌까지 흘러가 현금으로 인출된 사실 확인.

○ 위 사항을 종합적으로 판단해 볼 때, 본건 혐의계좌인 1, 2, 3차 계좌 사용과 관련된 자는 '리딩투자사기사건 범죄조직'에서 중요한 위치와 역할을 하고 있을 것으로 강하게 의심됨.

※ 추가자료 확보 시 또는 중요한 범행일자, 장소, 관계자 등을 중심으로 수사관이 원하는 구체적인 사항에 대해서는 향후 별도로 2차 분석 후 회신 예정

분석일시	2021. 5. 11.
참고자료	리딩투자 사기사건 *i2* 분석결과 파일 10개
보 고 서	분석보고서 1부
분 석 관	광주경찰청 사이버수사대 분석관 나 경 찰

엑셀을 활용한 수사정보분석1

---

1 엑셀을 활용한 수사정보분석 주요 내용은 前 경찰수사연수원 교수였던 박현준, 이정현 경감이 집필하였으며, 現 경찰수사연수원 수사정보분석 담당 김인태 교수가 보완하였다.

엑셀 화면의 이해 및 기본조작

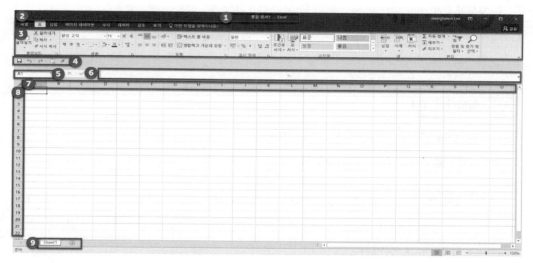

처음 엑셀을 실행시키면 볼 수 있는 화면이다.

① 제목표시줄 : '파일명'이 표시되는 제목표시줄이다.

② 리본 탭 / ③ 리본 메뉴 : 엑셀 2007부터 등장한 새로운 메뉴 방식이다.

④ 빠른 실행 도구 모음 : 한번의 클릭으로 특정 기능을 수행하는 여러 단추를 모아 놓은 곳이다.

⑤ 이름 상자 : 이름을 정의하기 위해 '이름 상자'에 입력하거나 셀 주소, 이름 등을 볼 수 있다.

⑥ 수식 입력줄 : 수식이나 값을 입력하는 곳이다.

⑦ 열 머리글 : 시트의 세로 줄로서, 알파벳으로 나온다.

⑧ 행 머리글 : 시트의 가로 줄로서, 숫자로 나온다.

⑨ 시트 탭 : 시트 이동을 할 수 있고, 시트를 추가할 때에는 마지막에 있는 '+' 버튼을 누른다.

'셀'은 값을 입력하는 작은 칸을 말하며, 엑셀의 토대가 되는 개체라고 볼 수 있다. ○열과 □행이 만나는 곳에 있는 셀을 '○□셀'이라고 부른다. ex)A1셀

셀은 1칸, 행·열은 1줄, 시트는 1장으로 볼 수 있다.

'01 엑셀 기본 조작' 실습파일과 함께 엑셀에서 다음의 기본 조작을 해보도록 한다.

1. 행·열 크기 조정
2. 다수 셀 지정, 특정 셀로 이동
3. 행/열 삽입, 행/열 숨기기
4. 자동채우기
5. 틀 고정

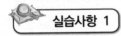 **실습사항 1**

– 전체 행크기를 30포인트로 지정해보자.
– A~H 열크기를 자동 조정해보자.

엑셀에서 행 또는 열 크기를 조정하는 방법은 3가지가 있다. ① 마우스로 드래그하여 직접 크기를 조정하는 방법, ② 열 너비, 행 높이를 직접 입력하는 방법, ③ 자동 조정하는 방법이 그 것이다.

① 마우스로 드래그하기

	A	B	C		D	E	F	G	H
1	A열	B열	C열		D열	E열	F열	행번호	G열
2	A2	B2	C2		D2	E2	G2	1행	G2
3	A3	B3	C3		D3	E3	G3	2행	
4	A4	B4	C4		D4	E4	G4	3행	
5	A5	B5	C5		D5	E5	G5	4행	
6	A6	B6	C6		D6	E6	G6	5행	
7	A7	B7	C7		D7	E7	G7	6행	
8	A8	B8	C8		D8	E8	G8	7행	
9	A9	B9	C9		D9	E9	G9	8행	
10	A1(	B10	C10		D10	E10	G10	9행	

위 그림과 같이 열과 열 사이(또는 행과 행 사이) 선으로 마우스 커서를 갖다 대면, 커서의 모양이 바뀐다. 이 때 클릭하여 드래그하는 방법으로 열너비(또는 행높이)를 조정할 수 있다.

② 열 너비, 행 높이를 직접 입력하는 방법

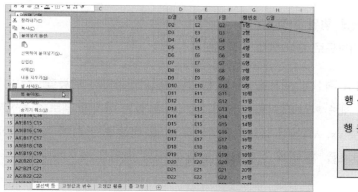
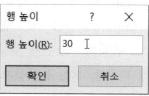

행을 모두 선택한 후, 마우스 오른쪽 버튼을 누르면 위 왼쪽 그림과 같이 '행 높이' 메뉴를 볼 수 있다. 이를 클릭하여 직접 행 높이를 30이라고 입력한다.

③ 더블클릭하여 자동조정하기

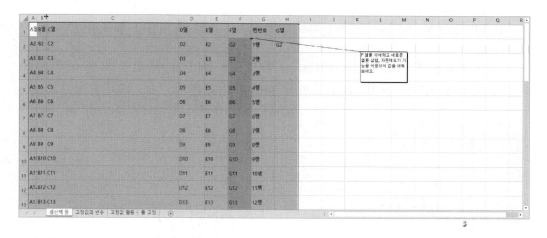

A열부터 H열까지 마우스로 드래그하여 선택 후, 열과 열 사이에 마우스 커서를 가져다 댄 후, 더블클릭하면 셀에 입력되어 있는 내용의 길이에 맞게 크기가 자동조정된다.

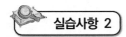

실습사항 2

- 키보드로 A2~H2셀을 범위 지정해보자.
- G1셀을 클릭 후 키보드로 G40셀로 이동해보자.

Shift 버튼을 누른 채로 화살표 이동을 하면, 셀 범위를 지정하면서 이동할 수 있다. Control 버튼을 누른 채로 화살표 이동을 하면, 데이터가 있는 마지막 셀로 이동한다. 응용하여, 첫 번째 셀(ex. A1)에서 Control 버튼과 Shift 버튼을 동시에 누른 채로, 아래 화살표, 오른쪽 화살표를 한 번씩 이동하면 전체 데이터 범위를 빠르게 지정할 수 있다.

실습사항 3

- C열을 숨기기 / 취소해보자.
- F열 삭제 후, E열과 F열 사이에 새로운 열을 삽입해보자.

C열을 선택한 후, 마우스 오른쪽 버튼을 눌러 '숨기기' 버튼을 클릭한다.

숨긴 열을 다시 보고 싶을 때에는, 숨겨져 있는 셀의 양 쪽 열을 모두 선택한 후, 마우스 오른쪽 버튼을 눌러 '숨기기 취소' 버튼을 클릭한다.

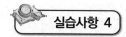 **실습사항 4**

- F1에 'F열', F2에 'F2'를 입력 후 자동채우기를 해보자.
- H열(H3 이하)을 자동채우기로 채워보자.
- 2번째 시트(고정값과 변수)로 이동하여 E열과 F열을 자동채우기 한 후, 산출값을 비교해보자.
- 3번째 시트(고정값 활용)로 이동하여 매출장부상 판매대금과 종업원 임금을 산출해보자.

자동채우기 기능을 이용하여 엑셀에서 쉽게 표를 작성할 수 있다.

F2에 F2라고 쓴 후, F2 셀의 오른쪽 아래 모서리로 마우스 커서를 가져다 대면, 왼쪽 그림과 같이 마우스 커서가 '╋' 모양으로 바뀐다. 이 때, 마우스 왼쪽 버튼을 더블클릭하면 자동으로, F3, F4, F5,…가 채워진다.

엑셀은 기본으로 이와 같은 연속데이터를 채우도록 설정하고 있다. 이 때, 연속데이터 값이 아니라 같은 값을 붙여 넣고 싶을 때에는 더블클릭 후 오른쪽 그림에 있는 자동채우기 옵션 버튼을 클릭하여 '셀 복사' 버튼을 클릭한다.

또는, '고정값'을 설정하는 방법이 있다.

'고정값과 변수' 시트에서 E열을 자동채우기 하면, A열 2번, A열 3번, A열 4번 등과 같이 연속데이터인 2, 3, 4, …가 자동으로 증가하여 입력되는 것을 볼 수 있다. 반면, F열을 자동채우기 하더라도 반복하여 F열 2번 값이 복사되어 나타난다.

이는 E2 셀과 F2 셀에 값이 입력된 방법이 다르기 때문이다.

	A	B	C	D	E	F	G	H
1	A열	B열	C열	D열	E열	F열	행번호	G열
2	A2	B2	C2	D2	E2	F2	1행	G2
3	A3	B3	C3	D3	E3	G3	2행	
4	A4	B4	C4	D4	E4	G4	3행	
5	A5	B5	C5	D5	E5	G5	4행	
6	A6	B6	C6	D6	E6	G6	5행	
7	A7	B7	C7	D7	E7	G7	6행	
8	A8	B8	C8	D8	E8	G8	7행	
9	A9	B9	C9	D9	E9	G9	8행	
10	A10	B10	C10	D10	E10	G10	9행	
11	A11	B11	C11	D11	E11	G11	10행	
12	A12	B12	C12	D12	E12	G12	11행	
13	A13	B13	C13	D13	E13	G13	12행	

셀선택 등 / 고정값과 변수 / 고정값 활용

	A	B	C	D	E	F	G	H	I
1	A열	B열	C열	D열	E열	F열	행번호	G열	
2	A2	B2	C2	D2	E2	F2	1행	G2	
3	A3	B3	C3	D3	E3	F3	2행		
4	A4	B4	C4	D4	E4	F4	3행		
5	A5	B5	C5	D5	E5	F5	4행		
6	A6	B6	C6	D6	E6	F6	5행		
7	A7	B7	C7	D7	E7	F7	6행		
8	A8	B8	C8	D8	E8	F8	7행		
9	A9	B9	C9	D9	E9	F9	8행		
10	A10	B10	C10	D10	E10	F10		○ 셀 복사(C)	
11	A11	B11	C11	D11	E11	F11		◉ 연속 데이터 채우기(S)	
12	A12	B12	C12	D12	E12	F12		○ 서식만 채우기(F)	
13	A13	B13	C13	D13	E13	F13		○ 서식 없이 채우기(O)	
								○ 빠른 채우기(F)	

셀선택 등 / 고정값과 변수 / 고정값 활용 / 틀 고정

E2의 수식입력줄을 보면 '=A2'라고 기재되어 있는 반면, F2의 수식입력줄에는 '=$A$2'라고 입력되어 있는 것을 확인할 수 있다.

E2와 같이 '=A2'라고 기재되어 있는 경우, 엑셀은 자동으로 E3 셀에 '=A3'이라는 데이터를 입력하고 있다. 하지만, 셀의 위치가 변동되어도 참조하는 셀 값을 변동시키고 싶지 않을 때에는 '고정값' 기능을 이용하게 되는데, 고정하고자 하는 열 또는 행 앞에 '$'라는 문자를 입력하면 된다.

'고정값 활용' 시트 예제를 통하여 자동채우기와 고정값 기능을 어떻게 활용하는지 보겠다.

	A	B	C	D	E
1					
2		매출장부			
3	연번	품목	단가	판매갯수	판매대금
4	1	사과	10000	26	260000
5	2	배	15000	21	
6	3	토마토	5000	14	
7	4	감귤	8000	30	
8	5	바나나	9000	19	
9	6	포도	17000	15	
10	7	복숭아	25000	11	

E4 ▾ ⋮ ✕ ✓ fx =C4*D4

D	E	F	G	H	I	J	K	L
부					종업원 임금			
판매갯수	판매대금			연번	종업원	근로시간	지급임금	시간당임금
26	260000			1	김영희	147	1278900	8700
21	315000			2	최철수	121	0	
14	70000			3	정영수	143	0	
30	240000			4	박수민	90	0	
19	171000			5	권민정	40	0	
15	255000			6	장원준	80	0	
11	275000			7	김민수	77	0	
12	240000			8	이태승	152	0	

　　판대대금은 단가와 판매갯수를 곱하여 구할 수 있다. 따라서, E4 셀의 사과 판매대금을 구하기 위해서는 C4에 있는 사과 단가와 D4에 있는 사과 판매갯수를 곱해주어야 한다.

　　계산기를 이용하는 대신, 엑셀의 수식 기능을 이용하여 직접 계산하도록 할 수 있다. 왼쪽 그림과 같이 E4에 '=C4*D4'라고 입력한다.

　　E5에는 마찬가지 논리로 '=C5*D5'라고 입력하면 되는데, 직접 입력하는 대신 자동채우기를 이용하면 전체 판매대금을 쉽게 구할 수 있다.

　　같은 방법으로 종업원 임금을 구하기 위해, K4 셀에 '=J4*L4'라고 입력한 후 자동채우기를 하면, 왼쪽 그림과 같이 K5 셀부터 값이 '0'으로 산출된다.

　　이는 엑셀의 자동채우기 기능으로 인해, K5에 '=J5*L5'라고 채워졌기 때문이다. (L5에는 아무값도 없으므로 0으로 산출)

　　이를 해결하기 위해, 계속하여 참조되는 L4셀을 고정시킨다. K4에 '=J4*L$4'라고 입력한 후, 자동채우기를 하면 값이 제대로 산출되는 것을 볼 수 있다.

=J4*L$4

D	E	F	G	H	I	J	K	L
부					종업원 임금			
판매갯수	판매대금			연번	종업원	근로시간	지급임금	시간당임금
26	260000			1	김영희	147	1278900	8700
21	315000			2	최철수	121	1052700	
14	70000			3	정영수	143	1244100	
30	240000			4	박수민	90	783000	
19	171000			5	권민정	40	348000	
15	255000			6	장원준	80	696000	
11	275000			7	김민수	77	669900	

– 4번째 시트(틀 고정)로 이동하여, 첫 행을 고정해보자.

'틀 고정' 시트는 수사과정에서 자주 볼 수 있는 통화데이터이다. 많은 경우에 한 페이지 이상의 통화데이터를 회신받게 되고, 이를 분석할 때에 머리행을 고정시키는 것이 편리하다.

리본메뉴의 '보기' 탭에서 '틀 고정' 버튼을 클릭, '첫 행 고정'을 선택한다.

02
인 쇄

　통신영장(통신사실 확인자료 제공요청서), 계좌영장(금융계좌추적용 압수수색영장)을 집행하면 대부분의 경우 엑셀 파일의 형태로 데이터를 회신받게 된다. 회신받은 파일을 엑셀 프로그램 등을 이용하여 파일 그대로 분석하기도 하지만, 프린트하여 검토하거나 기록에 첨부하는 경우가 있다.

실습사항 1) 한 페이지에 모든 열 맞추기

　'02 인쇄 연습' 실습파일은 신한은행에서 회신받은 금융거래내역 파일이다. 아래와 같은 머리행 아래 데이터들이 나열되어 있다. 이를 그냥 인쇄하려고 하면 많은 경우에 아래 그림과 같이 머리행의 일부가 잘리게 된다.

고객명	은행	계좌번호	입/출	적요	거래일자	거래시각	거래금액	거래후잔액	거래주석내용	신한은행	계좌번호	거래점번

이 때, 페이지 방향을 가로로 눕힌 후 여백을 조정하는 방법도 있지만, 조금 더 편리하게 한 페이지에 모든 열이 들어오도록 할 수 있다.

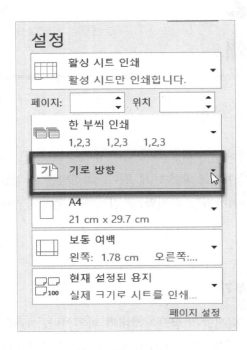 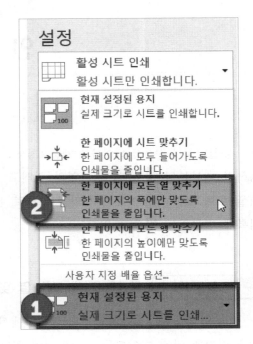

먼저, 인쇄 미리보기 및 설정 창에서 페이지 방향을 '가로 방향'으로 설정한다.

그 후 설정 제일 아래에 있는 '현재 설정된 용지' 버튼을 클릭하여 '한 페이지에 모든 열 맞추기'로 설정을 변경하여 준다. 한 열이 인쇄용지의 가로에 딱 맞게 들어오는 것을 볼 수 있다.

실습사항 2) 머리행 반복하여 인쇄하기

'한 페이지에 모든 열 맞추기' 설정을 하니 인쇄할 페이지가 6장에서 3장으로 줄었다. 그런데 2번째 페이지 인쇄 미리보기를 보면, 머리행이 나타나지 않는다.

분석을 용이하게 하기 위해 첫 번째 페이지 외 페이지에서도 머리행을 볼 수 있게 설정한다.

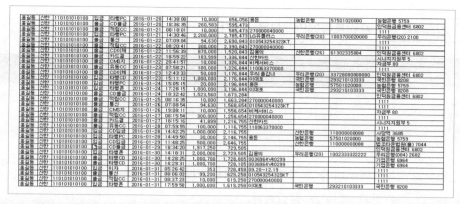

리본 메뉴에서 '페이지 레이아웃' 탭을 선택 후, '인쇄 제목'을 클릭한다.

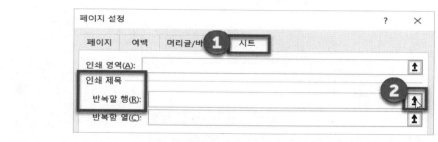

    페이지 설정 창의 '시트' 탭에서 인쇄제목, 반복할 행을 선택한다(②). 그럼 위 오른쪽 그림과 같이 '페이지 설정 - 반복할 행'을 입력하는 창이 뜨는데, 1행을 클릭하면 자동으로 '$1:$1'라고 입력된다.

 **실습사항 3** 프린트물에만 '제목' 넣기

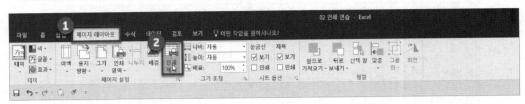

관리하고 있는 데이터를 고치지 않은 채로 인쇄 제목만을 입력하고 싶다면, '페이지 레이아웃' → '인쇄 제목'을 클릭한다.

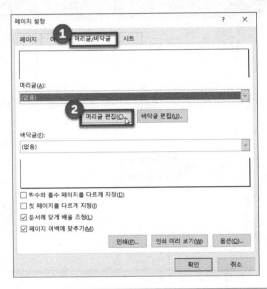

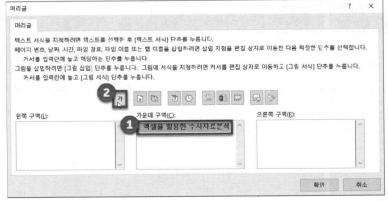

이번에는 '머리글/바닥글' 탭으로 간다. 보통 제목은 페이지의 위쪽에 기재하므로, '머리글 편집'을 클릭한다. 그러면 위 오른쪽 그림과 같이 머리글 편집 창이 나타난다. 가운데 제목을 위치하게 하기 위하여, '가운데 구역'에 '엑셀을 활용한 수사정보분석'이라는 제목을 기재한다.

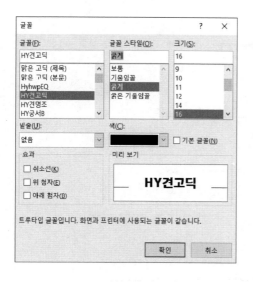

간단한 글꼴 편집도 가능한데, 기재한 제목을 블록설정한 후, ② 글꼴 버튼을 클릭하면 왼쪽 그림과 같은 글꼴 편집창이 나타난다.

글꼴을 'HY견고딕', 글꼴 스타일을 '굵게', 크기를 '16'으로 설정한 후, 확인을 누른다.

인쇄 미리보기에 들어가면, 아래와 같이 제목이 달린 것을 확인할 수 있다.

엑셀을 활용한 수사자료분석

고객명	은행	계좌번호	입/출	적요	거래일자	거래시각	거래금액	거래후잔액	거래주석내용	신한은행	계좌번호	거래점번
홍길동	신한	110101010100	출금	CD출금	2016-01-01	07:40:24	300,000	7,300,841				인덕원금융센터 6802
홍길동	신한	110101010100	입금	CD이체	2016-01-01	08:52:46	3,000,000	10,300,841		신한은행	110008000088	인덕원금융센터 6802
홍길동	신한	110101010100	출금	CD출금	2016-01-01	08:53:31	200,000	10,100,841				인덕원금융센터 6802
홍길동	신한	110101010100	출금	CD출금	2016-01-02	18:48:35	630,733	9,470,108				인덕원금융센터 6802
홍길동	신한	110101010100	출금	통신	2016-01-03	07:19:53	104,630	9,375,478	01054325432SKT			1111
홍길동	신한	110101010100	출금	CD이체	2016-01-03	21:22:40	2,110,000	7,665,478	김용의	신한은행(26)	61302000000	사당역 3685
홍길동	신한	110101010100	출금	CD출금	2016-01-05	18:34:10	488,200	6,767,278				사당역 3685
홍길동	신한	110101010100	출금	CD출금	2016-01-05	22:47:44	1,000,000	5,767,278				사당역 3685
홍길동	신한	110101010100	출금	CD출금	2016-01-06	07:18:12	200,000	5,567,278				인덕원금융센터 6802
홍길동	신한	110101010100	입금	타행IB	2016-01-06	15:39:46	1,000,000	6,567,278	이대포	국민은행	293210103333	국민은행 8208
홍길동	신한	110101010100	출금	CD출금	2016-01-06	19:34:16	1,000,000	5,567,278				인덕원금융센터 6802

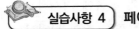

실습사항 4) 페이지 번호 달기

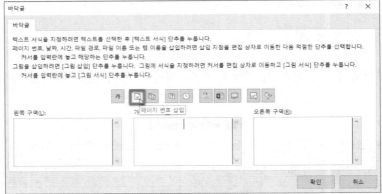

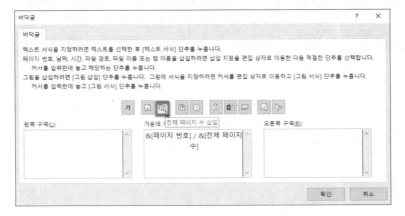

페이지 번호는 '머리글/바닥글' 탭에서 '바닥글 편집' 창에서 설정한다. 바닥글 편집의 가운데 구역에 마우스 커서를 위치시킨 후, 왼쪽 두 번째 버튼인 '페이지 번호 삽입'을 클릭한다. 전체 페이지 수도 함께 보고싶은 경우, 한 칸 띄운 후 '/'를 넣고 다시 한 칸 띄고 왼쪽 세 번째 버튼인 '전체 베이지 수 삽입' 버튼을 클릭한다.

인쇄 미리보기 창에서 왼쪽 그림과 같이 페이지 번호가 삽입된 것을 확인할 수 있다.

엑셀을 활용한 수사자료분석

고객명	은행	계좌번호	입/출	적요	거래일자	거래시각	거래금액	거래후잔액	거래주석내용	신한은행	계좌번호	거래점번
홍길동	신한	110101010100	출금	CD출금	2016-01-01	07:40:24	300,000	7,300,841				인덕원금융센터 6802
홍길동	신한	110101010100	입금	CD이체	2016-01-01	08:52:46	3,000,000	10,300,841		신한은행	110008000088	인덕원금융센터 6802
홍길동	신한	110101010100	출금	CD출금	2016-01-01	08:53:31	200,000	10,100,841				인덕원금융센터 6802
홍길동	신한	110101010100	출금	CD출금	2016-01-02	18:48:35	630,733	9,470,108				인덕원금융센터 6802
홍길동	신한	110101010100	출금	통신	2016-01-03	07:19:53	104,630	9,375,478	01054325432SKT			1111
홍길동	신한	110101010100	출금	CD이체	2016-01-03	21:22:40	2,110,000	7,665,478	김용의	신한은행(26)	61302000000	사당역 3685
홍길동	신한	110101010100	출금	CD출금	2016-01-05	18:34:10	488,200	6,767,278				사당역 3685
홍길동	신한	110101010100	출금	CD출금	2016-01-05	22:47:44	1,000,000	5,767,278				사당역 3685
홍길동	신한	110101010100	출금	CD출금	2016-01-06	07:18:12	200,000	5,567,278				인덕원금융센터 6802
홍길동	신한	110101010100	입금	타행IB	2016-01-06	15:39:46	1,000,000	6,567,278	이대표	국민은행	293210103333	국민은행 8208
홍길동	신한	110101010100	출금	CD출금	2016-01-06	19:34:16	1,000,000	5,567,278				인덕원금융센터 6802
홍길동	신한	110101010100	출금	CD출금	2016-01-06	19:35:09	300,000	5,267,278				인덕원금융센터 6802
홍길동	신한	110101010100	입금	타행폰	2016-01-06	22:06:58	20,000,000	25,267,278	김용의	우리은행(20)	1002333322222	우리은행(084) 2682
홍길동	신한	110101010100	출금	FB카드	2016-01-07	18:34:40	19,919,918	5,347,360	현대카드(주)			여의도대기업금융센터 6005
홍길동	신한	110101010100	입금	FB이체	2016-01-08	09:45:22	606,000	5,953,360	현대해상	신한은행(21)	31807100000	대기업영업부 6001
홍길동	신한	110101010100	입금	타행PC	2016-01-08	17:49:12	10,000	5,963,360	용돈	농협은행	57501026000	농협은행 5759
홍길동	신한	110101010100	출금	CD이체	2016-01-08	12:58:12	606,000	5,357,360	박용의	신한은행	110222226000	인덕원금융센터 6802
홍길동	신한	110101010100	출금	CD출금	2016-01-09	12:58:57	1,000,000	4,357,360				인덕원금융센터 6802
홍길동	신한	110101010100	출금	CD출금	2016-01-09	12:59:45	1,000,000	3,357,360				인덕원금융센터 6802
홍길동	신한	110101010100	출금	CD출금	2016-01-09	13:00:32	1,000,000	2,357,360				인덕원금융센터 6802
홍길동	신한	110101010100	출금	CD출금	2016-01-09	13:01:21	1,000,000	1,357,360				인덕원금융센터 6802
홍길동	신한	110101010100	출금	적립CC	2016-01-10	08:15:44	10,000	1,347,360	270000040000			1111
홍길동	신한	110101010100	출금	통신	2016-01-11	07:09:51	94,760	1,252,600	01054325432SKT			1111
홍길동	신한	110101010100	입금	FB이체	2016-01-11	09:04:48	223,000	1,475,600	현대해상	신한은행(21)	31807100000	대기업영업부 6001
홍길동	신한	110101010100	입금	CMS지	2016-01-11	20:38:27	10,000	1,465,600	비케서비스			자금부 80
홍길동	신한	110101010100	출금	적립CC	2016-01-12	08:16:18	300,000	1,165,600	270000040000			1111
홍길동	신한	110101010100	출금	카드결	2016-01-12	18:11:49	10,900	1,154,700	신한카드			시너지지원부 5
홍길동	신한	110101010100	출금	유동CC	2016-01-13	07:54:50	100,000	1,054,700	110063370000			1111
홍길동	신한	110101010100	출금	CD이체	2016-01-13	19:53:39	220,000	834,700	박용의	신한은행	110222226000	사당역 3685
홍길동	신한	110101010100	입금	CD입금	2016-01-13	20:07:42	500,000	1,334,700		신한은행	110008000088	사당역 3685
홍길동	신한	110101010100	입금	FB이체	2016-01-14	09:54:46	300,000	1,634,700	현대카드	신한은행(21)	53801000001	여의도대기업금융센터 6005
홍길동	신한	110101010100	입금	CD입금	2016-01-15	09:48:49	700,000	2,334,700		신한은행	110008000088	사당역 3685
홍길동	신한	110101010100	출금	CD출금	2016-01-15	18:35:45	761,308	1,573,392				인덕원금융센터 6802
홍길동	신한	110101010100	입금	이자	2016-01-16	02:27:00	1,271	1,574,663	06.21~09.19			1111

1 / 3

실습사항 5 여백 조정하기

'한 페이지에 모든 열 맞추기', '첫 행 반복', 인쇄 제목 설정, 페이지 삽입 등을 통하여 인쇄 후에도 편리하게 회신받은 자료를 검토할 수 있게 되었다. 모든 검토가 끝난 후에는 기록에 편철하여야 하는데, 이렇게 기록을 편철하는 과정에서 송곳자국과 묶인 기록들에 의하여 종종 인쇄 내용이 보이지 않게 된다. 이러한 상황을 방지하기 위하여 인쇄여백을 설정하도록 한다.

이번에는 같은 '페이지 설정' 창에서 '여백' 탭으로 들어간다. 기본 설정은 왼쪽 1.8, 오른쪽 1.8로 되어 있다.

킥스상에서 문서를 출력하면 편철할 자리가 표시되어 출력되는데, 그 위치는 여백이 2.5이다. 따라서 왼쪽을 3으로 설정하고, 오른쪽 여백은 넘버링할 공간만 필요하므로, 1로 줄여준다.

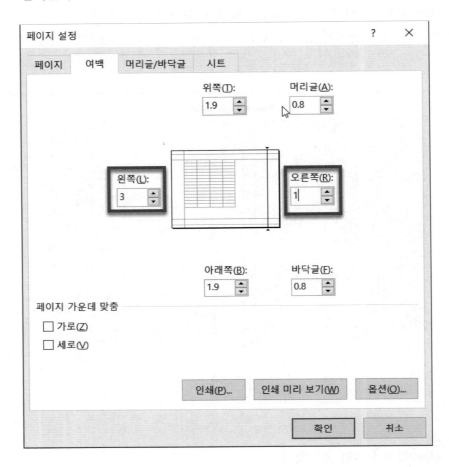

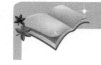

03
수사보고서에 엑셀 표 첨부방법

– 주어진 분석결과를 한글 문서에 사진으로 첨부해보자.

분석한 거래내역을 수사보고서에 첨부하기 위해 카메라 기능을 이용한다. 먼저 도구모음에 카메라 단추를 추가해 보겠다.

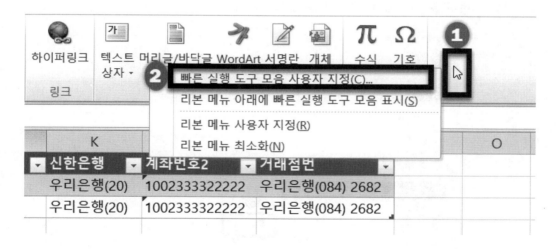

먼저 리본메뉴의 빈 공간에서 마우스를 우클릭한다. 그러면 '빠른실행 도구모음 사용자 지정'이라는 항목을 선택할 수 있다.

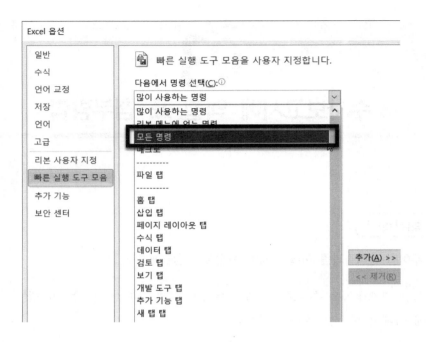

'모든 명령'을 선택해서 '카메라'를 찾아 선택한다.

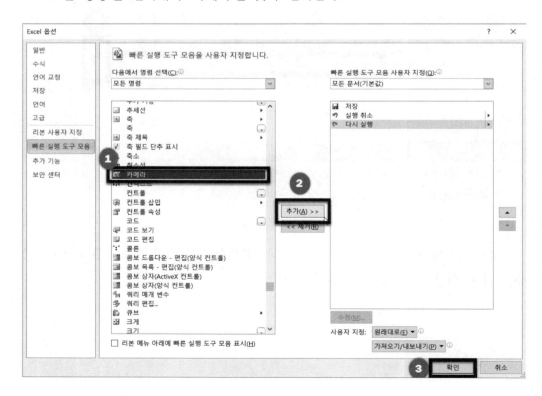

'카메라'를 추가하고 '확인' 단추를 누른다.

위 과정을 통해 [빠른실행] 탭에 [카메라] 단추를 추가한다.

그리고 아래와 같이 복사하고자 하는 셀 영역을 지정한 후, '빠른실행' 탭에 있는 '카메라' 단추를 누른다. 그 후에 복사하고자 하는 위치에 마우스를 클릭해주면 그림 형태로 표가 입력된다. 이 표를 복사해서 수사보고에 '붙이기' 하면 깔끔하게 엑셀 표를 수사보고에 활용할 수 있다.

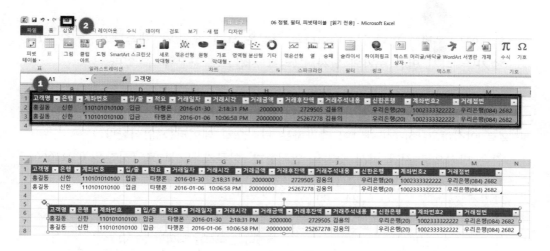

04
표시형식과 입력형식 – 날짜와 시간

엑셀에서 우리가 입력하는 데이터의 형식은 크게 '숫자'와 '텍스트'로 볼 수 있다. '숫자'는 다시 일반 숫자와 날짜, 그리고 시간으로 구분할 수 있다.

엑셀은 날짜를 숫자로 인식한다. 1900년 1월 1일을 숫자 '1', 1900년 1월 2일을 숫자 '2'로 인식하고, 하루마다 1이 증가하는 방식으로 데이터를 인식한다.

같은 방식으로 시간 역시 숫자로 인식한다. 하루가 '1'이므로 1시간은 0.04166667 ($=\dfrac{1}{24}$), 1분은 0.00069444($\dfrac{1}{24\times 60}$)로 인식한다.

날짜	엑셀이 인식하는 데이터 (숫자)
1900 – 01 – 01	1
1900 – 01 – 02	2
1900 – 01 – 03	3
…	…
2017 – 11 – 01	43040
2017 – 11 – 02	43041

444   정보를 그리다

시간	엑셀이 인식하는 데이터 (숫자)
24H	1
12H	$0.5 \ (= \frac{12}{24})$
6H	$0.25 \ (= \frac{6}{24})$
…	…
1H	$0.04166667 \ (= \frac{1}{24})$
1M	$0.00069444 \ (= \frac{1}{24} \times \frac{1}{60})$

이러한 개념을 왜 알아야 할까?

'04 표시형식과 입력형식 – 날짜와 시간' 파일을 열면, 첫 번째 시트에 '01 신한은행 회신양식'이 보인다. 이와 같이 거래일자와 거래시간이 '2013－11－01'과 '09:29:31' 형태로 표시되어 회신되는 경우가 있는가 하면, 어떤 금융회사는 '13－11－01'과 '09:29:31 AM' 형태로 표시해서 회신해 주기도 한다. 그럴 경우에 '13년' 앞에 '20'을 붙이거나, 'AM'을 삭제해서 금융거래내역을 정형화할 필요 없이, 셀 서식의 변경을 통해 표시형식을 바꿔줄 수 있다.

왜냐하면 '2013－11－01'는 사실 4만 단위의 숫자로 관리되고 있기 때문이다. 셀 서식에서 '숫자' 또는 '일반'으로 바꿔보면 4만 단위의 숫자로 바뀌는 것을 알 수 있다. 4만단위 숫자를 입력한 후 표시형식만 바꿔준 것이다(반면, 직접 '2013－11－01'이라고 입력하면 엑셀은 이를 텍스트로 인식하고, 셀서식에서 표시형식을 바꿔줄 수 없다.). 시간도 마찬가지로 셀서식을 바꿔주면 0에서 1사이의 숫자로 바뀌는 것을 알 수 있다.

이처럼 엑셀에서는 날짜와 시간을 숫자로 관리하고 그 표시형식을 바꾸는 방법으로 표시하고 있다. 이렇게 날짜와 시간을 숫자로 관리하는 이유는 데이터의 통합, 편집, 정렬, 분석 등이 용이하기 때문이다. 이하에서는 숫자로 관리되고 있는 날짜와 시간을 원하는 표시형식으로 바꾸는 방법을 배워보도록 한다.

 **실습사항 1**

– 두 번째 시트 '02 날짜형식 바꾸기'로 이동한다.
– 각 열의 데이터를 머리행에 주어진 형식의 날짜로 바꾸어보자.

데이터를 편집하던 중, 거래일자 열의 데이터가 40000 대의 숫자로 깨져 보이는 상황이다.

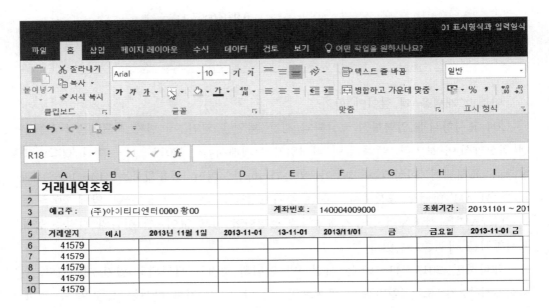

이렇게 날짜가 숫자로 보이는 경우, 즉 엑셀이 날짜를 숫자로 제대로 인식하고 있는 경우에는 이를 다양한 형식으로 보이게 할 수 있다.

C열을 선택한 후, 마우스 오른쪽 버튼을 눌러 '셀 서식'을 클릭한다. 첫 번째 탭인 '표시 형식'에서 엑셀이 인식하고 있는 데이터를 어떠한 형식으로 보여줄지 설정할 수 있다. 범주에서 '날짜'를 선택하면 여러 가지 형식을 설정할 수 있다. C열의 데이터를 '2013년 11월 1일' 형태로 표시하기 위해 아래 그림과 같이 설정해 준다.

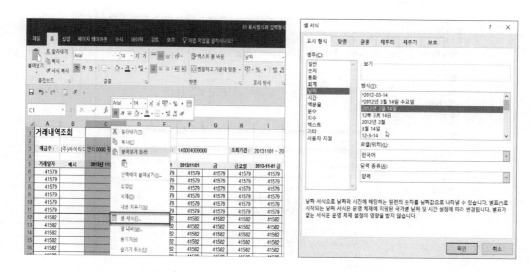

이렇게 자주 쓰이는 형식들은 간단하게 리본메뉴 '서식' 탭의 표시형식에서도 설정할 수 있다.

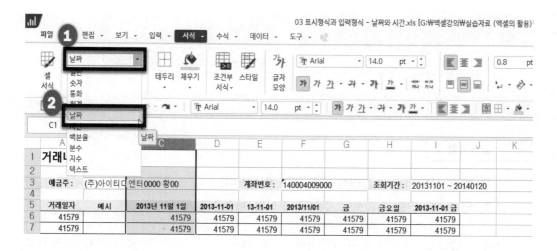

원하는 형식이 보이지 않을 경우, 범주에서 '사용자 지정'에 들어가 직접 입력할 수 있다. 이때, 연도는 'y', 월은 'm', 일은 'd'로 표시한다. 예를 들어 "2013.11.01."의 형태로 보이게 하고 싶다면 '형식' 칸에 직접 'yyyy.mm.dd'라고 입력한다.

요일로도 표시할 수 있는데, '금'처럼 한 글자 형식으로 나타내기 위해서는 'aaa'라고 기재하고, '금요일'처럼 세 글자 형식으로 나타내기 위해서는 'aaaa'라고 기재한다.

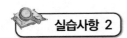
실습사항 2

- 세 번째 시트 '03 시간형식 바꾸기'로 이동한다.
- 각 열의 데이터를 머리행에 주어진 형식의 시간으로 바꿔보자.

같은 방법으로 시간이 숫자(소수자리 수)로 보이는 경우, 즉 엑셀이 시간을 숫자로 인식하고 있는 경우에는 이를 다양한 형식으로 보이게 할 수 있다.

세 번째 시트 '03 시간형식 바꾸기'를 선택한다. A열에 시간을 나타내는 칸에 '0' 또는 '1'이 보인다. A열을 선택한 후, 마우스 오른쪽 버튼을 눌러 '셀 서식'을 클릭한다. 첫 번째 탭인 '표시 형식'에서 범주 '숫자'를 클릭하면 아래와 같이 보인다.

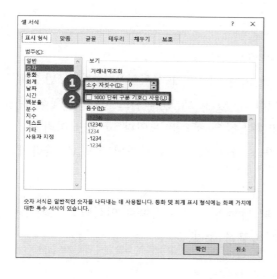

① 소수 자릿수에서 숫자를 크게 할수록 더 자세한 소수 값으로 표현해준다. 시간이 나타나야 할 열에 숫자 '0' 또는 '1'이 보이는 경우 '소수 자릿수'를 높여보는 방법으로 시간 데이터인지 확인할 수 있다.

② 숫자를 1,000단위로 콤마가 찍힌 형태로 보고 싶을 때에는 데이터에 직접 입력하는 것이 아니라 표시형식만을 바꾸어 준다(이번 실습에서는 사용할 필요 없다.).

①번 방법대로 0과 1로 된 모든 데이터를 소수 자릿수를 4자리까지 늘려서 다시 데이터를 확인해 보자. 0과 1사이의 소숫점으로 변한 것을 확인할 수 있다. 날짜형식을 바꾼 것처럼 시간형식도 머리행과 같은 형식으로 바꿔보자.

실습사항 3

- 네 번째 시트 '04 표시형식 확인'으로 이동한다.
- 각 열의 데이터를 머리행에 주어진 형식의 시간으로 바꿔보자.

금융거래내역이나 통화내역을 받았을 때, 날짜와 시간을 숫자로 인식하고 있는지 확인해야 한다. 날짜와 시간을 숫자로 관리할 때에 데이터 통합, 편집, 정렬, 분석 등이 용이하기 때문이다.

보통 날짜는 4만단위 숫자로, 시간은 0에서 1사이의 숫자로 기재하고 그 표시형식만 날짜 또는 시간으로 바꾸는 방법으로 날짜와 시간을 표시한다. 이런 경우는 셀서식을 '일반', '숫자', '텍스트' 등으로 바꿔보면 4만단위 숫자 또는 0에서 1사이의 숫자로 표시형식이 변경되는 것을 확인할 수 있다. 하지만 처음부터 기재 자체를 '2013-11-01'로 하는 경우가 있다. 이런 경우에는 셀서식을 '일반' 등으로 바꾸어 보아도 표시형식이 그대로이다. 이런 경우에는 해당 값을 메모장에 붙여넣기 한 후, 해당 셀의 셀서식을 날짜로 변경한 후, 메모장에 있는 값을 다시 붙여넣기 하면 4만단위 숫자로 데이터를 관리할 수 있다.

네 번째 시트 '04 표시형식 확인'에서 자세히 알아보겠다.

날짜와 시간 데이터가 입력된 열 또는 셀을 선택한 후 표시형식을 '숫자'로 변경해
보면 날짜와 시간이 숫자로 관리되는지 확인할 수 있다. 네 번째 시트 '04 표시형식 확
인'을 보면, A열과 B열, C열과 D열, E열과 F열이 같은 것으로 보인다. 하지만 머리행(1
행)에 표시된 것처럼, A열, C열, E열은 숫자가 아닌 텍스트로 관리되고 있고, 따라서
표시형식이 변경되지 않는다.

금융내역이나 통신내역을 회신 받았을 때 날짜와 시간이 숫자로 인식되고 있지 않
을 경우, 메모장을 이용하여 숫자 데이터로 바꾸어 준다.

① 바꾸어 줄 데이터 범위를 선택하여 복사한다.
② 복사한 셀들을 메모장을 실행시켜 붙여넣기 해 준다.
③ G열, H열, I열의 형식을 모두 '숫자'로 바꿔준 후 메모장에 복사해 둔 데이터를
　　다시 복사하여 붙여넣기 하면 데이터가 숫자로 입력되고, 날짜 및 시간 정보를
　　숫자로 관리할 수 있다.
④ 이렇게 숫자데이터로 바꾼 후에 원하는 표시형식(날짜, 시간)으로 다시 바꿔
　　보자.

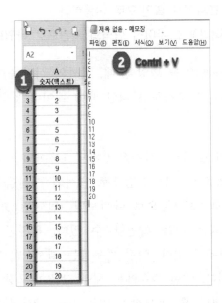

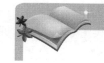

05
표시형식과 입력형식 – 텍스트와 숫자

엑셀에서 우리가 입력하는 데이터의 형식은 크게 '숫자'와 '텍스트'로 볼 수 있다.

	숫자	텍스트
정보의 종류	양적정보	질적정보
사칙연산	가능	불가능
대소비교	가능	불가능
표시형식 변경	가능	불가능 (메모장 이용시 가능)
텍스트 필터	불가능	가능
정렬방식	오른쪽 정렬	왼쪽정렬
전화번호 표기 (01022223333)	1022223333	01022223333

엑셀에 데이터를 입력, 편집하고 분석할 때에 원하는 대로 데이터가 보이지 않거나 다른 오류가 발생하곤 하는데, 대부분의 경우 표시형식과 입력형식을 확인하여 수정함으로써 그 오류를 해결할 수 있다.

실습사항 1   '숫자'와 '텍스트' 인식시키기

– '숫자데이터 서식변경' 시트에서 계좌번호 데이터가 '1.1E+11'과 같이 깨져서 보이는 경우, 제대로 된 계좌번호 형태로 보이도록 조작해보자.
– '전화번호 입력' 시트를 열어 빈 칸으로 남아있는 전화번호를 임의로 입력하고, 제대로 된 형태로 보이도록 조작해보자.

	A	B	C	D	E	F	G	H	I
1	고객	은	계좌번호	입/	적요	거래일자	거래시	거래금액	거래후잔악
2	홍길동	신한	1.1E+11	출금	CD출금	2016-01-01	07:40:24	300,000	7,300,841
3	홍길동	신한	1.1E+11	입금	CD이체	2016-01-01	08:52:46	3,000,000	10,300,841
4	홍길동	신한	1.1E+11	출금	CD출금	2016-01-01	08:53:31	200,000	10,100,841
5	홍길동	신한	1.1E+11	출금	CD출금	2016-01-02	18:48:35	630,733	9,470,108
6	홍길동	신한	1.1E+11	출금	통신	2016-01-03	07:19:53	104,630	9,375,478
7	홍길동	신한	1.1E+11	출금	CD이체	2016-01-03	21:22:40	2,110,000	7,665,478
8	홍길동	신한	1.1E+11	출금	CD출금	2016-01-05	18:34:10	488,200	6,767,278
9	홍길동	신한	1.1E+11	출금	CD출금	2016-01-05	22:47:44	1,000,000	5,767,278
10	홍길동	신한	1.1E+11	출금	CD출금	2016-01-06	07:18:12	200,000	5,567,278
11	홍길동	신한	1.1E+11	입금	타행IB	2016-01-06	15:39:46	1,000,000	6,567,278

계좌거래내역을 회신받았는데, 위와 같이 계좌번호가 깨져서 보이는 경우가 있다. 이럴 경우에는 ① 해당 열의 크기를 조정하는 방법, ② 해당 셀의 서식을 변경하는 방법 등으로 문제를 해결할 수 있다.

먼저 C열의 크기를 조정해 보겠다. 이렇게 해도 변화가 없을 경우에는 아래와 같이 C열을 전체 선택하거나, 문제가 있는 셀을 선택한 후 셀 서식을 '숫자'로 바꿔준다.

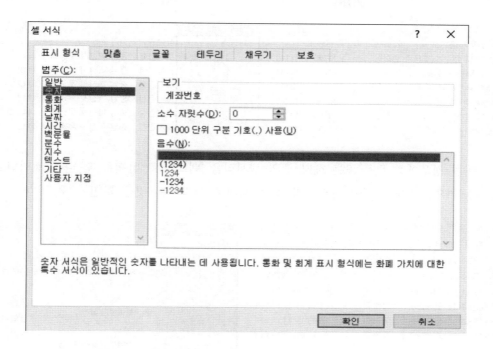

그러면 아래와 같이 계좌번호가 제대로 표시되는 것을 확인할 수 있다.

	A	B	C	D	E	F	G	H	I
1	고객!	은행	계좌번호	입/1	적요	거래일자	거래시2	거래금액	거래후잔액
2	홍길동	신한	110101010100	출금	CD출금	2016-01-01	07:40:24	300,000	7,300,841
3	홍길동	신한	110101010100	입금	CD이체	2016-01-01	08:52:46	3,000,000	10,300,841
4	홍길동	신한	110101010100	출금	CD출금	2016-01-01	08:53:31	200,000	10,100,841
5	홍길동	신한	110101010100	출금	CD출금	2016-01-02	18:48:35	630,733	9,470,108
6	홍길동	신한	110101010100	출금	통신	2016-01-03	07:19:53	104,630	9,375,478
7	홍길동	신한	110101010100	출금	CD이체	2016-01-03	21:22:40	2,110,000	7,665,478
8	홍길동	신한	110101010100	출금	CD출금	2016-01-05	18:34:10	488,200	6,767,278
9	홍길동	신한	110101010100	출금	CD출금	2016-01-05	22:47:44	1,000,000	5,767,278
10	홍길동	신한	110101010100	출금	CD출금	2016-01-06	07:18:12	200,000	5,567,278

그 다음은 전화번호 입력이다. 상대계좌번호의 CIF를 알고 싶어서 CIF를 회신받았고, 이를 '전화번호 입력' 시트와 같이 정리하고 있다. 그런데 전화번호를 입력하니 앞에 0이 입력되지 않는다.

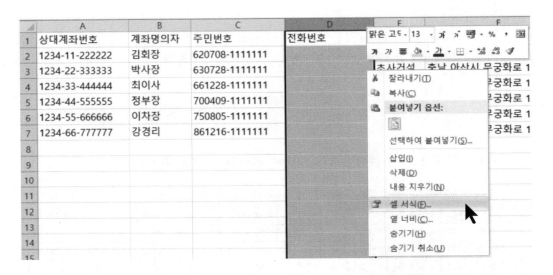

	A	B	C	D	E	F
1	상대계좌번호	계좌명의자	주민번호	전화번호	직장명	직장주소
2	1234-11-222222	김회장	620708-1111111	1033334444	초사건설	충남 아산시 무궁화로 1112
3	1234-22-333333	박사장	630728-1111111		초사건설	충남 아산시 무궁화로 1112
4	1234-33-444444	최이사	661228-1111111		초사건설	충남 아산시 무궁화로 1112
5	1234-44-555555	정부장	700409-1111111		초사건설	충남 아산시 무궁화로 1112
6	1234-55-666666	이차장	750805-1111111		초사건설	충남 아산시 무궁화로 1112
7	1234-66-777777	강경리	861216-1111111		초사건설	충남 아산시 무궁화로 1112

이런 경우에는 D열 또는 해당 셀의 셀서식을 '텍스트'로 바꿔준 후 다시 전화번호를 입력하면, 앞자리 '0'이 사라지지 않고 제대로 입력되는 것을 확인할 수 있다.

	A	B	C	D	E
1	상대계좌번호	계좌명의자	주민번호	전화번호	직장명
2	1234-11-222222	김회장	620708-1111111	01022223333	초사건설
3	1234-22-333333	박사장	630728-1111111	01033334444	초사건설
4	1234-33-444444	최이사	661228-1111111	01055556666	초사건설
5	1234-44-555555	정부장	700409-1111111	01077778888	초사건설
6	1234-55-666666	이차장	750805-1111111	01099991111	초사건설
7	1234-66-777777	강경리	861216-1111111	01088883333	초사건설

이처럼 엑셀은 숫자가 기재될 경우 기본적으로 숫자로 인식하기 때문에 맨 앞에 의미없는 숫자인 '0'은 자동으로 삭제한다. 이때 '0'을 표시해주고 싶을 때에는 셀 서식을 '텍스트'로 바꿔주면 이를 숫자로 인식하지 않고 텍스트로 인식하기 때문에 '0'이 의미있는 글자가 되고, 이를 표시해 줄 수 있다.

셀 서식은 텍스트로 되어 있는데 값은 숫자가 입력되었기 때문에 엑셀에서는 이를 셀서식 지정 오류로 인식하고, 해당 셀의 왼쪽 상단에 초록색 삼각형이 뜨게 된다. 이 경우에는, 해당 셀만 선택한 후 느낌표 버튼을 누르면 '오류무시'를 찾을 수 있다. '오류무시'를 누르면 초록색 삼각형이 사라지게 된다.

	A	B	C	D	E
1	상대계좌번호	계좌명의자	주민번호	전화번호	직장명
2	1234-11-222222	김회장	620708-111111	01022223333	초사건설
3	1234-22-333333	박사장	630728-111111	텍스트 형식으로 저장된 숫자	설
4	1234-33-444444	최이사	661228-111111	숫자로 변환(C)	설
5	1234-44-555555	정부장	700409-111111	이 오류에 대한 도움말(H)	설
6	1234-55-666666	이차장	750805-111111	오류 무시(I)	설
7	1234-66-777777	강경리	861216-111111	수식 입력줄에서 편집(F)	설
8				오류 검사 옵션(O)...	

실습사항 2 숫자의 표현방식 설정 : '-' 넣어주기

- '7901231234567' 형태의 주민번호를 '790123-1234567' 형태로 바꿔보자.

실습파일 '05 표시형식과 입력형식 - 텍스트와 숫자'를 실행시킨다. 첫 번째 시트에는 주민등록번호 '7901231234567'라는 데이터가 있다. 많은 경우 주민번호는 생년월일을 의미하는 앞 여섯 자리수와 뒤 일곱 개의 숫자 사이에 '-'를 기재한다(ex. 790123 – 1234567).

'7901231234567'을 '790123 – 1234567'로 바꾸는 실습을 한다.

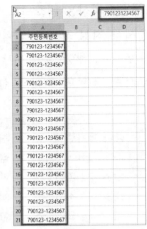

먼저, A열을 선택하여 오른쪽 마우스 버튼을 클릭하면 '셀 서식'을 선택할 수 있다. '셀 서식'의 첫 번째 탭 '표시형식'에서 '사용자 지정'으로 들어가 '형식'란에 '######−#######'라고 기재한다.[2] 그러면 위 오른쪽 그림과 같이 '790123−1234567'의 형식으로 바뀌어 표현되는 것을 확인할 수 있다. 하지만 여전히 수식입력줄을 보면 '790123이 1234567'이라고 기재되어 있는데, 이는 표시형식은 '−'를 포함하여 보여주도록 설정되어 있지만 엑셀이 기억하고 있는 데이터는 '−'가 없는 데이터이기 때문이다.

엑셀이 관리하는 데이터의 형식까지 모두 바꾸어주기 위해서는 '메모장'을 이용한다.

먼저, A열의 데이터를 범위설정을 한 후, 복사하여 메모장에 붙여 넣는다. 그런 다음 메모장에 붙여진 데이터를 다시 복사하여 엑셀의 A열에 붙여넣기 하면 보이는 그대로 엑셀이 데이터를 관리하도록 할 수 있다.

---

2 엑셀에서 '#'는 숫자를 의미한다.

오른쪽 그림을 보면, 수식입력줄에도 '790123 − 1234567'이라고 데이터가 관리되는 것을 확인할 수 있다.

실습사항 3   숫자의 표현방식 설정 : 단위 구분 쉼표 찍기

- '출금금액'과 '잔액'에 천 단위 쉼표를 표시해 보자.
- '잔액'이 음수인 경우 괄호로 묶고, 빨간색으로 표시해 보자.

같은 실습파일('05 표시형식과 입력형식 – 텍스트와 숫자')의 두 번째 시트에는 다음과 같은 금융회사에서 회신받은 가상의 입출금내역이 있다. D열과 F열은 금액(통화) 데이터이므로 1,000 단위로 ','(쉼표)를 찍어주는 것이 보기 좋다.

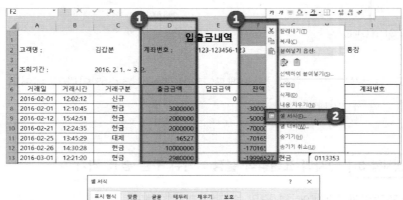

	A	B	C	D	E	F	G	H	I
1					**입출금내역**				
2	고객명 :		김갑분		계좌번호 : 123-123456-123		상품명 :	신한 한아름 통장	
3									
4	조회기간 :		2016. 2. 1. ~ 3. 2.						
5									
6	거래일	거래시간	거래구분	출금금액	입금금액	잔액	적요	취급점	계좌번호
7	2016-02-01	12:02:12	신규		0	0	신규	0216056	
8	2016-02-01	12:10:45	현금	3000000		-3000000	현금	0033323	
9	2016-02-12	15:42:51	현금	2000000		-5000000	현금	0204068	
10	2016-02-21	12:24:35	현금	2000000		-7000000	현금	0881957	
11	2016-02-25	13:45:29	대체	16527		-7016527	대출이자출	0216056	
12	2016-02-26	14:30:28	현금	10000000		-17016527	현금	0195371	
13	2016-03-01	12:21:20	현금	2980000		-19996527	현금	0113353	

먼저, D열과 F열을 선택해 준 후,[3] 마우스 오른쪽 버튼을 클릭하여 '셀 서식'을 선택한다. 셀 서식에서 '통화' 또는 '회계'를 선택하여 1,000 단위로 ","를 나타낼 수 있다. 이 때, 음수의 표현방식도 함께 설정할 수 있다.

---

3 D열을 먼저 선택한 후, Control을 누른 채로 F열을 선택한다. 이처럼 비연속 데이터에 대해 범위를 설정할 때에는 Control 버튼을 이용한다.

확인을 누르면 아래 그림과 같이 표현되는 것을 확인할 수 있다.

	A	B	C	D	E	F	G	H	I
1				입출금내역					
2	고객명 :		김갑부	계좌번호 :	123-123456-123		상품명 :	신한 하아류 통장	
3									
4	조회기간 :		2016. 2. 1. ~ 3. 2.						
5									
6	기래일	기래시간	기래구분	출금금액	입금금액	잔액·	적요	취급점	계좌번호
7	2016-02-01	12:02:12	신규		0	0	신규	0216056	
8	2016-02-01	12:10:45	현금	3,000,000		(3,000,000)	현금	0033323	
9	2016-02-12	15:42:51	현금	2,000,000		(5,000,000)	현금	0204068	
10	2016-02-21	12:24:35	현금	2,000,000		(7,000,000)	현금	0881957	
11	2016-02-25	13:45:29	대체	16,527		(7,016,527)	대출이자출	0216056	
12	2016-02-26	14:30:28	현금	10,000,000		(17,016,527)	현금	0195371	
13	2016-03-01	12:21:20	현금	2,980,000		(19,996,527)	현금	0113353	

06

텍스트 나누기, 합치기

 실습사항 1 │ 텍스트 나누기

- A열에 있는 데이터를 '발신번호'와 '착신번호'로 나누어 각각의 셀에 나눠보자.

실습파일 '06 텍스트 나누기 합치기' 파일을 실행시킨다. '텍스트 나누기' 시트는 *i2* 에서 01086585544와 01088640966 사이의 통화링크를 선택한 후 '카드나열' 기능을 통해 엑셀로 복사해 온 자료이다.[4]

항목	표현	카드 번호	요약	날짜	시간	날짜 및 시간
01086585544 -- 62 -> 01088640966	링크	1	국내음성통화	2017-03-11	오후 6:52:27.000	2017-03-11 오후 6:52:27.000
01086585544 -- 62 -> 01088640966	링크	32	국내음성통화	2017-03-11	오후 6:52:27.000	2017-03-11 오후 6:52:27.000
01088640966 -- 39 -> 01086585544	링크	15	음성	2017-03-12	오후 12:08:41.000	2017-03-12 오후 12:08:41.000
01088640966 -- 39 -> 01086585544	링크	1	국내통화료	2017-03-12	오후 1:20:56.000	2017-03-12 오후 1:20:56.000
01086585544 -- 62 -> 01088640966	링크	2	국내음성통화	2017-03-15	오후 12:54:39.000	2017-03-15 오후 12:54:39.000
01086585544 -- 62 -> 01088640966	링크	33	국내음성통화	2017-03-15	오후 12:54:39.000	2017-03-15 오후 12:54:39.000
01088640966 -- 39 -> 01086585544	링크	16	음성	2017-03-15	오후 1:11:07.000	2017-03-15 오후 1:11:07.000
01088640966 -- 39 -> 01086585544	링크	2	국내통화료	2017-03-15	오후 2:12:56.000	2017-03-15 오후 2:12:56.000
01086585544 -- 62 -> 01088640966	링크	34	국내음성통화	2017-03-17	오후 3:09:44.000	2017-03-17 오후 3:09:44.000
01086585544 -- 62 -> 01088640966	링크	3	국내음성통화	2017-03-17	오후 3:09:44.000	2017-03-17 오후 3:09:44.000
01088640966 -- 39 -> 01086585544	링크	17	음성	2017-03-18	오전 10:17:54.000	2017-03-18 오전 10:17:54.000
01088640966 -- 39 -> 01086585544	링크	18	음성	2017-03-18	오전 11:12:53.000	2017-03-18 오전 11:12:53.000

발신번호	착신번호	표현	카드 번호	요약	날짜	시간	날짜 및 시간
01086585544	01088640966	링크	1	국내음성통화	2017-03-11	오후 6:52:27.000	2017-03-11 오후 6:52:27.000
01086585544	01088640966	링크	32	국내음성통화	2017-03-11	오후 6:52:27.000	2017-03-11 오후 6:52:27.000
01088640966	01086585544	링크	15	음성	2017-03-12	오후 12:08:41.000	2017-03-12 오후 12:08:41.000

위에 있는 그림과 같이 A열에 발신번호와 착신번호가 함께 있는 것을 아래 그림과 같이 A열과 B열에 나누어서 표시하기 위해 엑셀의 '텍스트 나누기' 기능을 이용한다.

먼저 A열 옆에 열 4개를 추가해 준다. A열을 선택한 후, '데이터' 탭에 있는 '텍스트 나누기' 버튼을 눌러주면 텍스트 마법사가 실행된다.

---

4 *i2* 실습 시나리오인 '연수군수' 사건 시나리오에서 현유포와 권총책의 관계를 소명하기 위해 양 자간 직접 통화내역을 추출한 내역과 동일하다.

텍스트 마법사 1단계에서 '구분 기호로 분리됨'을 선택한 후 '다음'을 눌러준다. 2 단계에서는 '구분기호'에서 '공백'을 선택하고 '데이터 미리 보기' 영역에서 텍스트 나누기의 결과를 확인한다.

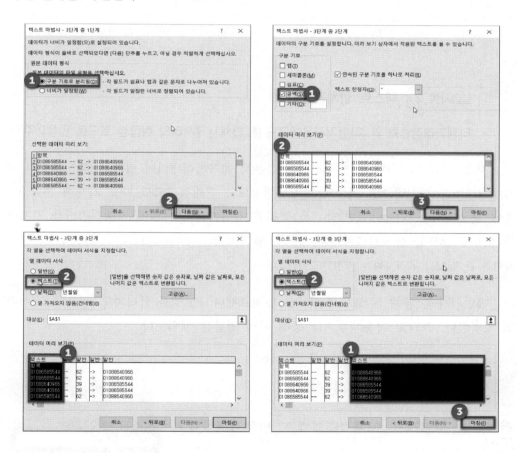

3단계에서는 분리된 열의 데이터의 서식을 설정한다. 첫 번째와 다섯 번째의 전화번호는 '텍스트' 데이터이므로 열을 선택한 후 '텍스트'로 지정해준 후 '마침' 버튼을 누르면 텍스트 나누기가 완성된다.

	A	B	C	D	E	F G
1	항목					표현 카드 번호 요약
2	01086585544	--	62 ->		01088640966	링크 1 국내음-
3	01086585544	--	62 ->		01088640966	링크 32 국내음-
4	01088640966	--	39 ->		01086585544 -	링크 15 음성
5	01088640966	--	39 ->		01086585544	링크 1 국내통
6	01086585544	--	62 ->		01088640966	링크 2 국내음
7	01086585544	--	62 ->		01088640966	링크 33 국내음
8	01088640966	--	39 ->		01086585544	링크 16 음성
9	01088640966	--	39 ->		01086585544	링크 2 국내통

위 그림에서 B~D열은 필요없으므로 B~D열을 삭제해준 후 A열, B열 너비를 자동조정해주고 A1셀에 '발신번호', B1셀에 '착신번호'라고 각각 기재한다.

	A	B	C	D	E	F	G	H
1	발신번호	착신번호	표현	카드 번호	요약	날짜	시간	날짜 및 시간
2	01086585544	01088640966	링크	1	국내음성통화	2017-03-11	오후 6:52:27.000	2017-03-11 오후 6:52:27.000
3	01086585544	01088640966	링크	32	국내음성통화	2017-03-11	오후 6:52:27.000	2017-03-11 오후 6:52:27.000
4	01088640966	01086585544	링크	15	음성	2017-03-12	오후 12:08:41.000	2017-03-12 오후 12:08:41.000

실습사항 2 텍스트 합치기

– '타행거래점번호'와 '타행거래은행코드'를 합쳐서 7자리의 취급점 코드로 만들어주자.

'텍스트 합치기' 시트로 이동하면 신한은행 계좌거래내역이 있다. 신한은행에서 계좌거래내역을 회신받으면 이렇게 거래은행코드와 거래점코드를 따로 기재해 준다. 이후에 배우겠지만, VLOOKUP 함수를 통해서 계좌거래내역 옆에 거래지점명을 기재해 주려면 두 코드를 합쳐서 7자리의 코드로 만들어줘야 한다(거래지점코드는 7자리로, 앞 3자리는 은행코드, 뒤 4자리는 지점코드이다.).

'&연산자'를 통해 두 코드를 하나로 합쳐보겠다. P6 셀을 클릭하고 '=O6&N6'이라고 입력한다. 그리고 자동채우기를 통해 아래 열들을 채워준다.

	✕ ✓ *fx*	=O6&N6		

L	M	N	O	P
거래점번	조작자키	타행거래점번호	타행거래은행코드	취급점
7061		7061	011	=O6&N6
6161		6161	004	
1312	124	0000	000	

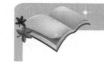

07
함수의 이해 I (데이터 전처리)

엑셀의 강력한 기능 중 하나는 '수식'[5]을 입력하여 원하는 데이터를 뽑아낼 수 있다는 점이다. 엑셀에는 400개가 넘는 함수가 있다. 이번 장에서는 데이터 전처리를 위한 함수를 배워보겠다.

i1이 도입되면서 통화내역, 계좌거래내역은 편리하게 정형화 할 수 있다. 하지만 추가적인 정보를 계좌거래내역에 요청하여 회신받은 경우, i1으로 정형화가 불가능한 경우가 종종 발생한다.

또한 통화내역이나 계좌거래내역이 아닌, '부동산실거래 신고내역', '하이패스 통과내역', '출입국 내역' 등 i1으로 다룰 수 없는 데이터를 다루는 경우도 많다.

이에 데이터 분석에 앞서 데이터를 전처리하는데 유용한 함수 몇 가지를 배워보도록 한다.

실습파일 '07 함수의 이해 1 - 데이터전처리'로 실습한다.

실습사항 1) SUBSTITUTE 함수

- '790123-1234567' 형태의 주민번호를 '7901231234567' 형태로 바꿔보자.

먼저, 함수의 입력방식부터 살펴보면 '=' 기호로 수식(함수)를 입력함을 표시한 후, 함수명을 입력한다. 그 후 괄호("( )") 안에 '인수'를 입력하면 되는데 함수의 종류에 따라 인수의 개수가 달라진다. SUBSTITUE 함수의 경우 3개의 인수를 가지고 있다.

---

[5] 수식 : 셀에서 새로운 값을 산출하는 함수, 셀주소 또는 참조, 연산자 등이 하나 이상 조합되어 만들어진 식을 말함.

> =SUBSTITUTE(대상문자열, 바꿀 문자, 대체할 문자)[6]

　　SUBSTITUE 함수는 한글이나 엑셀 프로그램의 '찾아 바꾸기' 기능과 유사하다. 특정 문자를 찾아 원하는 문자로 바꾸는 기능을 하는 것인데, 영단어 substitute이 '대체하다'라는 뜻인 것처럼 대부분의 함수들은 함수명을 통하여 어떤 기능을 수행하는지 유추할 수 있다.

　　앞에서 '790123123 4567'로 적혀있는 주민등록번호를 '790123 − 1234567'이라고 바꾸는 실습을 하였다. 이와 반대로 '790123 − 1234567'이라는 데이터를 '7901231234567'라고 바꾸고 싶을 때 이 SUBSTITUTE 함수를 이용한다.

　　우리가 원하는 것은 '790123 − 1234567'에서 ' − '를 빼는 것, 즉 '790123 − 1234567'에서 ' − '를 찾아서 ''(공백)으로 바꿔주는 것이다. 따라서 함수의 각 인수는 아래와 같다.

　　　− 대상문자열 : A2
　　　− 바꿀 문자 : " − "
　　　− 대체할 문자 : ""

　　따라서, B2 셀에 ' = SUBSTITUTE(a2," − ","")'라고 입력한다(대소문자 구분 불요).

　　B2 셀에 ' − '가 없어진 주민등록번호가 나타난다.

---

6 4번째 인수를 '몇 번째 있는 바꿀 문자인지 지정하는 수'를 입력할 수 있으나, 입력하지 않을 때 모두 바꾼다.

실습사항 2 **ROUNDDOWN 함수**

– ‘통화일시’를 ‘통화시작날짜’와 ‘통화시작시간’으로 분리해서 입력해보자.

ROUNDDOWN 함수의 경우 2개의 인수를 가지고 있다.

> =ROUNDDOWN(내림할 숫자, 내림할 자릿수)

위 수식은 “‘내림할 숫자’에 대하여 ‘내림할 자릿수’까지 내림한 값을 산출해 내라”라는 명령어이며, 이를 엑셀의 언어로 표현한 것이다. 예를 들어, ‘=ROUNDDOWN (314.14, 0)’이라고 입력하면 ‘314’라는 값을 산출해 낼 것이다.[7]

실습문제를 풀어보자. 날짜는 4만단위 숫자, 시간은 0에서 1사이의 숫자로 관리된다는 것을 배웠다. 이에 날짜와 시간을 분리하려면 4만단위의 숫자와 0에서 1사이의 숫자를 분리해주면 될 것이다.

이해를 위해 ‘통화일시’ 열의 셀서식을 숫자로 바꿔주고, 소수자릿수 표현을 2자리까지 늘려준다. 그렇다면 ‘42370.28’의 형태로 표시형식이 변경된 것을 볼 수 있다.

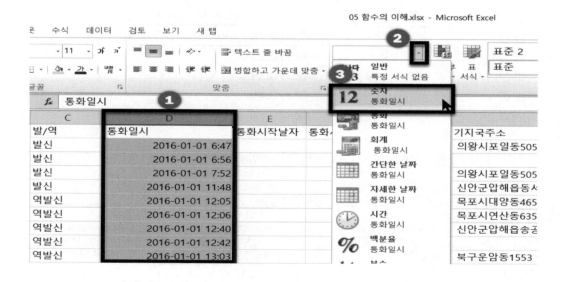

---

7 소숫점 첫째 자리가 0, 둘째 자리는 1, 셋째 자리는 2가 된다. 일의 자리는 -1, 십의 자리는 -2, 백의 자리는 -3이 된다.

E2셀을 선택한 후 "=ROUNDDOWN(D2,0)"이라고 입력해주면, 42370만 남게 된다(대소문자 구분 불요).

그 후 F2셀을 선택한 후 "=D2−E2"라고 입력해준다.

그 다음 자동채우기를 해주고, D열, E열, F열의 셀서식을 날짜와 시간 등으로 적절하게 바꿔준다.

실습사항 3 IF 함수

- '거래금액'를 '입금액'과 '출금액'으로 분리해보자.

IF 함수의 경우 일반적으로 3개의 인수를 가지고 있다.

> =IF(참이나 거짓으로 판별될 조건, 참일 때 돌려주는 값, 거짓일 때 돌려주는 값)

위 수식은 "조건이 참이면 특정값을, 거짓이면 또 다른 특정값을 기재하라"는 명령어이며, 이를 엑셀의 언어로 표현한 것이다.

이제 실습파일을 보겠다. '농협계좌예시' 시트는 농협에서 회신받은 계좌거래내역의 전처리 전(i1을 통한 정형화 전) 데이터이다. 'IF함수' 시트는 이 계좌거래내역에서 불필요한 행들을 삭제해 주고, 셀 테두리를 그려 준 것이다.

IF함수를 이용해서 '거래금액'을 '입금액'과 '출금액'으로 나눠준다. 먼저 '입금액'부터 해보겠다.

우리가 원하는 것은 G열이 입금일 경우 D열 입금액에 C열 거래금액을 그대로 넣어주고, 출금일 경우에는 아무것도 기재하지 않는 것이다. 따라서 함수의 각 인수는 아래와 같다.

- 참이나 거짓으로 판별될 조건 : G2 = "입금"
- 참일 때 돌려주는 값 : "C2"
- 거짓일 때 돌려주는 값 : ""

따라서, D2 셀에 '=IF(G2 = "입금",C2,"")'라고 입력한다(대소문자 구분 불요).

✕ ✓ *fx*   =IF(G2="입금",C2,"")

C	D	E	F	G
거래금액<원>	입금액	출금액	잔액<원>	구분
0	=IF(G2="입금",C2,"")		0	입금
10000			10000	입금
4400			5600	지급
5300000			5305600	입금

같은 방법으로 E2셀에는 '=IF(G2="지급",C2,"")'라고 입력한다.

✕ ✓ *fx*   =IF(G2="지급",C2,"")

C	D	E	F	G
거래금액<원>	입금액	출금액	잔액<원>	구분
0	0	=IF(G2="지급",C2,"")	0	입금
10000			10000	입금
4400			5600	지급
5300000			5305600	입금

자동채우기 기능을 사용하여 입금액과 출금액을 채운다.

fx   =IF(G2="입금",C2,"")

C	D	E	F	G
거래금액<원>	입금액	출금액	잔액<원>	구분
0	0		0	입금
10000	10000		10000	입금
4400		4400	5600	지급
5300000	5300000		5305600	입금
1000500		1000500	4305100	지급
5300000	5300000		9605100	입금
1000500		1000500	8604600	지급
4000000	4000000		12604600	입금

 **실습사항 4** LEFT / RIGHT / MID 함수

- 주민등록번호에서 생년월일을 분리해보자.
- 주민등록번호에서 성별을 분리해보자.
- 전화번호 사이에 '-'를 넣어보자.

LEFT 함수의 경우 2개의 인수를 가지고 있다.

> =LEFT(추출하려는 문자가 있는 셀 주소, 왼쪽에서부터 추출할 문자 수)

위 수식은 "특정 셀에서 왼쪽에서 몇 번째까지의 문자만을 추출하라"는 명령어이 며, 이를 엑셀의 언어로 표현한 것이다.

주민등록번호에서 앞 여섯 자리 생년월일만을 추출한다. 각 인수는 다음과 같다.
추출하려는 문자가 있는 셀 주소 : A2
왼쪽에서부터 추출할 문자 수 : 6

따라서 B2셀에 '=LEFT(A2, 6)'라고 입력한다(대소문자 구분 불요).

클립보드		글꼴		맞춤

LEFT	▾	✗ ✓ *fx*	=LEFT(A2, 6)	

	A	B	C	D
1	주민등록번호	생년월일(LEFT함수)	성별1(MID함수)	성별2(IF함수)
2	790123-1234567	=LEFT(A2, 6)		
3	790123-1234567			
4	790123-1234567			
5	790123-1234567			

이번에는 MID 함수를 이용해서 주민등록번호에서 성별을 나타내는 7번째 자리 수 만을 추출해 보겠다. MID 함수의 경우 3개의 인수를 가지고 있다.

> =MID(추출하려는 문자가 있는 셀 주소, 추출할 문자의 시작 위치,
> 시작 위치로부터 추출할 문자의 개수)

위 수식은 "특정 셀에서, 지정한 위치로부터 몇 번째까지의 문자만을 추출하라"는 명령어이며, 이를 엑셀의 언어로 표현한 것이다.

주민등록번호에서 성별을 나타내는 7번째 자리 수만을 추출해 보겠다. 각 인수는 다음과 같다.

추출하려는 문자가 있는 셀주소 : A2
추출할 문자의 시작 위치 : 8
시작위치로부터 추출할 문자의 개수 : 1

따라서 C2셀에 '=MID(A2,8,2)'라고 입력한다(대소문자 구분 불요).

함수 라이브러리			
MID ▼ ⬤ ✗ ✔ *fx*	=MID(A2,8,1)		
	A	B	C	D
1	주민등록번호	생년월일(LEFT함수)	성별1(MID함수)	성별2(IF함수)
2	790123-1234567	790123	=MID(A2,8,1)	
3	790123-1234567			
4	790123-1234567			
5	790123-1234567			

이번에는 LEFT, MID, RIGHT 함수와 '&'연산자를 이용해서 휴대전화번호 사이에 '-'를 넣어준다.

앞서 배운 셀서식을 이용하지 않고 함수를 이용하는지 궁금해 할 수도 있을 것 같다. 전화번호는 앞에 '0'이 있고, 이 '0'을 표시해주기 위해서는 숫자가 아니라 텍스트로 관리되어야 한다. 그런데 텍스트의 경우에는 셀 서식을 통해 가운데 '-'를 넣어줄 수 없다.

먼저 RIGHT 함수부터 알아보겠다. RIGHT 함수의 경우 2개의 인수를 가지고 있다. LEFT 함수와 유사하다.

위 수식은 "특정 셀에서 오른쪽에서 몇 번째까지의 문자만을 추출하라"는 명령어
이며, 이를 엑셀의 언어로 표현한 것이다.

이제 H2셀을 선택하고 수식입력줄에 다음과 같이 수식을 입력해 보겠다(대소문자
구분 불요).

= LEFT(G2,3)&" − "&MID(G2,4,4)&" − "&RIGHT(G2,4)

글꼴		맞춤			표시 형식	
✔ f_x	=LEFT(G2,3)&"-"&MID(G2,4,4)&"-"&RIGHT(G2,4)					
	G	H	I	J	K	L
	전화번호1	전화번호2				
	01022224444	=LEFT(G2,3)&"-"&MID(G2,4,4)&"-"&RIGHT(G2,4)				
	01022224444					
	01022224444					

08

함수의 이해 Ⅱ (데이터 분석)

엑셀의 강력한 기능 중 하나는 '수식'[8]을 입력하여 원하는 데이터를 뽑아낼 수 있다는 점이다. 엑셀에는 400개가 넘는 함수가 있다. 이번 장에서는 데이터 분석을 위한 함수를 배워보겠다.

실습파일 '08 함수의 이해 2 – 데이터분석'으로 실습한다.

실습사항 1 VLOOKUP 함수 1 : 통화내역

– 통화내역의 상대번호 옆에 상대번호의 명의자와 주민번호 정보가 비어 있다. VLOOKUP 함수를 이용해서 명의자와 주민번호 열을 '통신자료 회신내역' 시트에 있는 데이터로 채워보자.

> =VLOOKUP(찾을 값, 찾을 범위, 범위의 몇 번째 열, 정확도)

VLOOKUP 함수는 두 개의 데이터 세트에서 공통된 정보를 통하여 다른 데이터를 불러올 때 사용한다.

'08 함수의 이해 2 – 데이터분석' 파일의 'VLOOKUP 함수 1' 시트는 통신사실 확인자료 제공요청을 통하여 수집한 01012345678 번호의 발신·역발신 내역이고, '통신자료 회신내역' 시트는 발신·역발신 내역에서 확인되는 전화번호들에 대해 통신자료 제공요청을 하여 수집한 가입자 인적사항 자료이다. 이 두 자료는 '상대번호(또는 '대상번호')'라는 공통된 정보를 포함하고 있다.

---

8 수식 : 셀에서 새로운 값을 산출하는 함수, 셀주소 또는 참조, 연산자 등이 하나 이상 조합되어 만들어진 식을 말함.

	대상번호	상대번호	가입자	가입자 주민등록번호	발/역	통화일시	통화시각	사용시간(초)	기지국주소	구분
1	대상번호	상대번호	가입자	가입자 주민등록번호	발/역	통화일시	통화시각	사용시간(초)	기지국주소	구분
2	01012345678	0314257452			발신	2016-01-01	06:47:25	00:02:26	의왕시포일동505 - 39 금호빌딩	국내음성통화
3	01012345678	01022665803			발신	2016-01-01	06:56:06	00:00:18		폰메일통화

	A	B	C	D	E	F	G
1	상대번호	통신사	성명	주민등록번호	주소	가입일자	해지일자
2	0314257452	SKT	박지성	8001********	실습용 주소 기재 생략	20100416	
3	01022665803	SKT	박주영	8001********	실습용 주소 기재 생략	20140722	

발신·역발신 내역을 분석할 때 상대번호의 가입자명과 주민등록번호를 함께 보는 것이 더욱 편리할 것이다. 이를 위해 '통신자료 회신내역' 시트에서 '상대번호'를 찾아 'VLOOKUP 함수 1' 시트에 성명과 주민등록번호를 입력하려고 한다.

즉, C2셀에 입력하고자 하는 정보는 B2셀에 있는 '0314257452' 전화번호에 대응하는 가입자 성명이고, D2셀에 입력하고자 하는 정보는 위 전화번호에 대응하는 가입자 주민등록번호이다. C2셀부터 살펴보면,

- 첫 번째 인수 '찾을 값' : 'B2'
- 두 번째 인수 '찾을 범위' : '$A$1:$G$145'[9] ('통신자료 회신내역' 시트의 자료 범위)
- 세 번째 인수 '몇 번째 열에 있는 정보가 필요한지' : 3[10]
- 네 번째 인수 : FALSE[11]

즉, C2셀에 '=VLOOKUP(B2,'통신자료 회신내역'!$A$1:$G$145,3,FALSE)'를 입력한다.

SUM		× ✓ fx	=VLOOKUP(B2,'통신자료 회신 내역'!$A$1:$G$145,3,FALSE)		

	A	B	C	D	E	F
1	대상번호	상대번호	가입자	가입자 주민등록번호	발/역	통화일시
2	01012345678	0314257452	=VLOOKUP(B2,'통신자료 회신내역'!$A$1:$G$145,3,FALSE)			
3	01012345678	01022665803			발신	2016-01-01
4	01012345678	01094781907			발신	2016-01-01
5	01012345678	01037286452			발신	2016-01-01
6	01012345678	0113556880			역발신	2016-01-01
7	01012345678	0113556880			역발신	2016-01-01

---

9 B2 셀에 함수를 입력한 후 자동채우기를 통하여 전체 발신·역발신 내역에 성명을 불러올 것이므로 두 번째 인수인 찾을 범위를 고정값으로 설정해야 한다. 고정값으로 설정하지 않을 경우 자동채우기를 할 때에 참조하는 데이터 정보의 범위가 변하게 된다.

10 '성명' 정보가 '상대번호'열을 기준으로 3번째 열에 있으므로 '3'을 입력한다. 이처럼, 세 번째 인수 값은 '찾고자 하는 정보'가 있는 열을 기준으로 몇 번째에 있는 열인지를 나타내는 숫자가 되므로 두 번째 인수의 '찾을 범위'는 반드시 찾는 정보가 첫 번째 열에 위치하도록 설정해야 한다.

11 유사 일치(TRUE)와 정확히 일치(FALSE)를 설정하는 것인데, 수사정보는 정확해야 하므로 항상 FALSE를 입력한다.

이 때, 두 번째 인수를 위 그림에 보이는 수식 문구대로 입력할 수도 있지만, 마우스와 키보드를 이용하여 범위를 지정해주는 방법이 편리하다.

하나씩 순서대로 해보겠다. 첫 번째 인수 'B2'를 입력하고 쉼표(',')로 구분한다 ('=VLOOKUP(B2,' 까지 입력한다.).

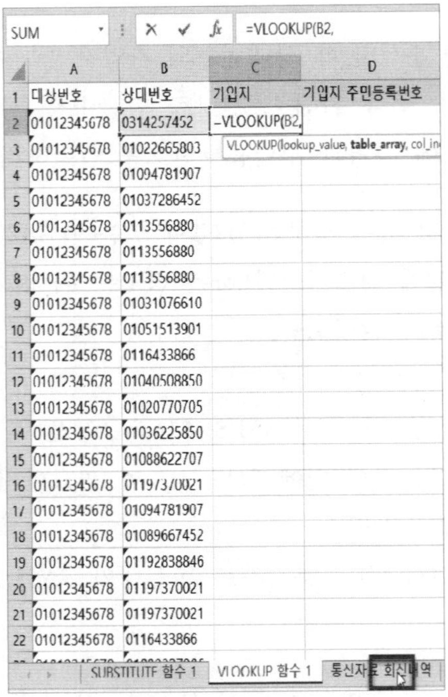

두 번째 인수를 직접 입력하는 대신, 마우스로 '통신자료 회신내역' 시트를 클릭하면 위 그림과 같이 두 번째 인수 값에 "통신자료 회신내역'!'이라는 문구가 자동으로 입력된다.

=VLOOKUP(B2,'통신자료 회신내역'!

A1셀을 선택 후 'Control + Shift + →', 'Control + Shift + ↓'를 하면 범위가 선택되고[12] F4를 눌러 고정값으로 설정해주면,[13] 선택범위가 아래와 같이 수식입력줄에

---

12 Control 버튼을 누른 채로 화살표 이동을 하면 데이터 범위의 가장 마지막으로 이동한다. Shift 버튼을 누른 채로 화살표 이동을 하면 이동경로를 모두 선택한다. 따라서, Control 버튼과 Shift 버튼을 함께 누르고 화살표 이동을 하면 데이터의 전체 범위를 빠르게 지정할 수 있다.

자동으로 입력된다.

| =VLOOKUP(B2,'통신자료 회신내역'!$A$1:$G$145 |

두 번째 인수를 입력한 후에 다시 시트를 이동할 필요 없이 그대로 수식입력줄에 나머지 인수들을 입력한다. 엔터를 누르면 아래 그림과 같이 C2셀에 '박지성'이라는 값이 산출된 것을 확인할 수 있다.

A124		× ✓ *fx*	=VLOOKUP(B2,'통신자료 회신내역'!A:G,3,false)			
	A	B	C	D	E	F	G
24	01086447301	SKT	나주환	6901********	실습용 주소 기재 생략	20090708	
25	01036241872	SKT	박재상	8012********	실습용 주소 기재 생략	20130507	

C3		× ✓ *fx*	
	A	B	C	D
1	대상번호	상대번호	가입자	가입자 주민등록번호
2	01012345678	0314257452	박지성	
3	01012345678	01022665803		
4	01012345678	01094781907		

같은 방법으로 D2셀에

'=VLOOKUP(B2,'통신자료 회신내역'!$A$1:$G$145,4,FALSE)'를 입력한다.

D2		× ✓ *fx*	=VLOOKUP(B2,'통신자료 회신내역'!$A$1:$G$145,4,FALSE)		
	A	B	C	D	E	F
1	대상번호	상대번호	가입자	가입자 주민등록번호	발/역	통화일시
2	01012345678	0314257452	박지성	8001*********	발신	2016-01-01
3	01012345678	01022665803			발신	2016-01-01

---

13 F4 버튼은 '$'를 직접 입력하는 대신 고정값으로 설정하기 위해 사용하는 키이다.

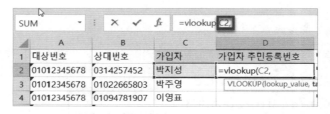

	A	B	C	D	E	F
C2		fx	=VLOOKUP(B2,'통신자료 회신내역'!$A$1:$G$145,3,FALSE)			
1	대상번호	상대번호	가입자	가입자 주민등록번호	발/역	통화일시
2	01012345678	0314257452	박지성	8001*********	발	2016-01-01
3	01012345678	01022665803			착신	2016-01-01

C열과 D열을 함께 자동채우기 하기 위해, C2셀과 D2셀을 선택한 후, 오른쪽 아래 모서리에서 마우스 커서가 '십자가' 모양이 되면 더블클릭하여 자동채우기 한다. 마지막으로 함수식이 아닌 결과값만 남기기 위해 복사, 값 붙여넣기를 해준다.

또는, C열의 '가입자' 값을 모두 찾아준 후 이 가입자 정보를 이용하여 D열을 불러올 수 있다. 즉, D2의 VLOOKUP 함수 첫 번째 인수를 'C2'로 하더라도 같은 결과가 산출될 것이다. 이때에는 두 번째 인수인 '찾을 범위'가 C열부터 시작되어야 하며, 주민등록번호는 C열을 기준으로 2번째 열에 위치하므로 세 번째 인수값은 '2'가 된다.

SUM		fx	=vlookup C2,	
	A	B	C	D
1	대상번호	상대번호	가입자	가입자 주민등록번호
2	01012345678	0314257452	박지성	=vlookup(C2,
3	01012345678	01022665803	박주영	VLOOKUP(lookup_value, ta
4	01012345678	01094781907	이영표	

A124		fx	=vlookup(c2,'통신자료 회신내역'!$C$1:$G$145,2,false			
	A	B	C	D		G
			VLOOKUP(**lookup_value**, table_array, col_index_num, [range_lookup])			
1	상대번호	통신사	성명	주민등록번호	주소 가입일자	허지일자
2	0314257452	SKT	박지성	3001*********	실습용 즈소 기재 생략 20100416	
3	01022665803	SKT	박주영	3001*********	실습용 즈소 기재 생략 20140722	
4	01094781907	SKT	이영표	54J1*********	실습용 즈소 기재 생략 20140214	

실습사항 2) VLOOKUP 함수 2 : 계좌거래내역

- 계좌거래내역의 상대계좌번호 옆에 명의자와 주민번호 정보가 비어 있다. VLOOKUP 함수를 이용해서 명의자와 주민번호 열을 'CIF 회신내역' 시트에 있는 데이터로 채워 보자.

'08 함수의 이해 2 – 데이터분석' 파일의 'VLOOKUP 함수 2' 시트는 계좌거래내역이고, 'CIF 회신내역' 시트는 상대계좌번호에 대해 금융회사 등에 CIF를 요청하여 수집한 계좌명의자 인적사항 자료이다. 이 두 자료는 '상대계좌번호'라는 공통된 정보를 포함하고 있다.

O	P	Q	R	S	T
상대예금주	상대계좌번호	상대계좌명의자	계좌명의자 주민번호	단말번	IP 주소
	38490444164588			13 00	
				14 09	
	38904220762959			00 18	
				32 01	
	70205892189552			EB	
	17959491162362			EP	
	17959491162362			00	
	17141704228720			EB	
	78042453305			EB	
	17959491162362			EP	

A17		fx	4390225058	
	A	B	C	D	E
1	상대계좌번호	성명	주민번호	직장	직장주소
2	38490444164588	김11	7812141000001	00건설	아산시 무궁화로 112
3	38904220762959	김12	7812141000002	1건설	아산시 무궁화로 113
4	70205892189552	김13	7812141000003	2건설	아산시 무궁화로 114
5	17959491162362	김14	7812141000004	3건설	아산시 무궁화로 115
6	17141704228720	김15	7812141000005	4건설	아산시 무궁화로 116

계좌거래내역을 분석 할 때 상대계좌번호의 계좌명의자와 주민등록번호를 함께 보는 것이 더욱 편리할 것이다. 이를 위해 'CIF 회신내역' 시트에서 '상대계좌번호'를 찾아 'VLOOKUP 함수 2' 시트에 성명과 주민등록번호를 입력하려고 한다.

즉, Q2셀에 입력하고자 하는 정보는 B2셀에 있는 '38490444164588' 계좌번호에 대응하는 계좌명의자이고, R2셀에 입력하고자 하는 정보는 위 계좌번호에 대응하는 계좌명의자 주민등록번호이다. Q2셀부터 살펴보면,

- 첫 번째 인수 '찾을 값' : 'P2'
- 두 번째 인수 '찾을 범위' : '$A$1:$G$1036'[14] ('CIF 회신내역' 시트의 자료 범위)
- 세 번째 인수 '몇 번째 열에 있는 정보가 필요한지' : 2[15]
- 네 번째 인수 : FALSE[16]

즉, Q2셀에 '=VLOOKUP(P2,'CIF 회신내역'!$A$1:$G$1036,2,FALSE)'를 입력한다.

	M	N	O	P	Q	R
	VLOOKUP			=VLOOKUP(P2,'CIF 회신내역'!$A$1:$G$1036,3,FALSE)		
1	거래후잔액	상대은행	상대예금주	상대계좌번호	상대계좌명의자	계좌명의자 주민번호
2	2608383	031			=VLOOKUP(P2,'CIF 회신내역'!$A$1:$G$1036,3,FALSE)	
3	3608383	~		38490444164588		
4	3508383	031				
5	3445789	031				
6	3637789	~		38904220762959		

이 때, 두 번째 인수를 위 그림에 보이는 수식 문구대로 입력할 수도 있지만, 마우스와 키보드를 이용하여 범위를 지정해주는 방법이 편리하다.

하나씩 순서대로 해보겠다. 첫 번째 인수 'P2'를 입력하고 쉼표(',')로 구분한다('=VLOOKUP(P2,' 까지 입력한다.).

---

14 B2 셀에 함수를 입력한 후 자동채우기를 통하여 전체 발신·역발신 내역에 성명을 불러올 것이므로 두 번째 인수인 찾을 범위를 고정값으로 설정해야 한다. 고정값으로 설정하지 않을 경우 자동채우기를 할 때에 참조하는 데이터 정보의 범위가 변하게 된다.

15 '성명' 정보가 '상대계좌번호'열을 기준으로 2번째 열에 있으므로 '2'을 입력한다. 이처럼, 두 번째 인수 값은 '찾고자 하는 정보'가 있는 열을 기준으로 몇 번째에 있는 열인지를 나타내는 숫자가 되므로 두 번째 인수의 '찾을 범위'는 반드시 찾는 정보가 첫 번째 열에 위치하도록 설정해야 한다.

16 유사 일치(TRUE)와 정확히 일치(FALSE)를 설정하는 것인데, 수사정보는 정확해야 하므로 항상 FALSE를 입력한다.

두 번째 인수를 직접 입력하는 대신, 마우스로 'CIF 회신내역' 시트를 클릭하면 위 그림과 같이 두 번째 인수 값에 "CIF 회신내역'!'이라는 문구가 자동으로 입력된다.

A1셀을 선택 후 'Control + Shift + →', 'Control + Shift + ↓'를 하면 범위가 선택되고[17] F4를 눌러 고정값으로 설정해주면,[18] 선택범위가 아래와 같이 수식입력줄에 자동으로 입력된다.

두 번째 인수를 입력한 후에 다시 시트를 이동할 필요 없이 그대로 수식입력줄에 나머지 인수들을 입력한다.

'=VLOOKUP(P2,'CIF 회신내역'!$A$1:$G$1036,2,FALSE)'

엔터를 누르면 아래 그림과 같이 Q2셀에 'N/A'라는 값이 산출된 것을 확인할 수 있다. 이는 P2셀이 비어있기 때문이다.

---

17 Control 버튼을 누른 채로 화살표 이동을 하면 데이터 범위의 가장 마지막으로 이동한다. Shift 버튼을 누른 채로 화살표 이동을 하면 이동경로를 모두 선택한다. 따라서, Control 버튼과 Shift 버튼을 함께 누르고 화살표 이동을 하면 데이터의 전체 범위를 빠르게 지정할 수 있다.

18 F4 버튼은 '$'를 직접 입력하는 대신 고정값으로 설정하기 위해 사용하는 키이다.

=VLOOKUP(P2,'CIF 회신내역'!$A$1:$G$1036,2,FALSE)

O	P	Q	R
상대예금주	상대계좌번호	상대계좌명의자	계좌명의자 주민번호
		#N/A	
	38490444164588		
	38904220762959		

당황하지 않고, 같은 방법으로 R2셀에

'=VLOOKUP(P2,'CIF 회신내역'!$A$1:$G$1036,3,FALSE)'를 입력한다. 마찬가지로 R2셀에 'N/A'라는 값이 산출된 것을 확인할 수 있다.

=VLOOKUP(P2,'CIF 회신내역'!$A$1:$G$1036,3,FALSE)

P	Q	R	S
좌번호	상대계좌명의자	계좌명의자 주민번호	단말번
	#N/A	#N/A	13
164588			00
			14

Q열과 R열을 함께 자동채우기 하기 위해, Q2셀과 R2셀을 선택한 후, 오른쪽 아래 모서리에서 마우스 커서가 '십자가' 모양이 되면 더블클릭하여 자동채우기 한다. 마지막으로 함수식이 아닌 결과값만 남기기 위해 복사, 값 붙여넣기를 해준다.

또는, Q열의 '계좌명의자' 값을 모두 찾아준 후 이 계좌명의자 정보를 이용하여 R열을 불러올 수 있다. 즉, R2의 VLOOKUP 함수 첫 번째 인수를 'Q2'로 하더라도 같은 결과가 산출될 것이다. 이때에는 두 번째 인수인 '찾을 범위'가 B열부터 시작되어야 하며, 주민등록번호는 B열을 기준으로 2번째 열에 위치하므로 세 번째 인수값은 '2'가 된다. '=VLOOKUP(R2,'CIF 회신내역'!$B$1:$G$1036,2,FALSE)'

=VLOOKUP(R2,'CIF 회신내역'!$B$1:$G$1036,2,FALSE)

P	Q	R	S
상대계좌번호	상대계좌명의자	계좌명의자 주민번호	단말번
	#N/A	B$1:$G$1036,2,FALSE)	13
38490444164588	김11		00
	#N/A		14
	#N/A		09
38904220762959	김12		00

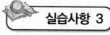 실습사항 3) SUBSTITUTE, VLOOKUP 함수

- 계좌거래내역의 취급점코드를 '-'가 없는 형태로 바꿔보자.
- VLOOKUP 함수를 이용해서 취급지점명 열을 '금융회사코드'에 있는 데이터로 채워
  보자.

'08 함수의 이해 2 − 데이터분석' 파일의 'VLOOKUP 함수 3' 시트는 SUBSTITUTE
함수와 VLOOKUP 함수를 순차적으로 적용하여 푸는 예제이다. VLOOKUP 함수는 수
사 실무에서 발신·역발신 내역에 통신자료 제공요청 회신내역을 붙여 넣을 때, 그리고
금융거래내역에서 금융회사코드를 변환할 때 자주 이용된다.

예제 파일의 G열에는 '취급점코드' 정보가 있는데 이 코드를 통하여 취급 은행과
지점명을 확인할 수 있다.

아래 그림은 실습 폴더에 있는 '금융회사코드' 파일이다.[19]

금융회사에서 회신받은 파일의 코드는 ###−####의 형태인 반면, 금융결제
원에서 다운받은 '금융회사코드' 파일의 코드는 ######이다.

---

19 금융결제원 홈페이지(http://www.kftc.or.kr)에서 다운받을 수 있다.

따라서 SUBSTITUTE 함수를 이용하여 실습 파일의 코드 형태를 '금융회사코드' 파일과 일치시켜준 후, VLOOKUP 함수를 이용하여 지점명을 찾아주어야 한다. 아래와 같이 H2셀에 '=SUBSTITUTE (G2,"−","")'를 입력한 후 자동채우기 하여 취급점코드를 변환시켜 준다.

H2		× ✓ fx	=substitute(G2,"-","")				

	A	B	C	D	E	F	G	H
1	실명번호	고객명	계좌번호	계정과목	거래일	거래시간	취급점코드	취급점코드변환
2	850820-1234567	홍길동	123-123-123123123	기업자유예금	2008-02-26	16:00:33	021-3538	=substitute(G2,"-","")
3	850820-1234567	홍길동	123-123-123123124	기업자유예금	2008-02-29	16:35:01	021-3570	

이제 변환된 취급점 코드 정보인 H열을 기준으로 VLOOKUP 함수를 적용한다. VLOOKUP 함수에서 '찾을 범위'는 앞의 예제와 같이 다른 시트에 있어도 되고 지금의 예제처럼 다른 파일에 있어도 된다.

I2셀에 '=VLOOKUP(H2,'까지 입력한 후, 두 번째 인수인 '찾을 범위'는 마우스와 키보드로 직접 지정해준다. 그러면 아래 그림과 같이 두 번째 인수 값이 지정된다.[20]

=vlookup(h2,'[171130 금융회사 코드조회.xls]171130 금융회사 코드조회'!$A$1:$G$30133

나머지 인수 값들을 채워 '=VLOOKUP(H2,'[171130 금융회사 코드조회.xls]171130 금융회사 코드조회'!$A$1:$G$30133,3,FALSE)'라고 모두 입력하면 원하는 취급점 정보를 얻을 수 있다.

실습사항 4) **COUNTIF 함수 1 : 통화내역**

- 통화내역에서 상대번호에 옆에 '통화횟수' 값과, 기지국주소 옆에 '기지국빈도' 값을 채워보자.

=COUNTIF(범위, 조건)

---

20 '[파일이름]시트이름'!셀주소 의 형태로 표시된다.

COUNTIF 함수는 주어진 조건을 만족하는 셀의 개수를 구할 때 사용한다.

'08 함수의 이해 2 – 데이터분석' 파일의 'COUNTIF 함수 1' 시트는 'VLOOKUP 함수 1' 시트의 결과물에 D열과 K열을 추가 삽입한 것이다. 즉, 발신·역발신 내역에 상대번호의 가입자명과 주민등록번호를 추가한 후에 통화횟수와 기지국 빈도를 구하기 위해 열을 삽입해 둔 것이다.

D2에는 C2셀에 있는 '0314257452' 번호와 총 몇 번 통화(또는 문자메시지)했는지 표시하고 싶다. 이 때, C열의 상대번호에 '031457452' 번호가 몇 번 나타났는지를 센다면 원하는 값을 구할 수 있을 것이다.

따라서, COUNTIF 함수의 인수는
  – 첫 번째 인수 '범위' : $C$2:$C$601[21]
  – 두 번째 인수 '조건' : C2

가 된다. D2셀에 수식을 입력하여 값을 구해준 후, 자동채우기를 통하여 전체 전화번호들에 대한 통화횟수를 산출한다. 마무리는 복사하여 값 붙여넣기로 해준다.

---

21 반복하여 D3, D4, D5, …셀에 자동채우기 방법으로 함수를 적용하기 위하여 '범위'를 고정값으로 설정한다.

같은 방법으로 K2셀에 '=COUNTIF($J$2:$J$601,J2)'라고 입력하여 기지국 빈도를 구할 수 있다.

K2		▼	:	×	✓	*fx*	=COUNTIF($J$2:$J$601,J2)		

	I	J	K	L
1	사용시간(초)	기지국주소	기지국 빈도	구분
2	00:02:26	의왕시포일동505 - 39 금호빌딩	60	국내음성통화
3	00:00:18			폰메일통화
4	00:00:18	의왕시포일동505 - 39 금호빌딩		국내음성통화

실습사항 5) COUNTIF 함수 2 : 계좌거래내역

– 계좌거래내역에서 '상대계좌번호'에 옆에 '상대계좌거래횟수' 값을 채워보자.

=COUNTIF(범위, 조건)

COUNTIF 함수는 주어진 조건을 만족하는 셀의 개수를 구할 때 사용한다.

Q1		▼	*fx*	상대계좌거래횟수		

	M	N	O	P	Q	R	S
1	거래후잔액	상대은행	상대예금주	상대계좌번호	상대계좌거래횟수	상대계좌명의자	계좌명의자 주민번호
2	2608383	031				#N/A	#N/A
3	3608383	~		38490444164588		김11	7812141000001
4	3508383	031				#N/A	#N/A
5	3445789	031				#N/A	#N/A
6	3637789	~		38904220762959		김12	7812141000002
7	3537289	031				#N/A	#N/A
8	3536289	031				#N/A	#N/A
9	3186289	031				#N/A	#N/A
10	3125689	031		70205892189552		김13	7812141000003
11	2615089	031		17959491162362		김14	7812141000004
12	3115089	031		17959491162362		김14	7812141000004
13	3054589	031		17141704228720		김15	7812141000005
14	3023989	031		78042453305		김16	7812141000006
15	2723389	031		17959491162362		김14	7812141000004

'08 함수의 이해 2 – 데이터분석' 파일의 'COUNTIF 함수 2' 시트는 'VLOOKUP 함수 2' 시트의 결과물에 Q열을 추가 삽입한 것이다. 즉, 계좌거래내역에 상대계좌번호의 계좌명의자와 주민등록번호를 추가한 후, 거래횟수를 구하기 위해 열을 삽입해 둔 것이다.

같은 방법으로 계좌거래내역에서 상대계좌의 거래횟수를 구해보겠다.

Q2에는 P2셀에 있는 상대계좌번호와 총 회 거래했는지 표시하고 싶다. 이 때, P열 전체의 상대계좌번호에 특정 상대계좌번호가 몇 번 나타났는지를 센다면 원하는 값을 구할 수 있을 것이다.

따라서, COUNTIF 함수의 인수는
- 첫 번째 인수 '범위' : $P$2:$P$10078[22]
- 두 번째 인수 '조건' : P2

가 된다. Q2셀에 수식을 입력하여 값을 구해준 후, 자동채우기를 통하여 전체 전화번호들에 대한 통화횟수를 산출한다. 마무리는 복사하여 값 붙여넣기로 해준다.

	Q2		f_x	=COUNTIF(P2:$P$10078,P2)		
	M	N	O	P	Q	R
1	거래후잔액	상대은행	상대예금주	상대계좌번호	상대계좌거래횟수	단말번
2	2608383	031			0	13
3	3608383	~		38490444164588	99	00
4	3508383	031			0	14
5	3445789	031			0	09
6	3637789	~		38904220762959	1	00

실습사항 6) RANK 함수

- 각 엔티티(전화번호)의 '연관성', '근접성', '도', '고유벡터' 값에 대한 순위 값을 RANK 함수를 이용해서 채워보자.

=RANK(순위를 매길 대상, 범위, 순서 매기는 방법)

RANK 함수는 말 그대로 순위를 매기는 함수이다.

'08 함수의 이해 2 – 데이터분석' 파일의 'RANK 함수' 시트는 각각의 전화 엔티티에 대하여 연관성, 근접성, 도, 고유벡터 값을 가지고 있다.[23]

---

22 반복하여 Q3, Q4, Q5, …셀에 자동채우기 방법으로 함수를 적용하기 위하여 '범위'를 고정값으로 설정한다.

	A	B	C	D	E	F	G	H	I
1	엔티티	연관성%	근접성%	도%	고유벡터%				
2	0116581519	56.007	56.581	55.684	77.655				
3	01086585544	46.52	54.131	44.842	50.11				
4	01084264009	32.107	42.073	29.579	20.737				
5	01088640966	31.003	55.718	29.053	39.006				
6	01086011854	1.573	47.053	0.632	9.459				
7	01086584424	1.573	50.105	0.842	11.943				
8	01066669486	1.183	47.053	0.526	6.986				
9	01052864001	1.183	50.105	0.737	9.47				
10	01094401868	1.183	50.105	0.737	9.47				
11	01046888249	0.793	40.616	0.421	4.512				
12	01054895484	0.793	40.616	0.421	4.512				
13	01026581091	0.786	50.105	0.737	11.283				
14	01086814498	0.78	41.813	0.421	6.267				
15	01094511810	0.78	41.813	0.421	6.267				
16	01044422400	0.78	41.813	0.421	6.267				
17	01084282524	0.78	44.351	0.632	8.751				
18	01191418800	0.591	50.105	0.632	8.81				
19	01086661040	0.591	47.053	0.421	6.325				
20	01046525152	0.591	50.105	0.632	8.81				
21	01086288459	0.396	43.221	0.526	5.401				
22	0116521086	0.396	43.221	0.526	6.336				

SUBSTITUTE 함수 1 | VLOOKUP 함수 1 | 통신자료 회신내역 | SUBSTITUE 함수 2 | RANK 함수

각각의 엔티티가 가지는 연관성, 근접성, 도, 고유벡터 값의 순위를 산출하도록 한다.

	A	B	C	D	E	F	G	H	I	J
1	엔티티	연관성%	연관성 순위	근접성%	근접성 순위	도%	도 순위	고유벡터%	고유벡터 순위	
2	0116581519	56.007		56.581		55.684		77.655		
3	01086585544	46.52		54.131		44.842		50.11		
4	01084264009	32.107		42.073		29.579		20.737		
5	01088640966	31.003		55.718		29.053		39.006		
6	01086011854	1.573		47.053		0.632		9.459		
7	01086584424	1.573		50.105		0.842		11.943		
8	01066669486	1.183		47.053		0.526		6.986		
9	01052864001	1.183		50.105		0.737		9.47		
10	01094401868	1.183		50.105		0.737		9.47		
11	01046888249	0.793		40.616		0.421		4.512		
12	01054895484	0.793		40.616		0.421		4.512		
13	01026581091	0.786		50.105		0.737		11.283		
14	01086814498	0.78		41.813		0.421		6.267		
15	01094511810	0.78		41.813		0.421		6.267		
16	01044422400	0.78		41.813		0.421		6.267		
17	01084282524	0.78		44.351		0.632		8.751		
18	01191418800	0.591		50.105		0.632		8.81		
19	01086661040	0.591		47.053		0.421		6.325		
20	01046525152	0.591		50.105		0.632		8.81		
21	01086288459	0.396		43.221		0.526		5.401		
22	0116521086	0.396		43.221		0.526		6.336		

SUBSTITUTE 함수 1 | VLOOKUP 함수 1 | 통신자료 회신내역 | SUBSTITUE 함수 2 | RANK 함수 | COUNTIF함수

---

23 i2 실습 시나리오인 '연수군수' 사건 시나리오에서 현유포, 권총책, 홍회계, 선물주의 휴대전화 번호에 대하여 통화 네트워크 차트 작성 후, 소셜 네트워크 분석에서 연관성, 근접성, 도, 고유벡터 값을 산출하여 엑셀로 가져온 자료이다.

먼저, 각각의 열 옆에 새로운 셀을 삽입한 후, 머리행에 '연관성 순위', '근접성 순위', '도 순위', '고유벡터 순위'라고 입력해준다.

C2셀에는 0116581519 엔티티의 연관성 값이 몇 등인지 표시하려고 하므로, RANK 함수의 인수는

첫 번째 인수 : B2

두 번째 인수 : $B$2:$B$952[24]

세 번째 인수 : 0 또는 생략[25]

이 된다.

따라서 C2셀에 '=RANK(B2,$B$2:$B$952)' 또는 '=RANK(B2,$B$2:$B$952,0)'라고 입력한다.

C2		✕ ✓ fx	=RANK(B2,$B$2:$B$952)		
	A	B	C	D	E	F
2	0116581519	56.007	=RANK(B2,$B$2:$B$952)			55.684
3	01086585544	46.52		54.131		44.842
4	01084264009	32.107		42.073		29.579

C2		✕ ✓ fx	=RANK(B2,$B$2:$B$952,0)		
	A	B	C	D	E
2	0116581519	56.007	=RANK(B2,$B$2:$B$952,0)		
3	01086585544	46.52		54.131	

자동채우기를 하여 전체 엔티티들의 연관성 순위를 산출해준 후, 복사하여 값 붙여넣기로 마무리한다.

---

24 VLOOKUP 함수에서와 마찬가지로 자동채우기 기능을 이용하여 전체 값들에 대한 연관성 순위를 계산하기 위하여 범위를 고정값으로 설정한다.

25 '0'은 내림차순 순위, '1'은 오름차순 순위를 의미한다. 세 번째 인수를 입력하지 않고 생략하면 자동으로 '0', 즉 내림차순 순위가 적용된다.

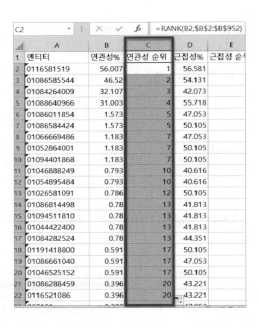

같은 방법으로 E2셀에 '=RANK(D2,$D$2:$D$952)', G2셀에 '=RANK(F2, $F$2:$F$952)', I2셀에 '=RANK(H2,$H$2:$H$952)'라고 입력하여 각각의 순위 값을 계산한다.

	A	B	C	D	E	F	G	H	I	J
1	엔티티	연관성%	연관성 순위	근접성%	근접성 순위	도%	도 순위	고유벡터%	고유벡터 순위	
2	0116581519	56.007	1	56.581	1	55.684	1	77.655	1	
3	01086585544	46.52	2	54.131	2	44.842	1	50.11	1	
4	01084264009	32.107	3	42.073	33	29.579	1	20.737	2	
5	01088640966	31.003	4	55.718	1	29.053	1	39.006	1	
6	01086011854	1.573	5	47.053	8	0.632	5	9.459	7	
7	01086584424	1.573	5	50.105	1	0.842	1	11.943	1	
8	01066669486	1.183	7	47.053	7	0.526	9	6.986	24	
9	01052864001	1.183	7	50.105	1	0.737	1	9.47	4	
10	01094401868	1.183	7	50.105	1	0.737	1	9.47	4	
11	01046888249	0.793	10	40.616	55	0.421	14	4.512	164	
12	01054895484	0.793	10	40.616	55	0.421	14	4.512	164	
13	01026581091	0.786	12	50.105	1	0.737	1	11.283	1	
14	01086814498	0.78	13	41.813	26	0.421	13	6.267	29	
15	01094511810	0.78	13	41.813	26	0.421	13	6.267	29	
16	01044422400	0.78	13	41.813	26	0.421	13	6.267	29	
17	01084282524	0.78	13	44.351	17	0.632	1	8.751	7	
18	01191418800	0.591	17	50.105	1	0.632	1	8.81	5	
19	01086661040	0.591	17	47.053	3	0.421	11	6.325	26	
20	01046525152	0.591	17	50.105	1	0.632	1	8.81	5	
21	01086288459	0.396	20	43.221	18	0.526	3	5.401	36	
22	0116521086	0.396	20	43.221	18	0.526	3	6.336	24	

| SUBSTITUTE 함수 1 | VLOOKUP 함수 1 | 통신자료 회신내역 | SUBSTITUE 함수 2 | RANK 함수 | COUNTIF함수 |

09

정렬, 필터, 피벗테이블

실습파일 '09 정렬, 필터, 피벗테이블'을 이용하여 실습한다.

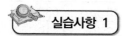
실습사항 1

- '계좌거래내역 1' 시트에서 거래내역을 거래금액이 다액인 순서대로 정렬해보자.
- 다시 거래내역을 시간순으로 정렬해보자.
- 거래금액이 200만원 이상인 거래내역만 필터해보자.
- 적요가 CD출금인 거래내역만 필터해보자.

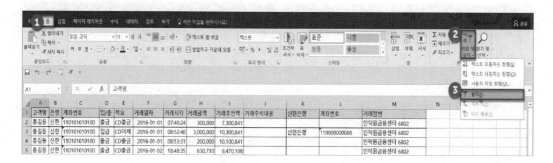

'홈' 탭에서 '정렬 및 필터'를 선택하여 필터를 활성화하여 필터와 정렬을 적용할 수 있다.

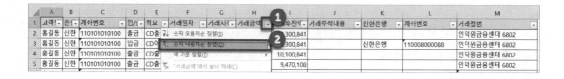

필터를 활성화하면 머리행의 각 열 오른쪽에 화살표 모양의 버튼이 생긴다. 거래 금액이 큰 순서로 정렬하기 위해서는 '숫자 내림차순 정렬'을 선택한다.

같은 방법으로 시간 순으로 정렬하기 위해 거래일자에서 '날짜/시간 오름차순 정렬'을 선택하면, 아래 그림과 같이 날짜 정렬은 되었지만 시간 정렬이 되지 않는다.

	A	B	C	D	E	F	G	H
1	고객!	은'	계좌번호	입/	적요	거래일자	거래시각	거래금액
2	홍길동	신한	110101010100	입금	CD이체	2016-01-01	08:52:46	3,000,000
3	홍길동	신한	110101010100	출금	CD출금	2016-01-01	07:40:24	300,000
4	홍길동	신한	110101010100	출금	CD출금	2016-01-01	08:53:31	200,000
5	홍길동	신한	110101010100	출금	CD출금	2016-01-02	18:48:35	630,733
6	홍길동	신한	110101010100	출금	CD이체	2016-01-03	21:22:40	2,110,000
7	홍길동	신한	110101010100	출금	통신	2016-01-03	07:19:53	104,630

이렇게 '거래일자'와 '거래시각'이 각각 다른 열에 있는 경우처럼 두 개 이상의 기준을 정해 정렬을 시키고 싶을 때에는 '데이터' 탭에 가서 '정렬'을 실행해야 한다.

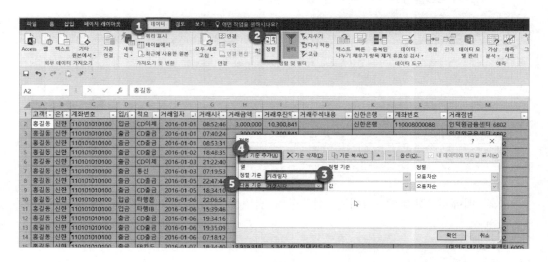

대부분의 경우 시트 내에서 머리행에 있는 화살표를 이용하여 정렬을 수행할 수 있지만, 이번 실습사항과 같이 두 개 이상의 기준을 적용할 때 '데이터' 리본메뉴 내의 '정렬'을 사용한다.

첫 번째 정렬 기준을 '거래일자'로 설정한 후, 왼쪽 상단의 '기준 추가'를 클릭하면 두 번째 기준을 설정할 수 있고 두 번째 기준을 '거래시각'으로 설정한다. 날짜와 시간 모두 오름차순으로 보는 것이 일반적이므로 정렬 기준을 '오름차순' 기본설정을 유지한다.

세 번째 실습사항으로 거래금액이 200만원 이상인 내역만 필터링 하기 위해, '거래금액' 오른쪽 하단에 있는 화살표를 클릭한다.

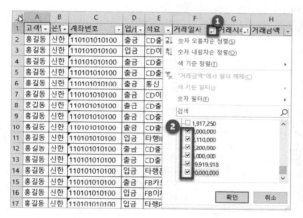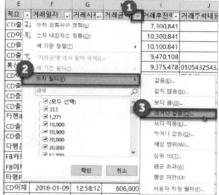

위 왼쪽 그림과 같이 필드에 나타나는 모든 값 중 원하는 조건(200만원 이상)에 해당하는 값을 직접 선택하는 방법이 있다. 그런데 데이터의 양이 많아질수록 직접 해당 값을 선택하는 방법이 용이하지 않게 된다. '거래금액'의 금액 정보가 숫자로 관리되고 있을 경우, 숫자 필터를 적용할 수 있다.

거래금액 필터에서 '숫자 필터'를 선택한 후 '200만원 이상'이라는 조건을 설정하기 위해 '크거나 같음'을 선택한다.

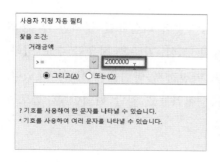

고객!	은	계좌번호	입/!	적요	거래일자	거래시각	거래금액	거래후잔액
홍길동	신한	110101010100	입금	CD이체	2016-01-01	08:52:46	3,000,000	10,300,841
홍길동	신한	110101010100	출금	CD이체	2016-01-03	21:22:40	2,110,000	7,665,478
홍길동	신한	110101010100	입금	타행폰	2016-01-06	22:06:58	20,000,000	25,267,278
홍길동	신한	110101010100	출금	FB카드	2016-01-07	18:34:40	19,919,918	5,347,360
홍길동	신한	110101010100	입금	타행PC	2016-01-21	14:30:46	2,200,000	2,785,473
홍길동	신한	110101010100	입금	타행폰	2016-01-30	14:18:31	2,000,000	2,729,505

사용자 지정 자동 필터 창이 뜨고, 위 왼쪽 그림과 같이 2000000(이백만)을 입력하면, 위 오른쪽 그림과 같이 원하는 데이터만이 필터링된 것을 확인할 수 있다.

네 번째 실습사항은 적요가 'CD출금'인 내역만 필터링 하기 위해 '적요' 열의 화살표를 클릭한다. 적요 필드에 나타나는 모든 데이터가 나타나고, 이 중 'CD출금'만 선택하여 필터링한다.

실습사항 2

- '발신·역발신내역(대상자 5명)' 시트에서 용의자 1의 통신만 필터해보자.
- 서울 중구에서 이루어진 통신만 필터해보자.
- 07:30 이전 또는 22:00 이후 이루어진 통신만 필터해보자.

용의자 1의 통신만 필터하기 위하여 '대상'에 있는 필터 화살표를 클릭한 후 용의자 1만 선택할 수 있다. 또한, 텍스트 필터를 선택하여 '포함' 기준을 적용할 수도 있다.

서울 중구에서 이루어진 통신만 필터할 때에도 마찬가지 방법을 이용할 수 있다. 또는 검색창에 '중구'라고 입력하여 '중구'를 포함하는 내역들을 일단 선택한 후 검토하는 방법이 있다.

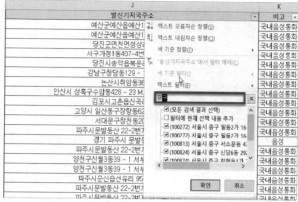

07:30 이전 혹은 22:00 이후에 이루어진 통신 내역만 필터하기 위하여 하나하나 확인하고 선택하는 방법도 있겠지만, '숫자' 필터를 적용하는 것이 편리하다.

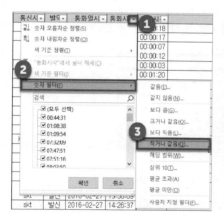
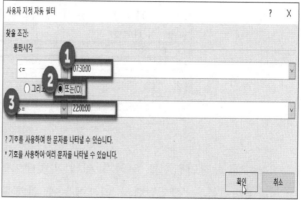

07:30 이전은 07:30:00보다 작거나 같은 것으로 조건을 설정하고, 22:00 이후는 22:00:00보다 크거나 같은 것으로 조건을 설정할 수 있다. 이 때 양 조건은 OR의 관계 이므로 '또는'을 선택한 후 확인 버튼을 눌러 원하는 조건의 통신내역을 필터링한다.

 **실습사항 3**

- '시험승진자명단' 시트에서 '소속'별로 승진자 수를 구하는 피벗테이블을 만들어보자.

피벗테이블이란 엑셀 컬럼(열)의 내용을 행이나 열 필터, 또는 결과값으로 위치를 이동하여 결과보고서를 자동으로 작성하게 해주는 기능이다.

피벗테이블은 통신내역에서 다수통화자·다수기지국 또는 중복통화자를 찾을 때, 금융거래내역에서 다수거래자·다액거래 상대를 찾을 때 유용하며 엑셀 또는 한글에서의 보고서에 첨부하기에도 편집이 용이하다.

첫 번째 피벗테이블 실습 데이터 '시험승진자명단' 시트를 보면 '순위', '소속', '응시번호', '성명', '비고'라는 머리행 아래 110행까지 107개의 데이터가 나열되어 있는 것을 볼 수 있다.

	A	B	C	D	E
1	2016년도 정기 승진시험 합격자 명단				
2	경 위 (107명)				
3	순 위	소 속	응 시 번 호	성 명	비 고
4	1	2 기 동 대	30849	반 * *	
5	2	강 동	30627	고 * *	
6	3	강 서	30723	박 * *	
7	4	강 서	31042	박 * *	
8	5	성 북	30110	백 * *	여
9	6	202 경 비 대	30350	한 * *	

소속별 승진인원수를 구하기 위해 피벗테이블을 만들어보도록 한다.

피벗테이블은 '삽입' 탭의 리본메뉴에 위치해 있다. 피벗테이블에 포함될 데이터 범위가 자동입력되도록 하기 위해 피벗테이블을 삽입하기 전에 미리 범위를 지정한다. Control + Shift 버튼을 이용하여 A3:E110 범위를 설정한 후, '삽입'에서 '피벗테이블'을 선택한다. 다음 그림의 ④ 표/범위 란에 데이터 범위가 입력되어 있는 것을 확인할 수 있고, 확인을 눌러 새 워크시트에 피벗테이블을 삽입한다.

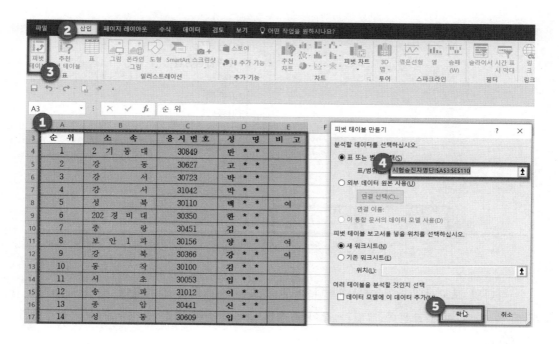

　　원본데이터 시트인 '시험승진자명단' 시트의 왼쪽에 새 시트가 삽입되었고 원본데이터의 머리행인 '순위', '소속', '응시번호', '성명', '비고'가 '보고서에 추가할 필드'라는 제목 아래 나열되어 있다.

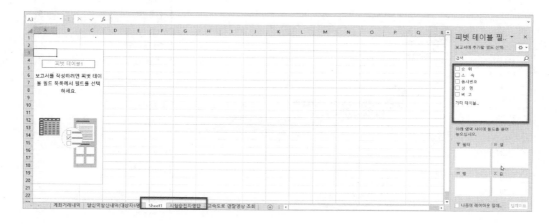

　　소속별 승진인원수를 알기 위해서는 '소속'을 '행'에 위치시키고,[26] '성명'을 '값'에 위치시킨다.

---

26 소속을 클릭한 후 드래그 하여 '행'에 떨어트리는 방법으로 적용할 수 있다.

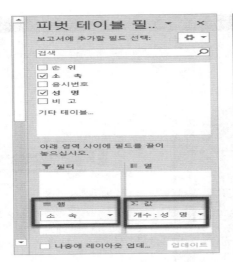

행 레이블	개수 : 성명
101경비단	5
112종합상황실	3
1기동대	3
2기동대	4
3기동대	1
4기동대	7
5기동대	6
강남	3
강동	2
강북	1
강서	7
경무과	2
관악	4

나타난 보고서의 B열 아무데서나 마우스 오른쪽 버튼을 클릭하여 '숫자 내림차순 정렬'을 하면 아래 오른쪽 그림과 같이 소속별 승진인원이 많은 순서대로 보고서를 볼 수 있다.

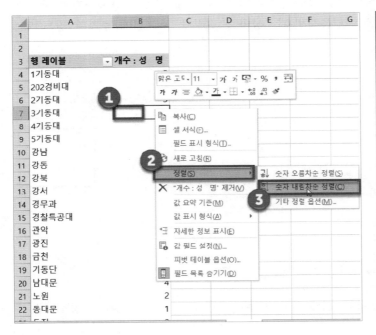

행 레이블	개수 : 성명
4기동대	7
강서	7
5기동대	6
서대문	5
서초	5
101경비단	5
2기동대	4
관악	4
광진	4
종로	3
1기동대	3
강남	3
양천	3
정보1과	3
은평	3
구로	3
정보2과	3
기동단	3
혜화	3

 **실습사항 4** **통화내역 분석**

- '발신 · 역발신내역(대상자 5명)' 시트에서 '용의자 1'의 다수통화자을 찾는 피벗테이블을 만들어보자.
- '용의자 1'의 다수기지국을 찾는 피벗테이블을 만들어보자.
- 용의자들 5명 모두와 통화한 중복통화자를 찾는 피벗테이블을 만들어보자.

통화내역을 피벗테이블을 이용해서 분석해 보도록 한다. '발신역발신내역(대상자 5명' 시트에서 Control + Shift 버튼을 이용하여 전체 데이터를 선택하고, '삽입'에서 '피벗테이블'을 선택한다. '새 워크시트'를 선택하고 확인을 누른다.

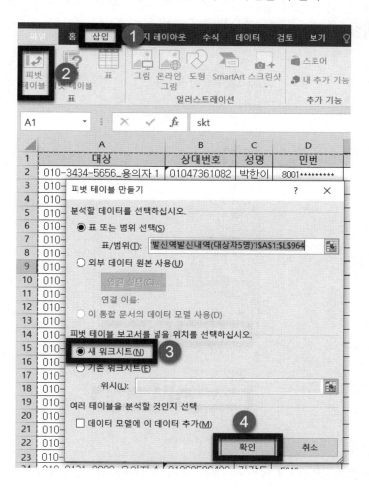

아래와 같이 '피벗테이블 필드' 화면에서 '대상'을 필터에, '상대번호'를 행에, '발역'을 열에, 다시 '상대번호'를 값에 끌어다 넣는다.

'대상'을 필터에 넣는 것은, 용의자 1에 대한 다수통화자를 구하는 것이기 때문에, 용의자 1, 2, 3, 4, 5를 구분하는 '대상'이라는 항목을 넣어주고, 필터를 통해 용의자 1에 대해서만 값을 정리하기 위함이다.

'상대번호'를 행에 넣는 것은, 상대번호별로 통화횟수를 구하면 다수통화자가 누구인지 알 수 있기 때문이다.

'발역'을 열에 넣는 것은, 상대번호별 통화횟수를 발신과 역발신으로 구분하면, 단순 통화횟수가 아니라, 통화횟수를 발신과 역발신으로 구분해서 볼 수 있기 때문이다.

'상대번호'를 다시 값에 넣는 것은, 이 데이터에서 행에 넣은 상대번호 개수를 세면 그 값이 통화횟수가 되기 때문이다.

그 다음 왼쪽 상단에서 B2셀에 있는 필터를 선택하여 '용의자 1'만을 선택해 준다.

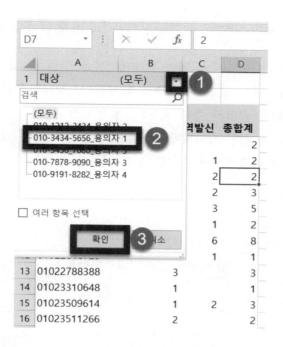

다수통화자를 알기 위해서는 통화횟수가 많은 순으로 정렬해야 한다. 총합계 데이터 중 아무 것이나 선택해서 '우클릭'–'정렬'–'숫자 내림차순 정렬'을 선택해 준다.

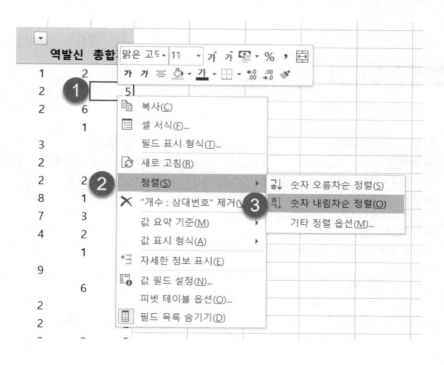

그러면 '010−6807−4867'이 42회로 용의자 1과 가장 많이 통화한 것을 알 수 있다.

같은 방법으로 다수기지국을 찾는 피벗테이블을 만들 수 있다. 이 경우에는 행과 값 필드에 '상대번호' 대신 '발신기지국주소'를 넣는다. '상대번호'를 끌어서 원위치 시키고, '발신기지국주소'를 끌어서 행과 값 필드에 넣으면 된다.

피벗 보고서의 '총합계' 데이터에서 마우스 오른쪽 버튼을 클릭하여 '숫자 내림차순 정렬'을 설정하면 다수기지국 순서로 보고서를 볼 수 있다.

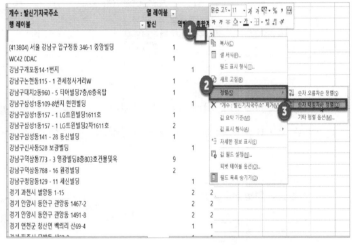

개수 : 발신기지국주소	열 레이블		
행 레이블	발신	역발신	총합계
홍성군홍북면상하리 산 4 - 5 나대지	63	2	65
유성구노은동277 - 8		24	24
당진시읍내동1118	14		14
충청/대전		12	12
금천구가산동60 - 24 월드메르디앙벤처센터		12	12
경기/강원		10	10
예산군고덕면대천리 790 - 19	10		10
충남 당진시 읍내동 1118-0		10	10
예산군예산읍산성리 635	8	1	9

그러면 '홍성군 홍북면 상하리 산4−5 나대지'가 65회로 용의자 1이 가장 많이 통화한 기지국인 것을 알 수 있다.

이번에는 용의자들 모두와 통화한 중복통화자 찾기를 위한 피벗테이블을 만들어보도록 한다. 필터 필드에 '대상'을 없애주고, 열 필드에 '대상', 행 필드에 '상대번호', 값 필드에 '상대번호'를 위치시키면 위 그림과 같은 피벗테이블이 완성된다. 보고서를 해석하면, B5셀 값은 '2'이고 이는 용의자 2와 '01020105253' 번호가 2번 통신하였다는 의미이다.

개수 : 상대번호	열 레이블					
행 레이블	010-1212-3434_용의자 2	010-3434-5656_용의자 1	010-3456_7080_용의자 5	010-7878-9090_용의자 3	010-9191-8282_용의자 4	총합계
01020105253	2					2
01020292903	2					2
01020501820				2		2
01022236503		3				3
01022292047		5				5
01022347635				2		2

따라서, B열, C열, D열, E열, F열에 모두 숫자를(어떤 숫자든) 포함하고 있는 행을 찾으면 그 행의 전화번호가 우리가 찾는 중복통화자인 것이다. 29행의 01032159789 번호를 찾았다.

	3 개수 : 상대번호	열 레이블					
	4 행 레이블	010-1212-3434_용의자 2	010-3434-5656_용의자 1	010-3456_7080_용의자 5	010-7878-9090_용의자 3	010-9191-8282_용의자 4	총합계
28	01031999407		3			1	4
29	01032159789	1	1	1	1	1	5
30	01032617590		8				8

데이터가 많지 않을 경우 스크롤을 내리며 조건을 만족하는 전화번호를 찾아볼 수 있겠지만, 데이터의 양이 많을수록 효율이 떨어지고 일부 누락하는 경우도 발생할 수 있다. 이를 방지하기 위해 작성한 피벗테이블에서 중복통화자를 찾기 위해 COUNT 함수를 사용해 보도록 한다. COUNT 함수는 주어진 범위에서 '숫자'가 있는 셀의 개수를 세어주는 함수이다.[27] 하나의 인수만을 가지며, '범위'가 그 인수이다.

	A	B	C	D	E	F	G	H
1								
2								
3	개수 : 상대번호	열 레이블						
4	행 레이블	010-1212-3434_용의자 2	010-3434-5656_용의자 1	010-3456_7080_용의자 5	010-7878-9090_용의자 3	010-9191-8282_용의자 4	총합계	
5	01020105253	2					2	=COUNT(B5:F5)
6	01020292903	2					2	
7	01020501820				2		2	
8	01022236503		3				3	

작성한 피벗테이블에서 H5셀에 '=COUNT(B5:F5)'라고 입력하면, B5, C5, D5, E5, F5 셀 중 몇 개의 셀에 숫자가 입력되었는지 알 수 있는 수식이 완성된다. 즉, A5(01020105253)가 용의자들 중 몇 명과 통신하였는지를 나타내는 수식이 되는 것이다.[28]

함수를 적용한 열에 필터를 활성화시켜 '5'만을 선택하면 다음 그림과 같이 5명 모두와 통화한 중복통화자를 찾을 수 있다.

---

27 함께 자주 쓰이는 함수로 COUNTA 함수가 있는데 이는 '숫자', '문자'를 구분하지 않고 특정값이 있는 즉, 비어있지 않은 셀의 개수를 세어주는 함수이다.
28 *i2* 필터와 히스토그램에서 '연결의 수'와 같은 의미가 된다.

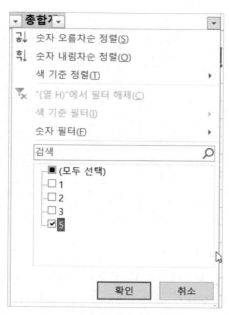

개수 : 상대번호	열 레이블						
행 레이블 ▾	010-1212-3434_용의자 2 ▾	010-3434-5656_용의자 1 ▾	010-3456_7080_용의자 5 ▾	010-7878-9090_용의자 3 ▾	010-9191-8282_용의자 4 ▾	총합기 ▾	▼
01032159789	1	1	1	1	1	5	5
총합계	122	492	24	300	25	963	5

실습사항 5

– '고속도로 면탈영상 조회' 시트에서 2017. 5. 18., 5. 23., 5. 27., 6. 2.에 모두 고성을 통과한 차량 2개를 찾아보자.

5명의 대상자에 대한 발신·역발신 내역에서 중복통화자를 찾는 방법과 동일한 방법으로 수개의 날짜에 특정 영업소를 통과한 차량을 찾을 수 있다.

주어진 자료를 먼저 살펴보면, '근무일자', '근무일자', '일련번호', '진출일시', '입구영업소', '차종', '차량번호', '차명'이라는 머리행 아래 2227행까지 데이터가 있다. 유의하게 볼 점은 '입구영업소' 아래 문제에서 원하는 정보인 '고성' 영업소 이외의 영업소 정보까지 포함되어 있다는 점이다.

	A	B	C	D	E	F	G	H
1	근무일자	근무번호	일련번호	진출일시	입구영업소	차종	차량번호	차명
2	2017년 05월 18일	0101	1	2017.05.18 00:08:36	고성	2종	경북840아1122	라이노5톤
3	2017년 05월 18일	0101	2	2017.05.18 00:10:07	전주	2종	97저4720	마이티하이냉동차파워게이트
4	2017년 05월 18일	0101	3	2017.05.18 00:11:54	고성	1종	04허1243	
5	2017년 05월 18일	0101	4	2017.05.18 00:33:35	고성	1종	경남16바1142	쏘나타(SONATA)
6	2017년 05월 18일	0101	5	2017.05.18 00:42:45	진주	1종	22머7737	카렌스
7	2017년 05월 18일	0101	6	2017.05.18 00:47:30	고성	1종	45거5336	QM5
8	2017년 05월 18일	0101	8	2017.05.18 00:54:53	사천	1종	경남16바1860	쏘나타(SONATA)
9	2017년 05월 18일	0101	10	2017.05.18 00:57:18	고성	1종	31고5582	쏘렌토
10	2017년 05월 18일	0101	12	2017.05.18 00:59:20	고성	1종	110어3887	K7
11	2017년 05월 18일	0101	13	2017.05.18 01:03:13	서부산	1종	42부9443	쏘나타(SONATA)

원하는 차량번호를 찾기 위해 전체 데이터를 가지고 피벗테이블을 작성한다.[29] 열 필드에 '근무일자'와 '입구영업소' 열 두 개 모두를 포함하여 피벗테이블을 작성하는 방법이 있으나, 이 경우 열의 숫자가 너무 많아지므로 직관적인 데이터 분석이 용이하지 않을 수 있다. 따라서 '근무일자'를 열 필드에, '차량번호'를 행 필드에 위치시켜 원하는 차량번호를 찾아낸 후 데이터를 검증하도록 한다.

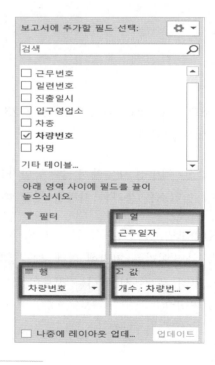

[29] '입구영업소'를 '필터' 필드에 넣어 고성만을 필터링한 보고서를 만들 수도 있다.

개수 : 차량번호	열 레이블				
행 레이블	2017년 05월 18일	2017년 05월 23일	2017년 05월 27일	2017년 06월 02일	총합계
	22	23	23	23	91
경남06도6390		3	1		4
30가3302	1	1	1	1	4
32수6634	1	1	1	1	4
92무4370	1	1	1		3
경북84아1122	1	1	1		3
경남36다9058	1	1	1		3
95누4108	1	1	1		3
대구80바7506	1	1	1		3
97다1976	1	1	1		3
경남36다6580	1	1	1		3
97더3588	1	1	1		3
경남82아3503	1	1	1		3
부산95아7776	1	1		1	3
대구80바3282	1	1	1		3
경기94아7433	1	1	2		3
대구90아3784	1	1	1		3
부산95아3125	1	1			

| 계좌거래내역 | 발신역발신내역(대상자5명) | 시험승진자명단 | Sheet1 | 고속도로 면탈영상 조회 |

위 오른쪽 그림은 피벗테이블을 작성한 후 '총합계' 열에서 '숫자 내림차순 정렬'을 적용한 모습이다. 총합계가 4인 차량 중에서 각각의 일자에 한 번씩 모두 통과한 차량은 '30가3302'와 '32수6634' 두 차량이다. 이 두 차량은 각각의 날짜에 어떤 영업소든 한 영업소를 거친 것으로 확인되고, 이제 그 영업소가 '고성'인지 여부만 확인하면 원하는 답이라고 확실할 수 있을 것이다.

위 두 차량의 통행정보를 자세히 확인해 보자. F7셀을 더블클릭하면, 오른쪽 아래 그림처럼 피벗테이블 시트 왼쪽에 새로운 시트가 삽입되고 30가3302 차량의 통행내역만을 볼 수 있다. 각각의 날짜에 고성을 통과한 것이 확인된다.

	A	B	C	D	E	F	G
1							
2							
3	개수 : 차량번호	열 레이블					
4	행 레이블	2017년 05월 18일	2017년 05월 23일	2017년 05월 27일	2017년 06월 02일	총합계	
5		22	23	23	23	91	
6	경남06도6390		3	1		4	
7	30가3302	1	1	1	1	4	
8	32수6634	1	1	1	1		
9	92무4370	1	1	1			
10	경북84아1122	1	1	1			

개수 : 차량번호
값: 4
행: 30가3302
열: 총합계

	A	B	C	D	E	F	G	H
1	근무일자	근무번호	일련번호	진출일시	입구영업소	차종	차량번호	차명
2	2017년 05월 0102		78	2017.05.18	고성	1종	30가3302	SM520
3	2017년 05월 0102		75	2017.05.23	고성	1종	30가3302	SM520
4	2017년 05월 0102		82	2017.05.27	고성	1종	30가3302	SM520
5	2017년 06월 0102		80	2017.06.02	고성	1종	30가3302	SM520
6								

같은 방법으로 32수6634의 통행내역도 확인하면, 이 차량 역시 '고성' 영업소를 4일 동안 지나간 것을 확인할 수 있다.

	A	B	C	D	E	F	G	H	I
1	근무일자	근무번호	일련번호	진출일시	입구영업소	차종	차량번호	차명	
2	2017년 05월 0102		68	2017.05.18	고성	1종	32수6634	NEW EF쏘나타	
3	2017년 05월 0102		67	2017.05.23	고성	1종	32수6634	NEW EF쏘나타	
4	2017년 05월 0102		64	2017.05.27	고성	1종	32수6634	NEW EF쏘나타	
5	2017년 06월 0102		60	2017.06.02	고성	1종	32수6634	NEW EF쏘나타	
6									

실습사항 6

- 실습파일 '09 정렬, 필터, 피벗테이블'의 '계좌거래내역 1' 시트를 이용하여 상대계좌별 입/출금 횟수와 거래금액을 나타내는 보고서(피벗테이블)를 작성해보자.
- 입금액이 가장 많은 계좌의 거래내역만을 추출한 시트를 만들어보자.

먼저 '계좌거래내역 1' 시트에 걸려있는 필터를 모두 해제해준다. 그 후에 전체 데이터를 선택하고 '삽입'-'피벗테이블'-'새 워크시트'-'확인' 순으로 눌러 피벗테이블을 실행한다.

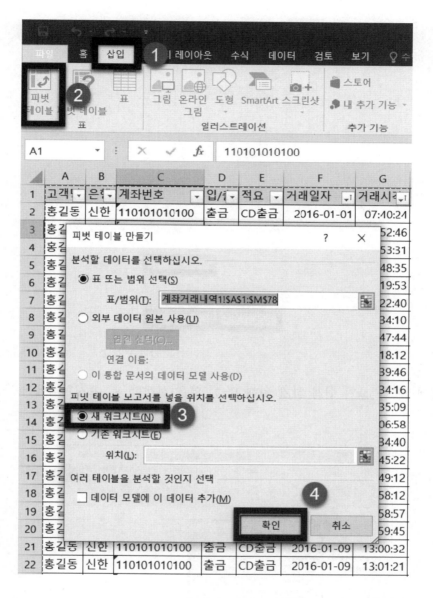

입금과 출금을 구분하는 정보는 '입/출' 아래 있다. 따라서 '입/출'을 열 필드에, '상대계좌번호'를 행 필드에 위치시킨다.

금액정보를 보기 쉽게 하기 위해 B~D 열을 선택한 후, 표시형식에서 ','를 클릭한다.

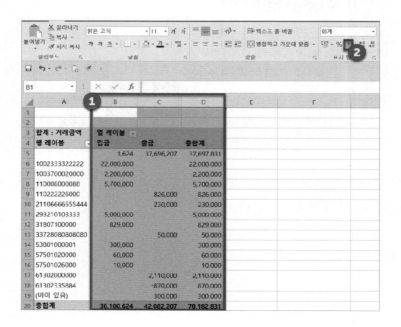

값 필드에 '거래금액'을 가져다 놓으면 자동으로 합계 값을 산출한다. 거래금액이 숫자로 관리되고 있기 때문이다.

　　총 거래금액(거래금액의 합) 정보와 함께 계좌별 거래횟수 정보도 보고서에 표시하기 위해 '거래금액'을 값 필드에 한번 더 끌어다 준다. 값 필드에 '합계:거래금액'이 두 번 나타나고, 보고서 필드에도 같은 정보가 두 번씩 반복되어 나타난다.

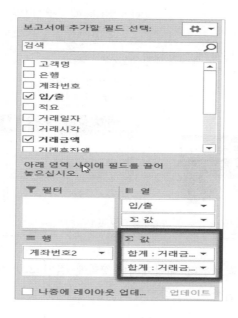

행 레이블	입금 합계 : 거래금액	입금 합계 : 거래금액2	출금 합계 : 거래금액	출금 합계 : 거래금액2	전체 합계 : 거래금액	전체 합계 : 거래금액2
	1624	1624	37696207	37696207	37697831	37697831
1002333322222	22000000	22000000			22000000	22000000
1003700020000	2200000	2200000			2200000	2200000
110008000088	5700000	5700000			5700000	5700000
110222226000			826000	826000	826000	826000
21106666555444			230000	230000	230000	230000
293210103333	5000000	5000000			5000000	5000000
31807100000	829000	829000			829000	829000
33728080808080			50000	50000	50000	50000
53801000001	300000	300000			300000	300000
57501020000	60000	60000			60000	60000
57501026000	10000	10000			10000	10000
61302000000			2110000	2110000	2110000	2110000
61302335884			870000	870000	870000	870000
(비어 있음)			300000	300000	300000	300000
종합계	36100624	36100624	42082207	42082207	78182831	78182831

‘합계:거래금액’ 이라는 값 필드에서 ‘▼’ 모양을 클릭하여 ‘값 필드 설정’을 클릭한다. ‘선택한 필드의 데이터’에서 ‘개수’를 선택하면 ‘합계’가 아닌 ‘개수’ 정보를 보고서에 나타낼 수 있다.

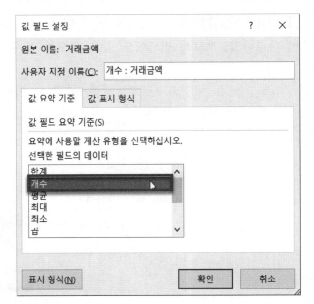

1002333322222 계좌로부터 대상계좌에 2회에 걸쳐 22,000,000원이 입금되었다는 것을 보고서를 통해 확인할 수 있다.

행 레이블	입금 개수 : 거래금액	입금 합계 : 거래금액2	출금 개수 : 거래금액	출금 합계 : 거래금액2	전체 개수 : 거래금액	전체 합계 : 거래금액2
	2	1624	48	37696207	50	37697831
1002333322222	2	22000000			2	22000000
1003700020000	1	2200000			1	2200000
110008000088	5	5700000			5	5700000
110222226000			2	826000	2	826000
21106666555444			1	230000	1	230000
293210103333	5	5000000			5	5000000
31807100000	2	829000			2	829000
33728080808080			1	50000	1	50000
53801000001	1	300000			1	300000
57501020000	3	60000			3	60000
57501026000	1	10000			1	10000
61302000000			1	2110000	1	2110000
61302335884			1	870000	1	870000
(비어 있음)			1	300000	1	300000
총합계	22	36100624	55	42082207	77	78182831

해당 거래내역만을 보고서로 산출하기 위해, '22000000'이 나타난 셀을 더블클릭한다. 그럼 새로운 시트가 삽입되고 아래 그림과 같이 데이터가 추출된다.

실습사항 7

- '계좌거래내역 2' 시트의 계좌거래내역을 날짜별 '입금액'과 '출금액'을 나타내는 보고서(피벗테이블)을 작성해보자.
- '출금액'이 가장 많은 날짜 순으로 정렬하고, 출금액이 큰 3개 날짜의 거래내역을 확인하여, 특이점을 확인해 보자.

'삽입'-'피벗테이블'을 눌러준다. 범위 값이 제대로 지정되어있는지 확인하고, 제대로 되어있지 않다면 다시 지정해준다. '새 워크시트'를 선택하고 '확인'을 눌러준다.

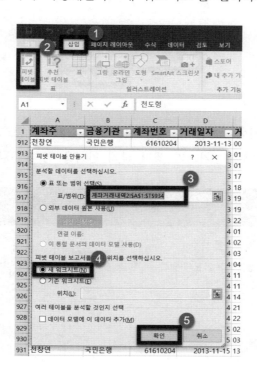

날짜별 입출금액을 분석하기 위해서, 먼저 데이터의 양이 많은 '거래일자'를 행에 위치시키고, '임금액'과 '출금액'을 값에 위치시킨다(거래횟수까지 알고 싶다면 위에서 배운 바와 같이 '입금액'과 '출금액'을 다시 한번 위치시키고, '값 필드설정'에서 '합계'를 '개수'로 바꿔주면 될 것이다.).

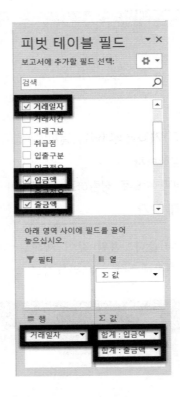

피벗테이블 보고서에서 B열과 C열을 선택 후, 도구모음 중 '표시형식'에서 쉼표 버튼을 눌러주면, 천 단위 구분기호가 생겨 금액 인식을 편하게 할 수 있다.

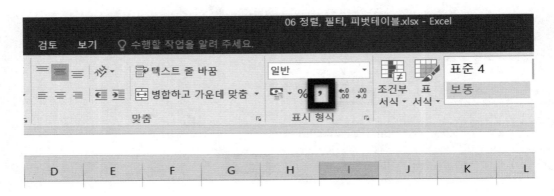

'출금액'에 해당하는 데이터 위에 마우스를 놓고 우클릭하면 '정렬'을 찾을 수 있다. '숫자 내림차순 정렬'을 선택하면 출금액이 큰 순서대로 정렬된다.

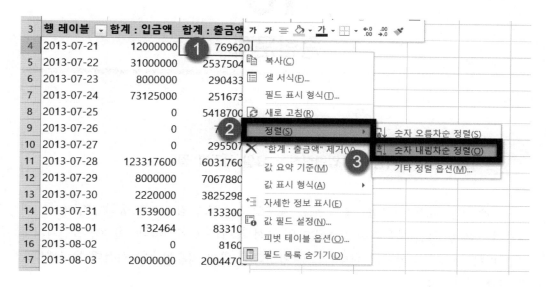

출금액이 큰 3개 날짜의 출금액을 각각 눌러 특이점을 확인해보자. '케이비부동산(주)', '우리한국자산신탁(주)'와 같은 부동산 신탁 회사들이 출금적요에 등장하는 것을 알 수 있다.

10
종합문제

🖊 **사례** **1. 표시형식과 입력형식 – 요일/시간별 필터**

아래 엑셀 파일('10 종합문제' 파일)은 체포영장 수배자 김○○의 통화내역[30]이고, 피의자의 소재를 확인하기 위해 통화내역을 분석 중이라고 가정한다. 이 때, 발신기지국이 어떠한 규칙성을 가지고 나타나는지 확인하기 위해 일요일 오전시간대 통화내역을 필터링하려고 한다.

순번	발신번호	착신번호	통화시작시간	사용시간(초)	발신기지국주소	사용유형
1	010-2315-0118	18009320	2016-10-14 0:35	0:11:13	(156871) 서울시 동작구 상도1동 747-3	VOLTE 음성
2	010-2315-0118	010-7053-8345	2016-10-14 9:32	::		VOLTE 분사
3	010-2315-0118	010-7053-8345	2016-10-14 10:10	::		VOLTE 문자
4	010-2315-0118	010-3552-3238	2016-10-14 10:53	::		VOLTE 문자
5	010-2315-0118	018-251-7157	2016-10-14 11:28	::		VOLTE 문자
6	010-2315-0118	010-3997-2399	2016-10-14 12:04	::		VOLTE 분사
7	010-2315-0118	010-8235-8673	2016-10-14 13:01	::		VOLTE 문자
8	010-2315-0118	010-8235-8673	2016-10-14 13:02	::		VOLTE 문자
9	010-2315-0118	010-6514-0510	2016-10-14 13:26	0:02:03	(156871) 서울시 동작구 상도1동 747-3	VOLTE 음성
10	010-2315-0118	010-3997-2399	2016-10-14 13:28	0:00:34	(156871) 서울시 동작구 상도1동 747-3	VOLTE 음성
11	010-2315-0118	010-2160-2715	2016-10-14 13:31	0:00:28	(156871) 서울시 동작구 상도1동 747-3	VOLTE 음성
12	010-2315-0118	010-7066-6415	2016-10-14 13:55	0:04:51	(156871) 서울시 동작구 상도1동 747-3	VOLTE 음성
13	010-2315-0118	010-7066-6415	2016-10-14 14:01	0:04:25	(156871) 서울시 동작구 상도1동 747-3	VOLTE 음성
14	010-2315-0118	010-2160-2715	2016-10-14 14:19	0:01:17	(156871) 서울시 동작구 상도1동 747-3	VOLTE 음성
15	010-2315-0118	010-8235-8673	2016-10-14 14:23	0:04:26	(156871) 서울시 동작구 상도1동 747-3	VOLTE 음성
16	010-2315-0118	18009320	2016-10-14 14:28	0:09:29	(156871) 서울시 동작구 상도1동 747-3	VOLTE 음성

---

30 본 교안과 함께 제공된 실습자료는 비식별화된 자료임.

■ 분석목표 : 일요일 오전시간대(06:00부터 12:00까지) 발신 기지국을 확인한다.
■ 분석절차
　① 통화일자와 시간이 한 열에 같이 있으므로 날짜 정보와 시간 정보를 분리해준다.
　　#ROUNDDOWN함수 #수식입력 #값붙이기
　② 날짜 정보를 요일 형식으로 보이도록 하고, 시간 정보를 보기 쉽게 바꿔준다.
　　#셀서식－사용자지정 #메모장
　③ 날짜 열을 일요일로, 시간 열을 06:00부터 12:00 사이로 필터링한다.
　　#텍스트필터 #숫자필터

[① 날짜 정보와 시간 정보 분리]

　　먼저, 통화일자와 시간이 한 열에 같이 있으므로 날짜 정보와 시간 정보를 분리해
주어야 한다.

D2			✕ ✓ f_x	2016-10-14 12:35:10 AM
	A	B	C	D
1	순번	발신번호	착신번호	통화시작시간
2	1	010-2315-0118	18009320	2016-10-14 0:35

　　D2 셀을 클릭하여 수식입력줄을 보면 날짜, 시간 데이터가 숫자로 관리되고 있다
는 사실을 확인할 수 있다.

　　이렇게 숫자로 관리되는 '날짜＋시간' 정보에서 날짜와 시간을 추출하는 방법은
ROUNDDOWN 함수를 이용하는 것이다.

　　ROUNDDOWN 함수는 숫자에서 일정 자리수 이하를 내림하도록 하는 함수이다.
위 D2 셀의 표시형식을 숫자로 바꿔주면 수식입력줄에 '42657.0244212963'이라는 숫자
를 확인할 수 있다. 이 때, '42657'은 날짜를 의미하고, '0.0244212963'은 시간을 의미하
므로 0자리 이하 수를 내림한다면 날짜 정보만을 얻을 수 있게 되는 것이다.

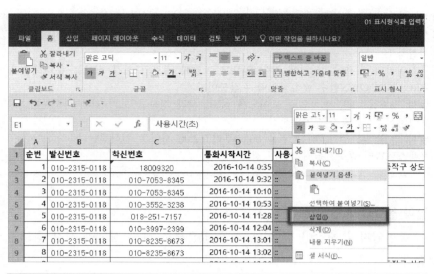

- E열을 전체 선택 후 마우스 오른쪽 버튼을 클릭하여, 열 2개를 삽입한다.
- E22 셀에 "=ROUNDDOWN(d2,0)"라고 입력하면[31] 다음과 같이 E2 셀에 '2016 – 10 – 14 0:00'라는 데이터를 확인할 수 있다. 소수점 이하를 버림으로써 시간을 제외한 날짜정보만을 갖게 된 것이다.

---

31 ROUNDDOWN 함수는 첫 번째 인자에 '참조할 셀', 두 번째 인자에 '내림할 자리수'를 입력한다.

	A	B	C	D	E
1	순번	발신번호	착신번호	통화시작시간	
2	1	010-2315-0118	18009320	2016-10-14 0:35	2016-10-14 0:00

E2   =ROUNDDOWN(D2,0)

- D2 셀에서 시간 정보만 추출하여 F2 셀에 나타내기 위해, F2 셀에 '=D2-E2'
라고 입력한다. D2 셀은 '42657.0244212963', E2 셀은 '42657'이라는 숫자데이
터를 가지고 있으므로 D2셀에서 E2 셀을 빼주면 시간정보인 '0.0244212963'만
남게 되는 것이다.

SUM   =D2-E2

	A	B	C	D	E	F	
1	순번	발신번호	착신번호	통화시작시간			시
2	1	01C-2315-0118	13009320	2016-10-14 0:35	2016-10-14 0:00	=D2-E2	

이처럼 엑셀에서는 수식을 이용하여 데이터를 입력할 수 있는데 수식에서 다른 셀
을 참조하는 경우 참조되는 셀이 색으로 표시된다.

F2   =D2-E2

	A	B	C	D	E	F	
1	순번	발신번호	착신번호	통화시작시간			
2	1	010-2315-01·8	18009320	2016 10 14 0:35	2016 10 14 0:00	1900 01 00 0:35	

'=D2-E2'를 입력한 후 엔터를 치면, 그림과 같이 F2 셀에 '1900-01-00 0:35'라
고 나타난다. 이는 엑셀이 1900년 1월 1일을 숫자 1로 인식하므로 1900-01-00은 '0'
을 의미함을 알 수 있다. 결국 시간 정보만을 가지게 된 것이다.

- 모든 행에 위 작업을 반복하는 대신 자동채우기 기능을 이용한다.

E2   =ROUNDDOWN(D2,0)

	A	B	C	D	E	F	
1	순번	발신번호	착신번호	통화시작시간			사용시
2	1	010-2315-0118	18009320	2016-10-14 0:35	2016-10-14 0:00	1900-01-00 0:35	
3	2	010-2315-0118	010-7053-8345	2016-10-14 9:32			
4	3	010-2315-0118	010-7053-8345	2016-10-14 10:10			

위 그림처럼 E2와 F2셀을 함께 선택한 후, 오른쪽 아래 모서리에 마우스 커서를 대면 '➕' 모양으로 바뀌는 것을 볼 수 있다. 이 때, 마우스 왼쪽 버튼을 더블클릭하면 자동채우기가 실행되고, 데이터의 마지막 행까지 수식이 적용되어 자동으로 같은 함수를 적용하게 된다.

- 함수나 수식을 적용하여 원하는 값을 얻은 후에는 '값 붙여넣기'를 해주어야 한다. 위 그림을 보면 E2 셀에 '2016−10−14 0:00'라고 보이지만 수식입력줄에는 '=ROUNDDOWN(d2,0)'이라고 나타난다. 이는 엑셀이 E2 셀의 정보를 수식입력줄에 나타나는 대로 인식하고 있기 때문이다. 이 경우, 데이터를 복사하여 붙여넣기 하거나 반복하여 함수 또는 수식을 적용할 때 참조값이 달라질 수 있으므로 함수나 수식이 아닌 계산 결과물로 관리가 되도록 하기 위한 작업이다.

엑셀이 '=ROUNDDOWN(d2,0)'가 아닌 '2016−10−14 0:00'라는 값 자체로 데이터를 관리하게 하기 위해서는 붙여넣기 중 '값 붙여넣기' 기능을 이용한다.

A	B	C	D	E	F	G
순번	발신번호	착신번호	통화시작시간	통화시작일자	통화시작시각	🔲(Ctrl) ▼ 초)
1	010-2315-0118	18009320	2016-10-14 0:35	2016-10-14 0:00	1900-01-00 0:35	0:11:13 (
2	010-2315-0118	010-7053-8345	2016-10-14 9:32	2016-10-14 0:00	1900-01-00 9:32	:
3	010-2315-0118	010-7053-8345	2016-10-14 10:10	2016-10-14 0:00	1900-01-00 10:10	:

E열과 F열을 모두 선택한 후, Control+C 버튼을 누르면 복사하기가 실행되고, 같은 자리에서 Control+V 버튼을 누르면 붙여넣기가 실행된다. 붙여넣기가 실행됨과 동시에 위 왼쪽 그림에서 보이는 것과 같이 붙여넣기 옵션 선택 버튼이 나타난다. 이 버튼을 클릭하면 붙여넣기 옵션을 선택할 수 있다. 오른쪽 그림에 표시된 제일 왼쪽에 있는 값만 붙여넣기를 선택해준다.

E2		✕ ✓ fx	2016-10-14 12:00:00 AM		

	A	B	C	D	E	F
1	순번	발신번호	착신번호	통화시작시간	통화시작일자	통화시작시각
2	1	010-2315-0118	18009320	2016-10-14 0:35	2016-10-14 0:00	1900-01-00 0:35
3	2	010-2315-0118	010-7053-8345	2016-10-14 9:32	2016-10-14 0:00	1900-01-00 9:32

D2 셀을 클릭하여 수식입력줄을 보면, 값 붙여넣기 이전에는 '=ROUNDDOWN(d2,0)' 라 보이던 것이 '2016-10-14 12:00:00AM'로 바뀐 것을 볼 수 있다.

D 통화시작시간	E 통화시작요일	F 통화시작시각	G 사용시간(초)
2016-10-14 0:35	2016-10-14 0:00	1900-01-00 0:35	0:11:13
2016-10-14 9:32	2016-10-14 0:00	1900-01-00 9:32	::
2016-10-14 10:10	2016-10-14 0:00	1900-01-00 10:10	::
2016-10-14 10:53	2016-10-14 0:00	1900-01-00 10:53	::
2016-10-14 11:28	2016-10-14 0:00	1900-01-00 11:28	::
2016-10-14 12:04	2016-10-14 0:00	1900-01-00 12:04	::

- 마지막으로 E1과 F1에 각각 '통화시작요일', '통화시작시각'이라고 입력하여, 머리행을 달아준다.

[② 날짜 정보를 요일 형식으로 표시]

날짜가 숫자로 관리되고 있으므로 원하는 형식으로 바꾸어 표시할 수 있다. 위와 같이 보이는 날짜를 요일 정보로 보도록 바꾸어 준다.

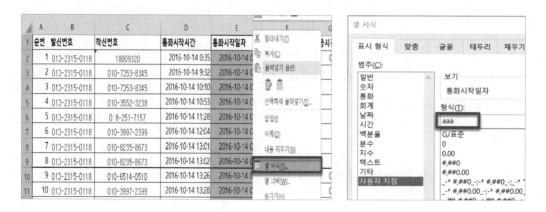

E열을 선택한 후 마우스 오른쪽 버튼을 클릭하고, 셀서식을 선택한다. 위 오른쪽 그림과 같이 사용자 지정을 선택 후, 형식에 'aaa'라고 입력하면, 아래와 같이 통화시작 일시가 요일 형식으로 바뀐다.

| E2 | ▾ | : | × | ✓ | fx | 2016-10-14 | |

	A	B	C	D	E	F
1	순번	발신번호	착신번호	통화시작시간	통화시작일자	통화시작시각
2	1	010-2315-0118	18009320	2016-10-14 0:35	금	1900-01-00 0:35
3	2	010-2315-0118	010-7053-8345	2016-10-14 9:32	금	1900-01-00 9:32
4	3	010-2315-0118	010-7053-8345	2016-10-14 10:10	금	1900-01-00 10:10
5	4	010-2315-0118	010-3552-3238	2016-10-14 10:53	금	1900-01-00 10:53
6	5	010-2315-0118	018-251-7157	2016-10-14 11:28	금	1900-01-00 11:28
7	6	010-2315-0118	010-3997-2399	2016-10-14 12:04	금	1900-01-00 12:04
8	7	010-2315-0118	010-8235-8673	2016-10-14 13:01	금	1900-01-00 13:01
9	8	010-2315-0118	010-8235-8673	2016-10-14 13:02	금	1900-01-00 13:02

그런데 수식입력줄을 보면 여전히 '2016−10−14'라고 하여 날짜로 인식하고 있는 것을 볼 수 있다. 엑셀이 '2016−10−14'라는 정보 대신 '금' 자체로 데이터를 관리하도록 하기 위해 이번에는 메모장을 이용한다. E열 전체를 복사하여 메모장에 붙여넣기 후, 다시 이를 복사하여 붙여넣기 한다. 이전과는 달리 수식입력줄에 '금'이라고 나타난다.

| E2 | ▾ | : | × | ✓ | fx | 금 | |

	A	B	C	D	E	F
1	순번	발신번호	착신번호	통화시작시간	통화시작일자	통화시작시각
2	1	010-2315-0118	18009320	2016-10-14 0:35	금	1900-01-00 0:35
3	2	010-2315-0118	010-7053-8345	2016-10-14 9:32	금	1900-01-00 9:32
4	3	010-2315-0118	010-7053-8345	2016-10-14 10:10	금	1900-01-00 10:10
5	4	010-2315-0118	010-3552-3238	2016-10-14 10:53	금	1900-01-00 10:53
6	5	010-2315-0118	018-251-7157	2016-10-14 11:28	금	1900-01-00 11:28
7	6	010-2315-0118	010-3997-2399	2016-10-14 12:04	금	1900-01-00 12:04
8	7	010-2315-0118	010-8235-8673	2016-10-14 13:01	금	1900-01-00 13:01

F열도 보기 좋은 형태로 바꾸어준다. F열 선택 후, 셀 서식에 들어가 사용자 정의 형식에서 편집해준다. 시간은 H, 분은 m, 초는 s로 나타내므로 'HH:mm:ss'라고 입력한다('HH:mm:ss'는 24시간제, 'hh:mm:ss'는 12시간제).

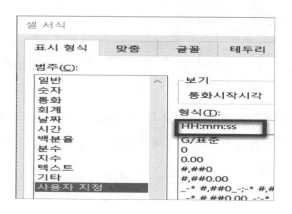

	A	B	C	D	E	F
1	순번	발신번호	착신번호	통화시작시간	통화시작일자	통화시작시각
2	1	010-2315-0118	18009320	2016-10-14 0:35	금	00:35:10
3	2	010 2315 0118	010 7053 8345	2016-10-14 9:32	금	09:32:49
4	3	010-2315-0118	010-7053-8345	2016-10-14 10:10	금	10:10:02
5	4	010-2315-0118	010-3552-3238	2016-10-14 10:53	금	10:53:05
6	5	010-2315-0118	018-251-7157	2016-10-14 11:28	금	11:28:40

[③ 필터링 하기]

이제 원래 통화내역상 통화시작일시에서 원하는 요일 정보와 통화시작시각 정보를 추출하였으니, 이들 정보를 기준으로 필터링을 한다.

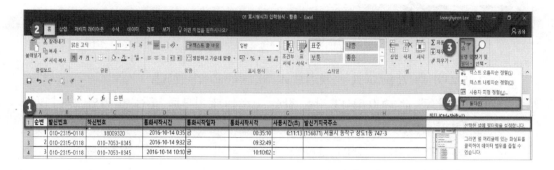

1행(머리행)을 선택한 후, 홈 탭에 있는 '정렬 및 필터'에서 '필터'를 눌러 필터를 활성화시킨다.

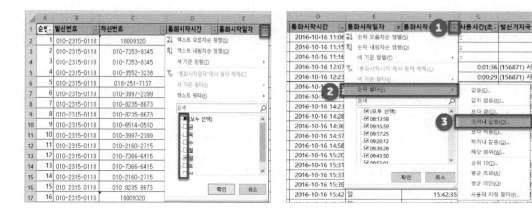

머리행 각 열에 화살표 버튼이 생긴다. E열, 통화시작일자에 있는 화살표 버튼을 클릭하면 위 왼쪽 그림과 같이 필터를 설정할 수 있다. 이 중, '일'을 제외한 다른 텍스트의 선택을 모두 해제한다.

통화시작시각이 06:00:00부터 12:00:00까지인 행만을 골라내기 위해 숫자필터를 적용한다. 통화시작시각 열에 있는 화살표를 클릭, '숫자필터'를 선택한 후 '크거나 같음'을 선택한다.

하루가 1이므로 06:00:00는 0.25, 12:00:00는 0.5가 된다. 따라서, 06시부터 12시까지를 필터링하기 위해서는 0.25와 0.5 사이의 값을 골라주면 된다.

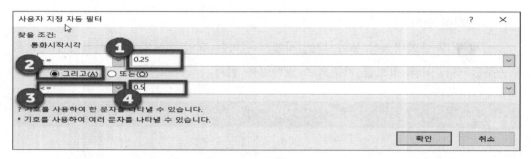

① 0.25보다 큰 값을 고르는 것이므로, '0.25'라고 입력한다.
② 0.25보다 큰 값 중 0.5보다 작은 값을 고르는 것이므로 '또는'이 아닌 '그리고'를 선택해야 한다.
③ 0.5보다 작은(작거나 같은) 값을 고르라는 의미인 '< ='를 선택한다.
④ 0.5를 적어준 후, 확인을 누른다.

순번	발신번호	착신번호	통화시작시간	통화시작일자	통화시작시각	사용시간(초)	발신기지국주소	사용유형
87	86	010-2315-0118	010-2060-8004	2016-10-16 11:06	일	11:06:12	::		VOLTE 문자
88	87	010-2315-0118	010-2060-8004	2016-10-16 11:15	일	11:15:39	::		VOLTE 문자
89	88	010-2315-0118	010-2060-8004	2016-10-16 11:16	일	11:16:08	::		VOLTE 문자
346	345	010-2315-0118	010-6514-0510	2016-10-23 10:50	일	10:50:17	0:01:21	(413913) 경기도 파주시 적성면 마지리 산 21 마지기지국	VOLTE 음성
347	346	010-2315-0118	060-6894-6065	2016-10-23 10:51	일	10:51:46	0:00:05	(413913) 경기도 파주시 적성면 마지리 산 21 마지기지국	VOLTE 음성
348	347	010-2315-0118	010-7642-0342	2016-10-23 10:54	일	10:54:50	0:02:37	(413913) 경기도 파주시 적성면 마지리 산 21 마지기지국	VOLTE 음성
349	348	010-2315-0118	031-961-7301	2016-10-23 11:26	일	11:26:06	::		VOLTE 문자
350	349	010-2315-0118	010-6650-6181	2016-10-23 11:53	일	11:53:17	::		VOLTE 문자
617	616	010-2315-0118	031-961-7300	2016-10-30 10:05	일	10:05:13	0:04:43	(413913) 경기도 파주시 적성면 마지리 산 21 마지기지국	VOLTE 음성
618	617	010-2315-0118	018-251-7157	2016-10-30 10:16	일	10:16:23	::		MMS
619	618	010-2315-0118	010-2160-2715	2016-10-30 10:25	일	10:25:57	::		MMS
620	619	010-2315-0118	1544-0144	2016-10-30 10:31	일	10:31:33	0:04:36	(413913) 경기도 파주시 적성면 마지리 산 21 마지기지국	VOLTE 음성
621	620	010-2315-0118	010-2276-8258	2016-10-30 11:24	일	11:24:13	::		VOLTE 음성
622	621	010-2315-0118	010-9684-7705	2016-10-30 11:38	일	11:38:59	0:02:11	(413913) 경기도 파주시 적성면 마지리 산 21 마지기지국	VOLTE 음성
623	622	010-2315-0118	010-9457-7575	2016-10-30 11:42	일	11:42:24	0:01:23	(413913) 경기도 파주시 적성면 마지리 산 21 마지기지국	VOLTE 음성
624	623	010-2315-0118	010-7642-0342	2016-10-30 11:45	일	11:45:49	0:01:59	(413913) 경기도 파주시 적성면 마지리 산 21 마지기지국	VOLTE 음성
826	825	010-2315-0118	010-2458-5131	2016-11-06 10:28	일	10:28:35	::		VOLTE 문자
827	826	010-2315-0118	010-8831-8600	2016-11-06 10:29	일	10:29:21	::		MMS
828	827	010-2315-0118	010-5132-2999	2016-11-06 10:34	일	10:34:38	::		MMS
829	828	010-2315-0118	02-542-2600	2016-11-06 11:04	일	11:04:49	0:01:11	(413913) 경기도 파주시 적성면 마지리 산 21 마지기지국	VOLTE 음성

피의자 통화내역이 일요일 오전 시간 대에 항상 같은 기지국에서 이루어지는 것을 확인할 수 있다.

이번에는 ('10 종합문제' 파일)의 두 번째 시트를 이용하여 실습한다. 이 통화내역은 체포영장 수배자 김○○의 통화내역이고, 피의자의 활동을 파악하기 위해 통화내역을 분석 중이라고 가정한다. 이때, 특정 날짜에 통화한 내역만을 추출하려 한다.

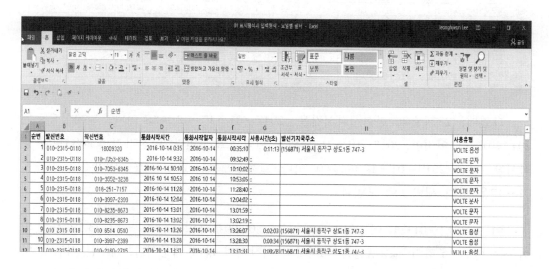

- 분석목표 : 2017-01-17 피의자의 통화내역을 추출한다.
- 분석절차
  ① 날짜＋시간 정보를 생활주기에 맞게 수정한다.
     #수식입력 #하루시작시간 설정
  ② 원하는 날짜를 필터링한다.
     #날짜필터

[① 날짜+시간 정보를 생활주기에 맞게 수정]

앞서 적용한 '필터'에서 통화시작일자를 기준으로 추출하고자 하는 날짜들을 선택하는 방법을 떠올릴 수 있다. '통화시작일자' 열에서 '2017-01-17'을 선택하면, 아래 그림에서 회색 음영처리 된 부분만이 선택될 것이다.

	A	B	C	D	E	F	G	
1	순번	발신번호	착신번호	통화시작시간	통화시작일자	통화시작시?	사용시간(초	발신기지국주소
2872	2871	010-2315-0118	010-6714-0115	2017-01-16 14:43	2017-01-16	14:43:04	0:00:19	(156871) 서울시 동작구 상
2873	2872	010-2315-0118	010-4409-5525	2017-01-16 21:06	2017-01-16	21:06:24	0:01:32	(156871) 서울시 동작구 상
2874	2873	010-2315-0118	010-4409-5525	2017-01-17 2:14	2017-01-17	02:14:24	0:01:46	(140240) 서울시 용산구 서
2875	2874	010-2315-0118	010-5132-2999	2017-01-17 13:55	2017-01-17	13:55:07	::	
2876	2875	010-2315-0118	010-5132-2999	2017-01-17 13:58	2017-01-17	13:58:23	0:00:47	(140240) 서울시 용산구 서
2877	2876	010-2315-0118	010-7423-1782	2017-01-17 18:15	2017-01-17	18:15:16	0:01:19	(140240) 서울시 용산구 서
2878	2877	010-2315-0118	010-9758-8759	2017-01-17 18:17	2017-01-17	18:17:04	0:02:09	(135987) 서울시 강남구 역
2879	2878	010-2315-0118	010-5132-2999	2017-01-17 19:01	2017-01-17	19:01:10	::	
2880	2879	010-2315-0118	010-5132-2999	2017-01-17 19:38	2017-01-17	19:38:05	0:00:33	(138829) 서울시 송파구 방
2881	2880	010-2315-0118	010-4409-5525	2017-01-17 21:09	2017-01-17	21:09:19	0:00:40	(138829) 서울시 송파구 방
2882	2881	010-2315-0118	010-4409-5525	2017-01-17 21:26	2017-01-17	21:26:16	0:00:19	(138829) 서울시 송파구 방
2883	2882	010-2315-0118	010-6714-0115	2017-01-18 0:27	2017-01-18	00:27:07	0:00:50	(156871) 서울시 동작구 상
2884	2883	010-2315-0118	010-4409-5525	2017-01-18 2:55	2017-01-18	02:55:52	0:02:34	(140240) 서울시 용산구 서
2885	2884	010-2315-0118	010-4816-6432	2017-01-18 11:05	2017-01-18	11:05:50	::	
2886	2885	010-2315-0118	011-911-3979	2017-01-18 12:39	2017-01-18	12:39:55	::	

그런데, 2874행의 통화시작시간은 '2017-01-17 02:14:24'이다. 날짜상으로는 2017-01-17이지만, 2017-01-16을 넘긴 새벽으로 보인다. 마찬가지로 2883행의 통화시작시간은 '2018-01-18 00:27:07'이다. 날짜상으로는 2017-01-18이지만 2017-01-17을 넘긴 새벽으로 보인다.

이는 '2017-01-17'이 2017-01-17 00:00:00부터 2017-01-17 23:59:59를 의미하는 반면, 우리의 일상생활은 00시부터 시작되지 않기 때문이다. 대부분 사람의 하루는 자정(00시)이 아닌 아침(06시)에 시작된다.[32] 다시 말해, 일상생활에서 우리가 인식하는 '2017-01-17'은 2017-01-17 06:00:00부터 2017-01-18 05:59:59이다.

본 활용예제와 같이 간단한 분석을 하는 경우 엑셀에서 일일이 시간을 확인하여 관련 통화내역을 추출할 수 있지만, 추출하고자 하는 날짜가 많아지거나 이종데이터를 함께 분석하는 경우에는 대량의 데이터정보를 모두 변환할 필요가 있다.

E열 옆에 열 하나를 삽입하여 원하는 데이터는 추출하도록 한다. F열 머리행에 '통화날짜(06시기준)'이라고 기재한다.

A	B	C	D	E	F
순번	발신번호	착신번호	통화시작시간	통화시작일자	통화날짜(06시기준
2871	010-2315-0118	010-6714-0115	2017-01-16 14:43	2017-01-16	
2872	010-2315-0118	010-4409-5525	2017-01-16 21:06	2017-01-16	

---

32 개인의 생활패턴에 따라 차이가 있으나, 여기서는 피의자(또는 분석대상자)의 생활주기가 06시를 기준이라고 가정한다.

F2 셀에 '=D2-0.25'를 입력한다.

	A	B	C	D	E	F
1	순번	발신번호	착신번호	통화시작시간	통화시작일ㅈ	통화날짜(06시기준)
2	1	C10-2315-01`8	18009320	2016 10 14 0:35	2016 10 14	=D2 0.25
3	2	C10 2315 01`8	010 7053 8345	2016-10-14 9:32	2016-10-14	

'2016-10-14 0:35'에서 0.25, 즉 6시간을 빼 주어 '2016-10-13:18:35:10'가 되었다.

D	E	F
통화시작시간	통화시작일ㅈ	통화날짜(06시기준)
2016-10-14 0:35	2016-10-14	2016-10-13 18:35:10

다음 날 새벽 06시 이전까지 통화한 것은 그 날 잠을 자기 전까지의 통화내역으로 보겠다는 전제 하에 만든 수식이다. 수식을 자동채우기로 채워준 후, 날짜 표현형식을 'yyyy-MM-dd'로 바꿔주면 원하는 데이터를 얻게 된다('값 붙여넣기'를 거쳐 표시형식과 입력형식을 일치시킨다.).

	A	B	C	D	E	F	G
1	순번	발신번호	착신번호	통화시작시간	통화시작일ㅈ	통화날짜(06시기준)	통화시작시ㄱ
2	1	010-2315-0118	18009320	2016-10-14 0:35	2016-10-14	2016-10-13	00:35:10
3	2	010-2315-0118	010-7053-8345	2016-10-14 9:32	2016-10-14	2016-10-14	09:32:49
4	3	010-2315-0118	010-7053-8345	2016-10-14 10:10	2016-10-14	2016-10-14	10:10:02
5	4	010-2315-0118	010-3552-3238	2016-10-14 10:53	2016-10-14	2016-10-14	10:53:05
6	5	010-2315-0118	018-251-7157	2016-10-14 11:28	2016-10-14	2016-10-14	11:28:40
7	6	010-2315-0118	010-3997-2399	2016-10-14 12:04	2016-10-14	2016-10-14	12:04:02
8	7	010-2315-0118	010-8235-8673	2016-10-14 13:01	2016-10-14	2016-10-14	13:01:59
9	8	010-2315-0118	010-8235-8673	2016-10-14 13:02	2016-10-14	2016-10-14	13:02:19
10	9	010-2315-0118	010-6514-0510	2016-10-14 13:26	2016-10-14	2016-10-14	13:26:07
11	10	010-2315-0118	010-3997-2399	2016-10-14 13:28	2016-10-14	2016-10-14	13:28:30

2016-10-14 00:35:10에 통화한 것에 대해 06시 기준 날짜를 적용하였을 때, '2016-10-13'이라 표시된 것을 확인할 수 있다.

분석목표인 2017-01-17의 통화내역을 확인하면, ① 2017-01-17 02시경 이루어진 통화는 그 전날 인 2017-01-16의 통화로 분류되었고, ② 2017-01-18 00:27경과 02:55경에 이루어진 통화는 당일인 2017-01-17에 이루어진 통화로 분류되었다.

	A	B	C	D	E	F	G	
1	순번	발신번호	착신번호	통화시작시간	통화시작일지	통화날짜(06시기준)	통화시작시	사용
2872	2871	010-2315-0118	010-6714-0115	2017-01-16 14:43	2017-01-16	2017-01-16	14:43:04	
2873	2872	010-2315-0118	010-4409-5525	2017-01-16 21:06	2017-01-16	2017-01-16	21:06:24	
2874	2873	010-2315-0118	010-4409-5525	2017-01-17 2:14	2017-01-17	2017-01-16	02:14:24	
2875	2874	010-2315-0118	010-5132-2999	2017-01-17 13:55	2017-01-17	2017-01-17	13:55:07	
2876	2875	010-2315-0118	010-5132-2999	2017-01-17 13:58	2017-01-17	2017-01-17	13:58:23	
2877	2876	010-2315-0118	010-7423-1782	2017-01-17 18:15	2017-01-17	2017-01-17	18:15:16	
2878	2877	010-2315-0118	010-5758-8759	2017-01-17 18:17	2017-01-17	2017-01-17	18:17:04	
2879	2878	010-2315-0118	010-5132-2999	2017-01-17 19:01	2017-01-17	2017-01-17	19:01:10	
2880	2879	010-2315-0118	010-5132-2999	2017-01-17 19:38	2017-01-17	2017-01-17	19:38:05	
2881	2880	010-2315-0118	010-4409-5525	2017-01-17 21:09	2017-01-17	2017-01-17	21:09:19	
2882	2881	010-2315-0118	010-4409-5525	2017-01-17 21:26	2017-01-17	2017-01-17	21:26:16	
2883	2882	010-2315-0118	010-6714-0115	2017-01-18 0:27	2017-01-18	2017-01-17	00:27:07	
2884	2883	010-2315-0118	010-4409-5525	2017-01-18 2:55	2017-01-18	2017-01-17	02:55:52	
2885	2884	010-2315-0118	010-4816-6432	2017-01-18 11:05	2017-01-18	2017-01-18	11:05:50	

이제, 새로 삽입한 열인 통화날짜(06시준) 열을 기준으로 필터링할 경우, ③ 빨간 상자 안의 데이터가 추출될 것이다.

[② 날짜 필터 적용]

필터를 활성화 한 후, 새로 삽입한 열인 통화날짜(06시준) 열에 있는 화살표를 클릭한다.

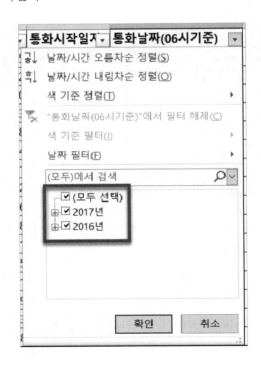

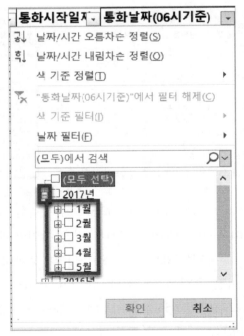

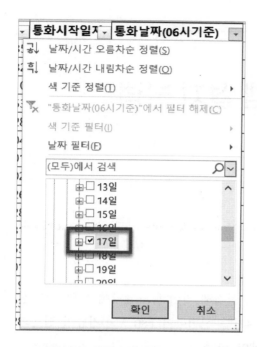

모두 선택을 해제하고, 2017년을 더블클릭하여 자세히 보면, 1월, 2월, 3월, 4월, 5월로 세분화해서 볼 수 있고 다시 1월을 더블클릭하면 날짜를 선택할 수 있다. 17일에 체크한 후 확인을 누르면, '2017 – 01 – 17'을 기준 날짜 필터링이 적용된다.

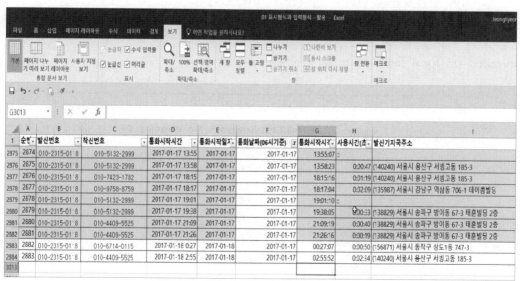

수기로 분석한 결과(빨간색 박스 안의 데이터)와 동일한 데이터가 필터링된 것을 확인할 수 있다.

i2 프로그램 설치 방법

1. 설치파일 압축을 해제, 'IBM *i2* Analyst's Notebook 9.msi' 또는 'Setup.exe' 파일을 더블클릭하여 실행한다.
2. 그후 아래 순서대로 설치를 진행한다.
3. 유의해야 할 점은 먼저 언어를 한국어로 설정해 라이센스 계약에 동의하고, 설치위치를 확인한 후 '사용자(Custom)' 설치를 선택하여 Esri Map기능이 활성화되어 있는지를 확인하고 설치를 진행해야 한다.

만약 Esri Map기능이 '×'로 비활성화되어 있다면 클릭하여 'This feature will be installed on local hard drive.'를 선택해주어야 한다.

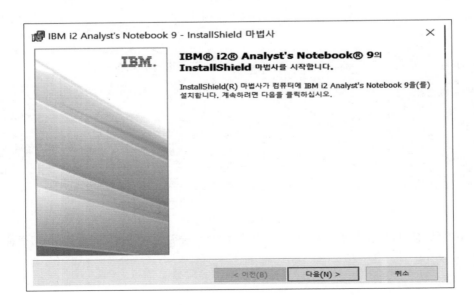

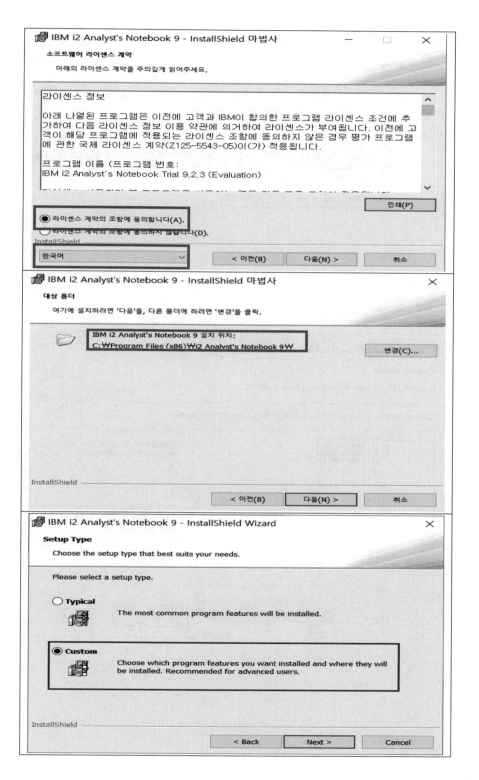

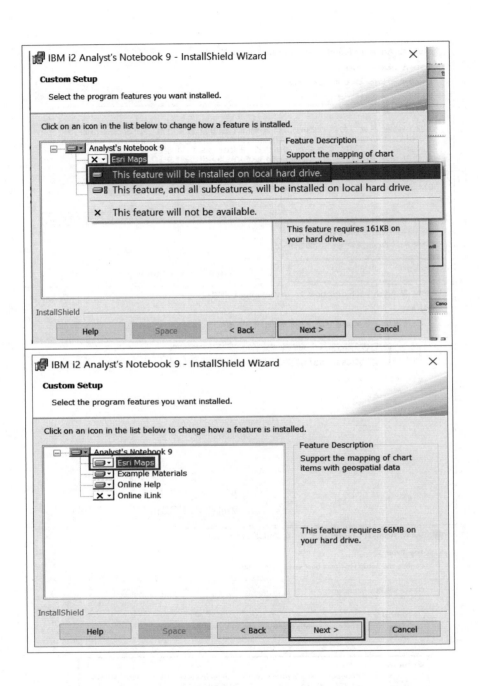

4. 설치 후 자동재부팅을 해주고, 윈도우창에 IBM *i2* Analsyt's Notebook 앱을 선택하여 *i2*를 실행한다.

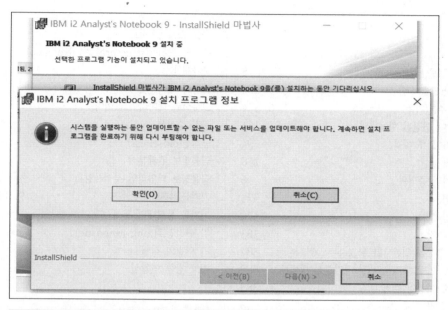

찾아보기

참고자료

이 QR코드를 스캔하면 비식별화된
수사정보분석 실습파일을 다운받을 수 있습니다.

[저자 소개]

∷ 김 지 온

경찰대학 경찰학과 교수로 치안데이터과학연구센터장을 역임하고 있다.

2015년에 경찰의 지능형 수사정보분석 체계를 설계 구축하여, 사회 연결망 분석 원리를 범죄 수사에 적용하는 방법론을 본격적으로 제안하였다.

2020년 코로나 펜대믹이 도래한 이후, 경찰의 수사정보분석 방법론을 활용하여 COVID-19 역학조사 데이터분석을 지원, 소기의 성과를 거둠으로써 한국의 체계적 방역활동에 기여하였다.

기존 저서로는 수사사례연구(박영사), 지능범죄수사론(경찰대학), 강력범죄수사론(경찰대학) 등이 있으며, 실증적인 영역에서 경찰학과 범죄수사학과 연계된 치안 데이터 사이언스 분야를 개척해 나가고 있다.

정보를 그리다

초판발행	2022년 5월 10일
지은이	김지온
펴낸이	안종만 · 안상준
편 집	최문용
기획/마케팅	오치웅
표지디자인	이소연
제 작	고철민 · 조영환
펴낸곳	(주) 박영사

서울특별시 금천구 가산디지털2로 53, 210호(가산동, 한라시그마밸리)
등록 1959. 3. 11. 제300-1959-1호(倫)

전 화	02)733-6771
f a x	02)736-4818
e-mail	pys@pybook.co.kr
homepage	www.pybook.co.kr
ISBN	979-11-303-0970-5 93350

정 가   34,000원